普通高等学校应用型教材

金融

证券投资分析

（第三版）

主　编　田文斌

中国人民大学出版社
·北京·

出版说明

随着金融成为现代经济运行的核心，社会对金融教育和人才培养提出了更深的要求：分层培养人才。既要着力于培养研究型人才，又要培养大批应用型人才，这已是共识。许多非研究型院校师生反映，市场上现有的金融学教材大多重理论轻实践，重国际化轻中国化。根据这些院校的特点和培养目标，他们认为在教材内容上不仅要包含本领域的基本理论问题，让学生对基本概念、基本原理有完整的掌握，同时还要包含本领域的基本实践问题，让学生掌握一定的实务操作方法，以应对未来工作的挑战。本着这一要求，由李小牧教授和李嘉珊教授牵头，中国人民大学出版社组织中国人民大学、西安交通大学、北京第二外国语学院、北京外国语大学、首都经济贸易大学、对外经济贸易大学、北京工商大学等若干所学校以及国家外汇管理局、保险公司、证券公司、商业银行等的专家，设计和推出了这套教材。该套教材突出了以下三点：

第一，所列课程完全根据教育部“高等教育面向 21 世纪教学内容与课程体系改革规划”编写。

第二，根据应用型人才培养目标，教材强化了各项业务的操作规程和实践做法，通过对案例的分析和点评让学生对实务操作有一个真切的体验。

第三，压缩教材的篇幅，学习资料、练习题等相关内容学生可以通过网络获取，减轻学生负担。

这里要说明的是，出于对应用型人才培养探索的要求，出版社并没有提出过分严格的要求，只是在教材的定位、篇幅、编写体例上提出了一些原则性建议，具体编写工作则实行主编负责制，由各位主编和作者全权处理各教材的编写工作，并对各自的内容负责。

教材的出版凝结了所有参编专家、教授的辛劳和智慧，在此一并表示感谢。

真诚地期待广大教师、学生和其他读者的批评和意见。

中国人民大学出版社

第三版前言

本教材自 2013 年 12 月第一版出版以来，已经连续印刷了多次，不仅在高校中被广泛使用，而且深受社会上广大读者的欢迎。在过去的几年里，中国资本市场出现了不少新生事物，优先股试行，沪港通、深港通相继推出。金融创新大行其道，互联网金融兴起，P2P 理财、场外配资催生了始自 2014 年 7 月 22 日的“杠杆牛市”，不到一年的时间上证指数直上 5 178.19 点，两市成交量迭创新高，积聚了巨大的市场风险。在清查场外配资、查伞形信托、降两融的去杠杆声浪中，“杠杆牛市”轰然坍塌并发生踩踏事件，千股跌停的场面不断发生。受股灾的影响，进入倒计时且已经启动立法程序的新股发行注册制改革也被迫押后。本教材的第二版于 2017 年 7 月出版，受欢迎程度大大超过第一版。2019 年，科创板推出并试行注册制，历经四年多修订完成的《中华人民共和国证券法》自 2020 年 3 月 1 日起施行，从此全面施行注册制。资本市场的这些新变化、新特点、新业务、新知识有必要及时地反映到教材中。在此背景下，我们与时俱进，进行了本教材第三版的修订。

第三版继承了第一版、第二版的特点和优势，坚持理论和实践相结合的基本原则，注重将现代金融的前沿思想和创新实务纳入其中，力图充分反映国际、国内资本市场的最新变化。

在第三版修订时我们对部分章节进行了调整，比如在第五章增加了最新的《中华人民共和国证券法》中关于注册制的相关内容；在第六章增加了区块链技术以及科创板上市条件等相关内容；在第七章财务报表部分将所分析公司的财务报表数据更新为 2018 年的年报数据；对教材中的大部分案例进行了充实和更新，对各章所涉及的政策、法规也都及时做了更新。本教材附录中的中国证券市场大事记也已经更新至 2019 年底。总之，各章内容均有不同程度的增删和修改。

为便于教师授课，本教材配有 PPT 课件，可向中国人民大学出版社索取。

本教材第三版由沈阳师范大学金融学教授田文斌担任主编，有数年证券投资分析课程授课经验的贾峤副教授参与到了第三版的修订中。本教材第三版由田文斌提出编写大纲和要求，经本书全体编写者多次集体讨论后分工撰写而成稿，最后由田文斌负责对全书进行总纂和定稿。参编人员的具体分工如下：

第一章：邵若（沈阳师范大学）、贾峤（沈阳师范大学）

第二章：邵若、田文斌

第三章：贾峤

第四章：贾峤、田文斌

第五章：贾峤、田文斌

第六章：田文斌

第七章：田文斌

第八章：邵若、田文斌

第九章：邵若、田文斌

第十章：邵若

由于工作原因，本教材第一版的部分编写者不再参与第三版的编写工作，但他们为第三版的成稿奠定了基础；我的学生银河证券沈阳营业部的李志怀对本教材的数据更新亦有贡献。在此一并对他们的贡献表示由衷的感谢。

在本教材的修订过程中，我们充分征求和吸收了任课教师、学生以及金融机构等社会读者的建议。本书编写者将一如既往地与读者共同向市场学习，以期共同进步。

田文斌

2020 年

目　录

第一章

证券投资分析概述

⊙本章要点⊙

1. 了解基本分析法、技术分析法、量化分析法、行为分析法；
2. 掌握证券投资分析的主要步骤；
3. 了解信息不对称与证券市场效率；
4. 掌握证券市场的信息传播相关内容；
5. 清楚投资与投机的区别；
6. 理解安全边际的含义。

【本章导读】

聪明的投资者

股市向来被人视为精英聚集之地，华尔街则是衡量一个人智慧与胆识的决定性场所。本杰明·格雷厄姆作为一代宗师，他的金融分析学说和思想在投资领域引起了巨大的震动，影响了几乎三代重要的投资者，如今活跃在华尔街的数十位身价上亿美元的投资管理人都自称为格雷厄姆的信徒，格雷厄姆享有“华尔街教父”的美誉。

在微观基本分析方面，格雷厄姆成为沃伦·巴菲特、彼得·林奇等股王股圣的启蒙大宗师。巴菲特曾虔诚地说过：在许多人的罗盘上，格雷厄姆就是到达北极的唯一指标。大卫·刘易斯甚至说：格雷厄姆的证券分析学说是每一位华尔街人士的《圣经》，而他则是当之无愧的华尔街教父。格雷厄姆之所以被公认为“财务分析之父”，是因为在他之前还没有财务分析这个专业，只是在他之后人们才开始意识到并接受这个概念。格雷厄姆不仅是他生活的那个时代的最佳投资人之一，而且是有史以来最伟大的实践投资思想家。

格雷厄姆曾经告诉他最喜欢的学生巴菲特两条最重要的投资规则：第一条规则，永远不要亏损；第二条规则，永远不要忘记第一条。

过去20年来，两次大的市场崩盘、无数次财务和会计丑闻的发生、《萨班斯-奥克斯利法案》及相关法规的出台、国际市场环境的变化……这些都从根本上改变了证券分析和商业估值的基础。那么，如今，在实际投资操作中，我们应该如何运用格雷厄姆告诫巴菲特的两条规则，成为聪明的投资者，获得投资的成功呢？通过本章的学习，我们将了解相关的内容。

资料来源：根据本杰明·格雷厄姆所著的《聪明的投资者（第4版）》（北京：人民邮电出版社，2016）和杰弗里·C. 胡克所著的《华尔街证券分析：股票分析与公司估值（第2版）》（北京：机械工业出版社，2016）等书籍改编，编者根据教材需要略作调整。

第一节　证券投资分析的含义和目标

一、证券投资分析的含义

证券投资是指投资者（法人或自然人）购买股票、债券、基金等有价证券以及这些有价证券的衍生产品，以获取红利、利息及资本利得的投资行为和投资过程。证券投资分析是指人们通过各种专业性分析方法，对影响证券价值或价格的各种信息进行综合分析以判断证券价值或价格及其变动的行为，是证券投资过程不可或缺的一个重要环节。

二、证券投资分析的目标

（一）实现投资决策的科学性

投资决策贯穿于整个投资过程，其正确与否关系到投资的成败。尽管不同投资者做出投资决策的方法可能不同，但科学的投资决策无疑有助于保证投资决策的正确性。由于资金拥有量及其他条件的不同，不同的投资者会拥有不同的风险承受能力、不同的收益要求和不同的投资周期。同时，由于受到各种相关因素的影响，每一种证券的风险-收益特性都并不是一成不变的。

此外，由于证券一般具有可流通性，投资者可以通过在证券流通市场上买卖证券来满足自己的流动性需求。因此，在进行投资决策时，投资者应当正确认识每一种证券在风险性、收益性、流动性和时间性方面的特点，借此选择风险性、收益性、流动性和时间性同自己的要求相匹配的投资对象，并制定相应的投资策略。只有这样，投资者的投资决策才具有科学性，以尽可能地保证投资决策的正确性，使投资获得成功。进行证券投资分析正是投资者正确认知证券风险性、收益性、流动性和时间性的有效途径，是投资者进行科学决策的基础。因此，进行证券投资分析有利于减少投资决策的盲目性，从而提高投资决策的科学性。

(二) 实现证券投资净效用最大化

证券投资的理想结果是证券投资净效用(即收益带来的正效用与风险带来的负效用的权衡)最大化。因此,在风险既定的条件下使投资收益率最大化和在收益率既定的条件下使风险最小化是证券投资的两大具体目标。证券投资成功与否往往是看这两个目标的实现程度。但是,影响证券投资目标实现程度的因素有很多,其作用机制也十分复杂。只有通过全面、系统和科学的专业分析,才能客观地把握这些因素及其作用机制,并做出比较准确的预测。证券投资分析正是采用专业分析方法和分析手段对影响证券回报率和风险诸因素进行客观、全面和系统的分析,揭示这些因素产生影响的作用机制以及某些规律,用于指导投资决策,从而在降低投资风险的同时获取较高的投资收益的。

1. 正确评估证券的投资价值

投资者之所以对证券进行投资,是因为证券具有一定的投资价值。证券的投资价值受多方面因素的影响,并随着这些因素的变化而发生相应的变化。例如,债券的投资价值受市场利率水平的影响,并随着市场利率的变化而变化;影响股票投资价值的因素更为复杂,包括宏观经济、行业形势、公司经营管理和市场等多方面的因素。所以,投资者在决定投资某种证券前,首先应该认真评估该证券的投资价值。只有当证券处于投资价值区域时,投资该证券才有利可图,否则可能会导致投资失败。证券投资分析正是对可能影响证券投资价值的各种因素进行综合分析,来判断这些因素及其变化可能会对证券投资价值带来的影响,从而有利于投资者正确评估证券的投资价值。

2. 降低投资者的投资风险

投资者从事证券投资是为了获得投资回报(预期收益),但这种回报是以承担相应风险为代价的。总体来说,预期收益水平和风险之间存在一种正相关关系。预期收益水平越高,投资者所要承担的风险就越大;预期收益水平越低,投资者所要承担的风险就越小。因此,就某些具体的证券而言,由于判断失误,投资者在承担较高风险的同时未必能获得较高的收益。理性投资者通过证券投资分析来考察每一种证券的风险-收益特性及其变化,可以较为准确地确定哪些证券是风险较大的证券,哪些证券是风险较小的证券,从而避免承担不必要的风险。从这个角度讲,证券投资分析有利于降低投资者的投资风险。

第二节 证券投资分析的主要方法和步骤

一、证券投资分析的主要方法

证券投资分析有三个基本要素:信息、步骤和方法。其中,选择什么样的证券投资分析方法对投资者的投资决策非常重要。在证券投资过程中,投资者运用的分析方法虽有很多,但大体上可以分为以下四类:基本分析法、技术分析法、量化分析法和行为分析法。

(一) 基本分析法

基本分析法(fundamental analysis)又称基本面分析法,是指证券分析师根据经济学、金融学、财务管理学及投资学等基本原理,对决定证券价值及价格的基本要素,如宏观经济指标、经济政策走势、行业发展状况、产品市场状况、公司销售状况和财务状况等进行分析，评估证券的投资价值，判断证券的合理价位，提出相应的投资建议的一种分析方法。基本分析法的理论基础在于：

（1）任何一种投资对象都有一种可以称为“内在价值”的固定基准，且这种内在价值可以通过投资者对该种投资对象的现状和未来前景的分析而获得。

（2）市场价格和内在价值之间的差距最终会被市场所纠正，因此市场价格低于（或高于）内在价值之日，便是买进（卖出）机会到来之时。基本分析流派是指以宏观经济形势、行业特征及上市公司的基本财务数据作为投资分析对象与投资决策基础的投资分析流派，是目前西方投资界的主流派别。基本分析流派的分析方法体系体现了以价值分析理论为基础、以统计方法和现值计算方法为主要分析手段的基本特征。它的两个假设为：股票的价值决定价格和股票的价格围绕价值波动。因此，价值成为测量价格合理与否的尺度。基本分析的内容主要包括宏观经济分析、行业和区域分析、公司分析三大内容。

1. 宏观经济分析

宏观经济分析主要探讨各经济指标和经济政策对证券价格的影响。经济指标分为三类：

（1）先行性指标。这类指标可以对将来的经济状况提供预示性的信息，如利率水平、货币供给、消费者预期、主要生产资料的价格、企业投资规模等。

（2）同步性指标。这类指标的变化基本上与总体经济活动的转变同步，如个人收入、企业工资支出、国内生产总值（GDP）、社会商品销售额等。

（3）滞后性指标。这类指标的变化一般滞后于国民经济的变化，如失业率、库存量、银行未收回贷款规模等。

经济政策主要包括货币政策、财政政策、信贷政策、债务政策、税收政策、利率与汇率政策、产业政策、收入分配政策等。

2. 行业和区域分析

行业和区域分析是介于宏观经济分析与公司分析之间的中观层次的分析。行业分析主要分析行业所属的不同市场类型、所处的不同生命周期以及行业业绩对证券价格的影响。区域分析主要分析区域经济因素对证券价格的影响。一方面，行业的发展状况对该行业上市公司的影响是巨大的。从某种意义上说，投资某家上市公司实际上就是以某个行业为投资对象。另一方面，上市公司在一定程度上又受到区域经济的影响，尤其是我国各地区的经济发展极不平衡，产业政策也有所不同，从而对我国证券市场中不同区域的上市公司的行为与业绩有着不同程度的影响。

3. 公司分析

公司分析是基本分析的重点，无论什么样的分析报告，最终都要落实在某家公司证券价格的走势上。如果没有对发行证券的公司的状况进行全面的分析，就不可能准确地预测其证券的价格走势。公司分析侧重对公司的竞争能力、盈利能力、经营管理能力、发展潜力、财务状况、经营业绩以及潜在风险等进行分析，借此评估和预测证券的投资价值、价格及其未来的变化趋势。

（二）技术分析法

技术分析法（technical analysis）是以证券过去和现在的市场行为为分析对象，运用图表形态、逻辑和数学的方法，探索证券已有的一些典型变化规律，并据此预测证券价格的未来变化趋势的技术方法。证券的市场行为可以有多种表现形式，其中证券的市场价格、成交量、市场价格和成交量的变化以及完成这些变化所经历的时间是市场行为最基本的表现形式。技术分析的理论基础是建立在三个假设之上的，即市场行为包含一切信息、价格沿趋势移动、历史会重复。技术分析理论的内容就是市场行为的内容。

技术分析理论以道氏理论为基础，经过长时间的发展和演化，形成了多种分析流派。比较流行的有：K 线理论、切线理论、形态理论、量价关系理论、技术指标理论、波浪理论和循环周期理论。技术分析流派认为，股票价格的波动是对市场供求偏离均衡状态的调整。该流派以价格判断为基础、以正确的投资时机抉择为目的。从最早的直觉化决策方式，到图形化决策方式，再到指标化决策方式，直到最近的模型化决策方式以及正在研究开发中的智能化决策方式，技术分析流派投资分析方法的演进遵循了一条日趋定量化、客观化、系统化的发展道路。投资市场的数量化与人性化理解之间的平衡是技术分析流派面对的最艰巨的研究任务之一。

（三）量化分析法

量化分析法（quantitative analysis）是利用统计、数值模拟和其他定量模型进行证券市场相关研究的一种方法，具有“使用大量数据、模型和电脑”的显著特点，广泛应用于解决证券估值、组合构造与优化、策略制定、绩效评估、风险计量与风险管理等投资相关问题，是继传统的基本分析法和技术分析法之后发展起来的一种重要的证券投资分析方法。

有些教材直接将量化分析法称为证券组合分析法，但随着组合理论的发展以及出于具体应用的需要，尤其是目前我们处在一个“大数据”时代，将其称为量化分析法时其内涵更丰富并具时代感。

（四）行为分析法

行为分析法（behavior analysis）也被称为行为金融学，源于 20 世纪 80 年代证券市场上不断出现的一些与经典理论相悖而经典理论又无法解释的“异象问题”，如周末现象（一些关于下周一的信息提前反映到本周五的股票价格上）、假日现象、盘中异动并迅速修复等，一些投资者利用这些“异象”进行投资确实获得了超常收益。

因此该方法是以这些“异象”为研究对象，从对标准金融理论的质疑开始，以行为科学为基础来研究投资者的心理行为、进行投资决策的分析方法。该方法以古典金融理论的严格假定与现实市场相悖为出发点，如假定市场无摩擦、投资者是完全理性的，而在证券市场中并不是每一个投资者都会用投资理论中的复杂数学方法来推导所谓的理性与均衡价格来指导自己的投资行为，投资者并不总是根据基本面来进行投资决策，有时会根据噪声来决策，成为所谓的噪声交易者（noise trader）。因此，行为分析学派提出投资者是“有限理性的”“有限自利的”以及具有“有限自制力”三个假设，并以此为依据来分析和解释投资者的投资行为。

二、证券投资分析应注意的问题

证券分析师进行证券投资分析时，应当注意每种方法的适用范围及各种方法的结合使用。

基本分析法的优点主要是能够从经济和金融层面揭示决定证券价格的基本因素及这些因素对价格的影响方式和影响程度，使得投资者的投资决策依据性较强。缺点主要是投资者对基本面数据的真实性、完整性有较强的依赖性，对短期价格走势的预测能力较弱，基本分析法适合立足中长期选择投资标的。

技术分析法直接选取公开的市场数据，采用图表等方法对市场走势做出直观的解释。它缺乏牢固的经济金融理论基础，对证券价格行为模式的判断有很大的随意性，更适合于投资者对短期买卖时机的把握。

量化分析法较多采用复杂的数学模型和计算机数值进行模拟，能够提供较为精细化的分析结论。但它对使用者的定量分析技术有较高的要求，不易为普通公众所接受。同时，量化分析法所采用的各种数学模型本身存在模型风险，而且所涉及的系数难以确定，一旦外部环境发生较大变化，原有模型的稳定性就会受到影响。此外，量化分析法往往需要和程序化交易技术相结合，对交易系统的速度和市场数据的精确度有较高的要求，这也在一定程度上限制了其应用范围，较适合最优投资组合的构建和风险管理。

行为分析法的优点是能够使投资者在证券投资过程中保持正确的观察视角，特别是在对市场重大转折点的心理分析上，往往具有很好的效果。巴菲特的名言"在别人贪婪的时候恐惧，在别人恐惧的时候贪婪"也暗合了行为分析的思想。行为分析法的缺点是该方法基于人的不同理性行为和心理假设，很难得到一个统一的结论用于指导投资者的行为。该方法并不常用，只是在上述分析方法无法给出解释时，其重要性才凸显出来。

事实上，并不存在完美的证券分析方法，任何投资分析理论或分析方法都有其适用的前提和假设。投资分析是一种兼有科学性和艺术性的专业活动，对分析人员的知识、技能和经验都提出了很高的要求。

三、证券投资分析的主要步骤

证券投资分析作为证券投资过程的一个重要环节，对投资的成败起着十分重要的作用。分析结论的正确程度实际上取决于三个方面：（1）分析人员占有信息量的大小以及分析时所使用的信息资料的真实程度；（2）所采用的分析方法和分析手段的合理性与科学性；（3）证券分析过程的合理性与科学性。一般来说，比较合理的证券分析应该由以下四个步骤构成：

1. 资料的收集与整理

资料的收集与整理阶段的主要工作包括：（1）证券投资分析信息资料的收集。（2）信息资料的分类。（3）信息资料的保存和使用管理。

2. 案头研究

首先是根据自己的研究主题和分析方向，确定所需的信息资料；其次是利用证券投资分析的专门方法和手段，对占有的信息资料进行仔细的分析；最后是给出分析结论，存有疑问而不能给出结论的还需要实地调研加以核实。

3. 实地调研

实地调研是指分析人员就自己的研究分析主题到实际工作部门或公司企业等单位进行

实地的调查研究。证券投资分析过程中的实地调研主要出于两个目的：一是就信息资料的真实性到实际工作部门或公司企业进行调查核实；二是就某些阶段性分析结论的公正性和客观性到实际工作部门或公司企业进行调查核实。

4. 形成分析报告

形成分析报告也就是将分析人员的分析结论通过书面的形式反映出来。分析报告一般都应该包括以下几个方面的内容：（1）研究分析的主题；（2）所使用信息资料的来源和种类；（3）采用的分析方法和分析手段；（4）形成分析结论的理由；（5）所得出的分析结论及建议；（6）分析结论和建议的适用期限；（7）报告提供者或撰写者；（8）分析报告形成日期。

第三节　信息不对称下的博弈

有效市场假说是通过研究市场对信息如何做出反应来判定市场效率的，不论我们处在什么样的效率市场，哪怕有效市场假说并不成立，信息在证券投资分析中都起着十分重要的作用，是进行证券投资分析的基础。来自不同渠道的信息最终都将通过各种方式对证券的价格产生作用，导致证券价格的上升或下降，从而影响证券的收益率。因此，信息的多寡、信息质量的高低这种信息的不对称性将直接影响证券投资分析的效果，影响分析报告的最终结论。进一步来讲，证券投资分析的更高层次是尽量避免和消除信息的不对称性对分析结果的影响。

一、有效市场假说

芝加哥大学布斯商学院教授法马（Fama）于1970年正式提出有效市场假说（EMH）。法马认为，当证券价格能够充分地反映投资者可以获得的信息时，证券市场就是有效市场，即在有效市场中，无论随机选择何种证券，投资者都只能获得与投资风险相当的正常收益率。

有效市场是指这样一种市场，在该市场上，所有信息都会很快被市场参与者领悟到并被立刻反映到市场价格之中。这个理论假设参与市场的投资者有足够的理性，能够迅速对所有市场信息做出合理反应。有效市场假说认为在一个充满信息交流和信息竞争的社会里，一个特定的信息能够在股票市场上迅速被投资者知晓。随后，股票市场的竞争会驱使股票价格充分且及时地反映该信息，从而使得利用该信息所进行的交易不存在非正常报酬，而只能赚取经风险调整的平均市场报酬率。只要证券的市场价格能充分及时地反映全部有价值的信息、市场价格代表着证券的真实价值，这样的市场就被称为“有效市场”。

（一）有效市场的三个层次

法马根据投资者可以获得的信息种类，将有效市场分成了三个层次：弱式有效市场、半强式有效市场和强式有效市场。

1. 弱式有效市场

弱式有效市场假说认为，在弱式有效的情况下，市场价格已充分反映出所有历史的证券价格信息，包括股票的成交价、成交量、卖空金额及融资金额等，所以通过利用移动平均线和K线图等手段分析历史价格信息来预测未来价格走势的技术分析法是无效的。

2. 半强式有效市场

半强式有效市场假说认为价格已充分反映出所有已公开的有关公司营运前景的信息。这些信息有成交价、成交量、盈利资料、盈利预测值、公司管理状况及其他公开披露的财务信息等。假如投资者能迅速获得这些信息，股价会迅速做出反应。因此，利用获得的所有公开信息进行分析的基本分析法也是无效的。

3. 强式有效市场

强式有效市场假说中的信息既包括所有的公开信息，也包括所有的内幕信息，例如公司内部高级管理人员所掌握的内部信息。如果强式有效市场假说成立，上述所有的信息都已经完全反映在当前的价格之中，所以，即便是掌握内幕信息的投资者，也无法持续获取非正常收益。

（二）有效市场的前提假设

1. 是以一个完美的市场（perfect market）为前提的

（1）整个市场没有摩擦，即不存在交易成本和税收；所有资产完全可分割、可交易；没有限制性规定。

（2）整个市场充分竞争，所有市场参与者都是价格的接受者。

（3）信息成本为零。

（4）所有市场参与者同时接收信息，所有市场参与者都是理性的，并且追求效用最大化。

2. 理想和现实的差距

在现实生活中，以上这些假设条件是很难成立的。投资者进行投资都必须考虑以下成本：

（1）交易成本。投资者每做一次交易，都要付给经纪人一定的费用。

（2）税收。投资者必须按每次交易的金额或收入，以一定比例纳税，即交易印花税和资本利得税。

（3）投资者为了挖掘各种信息，也必须支付一定的费用。

（4）机会成本，包括时间、精力等。

二、信息不对称与证券市场效率

市场经济发展了几百年，其间都是处于信息不对称的情况之下，但信息不对称理论的推出却只是近几十年的事情。当人们没有发现信息不对称理论的时候，比如在亚当·斯密的时代，理论界并没有注意到市场的这一先天缺陷，斯密甚至对“看不见的手”推崇备至，自由的市场经济理论学者都宣扬市场的自由调节，反对政府对市场的干预。

今天，信息经济学逐渐成为新的市场经济理论的主流，人们打破了自由市场处于完全信息情况下的假设，才终于发现信息不对称的严重性。

（一）信息不对称和信息分配

1. 信息不对称

信息不对称理论是由三位美国经济学家——约瑟夫·斯蒂格利茨、乔治·阿克洛夫和迈克尔·斯彭斯于20世纪末提出的。该理论认为：市场中卖方比买方更了解有关商品的各种信息；掌握更多信息的一方可以通过向信息贫乏的一方传递可靠信息而在市场中获益；买卖双方中拥有较少信息的一方会努力从另一方获取信息；市场信号显示在一定程度上可以弥补信息不对称；信息不对称是市场经济的弊病，要想减少信息不对称对经济造成的危害，政府应在市场体系中发挥强有力的作用。

信息不对称可能导致逆向选择（adverse selection）。一般而言，卖方比买方拥有更多的关于交易物品的信息，但反例也可能存在。前者的例子可见于二手车的买卖，卖方对拟卖出的车辆比买方了解得更多；后者的例子可见于医疗保险，买方通常拥有更多的信息。

2. 信息不对称下的博弈

信息经济学的价值不在于揭示了信息不对称，而在于说明了信息和资本、土地一样，是一种需要进行经济核算的生产要素。在商品经济中，信息主要反映在价格上，价格信息是经济信息的中心，其他信息都是为价格信息服务的。市场经济的本质是用价格信号对社会资源进行配置，社会资源的分配和再分配过程实际上是人们围绕价格进行资源博弈的过程，人们对任何一种资源的优先占有都可以在博弈中获得相关的利益，对信息也是这样。

3. 信息分配制度

信息分配的状况决定着信息不对称的状况，是信息不对称的主要根源之一。现存的信息不对称情况多数是制度选择的结果而非制度选择的原因，所以解决信息不对称问题首先要着眼于信息分配制度。信息产业既可以分为对科学知识进行配置的教育、科研、文化产业，以及对特定时间和地点的信息进行配置的广播电视、报纸杂志、互联网等传媒产业，又可以分为对信息资源进行配置的工具产业和信息资源的内容产业。它们共同组成对信息资源进行配置的经济系统。信息经济学的意义就在于研究这个系统的运行效率如何及应该如何改进效率才能使之达到最优。

（二）证券市场上的信息不对称

1. 投资者和证券发行人之间的信息不对称

在证券市场上证券的发行人是卖者，而购买证券的投资者是买者，根据信息不对称的定义，证券发行人显然较投资者处在信息的有利位置，证券发行人对自己的经营状况了如指掌，并垄断了此类信息的供给，处于绝对的信息优势；证券的投资者或潜在投资者对公司的了解程度只能依赖于公司经营者提供的相关信息的多寡和真实程度。

由于投资者和证券发行公司的信息不对称，不符合发行条件的、为了获得更高市场定位的证券发行人就有了包装业绩的原始冲动，在投资者无从识别、造假者得不到惩罚的情况下，最终导致市场效率降低，低质量公司的证券反而成为市场的宠儿，高质量公司的证券反而被冷落，出现"劣币驱逐良币"的现象。

2. 投资者之间的信息不对称

由于搜寻成本的不一致，证券市场衍生出了第二种信息不对称——机构投资者与个人投资者之间的信息不对称。以下三个原因导致了此类信息不对称：

（1）机构投资者由于持股量大，与发行人联系比较紧密。有的机构能够直接参与发行人内部的经营管理决策，有的机构如证券公司为发行人提供过证券承销、并购重组、资信评估、行情分析等相关服务，因而比一般的个人投资者更了解发行人的真实信息。

（2）机构投资者资金实力雄厚，对搜集信息的成本有足够的支付能力，而个人投资者因付不起搜寻费用，或因搜寻费用可能超过了其所获收益，通常放弃对相关信息特别是内幕信息的搜集。

（3）在证券市场上，由于交易者拥有的信息越多越有利，因此，作为获得信息的优势方，机构投资者势必会试图隐藏、垄断信息，或向市场提供虚假信息，这必然阻碍或延缓个人投资者获得有效信息。此外，大多数机构投资者比个人投资者更会处理和分析信息。

由于证券投资者之间存在着较大的信息不对称，因而股价信息中总包含着许多“泡沫”和“噪声”。当“噪声”大到一定程度时，信息优势方以获利了结，信息劣势方则成为这种无效市场的牺牲者。

3. 政府与投资者之间的信息不对称

政府不具备完全信息，不总是大公无私和言而有信。在中国的证券市场上确实产生了一种新的信息不对称，即政府与投资者关于政策变动方向、时间、频率的信息不对称。

（1）由于社保基金的存在，政府在调控证券市场时，何时出台政策、怎样出台政策都不可避免地要考虑到社保基金持仓与否，这对于投资者而言是明显的信息不对称。

（2）由于国有资产监督管理委员会管理的国有资产中有相当一部分是上市企业，政府在进行市场监管时难免既是“裁判员”又是“运动员”。

（3）两个证券交易所出于各自的利益考虑，而增加了交易信息的不对称。交易信息本应根据技术条件对外一视同仁地公布，但有些行情系统公司通过向交易所多付费的方式，获得更多的交易信息而向客户发布，这就使得使用不同行情系统的投资者处在信息不对称的状况下。而交易信息是投资者在交易时形成的，投资者有权免费获得交易信息，即使收费也应该一视同仁，即统一交易信息披露标准。

在证券市场的上述三种信息不对称现象中，表面上最受重视的是第一种，对此配有较严格的信息披露制度；针对第二种信息不对称，《中华人民共和国证券法》（以下简称《证券法》）中也有关于证券操纵、证券欺诈的相关规定。对于前两种信息不对称的治理，在惩罚的执行层面还有待加强和完善。而对于第三种信息不对称，我国的重视程度不够，需要通过制度性的改革来完善。只有这样，才能使中国证券市场的效率进一步提高，避免不必要的人为因素导致市场动荡，使投资者的利益得到切实的保障。

三、证券市场的信息传播

（一）信息传播的载体

证券市场的信息是指在特定时间和地点产生的与证券市场主体或个体相关的信息，它的主要传播载体同样是广播电视、报纸杂志、互联网等新老传播媒体，只不过在中国，中国证券监督管理委员会（以下简称中国证监会）还指定了一些媒体作为上市公司披露信息的平台。其实各种财经媒体为了吸引受众，都理应把真实的信息及时准确地传递给其受众，做到这一点的媒体要比指定的媒体更有生命力。

（二）信息发布的主体

1. 上市公司

上市公司作为经营主体，其经营状况的好坏直接影响到投资者对其价值的判断，从而影响其股价水平的高低。一般来说，上市公司通过定期报告（如年度报告、中期报告和季度报告）和临时公告等形式向投资者披露有关其经营状况的信息，如公司盈利水平、公司股利政策、增资减资和资产重组等重大事宜。

此外，中国证监会还要求上市公司在各自的网站上开辟投资者互动平台，并将所有的公告原文电子文档于第一时间在其网站上刊登，以备投资者查询。2005 年经国家标准化管理委员会批准，中国证监会颁布实施了《上市公司信息披露电子化规范》，这对于针对众多公司的比较分析以及上市公司信息的数据化管理和分析具有现实意义。

2. 政府部门

(1) 宏观经济政策的主体。

政府部门是国家宏观经济政策的制定者，是信息发布的主体，是一国证券市场上有关信息的主要来源。针对我国的实际情况，国务院是国家进行宏观管理的最高机构。国务院根据《中华人民共和国宪法》和法律所规定的各项行政措施、制定的各项行政法规、发布的各项决定和命令，以及颁布的重大方针政策，都会对证券市场产生全局性的影响。

作为宏观调控部门，国家发展和改革委员会（简称国家发展改革委）、中国人民银行、财政部及商务部发布的有关信息都会对证券市场产生直接影响。中国证监会是直接监督管理我国证券市场的国务院直属正部级事业单位，它对中国资本市场的制度性改革、监管的具体措施也会对证券市场产生较深远的影响。

(2) 行业、产业政策的主体。

在国务院的 26 个组成部门中，直接和具体行业相关的部委已经大大减少，工业和信息化部被认为是现有管辖面最广的行业领导部委，此外，生态环境部、住房和城乡建设部、交通运输部、水利部、农业农村部、文化和旅游部、国家卫生健康委员会也都归口管理相关行业。但要研究国家的产业政策，还是要关注国家发展改革委的政策取向，而商务部可以被理解为管理涉外经济的部门，在华的中外合资、外商独资的上市公司的重大事项要经过商务部的审核批准。

(3) 央企上市公司的管理主体。

国务院国有资产监督管理委员会（简称国务院国资委）是国务院直属特设机构。其主要职责包括：根据国务院授权，依照《中华人民共和国公司法》（以下简称《公司法》）等法律和行政法规履行出资人职责，指导推进国有企业改革和重组；对所监管企业国有资产的保值增值进行监督，加强国有资产的管理工作；推进国有企业的现代企业制度建设，完善公司治理结构；推动国有经济结构和布局的战略性调整。国务院国资委制定的一系列关于国有资产监督管理的法规、政策会直接或间接地影响到证券市场，诸如国有企业上市、国有企业整合、国有股划转社保基金及减持等都是证券市场的敏感问题。由于旗下的已上市、拟上市央企规模庞大，因此其一举一动都影响着证券市场的供求关系。

(4) 宏观经济运行结果的发布主体。

国家统计局是主管统计和国民经济核算工作的国务院直属机构。其主要职责是拟订统计工作法规、统计改革和统计现代化建设规划以及国家统计调查计划，组织领导与监督检查各地区、各部门的统计和国民经济核算工作，监督检查统计法律法规的实施。国家统计局定期对外发布的国民经济和社会发展中的有关统计数据，是证券投资分析中判断宏观经济运行状况、行业发展水平等的重要数据类信息来源。

3. 证券交易所

根据《证券法》的规定，证券交易所是为证券集中交易提供场所和设施、组织和监督证券交易、实行自律管理的法人。其主要负责提供证券交易的场所和设施，制定证券交易所的业务规则，接受上市申请，安排证券上市，组织、监督证券交易，对会员、上市公司进行监管等事宜。其中，证券交易所向社会公布的证券行情、按日制作的证券行情表以及就市场内成交情况编制的日报表（含龙虎榜）、周报表、月报表与年报表等成为证券分析中的首要信息来源。

4. 证券登记结算公司

证券登记结算公司是为证券交易提供集中登记、存管与结算服务，不以营利为目的的法人。证券登记结算业务采取全国集中统一的运营方式，由证券登记结算公司依法集中统一办理。证券登记结算公司实行行业自律管理。证券登记结算公司履行下列职能：证券账户、结算账户的设立和管理，证券的存管和过户，证券持有人名册登记及权益登记，证券和资金的清算交收及相关管理，受发行人的委托派发证券权益，依法提供与证券登记结算业务有关的查询、信息、咨询和培训服务。

5. 中国证券业协会

中国证券业协会是证券业的自律性组织，是社会团体法人。根据我国《证券法》的规定，证券公司应当加入证券业协会。中国证券业协会协助证券监督管理机构组织会员执行有关法律，维护会员的合法权益，为会员提供信息服务。

6. 证券中介机构

证券中介机构是指为证券市场参与者如发行人、投资者等提供各种服务的专职机构。按提供服务的内容不同，证券中介机构可以分为证券经营机构、证券投资咨询机构以及可从事证券相关业务的会计师事务所、资产评估事务所、律师事务所、信用评级机构等。这些机构利用其在人才、信息等方面的优势，为不同市场参与者提供相应的专业化服务，有助于投资者分析证券的投资价值，引导投资者的投资方向。其中，由证券中介机构专业人员在资料搜集、整理、分析的基础上撰写的，通常以有偿形式向使用者提供的研究报告，属于经加工的二次信息，也是信息的一种重要形式。这种信息除了依靠财经媒体传播外，相当一部分是通过自己的传播平台对外发布的或者是有偿服务的。

7. 其他来源

除上述信息来源以外，投资者还可通过实地调研、专家访谈、市场调查等渠道获得有关信息，也可通过家庭成员、朋友、邻居等获得有关信息，甚至包括内幕信息。对某些投资者来说，上述渠道有时可能是获取信息的非常重要的渠道。但必须指出的是，根据关于证券投资咨询业务行为的规定，证券分析师从事面向公众的证券投资咨询业务时，所引用的信息仅限于完整翔实的、公开披露的信息资料，并且不得以虚假信息、内幕信息或者市场传言为依据向客户或投资者提供分析、预测或建议。所以，证券分析师应当非常谨慎地处理所获得的非公开信息。

第四节 投资与投机的区别

马克·吐温（Mark Twain）曾说过，人的一生中有两个时候不应进行投机：当他不能承受时以及当他能承受时。正因为如此，了解投资（investment）与投机（speculation）的区别是取得投资成功的第一步。本节内容主要来自投资学的三本经典名著，通过阅读经典名著，我们将更好地理解和区分投资与投机。

一、投资和投机的对比

（一）投机者和失败的投资者——赛思·卡拉曼《安全边际》[①]

对投资者而言，股票代表的是相应企业的部分所有权，而债券则是这些企业的贷款。投资者通过比较当前证券的价格与认知价值做出买卖决定。当他们认为有一些别人所不知道或不关心抑或宁愿忽视的事情时，他们开始交易。当股票看起来能提供有吸引力的回报时买入，当回报与风险不再匹配时卖出。

投资者相信从长远来看证券的价格倾向于反映企业的基本面。因此股票投资者至少可以以下面三种可能的方式之一获取预期收益：基本业务产生自由现金流，并最终反映在一个更高的股价上，或以股息形式派发；投资者愿意为基本业务支付更高的对价并体现在更高的股价上；或股票价格与潜在的商业价值之间的差距缩小。

相比之下，投机者购买和出售证券取决于他们认为这些证券的价格将上升或下降。他们对于未来价格走势的判断不是基于基本面，而是基于对他人行为的预测。他们认为证券就是一些被买来卖去的纸片，而对投资基本面则一无所知或漠不关心。他们购买证券只是因为它们“表现”很好，反之则把它们卖掉。事实上，即便确定明天世界将毁灭，一些投机者也很可能依然根据他们认为今天市场将做什么而继续进行交易。

投机者痴迷于预测（猜测）股票价格的运行方向。每天早上在有线电视上，每天中午在股市报告上，每个周末在《巴伦周刊》（*Barron's*）上，每个星期在几十类媒体上，以及每当商界聚会时，都有关于市场走向的泛滥猜想。许多投机者试图以技术分析（过去的股价波动）为指南预测市场的走向。技术分析是基于过去的股价做出假设，而不是通过潜在的商业价值来掌握未来股票价格的关键。在现实中，没有人知道市场将要做什么，试图预测市场走向是浪费时间，基于这样的预测进行的投资就是投机。

市场参与者并不会佩戴徽章来表明他们是投资者还是投机者。有时候不通过长时间研究他们的行为，很难将他们区分开。单单看他们持有的证券也不能说明什么，因为任何证券都可以被投资者、投机者或二者同时持有。事实上，许多“投资专家”大部分时间表现得跟投机者一样执行投机操作，这从他们设定目标的方式上可见一斑。他们通过预测市场

---

① 赛思·卡拉曼（Seth Klarman）是 Baupost 基金公司的总裁，是最受投资者尊敬的人物之一。其代表作《安全边际》（*Margin of Safety*）和《〈证券分析〉（第六版）导读》已成为重要的经典投资读物。《安全边际》一书的英文原版出版于 1991 年，但当时在中国没有公开发行中文版，2007 年之后才有出版社将其翻译成中文并少量销售。本节选自《安全边际》第一章。

波动来追求短期交易利润，而不是依据基本面获取长期投资利润。正如我们将会看到的，投资者极有可能实现长期投资的成功；相反，投机者则有可能随着时间的推移而亏本。

就如同下面这个沙丁鱼的故事一样，故事讲的是沙丁鱼从加利福尼亚州蒙特雷的习惯水域消失了，很多商品交易商乘机哄抬价格，致使沙丁鱼罐头的价格一路高涨。有一天有个买家成功交易后决定打开一罐来犒劳自己，但吃下去立刻觉得不适，因为罐头早已变质了。买家马上找到卖家，要求对方给出解释。卖家很奇怪地反问："你不知道这些沙丁鱼不是拿来吃的，而是拿来交易的吗?"与此类似，投机者从未品尝过交易的沙丁鱼，投机给人一种快速获得财富的前景，如果你能快速致富，那么为什么还要慢慢变富呢？因此，投机者总是追随大流，而不是逆流。多数人认可的东西总是让人感到放心，他们从大多数人中获得信心。

投资者和投机者持有的标的有时也是一样的，但含义却是完全不同的：投资者持有的投资品可以为投资者带来现金流，而投机者却只能依赖于变化无常的市场。

（二）投资与投机的区别——本杰明·格雷厄姆《证券分析》①

现在已然衰朽者，将来可能重放异彩。现在备受青睐者，将来却可能日渐衰朽。

——贺拉斯《诗艺》

这是格雷厄姆在《证券分析》一书扉页上引用的话。《证券分析》出版于 1934 年，此时美国刚刚经历了大萧条，格雷厄姆更能够清楚地感受到这句话的意义所在。

1929 年的格雷厄姆踌躇满志，被誉为金融天才，连总统顾问巴鲁克这样的大人物也向他请教投资问题。他拥有 250 万美元的资本，住着房租高达 1.1 万美元一年的豪华公寓，有 10 个房间和 9 个仆人。但是在这场所未有的大萧条中，在 1932 年前格雷厄姆的本金亏损一度高达 70%，几近破产，不得不举家搬到廉价公寓，每日挤地铁上下班。幸运的是，从 1933 年开始，情况有所好转，格雷厄姆的公司重新开始赚钱。可以看出，将这句话作为自己新书扉页上的话，既表达了格雷厄姆对当时美国经济、股市和投资的感悟，也隐含了他对人生的理解：繁荣和萧条、辉煌与暗淡、奢华与困苦，总是对立和共存的。这也更坚定了他对价值投资方式的信心：无论市场情绪、宏观状况等外在的因素如何改变，价值都将永远存在。

格雷厄姆在书中明确了"投资"和"投机"的区别，这是本书的核心内容之一。在当时，很多人认为买安全性较高的债券资产就是投资，而购买股票就是投机。格雷厄姆明确提出，动机比外在表现更能确定购买证券是投资还是投机。如果有人通过借贷来购买证券，哪怕买的是最安全的债券也是投机。格雷厄姆给出了自己的定义："投资是一种通过认真分析研究，有望保本并能获得满意收益的行为。不满足这些条件的行为就被称为投机。"

格雷厄姆引导市场逐渐认识到，投资股票不是击鼓传花的游戏，也不是投资者之间的零和博弈，"投资者不是从同伴手中赚钱，而是通过企业的经营赚钱"。价值投资者在拥有

① 本杰明·格雷厄姆，戴维·多德．证券分析：第六版．北京：中国人民大学出版社，2009. 此著作是华尔街的经典，也是奠定格雷厄姆声誉的里程碑。书中第一次阐述了寻找"物美价廉"的股票和债券的方法，这些方法在格雷厄姆去世后 40 余年依然适用。截至 2009 年本书在长达 70 多年的时间里共发行了 6 版，共计百万册，成为无数美国最杰出投资家的启蒙教程，加上本杰明·格雷厄姆与戴维·多德两人在华尔街创下的不朽业绩，本书成为投资方面最有影响力的著作。该书自 1934 年问世以来，至今仍是人们最为关注的书籍，被誉为投资者的《圣经》。

足够的安全边际时买入，当然这可能并不是价格的底部。

（三）投资与投机：聪明投资者的预期收益——本杰明·格雷厄姆《聪明的投资者》[①]

何谓“投资者”？在《聪明的投资者》这本书中，这一说法始终是与“投机者”相对应的。早在1934年格雷厄姆撰写的那本《证券分析》教科书中，格雷厄姆就试图准确地定义两者之间的区别：“投资业务是以深入分析为基础，确保本金的安全，并获得适当的回报；不满足这些要求的业务就是投机。”

尽管在随后的38年中，格雷厄姆一直坚守这一定义，但是值得注意的是，在这一时期使用“投资者”这一术语时，情况发生了重大改变。在1929—1933年的市场大崩溃之后，所有的普通股都被看成是投机性的。（一位知名的权威人士直言不讳地宣称，只有购买债券才能称为投资。）因此，那时格雷厄姆不得不为自己的定义进行辩护，因为人们认为格雷厄姆的投资定义过于宽泛。

现在，格雷厄姆却不得不做相反的事情。格雷厄姆必须告诫读者不要受流行语的影响而把股票市场上的每一个人都视为“投资者”。

1962年6月，一本权威金融杂志在首页刊载了一篇标题为《小投资者卖空，引起跌风》的文章。没有任何术语可以生动地表达盛行于金融界多年的、普通股投资和普通股投机概念之间的混淆（有必要指出，在该文章被刊载时，股市已经经历了一次暴跌，正呈大的上涨趋势。这不是卖空的好时机）。

这本杂志在这里用“投资者”一词是因为，在华尔街通俗的语言中，任何人只要买卖证券，就成为投资者，而不管他买什么、以什么目的、以什么价格、用的是现金还是保证金。将此和1948年公众对普通股的态度比较一下，那时超过90%的接受询问的人表示他们反对购买普通股。一半人是因为投资普通股“不安全，是一个赌博”，另一半人是因为“不熟悉”。令人啼笑皆非（但不奇怪）的是：当普通股以极具吸引力的价格出售时，人们普遍认为购买普通股是投机或冒险行为；相反，当股票剧涨到根据过去的经验来判断毫无疑问是极危险的水平时，购买股票反而成了投资，购买者反而成了投资者。

1970年10月，该杂志刊载了一篇关于“鲁莽投资者”的编辑部评论文章。文章提道：上一次，他们是卖空；而这一次，他们是竞相抢购股票。

分析普通股的投资和投机之间的区别总是有用的，且它的消失正是人们所关切的。位于华尔街的纽约证券交易所，作为一个机构，应该更好地提出忠告以重申这一区别，并在其与公众的交往中强调这一区别。否则，总有一天，交易所会因没有警告那些投机者而使他们遭受损失，并因此受到谴责。格雷厄姆相信《聪明的投资者》的读者一定会形成这样一个明确的概念：风险是普通股交易所固有的——风险和盈利机会是不可分的，这两点投资者都应考虑在内。

上述内容说明，格雷厄姆认为对于典型的普通股可能不再有真正的投资，从某种意义上讲，投资者可以等到其价格不包含面临巨大损失的风险时购买它们。投资者必须认识到

---

① 本杰明·格雷厄姆．聪明的投资者：第四版．北京：人民邮电出版社，2016.《聪明的投资者》是一本投资实务领域的世界级和世纪级的经典著作，1949年首次出版即成为股市上的《圣经》，是本杰明·格雷厄姆的经典之作。现在的投资环境与本杰明·格雷厄姆时期虽有不同，但是华尔街所有标榜价值投资法的经理人都称自己是格雷厄姆的信徒。格雷厄姆所建立的价值投资原则之伟大，被半个多世纪的经济事实一次又一次雄辩地证明。

普通股投资固有的投机因素，如果股票市场的特点在将来可能发生根本变化，投资者的任务是把它限制在合理的范围之内，并在财务上和心理上做好出现逆境的准备——这个逆境是重要的，尽管可能是暂时的。

应该增加两段来讨论投机的本质，以与现在大多数有代表性的普通股所固有的投机成分相区别。完全的投机既不合法也不道德，并且绝大多数人也不能通过它致富。但是，某些投机也是必要的和不可避免的，因为在许多普通股情形中，获利和损失的可能性都很大，风险必须有人来承担。就像有理性投资一样，也有理性投机。但在许多情况下，投机是非理性的，尤其是在以下三种情况下：(1) 意识不到自己的投机行为；(2) 缺乏足够的知识和技巧，严重投机；(3) 动用比你能承受的损失更多的资金。

按保守的观点，每个用保证金操作的非专业人士都应该认识到，他事实上是在投机，因此，他的经纪人有义务提醒他。每个人购买所谓的热门股，或进行类似的购买，他就是在投机或赌博。投机使人着迷，如果你在这个游戏中获利，你就会更加着迷。如果你想试试你的运气，最好拿出一定比例的资金专作此用，而且这个比例越小越好。无论是在操作上，还是在思想上，都不要把投资和投机混淆起来。

投资者和投机者最实际的区别在于他们对股市运动的态度。投机者的兴趣主要在于参与市场波动并从中谋取利润。投资者的兴趣主要在于以适当的价格取得和持有适当的股票；市场波动实际上对他也很重要，因为市场波动产生了较低的价格使他有机会聪明地购入股票，又产生了较高的价格使他不买进股票并有机会聪明地抛出股票。

投资者不应仅仅在等到市场价位跌到极低时才购入股票，因为这意味着可能要等较长的时间，从而损失大笔股息收入及大量投资机会。总的来说，投资者最好是在他有资金可以投入股市时就购入，除非市场价位比他用一些公认的价值标准判断的合理价位高出许多。他如果精明的话，应从一些廉价的个股中寻找投资机会。

二、安全边际

（一）安全边际的含义与重要性

追求“价值远超过价格所带来的安全边际”是格雷厄姆写《证券分析》这本书的核心理念之一。投资者的安全边际是基于统计数据的简单和确定的算术推理而得到的，它将得到实际投资经历的有力支持。在证券的市场价格明显低于计算所得的内在价值时买进股票，最终必将产生超额回报。

价值投资者所追寻的安全边际必须有足够的缓冲带，不是试图以 20 元的价格购买价值 21 元的证券。巴菲特曾对“安全边际”做过一个有趣的比方：“架设桥梁时，载重量为 3 万磅，但你只驾驶 1 万磅的卡车穿梭其间。”

格雷厄姆和巴菲特之所以非常强调安全边际原则，其根本原因是影响股票市场价格和公司经营的因素非常复杂；相对而言，人的预测能力是非常有限的，很容易出现预测失误。股价波动是难以准确预测的，尽管股价长期来说具有向价值回归的趋势，但如何回归、何时回归是不确定的。公司价值是难以准确预测的，同时受到公司内部因素、行业因素、宏观因素的影响，但这些因素本身是变化和不确定的，对公司价值的影响更是不确定的。

安全边际是对投资者自身能力的有限性、股票市场波动的不确定性、公司发展的不确定性的一种预防和保险。如果有了较大的安全边际，即使投资者对公司价值的评估有一定的误差、市场价格在较长的时期内仍低于价值、公司发展遇到暂时的挫折，都不会妨碍投资者投资资本的安全性以及保证取得最低满意程度的报酬率。

（二）安全边际、投资与投机

格雷厄姆说："安全边际概念可以被用来作为试金石，以助于区别投资操作与投机操作。"根据安全边际进行的价值投资，风险更低，收益却更高。尽管公司股票的市场价格涨落不定，但许多公司具有相对稳定的内在价值。股票的内在价值与当前的交易价格通常是不相等的。基于安全边际的价值投资策略是指投资者通过对公司内在价值的估算，比较其内在价值与公司股票价格之间的差价，当两者之间的差价达到安全边际时，可选择该公司股票进行投资。

格雷厄姆曾指出："股市问题特别偏爱投资于估值过低股票的投资者。首先，股市几乎在任何时候都会生成大量的真正估值过低的股票以供投资者选择。然后，在这些股票被忽视且其价格朝与投资者所期望的价值相反的方向运行相当长时间以检验投资者的坚定性之后，在大多数情况下，市场总会将其价格提高到和其代表的价值相符的水平。理性的投资者确实没有理由抱怨股市的反常，因为其反常中蕴含着机会和最终利润。"实质上，从根本上讲，价格波动对真正的投资者只有一个重要的意义：在价格大幅下跌后，提供给投资者低价买入的机会；在价格大幅上涨后，提供给投资者高价卖出的机会。如果忽视安全边际，即使你买入非常优秀企业的股票，一旦买入价格过高，也很难盈利。在价值投资法中，如果你以 60 美分买进面值为 1 美元的纸币，其风险大于以 40 美分买进面值为 1 美元的纸币，但后者报酬的期望值却比较高。以价值为导向的投资组合，其报酬的潜力越高，风险就越低。在买入价格上，我们要始终坚持留有一个安全边际。如果计算出一只普通股的价值仅仅略高于它的价格，那么就没有必要对其产生买入兴趣。坚信这种"安全边际"的投资原则是投资成功的基石。

本章小结

本章重点介绍了证券投资的主要方法和步骤，以及这些分析方法各自的局限；通过对有效市场假说的介绍指出了要客观地看待证券市场的信息不对称，并正视信息不对称的客观存在，力求在信息的源头上尽量避免或减少不对称；介绍了证券市场各种信息的发布主体和渠道；在投资和投机的对比分析中，重点介绍了安全边际的理念。

关键术语

基本分析	技术分析	量化分析	行为分析	上市公司
宏观经济分析	行业分析	公司分析	实地调研	信息不对称
市场效率	弱式有效	半强式有效	强式有效	公开信息
内幕信息	交易信息	信息披露	政府部门	安全边际

习题

一、单项选择题

1. 依据宏观经济形势、行业特征及上市公司的基本财务数据来进行投资分析的流派被称为(　　)。

A. 量化分析流派　B. 基本分析流派　C. 定性分析流派　D. 技术分析流派

2. 研究投资者在投资过程中产生的心理障碍以及如何保证正确的观察视角的证券投资分析流派是(　　)。

A. 行为分析流派　B. 量化分析流派　C. 技术分析流派　D. 基本分析流派

3. 作为信息发布主体，(　　)所公布的有关信息是投资者对其证券进行价值判断的最重要依据。

A. 中国证监会　B. 上市公司　C. 证券交易所　D. 证券中介机构

4. 证券投资基本分析的重点是(　　)。

A. 宏观经济分析　B. 行业分析　C. 区域分析　D. 公司分析

5. 在(　　)中，任何人都不可能通过对公开或内幕信息的分析来获取非正常收益。

A. 弱式有效市场　B. 半弱式有效市场　C. 半强式有效市场　D. 强式有效市场

6. 以价格判断为基础、以正确的投资时机抉择为目的的证券投资分析流派是(　　)。

A. 基本分析流派　B. 学术分析流派　C. 技术分析流派　D. 心理分析流派

二、多项选择题

1. 投资者进行证券投资的具体目标有(　　)。

A. 收益率最大化

B. 风险最小化

C. 在风险既定的条件下使投资收益率最大化

D. 在收益率既定的条件下使风险最小化

2. 基本分析的内容主要包括(　　)。

A. 宏观经济分析　B. 行业和区域分析

C. 公司分析　D. 强势分析

3. 从信息发布主体和发布渠道来看，证券市场上各种信息的来源主要有(　　)。

A. 政府部门　B. 证券交易所　C. 上市公司　D. 投资者实地考察

4. 以下关于证券交易所的说法，正确的是(　　)。

A. 我国的证券交易所包括上海证券交易所和郑州期货交易所

B. 制定证券交易所的业务规则，接受上市申请，安排证券上市

C. 对证券市场的违法违规行为进行调查、处罚

D. 组织、监督证券交易，对会员、上市公司进行监管

5. 一般来说，上市公司通过(　　)形式向投资者披露有关其经营状况的信息。

A. 年度报告　B. 中期报告　C. 临时公告　D. 季度报告

6. 随着现代投资组合理论的诞生，证券投资分析开始形成界限分明的四个基本的分

析流派，其中完全体系化的分析流派是(　　)。

A. 基本分析流派　B. 技术分析流派　C. 心理分析流派　D. 量化分析流派

7. 证券投资分析的基本要素有(　　)。

A. 分析理论　B. 信息　C. 步骤　D. 方法

名家介绍

巴菲特与索罗斯

巴菲特与索罗斯，一个是投资大师，另一个是投机大师。他们二人是当今全球投资界的旗帜性人物，是人人敬仰和效仿的标杆。虽然他们的投资方式和风格截然相反，但他们所取得的辉煌成就和所表现出来的智慧与魅力，代表着世界金融领域的两座高峰：一个代表着投资，另一个代表着投机。

他，巴菲特，以 100 美元起家，靠着非凡的智慧、理智的头脑、长远的投资眼光，以及对市场本质的准确把握，从分析和投资股票做起，最终集腋成裘，在 50 多年的时间里创造了 470 多亿美元的巨额财富。不论是在牛市还是在熊市，不论经济是处于增长期还是衰退期，不论是在二战后纺织业发展的高峰期、越南战争中，还是在垃圾债券涌现和信息化的时代，巴菲特的盈利能力始终稳如泰山，从而演绎了一段从平民到世界巨富的不朽传奇，其“股神”的地位始终无人可以撼动。

他，索罗斯，怀揣 25 万美元只身闯荡华尔街，始终坚信“我生来一贫如洗，但决不能死时仍旧贫困潦倒”。几十年后，他打败英格兰银行，掀起东南亚金融风暴，成为量子基金（Quantum Fund）的总裁，以年投资回报率 35%的业绩，赚进无数财富，树立了自己在金融投资史上的不朽地位，堪称全球最杰出的基金经理人，被世人称为“金钱魔术师”“金融大鳄”“撼动市场的人”。

巴菲特的投资策略是“方与正”——价值投资，正大光明，走的是持股获利的道路；索罗斯的投资策略是“巧和险”——快速投机，重视趋势，走的是短期暴利的道路。

巴菲特谨慎沉着，通过阅读大量的财务报表，深入挖掘股票的内在价值，以独特的眼光和精准的判断，寻找真正优秀的、具有持续竞争力的好企业，然后大笔投入、长期持有，稳稳当当地赚钱；索罗斯狠辣凌厉，通过对市场各种不确定性的详细分析，利用反射理论和枯荣相生理论，准确找到趋势反转点，快速出手、狠辣攻击，直到把对手置于死地，然后带着巨额的“战利品”迅速撤退。

伯克希尔·哈撒韦公司和量子基金分别是巴菲特和索罗斯构筑的金融帝国。事实上，当两人刚刚走出校门，还在为别人工作的时候，他们的投资成绩就已经十分耀眼了。普通投资者只会简单地选择某一只股票进行买卖，然后获得收益，但两位大师却不同。巴菲特和索罗斯各自都有属于自己的投资理论，并且提前制定了投资原则。在进行投资之前，他们会先做充分的准备工作，然后才进行投资并最终获利。

巴菲特认为，买下伯克希尔·哈撒韦公司是一个错误，但正是在巴菲特的手上，伯克希尔·哈撒韦公司从一个日趋没落的纺织企业变成了今天规模庞大的企业集团；索罗斯人生中的前几十年经历了诸多波折，直到1973年成立了量子基金，之后基金长期保持超高的收益率，并最终发展成为对冲基金领域的领头羊，索罗斯本人也成了对冲基金领域的教父级人物。索罗斯还将自己的哲学思想与其对金融的洞察力结合起来，提出反射理论并通过市场验证其假说，再根据市场的反馈对自己的假说做出修正。

巴菲特的名言是“在别人贪婪的时候恐惧，在别人恐惧的时候贪婪”“人生就像滚雪球，重要的是找到很湿的雪和很长的坡”。这是巴菲特一生投资经验和智慧的浓缩，也是送给广大投资者最经典的忠告。而索罗斯的名言是“在股票市场上，寻求别人还没有意识到的突变”“当我看到泡沫时，我就买这些泡沫资产，因为那正是我的赚钱之道”。这也是索罗斯的肺腑之言，是他对自己投机策略的总结。

巴菲特的巨大成功，不仅证明了投资是一种理性的、可以捉摸的事业，而且为世人揭开了华尔街神秘的面纱，更重要的是，他的成功成为全世界梦想家的希望和承诺；而索罗斯的成功，则让全世界知道了什么是“宏观预测与对冲基金”，让全世界明白了利用巨额杠杆、大肆做空也能成为世界巨富，同时也让世界认识了一位“伟大的投机者”。

巴菲特和索罗斯各自为自己的公司倾注了大量的心血。伴随着公司的成长，两人经历了自己投资生涯的挫折和挑战，也感受到了成功的喜悦。

资料来源：丹阳．向巴菲特学投资 向索罗斯学投机．北京：中国经济出版社，2011；罗杰·洛温斯坦．巴菲特传．北京：中信出版社，2013；乔治·索罗斯．金融炼金术．海口：海南出版社，2016.

第二章

有价证券的估值方法

⊙本章要点⊙

1. 了解货币的时间价值；
2. 掌握现值的计算公式；
3. 学会判断一家公司的价值构成；
4. 清楚股票估值的难点。

【导入案例】

2003 年 4 月，在中国股市于低迷中徘徊的时期，“股神”巴菲特以每股 1.6～1.7 港元的价格大举介入中石油 H 股 23.4 亿股，他成为中石油第二大股东。在中石油回归 A 股之前，从 2007 年 7 月 12 日开始巴菲特历时三个月，将自己手中所持中石油 23.4 亿 H 股全部卖出，卖出的平均价格约为每股 13 港元，获利 277 亿港元。在这之后，中石油股价依旧没有跌下来，反而继续上升，最高时达 20.25 港元。而于 2007 年 11 月 2 日回归 A 股的中石油发行价就高达每股 16.70 元，上市当天开盘价更是高达 48.60 元。当时有些人开始嘲笑大师卖错了，少赚了不少钱。然而，时过境迁，2012 年底，中石油 H 股的价格是 11 港元左右，而其 A 股价格只有 9.04 元。那些曾经嘲笑大师的还被套在 48 元之巅的投机分子们此时是欲哭无泪了。

很明显，这是价值投资和投机的区别。价值投资的核心是估值能力，具有估值能力才能判断一家公司的股票价格是被低估了还是被高估了。巴菲特买中石油时判断其股价明显被低估，而选择在 13 港元左右将其卖出时他已经在中石油上获利超过 7 倍，当时股价已经有被高估之嫌，卖掉恰恰是其价值投资理念的具体体现。至于卖掉后中石油H股还继续上涨，那已超出了巴菲特价值投资标准的估值范畴，并且开始让他恐惧。

通过这个例子足以看清估值的重要性，本章将主要论述有价证券的估值问题。

第一节　证券估值的基本原理

一、什么是有价证券

（一）有价证券的定义

证券是商品经济和社会化大生产发展的产物，其含义非常广泛。从法律意义上说，证券是指各类记载并代表一定权利的法律凭证的统称，用以证明持券人有权依其所持证券记载的内容取得应有的权益。从一般意义上来说，证券是指用以证明或设定权利所做成的书面凭证，它表明证券持有人或第三者有权取得该证券拥有的特定权益，或证明其曾经发生过的行为。

有价证券（valuable papers）上标有票面金额，是证明持券人有权按期取得一定收入并可自由转让和买卖的所有权或债权凭证，这类证券本身没有价值，但由于它代表着一定量的财产权利，持券人可凭此直接取得一定量的商品、货币，或是取得利息、股息等收入，因而可以在市场上买卖和流通，客观上具有了交易价格。影响有价证券价格的因素有很多，主要是预期收入和市场利率，因此，有价证券的价格实际上是资本化了的收入。所以，这里“valuable”中的“value”是一种预期的价值，而非实际的价值，既然是预期，就存在风险和变数。

（二）有价证券的分类

有价证券有广义与狭义两种概念：广义的有价证券包括商品证券、货币证券和资本证券，狭义的有价证券是资本证券。

1. 商品证券

商品证券是证明持券人有商品所有权或使用权的凭证，取得这种证券就等于取得了商品的所有权，持券人对这种证券所代表的商品的所有权受法律保护。属于商品证券的有提货单、运货单、仓库栈单等。

2. 货币证券

货币证券是指本身能使持券人或第三者取得货币索取权的有价证券。货币证券主要包括两大类：一类是商业证券，主要包括商业汇票和商业本票；另一类是银行证券，主要包括银行汇票、银行本票和支票。

3. 资本证券

资本证券是指由金融投资或与金融投资有直接联系的活动产生的证券。持券人对发行人有一定的收入请求权，它包括股票、债券及其衍生品种如基金证券、可转换证券等。

资本证券是有价证券的主要形式。在日常生活中，人们通常把狭义的有价证券——资本证券直接称为有价证券或者证券。本书即在此种意义上使用这一概念。

二、价格与价值的基本概念

（一）市场价格

有价证券的市场价格是指该证券在市场中的交易价格，是由当时该证券的供求关系决定的，一般所说某一证券某天的价格是指其当天交易结束时所形成的价格，即其收盘价格。

（二）内在价值

内在价值（intrinsic value）是由证券本身决定的价格。它是一种相对“客观”的价格，市场价格围绕内在价值形成。每个投资者对内在信息的掌握不同，主观假设不一致，因此每个人计算的内在价值也不会一样。确定证券的内在价值对投资者至关重要。证券的内在价值是证券未来一系列现金流的折现值，通过市场价格与内在价值的比较，投资者可采取相应的决策。

巴菲特在伯克希尔·哈撒韦公司 1996 年的股东手册中对内在价值定义如下：“内在价值是一个非常重要的概念，它为评估投资和企业的相对吸引力提供了唯一的逻辑手段。内在价值可以简单地定义如下：它是一家企业在其余下的寿命中可以产生的现金流量的贴现值。”

(1) 市场价格＜内在价值，证券价格被低估，证券具有投资价值，可买入证券。

(2) 市场价格＞内在价值，证券价格被高估，证券不再具有投资价值，卖出证券（卖空，可融券卖出）。

另外，证券的内在价值是证券定价的参考依据。在将证券推向市场时，需要进行合理的定价，此时，内在价值发挥着重要的作用。本章研究有价证券的估值就是在探讨证券的内在价值是如何确定的。

（三）公允价值

公允价值（fair value）亦称公允市价、公允价格。它是熟悉市场情况的买卖双方在公平交易的条件下和自愿的情况下所确定的价格，或无关联的双方在公平交易的条件下就一项资产可以被买卖或者一项负债可以被清偿所确定的成交价格。

我们在这里探讨公允价值是为了帮助投资者解决所投资的公司购买了其他上市公司的股票，如何对自己手中的股票进行估值的问题。根据《企业会计准则第 22 号——金融工具确认和计量》的规定，以公允价值计量的金融工具主要包括交易性金融资产和金融负债，例如企业为充分利用闲置资金、以赚取差价为目的从二级市场购入的股票、债券、基金等；再如，被企业作为有效套期工具的衍生工具，如远期合约、期货合约、互换和期权等。此外，企业可以基于风险管理的需要或者为消除金融资产或金融负债在会计确认和计量方面存在的不一致情况等，直接指定某些金融资产或金融负债以公允价值计量。这些被列为以公允价值计量的金融工具，其报告价值即为市场价值，且其变动被直接计入当期损益。这也意味着，如果企业能够较好地把握市场行情和动向，其价值即会随“公允价值变动损益”增加而提升；相反，如果企业的投资策略与市场行情相左，则其当期利润就会因此受损。

对于一个成熟的投资者而言，所投资的公司购买了其他上市公司的股票且在报告期没有卖出而采用公允价值计量的，不仅要扣除递延税项，还要考虑变现时价格的变化，从而计算其预期损益或者净资产的增减。需要说明的是，以公允价值计量的市场价格是业绩报告（季报、半年报、年报）期最后一个交易日的收盘价格。对于在报告期内已经卖出的金融工具，是不需要再引入公允价值这个概念的，直接用差价计算损益并扣税就可以了。

确切地说，公允价值其实只是会计计量的方法准则，不是精确的价值或价格。

三、货币的时间价值

证券的估值是用具体的货币来体现的，那么在介绍估值方法之前，有必要先了解一下货币的时间价值。今天的100元与一年后的100元，你选哪个？显然，人们都会选择现在的100元，今天到手的资金比预期未来获得的相同金额的资金更有价值，这种现象就体现了"货币的时间价值"。专业的定义如下：

货币的时间价值是指当前所持有的一定量货币比未来获得的等量货币具有更高的价值。从经济学的角度来说，现在的一单位货币与未来的一单位货币的购买力之所以不同，是因为要节省现在的一单位货币不消费而改在未来消费，则在未来消费时必须有大于一单位的货币可供消费，以作为弥补延迟消费的贴水。

（一）复利的威力

举一个例子，假设你投资100元钱，并且一年的投资回报是10%，那么一年之后你的100元就变成了110（$=100\times1.1$）元。假设你不把10元钱的利润花掉，而是留下来继续投资，并且第二年的投资回报又是10%，那么你的钱就变成了121（$=100\times1.1^2$）元。其中，100元是你的本钱，20元是你的100元的本钱每年按10%的回报率所产生的利润，而1元钱则是你在第1年赚到的10元钱的利润又替你"生出来"的利润，也就是俗称的利滚利。

如果你像某些投资者一样幸运，40年前把你的1万元交给了一个像巴菲特那样的投资大师管理，因而取得了平均每年20%的回报率，那么你的1万元钱已经变成了1 469.77万（$=10\,000\times1.2^{40}$）元！实际上，巴菲特在过去的40多年中取得了超过20%的平均年回报率，所以，他成为美国最富有的人之一。巴菲特在财富积累的过程中充分利用了复利的威力。

根据70规则，如果某个变量每年按$x\%$的比率增长，那么在将近$70/x$年以后，该变量的值将翻一番！

（二）货币的终值与现值

假定当前使用一笔金额为PV的货币按某种利率投资一定期限，投资期末连本带利累计收回的货币金额为FV，那么称PV为该笔货币（或该项投资）的现值（即现在价值），称FV为该笔货币（或该项投资）的终值（即期末价值）。

1. 货币终值的计算

假定当前一项投资的期限为n期，每期利率为r，那么该项投资在第n年末时按复利和单利计算的终值分别为

$$FV=PV(1+r)^n \tag{2.1}$$

$$FV=PV(1+r\cdot n) \tag{2.2}$$

2. 现值的计算

运用终值计算公式，可以推算出现值。从公式（2.1）中求解PV，得出复利的现值公式：

$$PV=\frac{FV}{(1+r)^n} \tag{2.3}$$

从公式（2.2）中求解PV，得出单利的现值公式：

$$PV = \frac{FV}{1 + r \cdot n} \tag{2.4}$$

公式（2.3）是针对按复利计算终值的现值而言的，公式（2.4）是针对按单利计算终值的现值而言的。

例如，某投资者面临以下投资机会，从现在起的7年后收入500万元，其间不形成任何货币收入，假定投资者希望的年利率为10%，则投资的现值为：

$$PV=\frac{5\ 000\ 000}{(1+10\%)^7}=2\ 565\ 791（元）$$

或

$$PV=\frac{5\ 000\ 000}{1+10\%\times 7}=2\ 941\ 176（元）$$

可见，在其他条件相同的情况下，按单利计息的现值要高于按复利计息的现值，也就是说，要想获得相同的终值，按单利计息要付出比按复利计息更多的初值即更多的原始投资。根据终值求现值的过程，称为贴现。

（三）现金流贴现与净现值

投资企业、项目和有价证券都存在现金流。所谓现金流，就是在不同时点上流入或流出相关投资项目（或企业，或有价证券）的一系列现金。从财务投资者的角度看，买入某只证券就等于买进了未来一系列现金流，证券估值也就等价于现金流估值。

我们通常用时间轴来描述有价证券的现金流。例如，某公司按面值（100元）平价发行5年期公司债券，年息为10%，每年付息一次，到期还本。对于购买该债券的投资者而言，其现金流时间轴见图2-1。

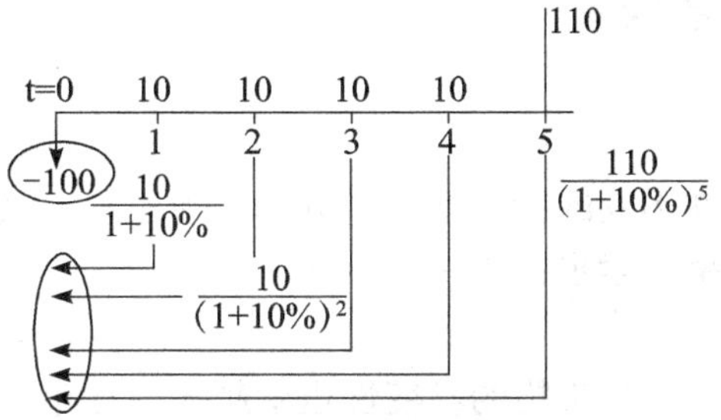

图2-1 现金流时间轴

在图2-1中，我们把投资者支出的用于购买债券的100元画在时间轴的下方，用负号表示，即为初始现金流出。随后4年每年收到的利息10元和第5年的本息110元是因持有债券而得到的现金流入，画在时间轴的上方，用正号表示。

简单地看，投资者今天用100元的现金换回了未来5年总计150元的现金。可是，在了解货币的时间价值之后，我们已经知道，不能把未来5年的现金流简单相加来进行比较。正确的做法是，根据一定的贴现率把所有未来现金流入的现值加在一起与今天的现金流出比较。

（1）如果年贴现率为20%，且每年保持不变，则未来现金流入的现值为：

$$\frac{10}{1+20\%}+\frac{10}{(1+20\%)^2}+\frac{10}{(1+20\%)^3}+\frac{10}{(1+20\%)^4}+\frac{110}{(1+20\%)^5}$$

$=70.09$（元）

(2) 如果年贴现率为10%，且每年保持不变，则未来现金流入的现值为：

$$\frac{10}{1+10\%}+\frac{10}{(1+10\%)^2}+\frac{10}{(1+10\%)^3}+\frac{10}{(1+10\%)^4}+\frac{110}{(1+10\%)^5}$$

$=100$（元）

(3) 如果年贴现率为5%，且每年保持不变，则未来现金流入的现值为：

$$\frac{10}{1+5\%}+\frac{10}{(1+5\%)^2}+\frac{10}{(1+5\%)^3}+\frac{10}{(1+5\%)^4}+\frac{110}{(1+5\%)^5}$$

$=121.65$（元）

换言之，如果贴现率为20%，则投资者相当于花100元现金购买5年期债券却换来了70.09元的现值，从现值角度看，亏了29.91元；若贴现率为10%，则现金流入与现金流出的现值正好相等；若贴现率为5%，则相当于赚了21.65元的现值。

我们也可以把现金流入的现值（正数）和现金流出的现值（负数）加在一起，得到该投资项目的净现值。在上例中，在不同的贴现率条件下，购买该债券所获得的净现值分别为－29.91元、0元和21.65元。

公平交易要求投资者现金流出的现值正好等于现金流入的现值，或者说，该投资行为所产生的现金流的净现值等于0。

第二节　债券的价值分析

一、影响债券价值的因素

（一）内部因素

1. 期限

一般来说，在其他条件不变的情况下，债券的期限越长，其市场价格变动的可能性就越大，投资者要求的收益率补偿也就越高。

2. 票面利率

债券的票面利率越低，债券价格的易变性也就越大。在市场利率提高的时候，票面利率较低的债券的价格下降较快。但是，当市场利率下降时，它们增值的潜力也很大。

3. 流动性

流动性是指债券可以随时变现的性质。流动性好的债券与流动性差的债券相比，前者具有较高的市场价值。

4. 信用级别

信用级别越低的债券，投资者要求的收益率越高，债券的内在价值也就越低。

（二）外部因素

1. 基础利率

在证券的投资价值分析中，基础利率一般是指无风险证券利率。一般来说，短期政府债券风险最小，可以近似看作无风险证券，其收益率可被用作确定基础利率的参照物。此外，银行的信用度很高，这就使得银行存款的风险较低，况且银行利率应用广泛，因此基础利率也可参照银行存款利率来确定，一般而言我国将央行公布的一年期存款利率作为基准利率。

2. 市场利率

市场利率是债券利率的替代物，是投资于债券的机会成本。在市场总体利率水平上升时，债券的收益率水平也应上升，从而使债券的市场价格降低。

3. 其他因素

影响债券定价的外部因素还有通货膨胀水平以及外汇汇率风险等。

二、债券估值原理

债券估值的基本原理就是现金流贴现。债券投资者持有债券，会获得利息和本金的偿付。把现金流入用适当的贴现率进行贴现并求和，就可得到债券的理论价格。

（一）债券现金流的确定

债券发行条款规定了债券的现金流。

（1）债券的面值和票面利率。票面利率通常用年单利表示，票面利率乘以付息间隔和面值就是每期利息支付金额，短期债券一般不付息，而是到期一次性还本，所以要折价交易。

（2）付息间隔。债券在存续期内定期支付利息，我国发行的各类中长期债券通常每年付息一次，欧美国家则习惯每半年付息一次。付息间隔短的债券风险相对较小。

（3）债券的嵌入式期权条款。通常，债券条款中可能含有发行人提前赎回权、债券持有人提前返售权、转股权、转股修正权、偿债基金条款等嵌入式期权。这些条款会很大程度地影响该债券的未来现金流模式。一般而言，凡是有利于发行人的条款都会相应降低债券的价值；反之，凡是有利于持有人的条款都会提高债券的价值。

（4）债券的税收待遇。投资者最终拿到的是税后现金流，免税债券与可比的应纳税债券相比，前者的价值更大一些。

（5）其他因素。债券的付息方式（浮动、可调、固定）、债券的币种（单一货币债券、双币债券）等因素都会影响债券的现金流。

（二）债券贴现率的确定

债券的贴现率是投资者对该债券要求的最低回报率，也叫必要回报率。其计算公式为：

债券必要回报率＝真实无风险利率＋预期通胀率＋风险溢价

（1）真实无风险利率，是指真实资本的无风险回报率，理论上由社会资本平均回报率决定。

（2）预期通胀率，是对未来通货膨胀率的估计值。

（3）风险溢价，根据各种债券的风险大小而定，是投资者因承担投资风险而获得的补偿。债券投资的主要风险因素包括违约风险（信用风险）、流动性风险、汇率风险等。

在投资学中，真实无风险利率＋预期通胀率＝名义无风险收益率，一般用相同期限零息国债的到期收益率来近似表示。

三、债券报价与债息计算

（一）报价形式

在债券交易中，债券报价是每100元面值债券的价格，报价方式一般有以下两种：

（1）全价报价。此时，债券报价即买卖双方的实际交易价格。全价报价的优点是所见即所得，比较方便。缺点则是含混了债券价格涨跌的真实原因。

（2）净价报价。在进行债券实际报价时，一般需要在债券净价报价的基础上加上该债券自上次付息以来的累计应付利息。净价报价的优点是利息累计因素被从债券价格中剔除，可以更好地反映债券价格的波动程度。缺点是双方需要计算实际支付价格。

（二）债息计算

计算累计利息时，针对不同类别的债券，要注意全年天数和利息累计天数的计算分别有行业惯例。

1. 短期债券

通常全年天数定为360天，半年定为180天。利息累计天数则分为按实际天数（ACT，全称是actual）计算（ACT/360，ACT/180）和按每月30天计算（30/360，30/180）两种。

☞例 2-1

2017年3月5日，某年息为6%、面值为100元、每半年付息一次的一年期债券的上次付息时间为2016年12月31日。如市场净价报价为96元，则实际支付价格为：

（1）ACT/180：

累计天数=31天（1月）+28天（2月）+4天（3月）=63天

累计利息=100×6%÷2×63/180=1.05（元）

实际支付价格=96+1.05=97.05（元）

（2）30/180：

累计天数=30天（1月）+30天（2月）+4天（3月）=64天

累计利息=100×6%÷2×64/180=1.07（元）

实际支付价格=96+1.07=97.07（元）

2. 中长期附息债券

全年天数有的定为实际全年天数，也有的定为365天。利息累计天数也分为实际天数和每月30天两种来计算。

我国交易所市场对附息债券的计息规定是，全年天数统一按365天计算；对利息累计天数的规定是“按实际天数计算，算头不算尾、闰年2月29日不计息”。

☞例 2-2

2017年3月5日，某年息为8%、面值为100元、每年付息一次的国债的上次付息时间为2016年12月31日。如市场净价报价为103.45元，则按实际天数计算的实际支付价格为：

ACT/365：

累计天数＝31 天（1 月）＋28 天（2 月）＋4 天（3 月）＝63 天

累计利息＝100×8%×63/365＝1.38（元）

实际支付价格＝103.45＋1.38＝104.83（元）

3. 贴现式债券

我国目前对于贴现发行的零息债券按照实际天数计算累计利息。闰年 2 月 29 日也计利息。公式为：

应计利息额＝(到期总付额－发行价格）/起息日至到期日的天数×起息日至结算日的天数

例 2-3

2008 年 1 月 10 日，财政部发行 3 年期贴现式国债，2011 年 1 月 10 日到期，发行价格为 85 元。2010 年 3 月 5 日，该国债的市场净价报价为 87 元，则实际支付价格为：

累计天数＝355 天＋1 天(2008 年闰年）＋365 天(2009 年）＋63 天(2010 年）＝784 天

累计利息＝(100－85)×784/1 096＝10.73（元）

实际支付价格＝87＋10.73＝97.73（元）

四、债券估值模型

根据现金流贴现的基本原理，不含嵌入式期权的债券的理论价格的计算公式为：

$$P=\frac{C_1}{(1+y_1)^1}+\frac{C_2}{(1+y_2)^2}+\frac{C_3}{(1+y_3)^3}+\cdots+\frac{C_n}{(1+y_t)^n}+\frac{M}{(1+y_t)^n}$$

$$=\sum_{t=1}^{n}\frac{C_t}{(1+y_t)^t}+\frac{M}{(1+y_t)^n} \tag{2.5}$$

式中：P——债券理论价格；

C_t——第 t 期预期可以得到的债券利息收入；

M——债券面值；

n——剩余年限；

y_t——必要收益率；

t——现金流到达年份。

(一) 零息债券定价

零息债券不计利息，折价发行，到期还本，其面值就是其终值，即 $M=\text{FV}$，通常 1 年以内的债券为零息债券。其定价公式由公式 (2.5) 演变为：

$$P=\frac{M}{(1+y)^n}=\frac{\text{FV}}{(1+y)^n} \tag{2.6}$$

☞例 2-4

2016 年 1 月 1 日，中国人民银行发行 1 年期中央银行票据，每张面值为 100 元人民币，年贴现率为 4%，则理论价格（P）为：

$$P=\frac{\text{FV}}{(1+y)^n}=\frac{100}{(1+4\%)^1}=96.15\ (\text{元})$$

(二) 附息债券定价

附息债券可以视为一组零息债券的组合。例如，一张年息为 5%、面值为 100 元、每年付息一次的 2 年期债券，可以拆分为：面值为 5 元的 1 年期零息债券＋面值为 105 元的 2 年期零息债券。

因此，可以用零息债券定价公式（2.6）分别为每只债券定价，加总后即为附息债券的理论价格。也可直接用公式（2.5）进行定价。

☞例 2-5

2016 年 3 月 31 日，财政部发行的某期国债距离到期日还有 3 年，每张面值为 100 元人民币，票面利率年息为 3.75%，每年付息一次，下次付息日为一年以后。1 年期、2 年期、3 年期贴现率分别为 4%、4.5%、5%，该国债的理论价格（P）为：

$$P=\frac{3.75}{(1+4\%)^1}+\frac{3.75}{(1+4.5\%)^2}+\frac{3.75}{(1+5\%)^3}+\frac{100}{(1+5\%)^3}=96.66\ (\text{元})$$

(三) 累息债券定价

累息债券也有票面利率，但与附息债券不同的是，累息债券规定到期一次性还本付息。可将其视为面值等于到期还本付息额的零息债券，并按零息债券定价公式定价。

☞例 2-6

2016 年 3 月 31 日，财政部发行 3 年期国债，每张面值为 100 元人民币，票面利率年息为 3.75%，按单利计息，到期利随本清。按 3 年期贴现率 5%计算如下：

$$\text{到期还本付息额}=100\times(1+3\times3.75\%)=111.25\ (\text{元})$$

$$\text{理论价格 } P=\frac{111.25}{(1+5\%)^3}=96.10\ (\text{元})$$

五、债券收益率

(一) 当期收益率

在投资学中，当期收益率被定义为债券的年利息收入与买入债券的实际价格的比率。其计算公式为：

$$Y=\frac{C}{P}\times 100\% \tag{2.7}$$

式中：Y——当期收益率；

C——每年利息收入；

P——债券价格。

当期收益率度量的是债券年利息收益占购买价格的百分比，反映每单位投资能够获得的债券年利息收益，但不反映每单位投资的资本损益。当期收益率的优点是便于计算，可以用于期限和发行人均较为接近的债券之间的比较。其缺点是：

（1）零息债券无法计算当期收益。

（2）不同期限附息债券之间，不能仅仅根据当期收益率的高低来评定优劣。

（二）到期收益率

债券的到期收益率（YTM）是使债券未来现金流的现值等于当前价格所用的贴现率，即使得债券的理论价格就是其当前价格的贴现率，也就是金融学中所谓的内部报酬率（IRR）。在票面金额、剩余年限、票面利率、付息方式、当前市场价格已知的情况下可通过公式（2.5）求解到期收益率。

（三）即期利率

即期利率也称零息利率，是零息债券到期收益率的简称。在债券定价公式中，即期利率就是用来进行现金流贴现的贴现率。在例 2－5 中所列 1 年期、2 年期、3 年期贴现率分别为 4%、4.5%、5%，意即 1 年期、2 年期、3 年期的即期利率分别为 4%、4.5%、5%。

（四）持有期收益率

持有期收益率被定义为从买入债券到卖出债券期间所获得的年平均收益。它与到期收益率的区别仅仅在于末笔现金流是卖出价格而不是债券到期偿还金额。计算公式为：

$$P=\sum_{t=1}^{n}\frac{C_t}{(1+y_h)^t}+\frac{P_T}{(1+y_h)^n} \tag{2.8}$$

式中：P——债券买入价格；

C_t——第 t 期预期可以得到的债券利息收入；

P_T——债券卖出时的价格；

n——持有年数；

y_h——持有期收益率；

t——现金流到达年份。

例 2－7

某投资者按 100 元的价格平价购买了年息为 8%、每年付息一次的债券，持有 2 年后按 106 元的价格卖出，该投资者的持有期收益率为：

$$100=\frac{8}{(1+y_h)^1}+\frac{8}{(1+y_h)^2}+\frac{106}{(1+y_h)^2}\Leftrightarrow y_h=10.85\%$$

第三节　股票的估值原理

股票是股份公司在筹集资本时向出资人公开或私下发行的、用以证明出资人的股东身份和权利，并由持有人根据其所持有的股份数享有相应权益和承担相应义务的凭证。股票是一种有价证券，代表着其持有人（股东）对股份公司的所有权，每一股同类型股票所代表的公司所有权是相同的，即“同股同权”。这种所有权为一种综合权利，如参加股东大会、投票表决、参与公司的重大决策、收取股息或分享红利等，但也要共同承担公司运作错误所带来的风险。股票可以公开上市，也可以不上市。上市交易的股票也是金融投资工具，具有投资和投机的特征，股票持有人除可以获得股息、红利外，在股价的涨跌中也会获得收益或蒙受损失。

一、股票定价中的主要概念

（一）股票的面值

股票的面值最初是为了保证股票持有人在退股之时能够收回票面所标明的资产。随着证券市场的发展，购买股票后将不能再退股，所以股票的面值现在的作用是：第一，表明股票的认购者在股份公司投资中所占的比例，从而作为确认股东权利的根据。如某上市公司的总股本为 1 000 万元，持有一股股票就表示在该股份公司所占的股份为千万分之一。第二，将股票的面值作为定价的一个依据。一股股票的面值为 1 元，其公司的注册资本数量就是总股本的数量，当某公司股票面值低于 1 元发行时，其注册资本数量就会低于总股本的数量。如某公司按 0.1 元面值发行 1 亿股股票，所获资金为 1 000 万元，公司股本增加是 1 亿股，但股东权益仅增加 1 000 万元，工商注册变更登记也仅增加 1 000 万元资本。

（二）股票的净值

股票的净值就是公司的资产净值，它等于总资产减负债，又可称为股东权益，即公司总资产中属于股东所有的部分。每股净值＝股票的净值/总股本。而每股收益＝每股净资产×净资产收益率，每股净资产代表每股的净资产数量，净资产收益率代表资产的获利能力，即资产的质量。所以，股票的价值不仅取决于公司资产的数量，而且取决于它的质量。

（三）股票的价格

股票的价格是指股票在股票交易市场上流通转让时每股的价格，它能够对货币政策做出直接的反应和发生相应的变化。股票交易价格是股票的持有人和购买者在股票交易市场中买卖股票时形成的股票成交价格，双方以此价格最终完成股票交易过程，实现股票所有权的转移。与其他商品的价格一样，股票的价格也是由其内在的价值和外在的供求关系所决定的。

二、基于股息的现金流贴现模型

（一）基本原理

现金流贴现模型是运用收入的资本化定价方法来决定普通股的内在价值的方法。对于投资者而言股票的价值就是未来股息收入的现值之和。

假设：(1) 将来的股息收入为 D_1，D_2，…，D_n；(2) 贴现率为 k，且在未来 n 年内保持不变；(3) n 为投资者持有股票的期限；(4) P_n 为第 n 期的股票价格。股票价值是未来股息收入的现值之和，因而有：

$$V=\frac{D_1}{(1+k)^1}+\frac{D_2}{(1+k)^2}+\frac{D_3}{(1+k)^3}+\cdots+\frac{D_n}{(1+k)^n}+\frac{P_n}{(1+k)^n}\qquad(2.9)$$
$$=\sum_{t=1}^{n}\frac{D_t}{(1+k)^t}+\frac{P_n}{(1+k)^n}$$

股票内在价值公式（2.9）和债券理论价格公式（2.5）在本质上是一样的，利息变成股息，债券面值变成了未来股票价格。债券有到期日而股票可以长期持有。

假定投资者无限期持有股票，即 $n\to\infty$，有 $\frac{P_n}{(1+k)^n}\to 0$，则股票价值为：

$$V=\lim_{n\to\infty}\sum_{t=1}^{n}\frac{D_t}{(1+k)^t}\qquad(2.10)$$

再假定将来的股息收入不变，恒为常数 D，而 $\sum_{t=1}^{n}\frac{1}{(1+k)^t}$ 在 $n\to\infty$ 时收敛于 $1/k$，那么：

$$V=\frac{D}{k}\qquad(2.11)$$

例 2-8

当 $D=0.5$ 元/股，$k=10\%$ 时，$P=0.5/10\%=5$（元/股）。

当 $D=1$ 元/股，$k=10\%$ 时，$P=1/10\%=10$（元/股）。

注：公式（2.11）也可用来计算永续年金的贴现。

（二）股息匀速增长模型

很少有股息不变的公司，即使有，也说明公司没有成长性，这一假设不是很合理。放弃这一假设，就需要考察公司利润的增长率及持续时期。下面研究一下股息匀速增长模型（又叫戈登模型）。

假定公司每年的股息按固定增长率 g 增长，则：$D_t=D_{t-1}(1+g)=D_0(1+g)^t$。

将 $D_t=D_0(1+g)^t$ 代入股息贴现模型（2.10），得到：

$$V=\lim_{n\to\infty}\sum_{t=1}^{n}\frac{D_0(1+g)^t}{(1+k)^t}=D_0\lim_{n\to\infty}\sum_{t=1}^{n}\frac{(1+g)^t}{(1+k)^t}$$

运用数学中无穷级数的性质，在 $n\to\infty$ 时，假定 $k>g$，可得：

$$V=D_0\lim_{n\to\infty}\sum_{t=1}^{n}\frac{(1+g)^t}{(1+k)^t}=D_0\times\frac{1+g}{k-g}\qquad(2.12)$$

由于 $D_1=D_0(1+g)$，有时将公式（2.12）演变成如下形式：

$$V=\frac{D_1}{k-g}\qquad(2.13)$$

公式（2.13）表明，在假设条件成立的前提下，股价等于预期股息收入与贴现率和股息增长率之差的商。贴现率越高，分母就越大，计算出的内在价值就越低。贴现率由固定利率、通胀率和风险补偿组成。未来的收益越不确定，我们要求的贴现率就越高。确定性投资就是希望以较为合理的价格购买一个贴现率低一些的企业。永续增长率当然越高越好，但不会超过贴现率。

☞例 2-9

某公司股票的市场价格为 15 元，其每股收益为 0.60 元，股息支付比例为 60%。预期该股票的股息增长率在以后年度将保持为 10%，金融市场的一般收益率为 12%，试用股息匀速增长模型估计该公司股票的价格。

$$V=\frac{D_1}{k-g}=\frac{0.60\times 60\%}{12\%-10\%}=18\text{（元）}$$

其内在价值为 18 元，高出市场价格 3 元，股价被低估，可以买入。

注：应用基于股息的现金流贴现模型应注意以下几点：

（1）不分红公司无法定价，巴菲特的伯克希尔·哈撒韦公司从来不分红，股价却冠绝全球。

（2）从分红角度给公司定价，忽视了上市公司可分红而未分红部分的价值，估值将略显保守。

（3）未来股息增长率的确定较为困难，应用起来远没有例题那么简单。

（4）此外，有些教材还介绍了股息变速增长模型，该模型纯属理论研究，在现实中找不到应用对象，感兴趣的读者可参考其他教材，本书限于篇幅和理念的不同，在此不再赘述。

三、自由现金流贴现模型

1961 年，莫迪利亚尼和米勒提出了股利与公司股价无关的 MM 理论。该理论认为，在严格的假设条件下，股利政策不会对企业的价值或股票价格产生任何影响，一个公司的股价完全是由其投资决策所决定的获利能力决定的。

莫迪利亚尼和米勒的理论框架是现代价值评估的思想源泉，它促进了现代价值评估理论的蓬勃发展。在这之后，人们开始寻找比股利更能客观衡量企业预期收益的经济指标，最终确定了一个比较基本的变量——自由现金流，并由此提出了自由现金流贴现模型（DCFM）。

（一）自由现金流的定义及分类

自由现金流的多寡表示的是公司可以自由支配的现金的多少。如果自由现金流丰富，则公司可以偿还债务、开发新产品、回购股票、增加股息支付。同时，丰富的自由现金流也使得公司成为并购对象。

自由现金流的定义衍生出了两种表现形式：公司自由现金流（free cash flow of firm，FCFF）和股权自由现金流（free cash flow of equity，FCFE），公司自由现金流用于计算企业的整体价值，包括股权价值和债务价值，股权自由现金流用于计算企业的股权价值。

FCFF 是公司支付了所有营运费用、进行了必需的固定资产与营运资产投资后可以向所有投资者分派的税后现金流量。FCFF 是公司所有权的要求者包括普通股股东、优先股股东和债权人的现金流的总和，其计算公式为：

FCFF＝息税前利润×(1－税率)＋折旧－资本性支出－追加营运资本

FCFE 是公司支付所有营运费用、再投资支出、所得税和进行净债务支付（即利息、本金支付减去发行新债务后的净额）后可分配给公司股东的剩余现金流量，其计算公式为：

FCFE＝净收益＋折旧－资本性支出－追加营运资本－债务本金偿还＋新发行债务

（二）自由现金流贴现公式

就像基于股息的现金流贴现模型一样，我们将自由现金流代入现金流贴现公式就得到了自由现金流贴现模型，我们用第 t 期的自由现金流 FCF_t 取代公式（2.10）中的 D_t，即得到下面的公式：

$$V=\lim_{n\to\infty}\sum_{t=1}^{n}\frac{FCF_t}{(1+k)^t} \tag{2.14}$$

需要指出的是，公式（2.14）中的公司内在价值是总价值，这有别于用基于股息的现金流贴现模型计算出的内在价值即每股的内在价值。当用股权自由现金流计算时，将得到的内在价值除以总股本才能得出每股的内在价值；当用公司自由现金流计算时，将得到的内在价值减去债务总额后再除以总股本才能得出每股的内在价值。显然，用股权自由现金流计算更直接一些。

当自由现金流每年都相等，即 FCF 为常量时，公式（2.14）也可以像基于股息的现金流贴现模型一样简化为：

$$V=\frac{FCF}{k}$$

假定公司每年的自由现金流按不变增长率 g 增长，那么我们也可把公式（2.12）转换为如下形式：

$$V=\frac{FCF_1}{k-g}=\frac{FCF_0(1+g)}{k-g} \tag{2.15}$$

自由现金流贴现模型是信奉价值投资的人认为的最合理的估值模型，也是巴菲特最看重的。我们看一下公式（2.15）中有三个变量：(1) 下一年度的自由现金流；(2) 贴现率；(3) 永续增长率。用这个公式计算内在价值，首先有一个基本前提，就是企业每年要有自由现金流，而且保持增长，还必须是永续的。从这个角度理解，对资本支出很大、不创造现金流的企业就不能应用这个模型进行估值。对于这个模型，计算是其次的，重要的是理解，仅仅一个自由现金流就可以过滤掉很多企业。该公式可以理解为寻找伟大企业的思维方式。

（三）公司内在价值的构成

公式（2.15）是一种思维方式，可适用的企业不多，我们不妨把该公式展开，得到下式：

$$V=\frac{FCF_1}{k-g}=\frac{FCF_0(1+g)}{k-g}=\frac{FCF_0}{k-g}+\frac{FCF_0\times g}{k-g} \tag{2.16}$$

式中，$\frac{FCF_0}{k-g}$表达的是公司的持续经营能力价值；$\frac{FCF_0\times g}{k-g}$表达的是公司的成长性价值。

再考虑公司的资产价值，在分析一家公司的内在价值时，起码要做出公司具备几种价值的定性判断（公司内在价值构成图示见图 2－2）。

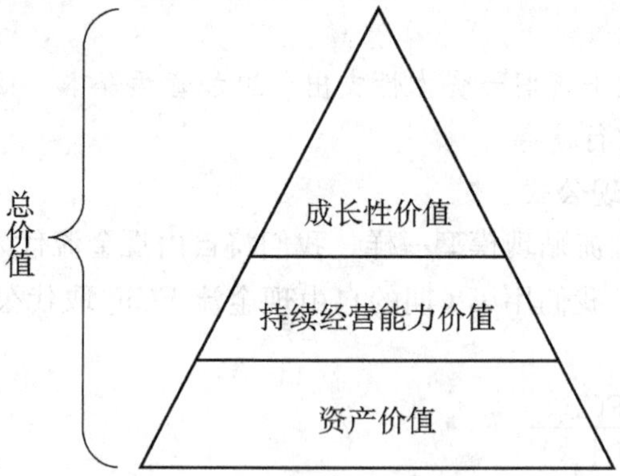

图 2－2　公司价值构成

只具备资产价值的公司已经不具备持续经营能力，更谈不上成长性，要么破产清算，要么进行资产重组以恢复经营能力；而具备持续经营能力但不具备成长性的公司，大多属于公用事业类公司，如机场、港口、高速公路等，尽管持续经营能力不弱但在股票市场上定位不高，其股票属防御性股票；而具备成长性的公司往往会得到较高的市场定位，如创业板类公司的市场定位。所谓定位的高低一般是指市盈率的高低而不是指股价的高低。关于市盈率在下一部分专门介绍。

四、股票的相对估值法

（一）市盈率估价方法

市盈率又称"价格收益比"或"本益比"，或市盈率倍数，它是每股价格与每股收益的比率，其计算公式为：

$$\text{市盈率}(P/E)=\frac{\text{每股价格}(P)}{\text{每股收益}(\text{EPS})} \tag{2.17}$$

市盈率是用来描述股价和收益之间关系的一个简单的数字指标，市盈率也是一个十分有用的指标，用来判断股票价格相对于公司的潜在盈利能力是被高估、合理还是被低估。市盈率可被看作是一家上市公司获得的收益可以使投资者收回最初投资成本所需的年数，前提当然是要假定公司每年的收益保持不变。

一家公司股票的市盈率并非独立存在，而是相互依存的。所有上市公司的股票共同组成了一个整体，作为这个整体的股票市场本身也有自己的市盈率。股票市场整体的市盈率水平对于判断股票市场整体上是被高估还是被低估是一个很好的风向标。此外，同行业公司的市盈率也会相互影响、相互制约。

（二）市盈率的修正

在股票市场里，有一个特征非常明显，即市盈率高的时候股价在底部，市盈率低的时候股价却飞上了天。显然，用上一期的每股收益来计算市盈率是静态的，没有考虑公司业绩的变化情况，但股价维持不变，业绩上升时市盈率反而下降，相反，业绩下降时市盈率反而上升。这样就需要引出一个新的指标：PEG。

投资大师彼得·林奇给出了精练、有效的投资原则："任何一家公司的股票如果定价合理，市盈率就会与净利润增长率相等。"这就是PEG指标的由来。PEG的公式为：

$$\text{PEG}=\frac{\text{市盈率（}P/E\text{）}}{\text{净利润增长率（}G\text{）}} \tag{2.18}$$

一般来说，如果一家公司的股票市盈率只有净利润增长率的一半，那么这只股票赚钱的可能性就相当大，如果股票市盈率是净利润增长率的两倍，那么这只股票亏钱的可能性就非常大。

注：计算PEG时去掉增长率的百分比号。

（三）市净率估价方法

1. 市净率

市净率指的是每股价格与每股净资产的比率。市净率可用于投资分析，一般来说，市净率较低的股票，投资价值较高，相反，则投资价值较低；但在判断投资价值时还要考虑当时的市场环境以及公司经营情况、盈利能力等因素。其计算公式为：

$$\text{市净率}(P/B)=\frac{\text{每股价格}(P)}{\text{每股净资产}(\text{BV})} \tag{2.19}$$

每股净资产的数额越大，表明公司内部积累越雄厚，抵御外来因素影响的能力就越强。正因为如此，市净率反映的是相对于净资产，股票当前市场价格是处于较高水平还是较低水平。市净率较高，说明股价处于较高水平；市净率较低，说明股价处于较低水平。股价较低、市盈率很高的公司，市净率会发挥较大作用。

当然，并非所有跌破净资产的股票或所有市净率低的个股都具有投资价值。对于上市公司的净资产也要具体分析，有些净资产能够帮助企业持续经营并创造利润，有些净资产则可能纯粹是破铜烂铁。金融类、证券类资产占比较大的个股，股价会受到市净率不能过高的限制，因为这些资产已经在证券市场经历过一次"放大效应"了，如：银行股的2倍市净率为上限。对于那些不能创造利润的净资产，例如过时的生产线、停止营业的厂房资产等，投资者自己测算时应该将这些资产剔除在外。

2. 市净率的特例

由于许多上市公司大量持有其他上市公司的股权，但未采用公允价值法记账，因而使得公司的真实净资产减少，导致公司股票的市净率变大。对于这样的公司，在计算市净率时，对于每股净资产，要用所持股票的价格和数量计算出市值，扣除资本利得税后得到公司净资产，然后除以总股数。保守一点可以考虑扣除一些变现跌价损失，否则，市净率数值可能偏低。

与此相反，对于采用了公允价值法记账的公司，其每股净资产没有扣除变现跌价损失，计算出的市净率数值会偏高。

第四节　其他有价证券的价值分析

一、可转换证券的价值分析

一般地讲，可转换证券是指可以在一定时期内按一定比例或价格转换成一定数量的另一种证券（以下简称标的证券）的特殊公司证券。下面针对可以转换成公司普通股（以下简称标的股票）的可转换债券或可转换优先股进行价值分析。

发行可转换证券时，发行人一般都明确规定"一张可转换证券能够兑换的标的股票的股数"或"一张可转换证券按面额兑换成标的股票所依据的每股价格"，前者被称为"转换比例"，后者被称为"转换价格"。显然，在转换比例和转换价格两者之中，只要规定了其中一个，另一个也就随之确定了。两者之间的关系可用公式表示为：

$$转换比例=\frac{可转换证券面额}{转换价格}$$

（一）可转换证券的价值

1. 可转换证券的理论价值

可转换证券的理论价值，也称内在价值，是指将可转换证券转股前的利息收入和转股时的转换价值按适当的必要收益率折算后的现值。例如，假定投资者当前准备购买可转换证券，并计划持有该可转换证券到未来某一时期，且在收到最后一期的利息后便立即实施转股，那么，可用下述公式计算该投资者准备购买的可转换证券的当前理论价值：

$$P=\sum_{t=1}^{n}\frac{C}{(1+r)^t}+\frac{\mathrm{CV}}{(1+r)^n} \tag{2.20}$$

式中：P——可转换证券的理论价值；

t——时期数；

n——持有可转换证券的时期总数；

r——必要收益率；

C——可转换证券每期支付的利息；

CV——可转换证券在持有期期末的转换价值。

2. 可转换证券的投资价值

可转换证券的投资价值是指可转换证券作为具有转股选择权的一种证券时所具有的价值。估计可转换证券的投资价值，首先应估计与它具有同等资信和类似投资特点的不可转换证券的必要收益率，然后利用这个必要收益率折算出它未来现金流量的现值。以某只可转换债券为例，假定该债券的面值为 1 000 元，票面利率为 8%，剩余期限为 5 年，同类债券的必要收益率为 9%，到期时要么按面值还本付息，要么按规定的转换比例或转换价格转股，那么，该可转换债券当前的投资价值为：

$$P=\sum_{t=1}^{5}\frac{80}{(1+0.09)^t}+\frac{1\ 000}{(1+0.09)^5}=961.10(元)$$

3. 可转换证券的转换价值

可转换证券的转换价值是指实施转换时得到的标的股票的市场价值，它等于标的股票的每股市场价格与转换比例的乘积，即：

转换价值＝标的股票的市场价格×转换比例

例如，若假定上例中可转换债券的转换比例为40，实施转换时标的股票的市场价格为每股26元，那么，该可转换债券的转换价值为：

CV＝26×40＝1 040（元）

式中：CV——可转换证券的转换价值。

4. 可转换证券的市场价值

可转换证券的市场价值也就是可转换证券的市场价格。可转换证券的市场价值一般保持在可转换证券的投资价值和转换价值之上。如果可转换证券的市场价值在投资价值之下，购买该证券并持有到期，就可获得较高的到期收益率；如果可转换证券的市场价值在转换价值之下，购买该证券并立即转化为标的股票，再将标的股票出售，就可获得该可转换证券的转换价值与市场价值之间的价差收益。

（二）可转换证券的转换平价

1. 可转换证券的转换平价公式

可转换证券的转换平价是指使可转换证券的市场价值（即市场价格）等于该可转换证券的转换价值的标的股票的每股价格，即

$$\text{转换平价}=\frac{\text{可转换证券的市场价格}}{\text{转换比例}} \tag{2.21}$$

比较下述两个公式：

可转换证券的市场价格＝转换比例×转换平价

可转换证券的转换价值＝转换比例×标的股票的市场价格

不难看出，当转换平价大于标的股票的市场价格时，可转换证券的市场价格大于可转换证券的转换价值，即可转换证券持有人转股前所持有的可转换证券的市场价值大于实施转股后所持有的标的股票的市场价值。如果不考虑标的股票价格的未来变化，此时转股对持有人不利。相反，当转换平价小于标的股票的市场价格时，转股对持有人有利。正因为如此，转换平价可被视为已将可转换证券转换为标的股票的投资者的盈亏平衡点。

当可转换证券的市场价格大于可转换证券的转换价值时，前者减后者所得的数值被称为可转换证券的转换升水，即

转换升水＝可转换证券的市场价格－可转换证券的转换价值

转换升水比率一般可用下述公式计算：

$$\begin{aligned}\text{转换升水比率}&=\frac{\text{转换升水}}{\text{可转换证券的转换价值}}\times 100\%\\&=\frac{\text{转换平价}-\text{标的股票的市场价格}}{\text{标的股票的市场价格}}\times 100\%\end{aligned} \tag{2.22}$$

当可转换证券的市场价格小于可转换证券的转换价值时，后者减前者所得到的数值被称为可转换证券的转换贴水，即

转换贴水＝可转换证券的转换价值－可转换证券的市场价格

转换贴水比率一般可用下述公式计算：

$$转换贴水比率=\frac{转换贴水}{可转换证券的转换价值}\times 100\%$$
$$=\frac{标的股票的市场价格-转换平价}{标的股票的市场价格}\times 100\% \tag{2.23}$$

2. 可转换证券的转换平价示例

某公司的可转换债券的面值为1 000元，转换价格为25元，当前的市场价格为1 200元，其标的股票当前的市场价格为26元，那么

该债券的转换比例＝1 000÷25＝40（股）

该债券当前的转换价值＝40×26＝1 040（元）

该债券当前的转换平价＝1 200÷40＝30（元）

由于标的股票当前的市场价格（26元）小于按当前该债券的市场价格（1 200元）计算的转换平价（30元），所以按当前的1 200元价格购买该债券并立即转股对投资者不利。

由于该债券1 200元的市场价格大于其1 040元的转换价值，因此该债券当前处于转换升水状态，并且

该债券的转换升水＝1 200－1 040＝160（元）

该债券的转换升水比率＝160÷1 040×100%

＝(30－26)÷26×100%

＝15.38%

二、权证的价值分析

(一) 权证的定义及分类

1. 权证的定义

认股权证，又称权证（share warrant），是指基础证券发行人或其以外的第三人发行的，约定持有人在规定期间内或特定到期日，有权利（而非义务）按约定价格向发行人购买或出售标的证券，或以现金结算方式收取结算差价的有价证券。

2. 权证的分类

(1) 按买卖方向分为认购权证和认沽权证。认购权证持有人有权按约定价格在特定期限内或到期日向发行人买入标的证券，认沽权证持有人则有权卖出标的证券。

(2) 按权利行使期限分为美式权证和欧式权证。美式权证持有人在权证到期日前的任何交易时间均可行使其权利，欧式权证持有人只可以在权证到期日当日行使其权利。

(3) 按发行人分为股本权证和备兑权证。股本权证一般是由上市公司发行的，备兑权证一般是由证券公司等金融机构发行的。股本权证也就是认购权证或者认沽权证。

(二) 权证的内在价值

一般说来，权证的价值可分为内在价值和时间价值两部分。内在价值是权证的底价，由下面的公式决定：

$$V=(P-\mathrm{EP})\times N \tag{2.24}$$

式中：V——权证的内在价值；

P——标的证券的现价；

EP——行权价；

N——一份权证可认购（沽）的标的证券份数。

权证的市场价格不会低于内在价值（底价），否则，市场上就会出现无风险套利。

权证的市场价格和内在价值之差为时间价值。随着行权时间的临近，时间价值渐趋为零。

（三）权证的定价模型（BS模型）介绍

对于股本权证而言，在实际交易中，权证价格还要受到正股价、正股价波幅、权证期限及其执行价格、市场利率和现金股利等多方面因素的影响。

在权证实务中，被广泛用于进行权证定价的是布莱克-斯科尔斯（Black-Scholes）模型（以下简称BS模型），该模型在海外的期权、权证市场数十年的发展过程中已经得到了检验，被证实是成熟而有效的。

BS模型根据无风险套利的原则推导而来，其含义是如果某个权证的价格偏离了BS模型所计算的值，就有无风险套利的机会出现，而无风险套利的过程将使得权证的价格回归至BS模型所计算的理论值。这里有一个理论基础，即权证作为一种金融衍生产品，完全可以通过持有一定标的证券的形式被复制出来，同时也完全可以通过相反的过程来对冲风险。

但是，现实市场中的一些不完美因素将使得权证的价格偏离BS模型所计算的理论值，不完美因素主要包括交易不能连续、存在避险成本和交易费用等，这也是权证价格通常比以真实波动率计算的BS值高的原因。所以，权证的价格不能完全由BS模型决定，还取决于供求关系，但BS模型计算的理论值绝对具有参考意义。

此外，目前的行情系统中都配有BS计算器，可以直接计算权证的BS值，关于BS模型的公式推导在此不再赘述，感兴趣的读者可参考其他相关书目。

（四）认股权证的杠杆作用

认股权证的杠杆作用表现为，认股权证的市场价格要比其可认购股票的市场价格上涨或下跌得快得多。杠杆作用一般用考察期内认股权证的市场价格变化百分比与同一时期内可认购股票的市场价格变化百分比的比值表示，也可用考察期期初可认购股票的市场价格与考察期期初认股权证的市场价格的比值近似表示，反映认股权证市场价格上涨（或下跌）幅度是可认购股票市场价格上涨（或下跌）幅度的几倍。

例 2-10

某公司未清偿的认股权证允许持有人以20元的价格认购股票，当公司股票的市场价格由25元上升到30元时，认股权证的内在价值便由5元上升到10元，认股权证的市场价格由6元上升到10.5元。可见，股价上涨20%时，认股权证的内在价值上涨100%，认股权证的市场价格上涨75%。杠杆作用即为

$$\text{杠杆作用}=\frac{\text{认股权证的市场价格变化百分比}}{\text{可认购股票的市场价格变化百分比}}$$

$$=75\%/20\%$$

$$=3.75\approx 4\text{（倍）}$$

或者

$$\text{杠杆作用}=\frac{\text{考察期期初可认购股票的市场价格}}{\text{考察期期初认股权证的市场价格}}$$

$$=25/6$$

$$=4.17\approx 4\ (\text{倍})$$

本章小结

在本章中，我们学习了债券、股票、可转换证券和认股权证的基本知识以及价值分析方法，其中关于现值和终值的计算方法是基础，在以后的学习中还会使用。另外，本章出现的公式尤其是现金流贴现公式，希望大家能够熟记，并清楚基于债息、股息以及自由现金流的贴现模型。

关键术语

有价证券	市场价格	内在价值	公允价值	时间价值
终值	现值	贴现率	基准利率	当期收益率
到期收益率	即期利率	自由现金流	市盈率	市净率
转换价值	权证	认股权证		

习题

一、单项选择题

1. 在名义利率相同的情况下，复利债券的实际利息比单利债券的实际利息(　　)。

A. 低　B. 高　C. 相同　D. 不确定

2. 两年后某一资产的价值为1 000元，利率为5%，按复利贴现，则其现值为(　　)。

A. 1 102.5元　B. 907.03元　C. 909.09元　D. 952.38元

3. 股票之所以有价格，是因为(　　)。

A. 股票具有面额

B. 股票持有人可定期取得一定的股息收入

C. 股票持有人享有公司破产时的剩余资产清偿权

D. 股票持有人可参与管理

4. 股票未来收益的现值是股票的(　　)。

A. 内在价值　B. 账面价值

C. 市场价格　D. 清算价格

5. 某公司股票每股收益为0.72元，金融市场的一般收益率为10%，股票价格为14.4元，则股票的价值和市盈率分别为(　　)。

A. 7.2元/股和20　B. 7.2元/股和10

C. 20元/股和7.2　　D. 20元/股和20

6. 某公司股票每股收益为1.00元，金融市场的一般收益率为10%，股票价格为14.4元，股利发放率为80%，预期该股票的股息增长率在以后年度将保持为8%，则股票的价值为（　　）。

A. 16元/股　　B. 28.8元/股

C. 40元/股　　D. 14.4元/股

二、判断题

1. 不分红公司的股票没有价值。（　　）

2. 当认股权证的标的股票的价格低于行权价格时不应该行权。（　　）

3. 可转换公司债券具备债券和股票的双重属性。（　　）

4. 贴息债券的票面金额就是它的现值。（　　）

三、计算题

1. 一5年期国债的票面金额为1 000元，票面利率为10%，每年支付一次利息，甲投资者于发行后第2年年初以960元买入该债券，持有1年后以1 020元将其转让给乙投资者，试计算其持有期收益率。

2. 一可转换证券当前的市场价格为1 300元，股票价格为22元，转换比例为50，试计算转换升水或者转换贴水。

四、简答题

1. 怎样利用市盈率的简单估计来估计股票的价值?

2. 公司的价值由哪几部分构成?

五、思考题

1. 货币的时间价值是什么？终值和现值的关系是什么?

2. 基于股息的现金流贴现模型是否准确?

3. 自由现金流贴现公式具体应用的对象很少，它对我们的启示作用有哪些?

4. 股票的相对估值法为什么被广泛采用?

第三章

证券投资技术分析理论

⊙本章要点⊙

1. 掌握证券投资技术分析的基本理论；
2. 能够根据交易数据画出 K 线图；
3. 能够找出支撑线、压力线；
4. 能够进行简单的趋势判断；
5. 熟悉成交量和股价的辩证关系。

【本章导读】

纸上谈兵

赵括自少时学兵法，言兵事，以天下莫能当。尝与其父奢言兵事，奢不能难，然不谓善。括母问奢其故，奢曰："兵，死地也，而括易言之。使赵不将括即已；若必将之，破赵军者必括也。"……

赵括既代廉颇，悉更约束，易置军吏。秦将白起闻之，纵奇兵，佯败走，而绝其粮道，分断其军为二，士卒离心。四十余日，军饿，赵括出锐卒自搏战，秦军射杀赵括。括军败，数十万之众遂降秦，秦悉坑之。

上述出自《史记·廉颇蔺相如列传》的记载，在长平之战中赵括只知道根据兵书用兵，不知道变通，结果被秦军大败。赵括被后人讥讽为"纸上谈兵"的典型代表，纸上谈兵的成语故事也源于此人。而《三国演义》中失街亭的马谡的纸上谈兵比赵括有过之而无不及。

技术分析理论有如股市中的兵法，也忌讳纸上谈兵。将各种技术分析理论熟记于胸是不够的，还要通过模拟交易甚至实战来提高看盘操盘的能力。而与兵法相比技术分析理论最突出的缺点是对资金配置研究得不够，打仗时要留有预备队，股市投资也不能“把子弹打光”；同时要注意大资金和小资金在管理、对收益率的要求上也是不尽相同的。

第一节 证券投资技术分析基础

一、技术分析的含义

（一）什么叫技术分析

技术分析是通过对市场过去和现在的行为运用数学和逻辑的方法进行归纳与总结，概括出一些典型的具有变化规律的行为，并据此预测证券市场趋势的技术方法。技术分析法不仅应用于证券市场，还广泛应用于外汇、期货和其他金融市场。

（二）技术分析与基本分析的区别

技术分析法和基本分析法的主要区别是：

（1）技术分析是对股票价格变动趋势的分析，其目的是预测股价变动的方向和幅度；基本分析是对股票价值的分析，其目的是判断股票价格相对于价值的高低。

（2）技术分析是根据历史资料分析股票价格的未来变化，有人曾讥讽技术分析是“看着后视镜往前开车”；基本分析是根据预期现金流和贴现率决定股票的价值。

（3）技术分析侧重于短期分析和个股分析；基本分析着重于长期分析和大势分析。

二、技术分析的基本假设和基本要素

（一）技术分析的基本假设

技术分析法能否正确预测未来的市场行为，依赖于三个基本假设：

（1）市场行为包容一切信息。这一假设的基本思想是，证券价格的每一个影响因素都完全、充分地反映在证券价格之中。仅仅对证券价格的高低和变化进行分析就足以包括对影响证券市场的所有因素的分析，而没有必要知晓究竟是什么因素在影响证券价格。这一点是技术分析法成立的基础。

（2）价格沿趋势变动。这一假设的基本思想是，证券价格的变动是有一定规律的，即具有保持原来运动方向的惯性，而证券价格的变动方向是由供求关系决定的。供求关系一旦确定，证券价格的变动趋势就会一直保持下去。技术分析认为在一段时间内证券价格的变动趋势是由这段时间内的供求关系决定的。这个假设也符合经济学中的供求关系理论，应该说是技术分析最核心的假设条件。

（3）历史会重演。这一假设的含义是投资者过去的经验是他制定投资策略的参考。技术分析认为，根据历史资料概括出来的规律已经包含了未来证券市场的一切变动趋势，可以根据历史预测未来。这一假设也有一定的合理性，因为投资者的心理因素会影响投资行为，进而影响证券价格。

(二) 技术分析的基本要素

在证券市场中，股价、成交量、时间和空间是进行股票技术分析的四大要素。理解这几个要素的具体情况和相互关系是进行正确分析的基础，也就是说，技术分析研究的是股价在供求关系（成交量）的作用下于时间和空间上的变化规律。

股票技术分析就是利用过去和现在的成交量、成交价资料，以图形分析和指标分析工具来分析、预测未来的市场走势。在某一时点上的价和量反映的是买卖双方在这一时点上共同的市场行为，是双方的暂时均势点。价和量是市场行为最基本的表现。过去和现在的成交价、成交量涵盖了过去和现在的市场行为。

时间在进行行情判断时有很重要的作用。一个已经形成的趋势在短时间内不会发生根本变化，中途出现的反方向波动对原来的趋势不会产生大的影响。一个形成了的趋势又不可能永远不变，经过一定时间后又会有新的趋势出现。循环周期理论着重关心的就是时间因素，它强调了时间的重要性。空间在某种意义上可以被认为是价格的一方面，指的是价格波动能够达到的极限。

随着时间的变化，均势会不断发生变化，这就是价、量关系的变化。价、量是技术分析的基本要素，一切技术分析法都是以价、量关系为研究对象的，目的就是分析、预测未来的价格趋势，为投资决策提供服务。

三、技术分析理论的鼻祖——道氏理论

道氏理论（Dow theory）是美国投资者预测股票市场价格涨落最常用的方法，也是最古老、最著名的技术分析理论之一，是由美国道琼斯公司的创始人查尔斯·亨利·道（Charles H. Dow）在19世纪末期创立的。道氏理论是股市技术分析理论的鼻祖，是各种技术分析法的理论基础。

道氏理论的形成经历了几十年。1902年，在亨利·道去世以后，威廉姆·彼得·汉密尔顿（William Peter Hamilton）和罗伯特·雷亚（Robert Rhea）继承了道氏理论，并在其后撰写有关股市的评论的过程中，对该理论加以组织与归纳而使之成为今天我们所见到的理论，他们所著的《股市晴雨表》《道氏理论》成为后人研究道氏理论的经典著作，我们今天将股市称为“经济的晴雨表”即源于此。雷亚在所有相关著述中都强调，道氏理论在设计上是一种提升投机者或投资者知识的配备或工具，并不是可以脱离经济基本条件与市场现况的一种全方位的严格技术理论。其主要原理如下：

(一) 股票价格运动的三种趋势

道氏理论认为，股票价格运动趋势有三种，即主要（基本）趋势、次要趋势和短暂趋势，三种趋势同时存在，相辅相成。

1. 主要趋势

主要趋势（primary trend）即股价广泛或全面性上升或下降的变动情形。这种变动持续的时间通常为1年或1年以上，股价总升（降）幅超过20%。对投资者来说，主要趋势持续上升就形成了多头市场，持续下降就形成了空头市场。

2. 次要趋势

因为次要趋势经常与主要趋势的运动方向相反，并对其产生一定的牵制作用，因而也

被称为股价的修正趋势。这种趋势持续的时间从 3 周到数月不等，其股价上升或下降的幅度一般为股价主要趋势的 1/3 或 2/3。

3. 短暂趋势

短暂趋势反映了股价在几天之内的变动情况。次要趋势通常由 3 个或 3 个以上的短暂趋势组成。

在三种趋势中，长期投资者最关心的是股价的主要趋势，其目的是想尽可能地在多头市场上买入股票，而在空头市场形成前及时地卖出股票。投机者则对股价的次要趋势比较感兴趣，他们的目的是想从中获取短期的利润。短暂趋势的重要性较小，且易受人为操纵，因而不便作为趋势分析的对象。人们一般无法操纵股价的主要趋势和次要趋势，只有国家的财政部门才有可能进行有限的调节。

（二）主要趋势有三个阶段（以上升趋势为例）

多头市场也被称为主要上升趋势。它可以分为三个阶段：

第一个阶段是进货期。在这个阶段中，一些有远见的投资者觉察到虽然目前处于不景气的阶段，但即将有所转变。因此，他们买进那些投资者没有信心、不顾血本抛售的股票，然后在卖出数量减少时逐渐地提高买进的价格。事实上，此时市场氛围通常是悲观的。一般的投资者非常憎恨股票市场以至完全离开了股票市场。此时，交易量是适度的，但是在股价弹升时交易量的短期波动便开始增大。

第二个阶段交易量十分稳定地上升，此时企业景气的上升趋势和公司盈余的增加吸引了大众的注意。在这个阶段，运用技术分析的交易通常能够获得最大的利润。

第三个阶段整个市场的交易都沸腾了。人们聚集在交易所，交易的结果经常出现在报纸的“第一版”，增资在迅速进行中。在这个阶段，朋友间常谈论的是“你看买什么好?”大家都忘记了市场景气已经持续了很久，股价已经上升了很长一段时间，更恰当地说，目前正好达到了“真是卖出的好机会”的时候。在这个阶段的最后部分，随着投机气氛的高涨，成交量持续上升。“冷门股”交易逐渐频繁，没有投资价值的低价股的股价急速地上升。相反，有越来越多的好公司的股票失去了吸引力。

（三）市场价格平均指数的重要性

市场价格平均指数可以解释和反映市场的大部分行为。这是道氏理论对证券市场的重大贡献。股市指数代表了大众心态、市场行为的总和。指数的变化能够反映市场中实际上是乐观情绪还是悲观情绪在控制局面。世界上所有的证券交易所计算价格指数的方法大同小异，但都源于道氏理论。

（四）用两种指数来确定整体走势

著名的道琼斯综合指数是由以 30 家著名的工业公司的股票为编制对象的道琼斯工业平均指数、以 20 家著名的交通运输业公司的股票为编制对象的道琼斯运输业平均指数和以 15 家著名的公用事业公司的股票为编制对象的道琼斯公用事业平均指数这三部分分类指数组成的。根据历史经验，其中工业和运输业两种分类指数数据有代表性。因此，在判断走势时，道氏理论更注重分析工业和运输业两种指数的变动。其中任何单独一种指数所显示的变动都不能作为断定趋势有效反转的信号。

（五）把收盘价放在首位

道氏理论并不关注一个交易日当中的最高价、最低价，而只关注收盘价。因为收盘价是时间仓促的人看财经版时唯一阅读的条目，是对当天股价的最后评价，大部分人根据这个价位进行下一交易日的买卖委托。这是又一条经过时间考验的道氏理论规则。这条规则在不设涨跌停板的市场中尤为重要。

（六）根据成交量判断趋势的变化

成交量会随着主要趋势而变化。因此，根据成交量也可以对主要趋势做出一个判断。通常，在多头市场，价位上升，成交量增加；价位下跌，成交量减少。在空头市场，当价格滑落时，成交量增加；当价格反弹时，成交量减少。当然，这条规则有时也有例外。因此，正确的结论只根据几天的成交量是很难得出的，只有在持续一段时间的整个交易的分析中才能够得出。在道氏理论中，为了判定市场的趋势，最终的结论性信号只由价位的变动产生，成交量仅仅是在一些有疑问的情况下提供解释的参考。

（七）在反转趋势出现之前主要趋势仍将发挥作用

在一个新的主要趋势第一次由两种指数确定后，如不管短期的波动，主要趋势绝大部分会持续，但越往后这种趋势延续下去的可能性就会越小。这条规则告诉人们：一个旧趋势的反转可能发生在新趋势被确认后的任何时间，目前被投资者推崇的右侧交易，就是为了避免对趋势的误判。

（八）道氏理论的缺陷

（1）道氏理论的主要目标乃是探讨股市的主要趋势。一旦主要趋势确立，道氏理论假设这种趋势会一路持续，直到趋势遇到外来因素的破坏而改变为止。道氏理论只推断股市的大势所趋，却不能推断大趋势里面的升幅或者跌幅将会达到何种程度，即不具备测量功能。

（2）道氏理论每次都需要两种指数互相确认，这样做已经慢了半拍，丧失了最好的入货和出货机会。

（3）道氏理论对选股没有帮助。

（4）道氏理论注重长期趋势，对于中期趋势，特别是在不知是牛市还是熊市的情况下，并不能带给投资者明确的启示。

第二节　K 线理论

一、K 线的制作

K 线也称日本线，起源于日本德川幕府时代，被当时日本米市的商人用来记录米市的行情与价格波动，后因其细腻独到的标画方式而被引入股市及期货市场。目前，这种图形分析法在我国以至整个东南亚地区尤为流行。由于用这种方法绘制出来的图形颇似一根根蜡烛，加上这些蜡烛有黑白之分，因而也叫阴阳线图。

实际上，在日本“K”并不是写成“K”字，而是写作“罫”（日本音读 kei），K 线的读音为“罫线”，K 线图被称为“罫线图”，西方以英文第一个字母“K”将其直译为“K”线，K 线由此发展而来。

（一）K 线的绘制方法

一只股票的价格在全天的交易时间里是在变动的，但一天中会出现四个主要价格：开盘价、收盘价、最高价和最低价。首先我们找到该日或某一周期的最高价和最低价，垂直地连成一条直线；然后再找出当日或某一周期的开盘价和收盘价，把这两个价位连接成一条狭长的长方柱体。假如当日或某一周期的收盘价较开盘价高（即低开高收），我们便以红色来表示，或是在柱体上留白，这种柱体就称为“阳线”。如果当日或某一周期的收盘价较开盘价低（即高开低收），我们则以绿色表示，或是在柱体上涂黑色，这种柱体就是“阴线”。如图 3-1 所示。

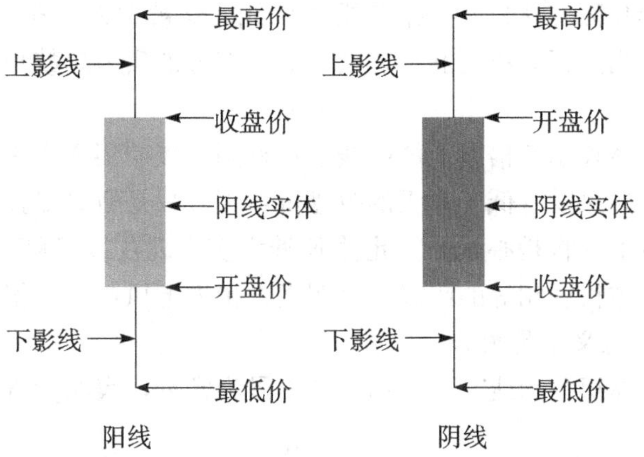

图 3-1　K 线的基本画法

在图 3-1 中，中间的矩形长条叫实体，上、下伸出的两条细线分别叫上、下影线。将每个交易日的 K 线连接在一起，就构成反映股票价格历史情况的 K 线图，这就是日 K 线图，将每周、每月的 K 线按时间顺序排列起来，就是周、月 K 线图。

（二）K 线的主要形状及含义

第一大类：没有上下影线只有实体的 K 线被称为光头光脚的 K 线。这类 K 线表明买卖双方中有一方占上风，成为当天市场交易的主宰。

（1）没有上下影线的小阴小阳实体。收盘价是最高价或最低价，开盘价是最低价或最高价，上下波动有限，买卖双方的搏斗不激烈。K 线是阳线时，买方稍占上风；K 线是阴线时，卖方稍占上风。它一般出现在股价整理和股价跳空低开或高开的时候，在整理时期其意义不大；当股市出现大的跳空缺口时，其意义非凡，表明一方已取得了全面的胜利，另一方全线崩溃。

（2）没有上下影线的大阳线实体。大多出现在股市上升途中，开盘后股价持续上涨，虽有回调但很快恢复上扬，以最高价收盘，显示买方坚决要把股价推上去。

（3）没有上下影线的大阴线实体。大多出现在股市的下跌途中，与没有上下影线的大阳线实体的意义正好相反。

（4）只有一条横线的 K 线。出现在连续涨停板和跌停板中，庄家大多已控盘，参与买卖的只有庄家自己，在股价达到目标之前，庄家不愿别人参与，股价开盘就涨停或跌停，直到收盘为止。

第二大类：带上影线的 K 线。这类 K 线表明市场抛压较沉重，卖方在当天最高点成功地狙击了买方的进攻，使股价无法收在最高处。这类 K 线可分为七种：

（1）上影线比实体短的阳线。表明买方只是暂时受阻，实力仍然很强大。

（2）上影线与实体长度相等的阳线。表明买方实力较强，但继续上行将付出较大的代价。

（3）上影线比实体长 1.5 倍以上的阳线。表明买方受到卖方的挑战，买方当天只获得微弱的优势，卖方在最高点反击成功，实力不可低估。此种 K 线大多出现在股市的顶部或阶段性顶部，是一种见顶的信号。

（4）上影线特别长而实体只是一条横线的 K 线。又被称为上升转折线，表明当天的收盘价与开盘价相同，当天买方没有获得进展，买卖双方的实力旗鼓相当。这种 K 线大多出现在股价的顶部。

（5）上影线比实体长 1.5 倍以上的阴线。这种阴线表明买方当天被卖方击败，股价收在当天开盘价之下，如果没有低于昨天的收盘价，买方只是暂时受挫，如果低于昨天的收盘价，进入调整或者下跌将是必然的。此种 K 线大多出现在顶部和下跌途中。

（6）上影线与实体长度相等的阴线。表明卖方稍占上风，买方偏弱，在整理时期有时会出现这种 K 线，其意义不是很大。

（7）上影线比实体短的阴线。在大幅下跌中最为常见，表明卖方气势汹汹，买方溃不成军。

第三大类：没有上影线只有下影线的 K 线。这类 K 线表明最高价就是开盘价，其中的下影线表示承接力量的强弱，下影线越长，承接力量就越强。这类 K 线共分为五种：

（1）下影线比实体短的阳线。这种 K 线的实体越长，表明买方力量越强，股价上升的力度也越强，它与光头光脚的阳线的含义基本一致。

（2）下影线与实体长度相近的阳线。表明买方占有一定的优势，卖方也不甘示弱，只是力量稍弱，一旦有倒戈者，卖方就可能占上风。或者是卖方为了使自己的股票卖个好价钱，暂时用少量的资金拉回股价，这样做既能稳定跟风者的军心，又能吸引大批跟风者在高位跟进。

（3）下影线比实体长 1.5 倍以上的阳线或阴线。人们称它为锤头，在股价的底部经常能见到，由于承接力量强，再往下跌的可能性不大。人们在积极买进股票，虽然还有卖出者，但买卖双方的力量对比基本一致，股价很难再跌下去。当股价跌落到支撑较强的位置时，买进者就会蜂拥而至，又把股价托上去。当出现大量买进者时，股价处于底部。

（4）下影线长而收盘价、最高价和开盘价是同一个价格的 K 线。人们称它为上升转折线，是买卖双方的实力开始发生转变的迹象，经常出现在股市的 V 形反转中，是一种准确率极高的见底信号。

（5）下影线与实体长度相等的阴线。这种阴线在下跌初期较多见，在整理过程中也会经常见到，表明买卖双方力量相差不是很大，卖方稍占上风，一旦风云突变，大盘就会像瀑布一样飞流直下。

K 线的主要形状及含义见表 3－1。

表 3-1 K 线的主要形状及含义

阳线基本图形			阴线基本图形			字线基本图形		
图形	名称	应用说明	图形	名称	应用说明	图形	名称	应用说明
	大阳线	强烈涨势		大阴线	大跌		大十字线	多空势均力敌，将变盘
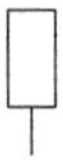	大阳下影线	低档超强		大阴下影线	多空交战，跌后若有支撑，可能反弹		十字线	多方较有利
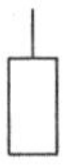	大阳上影线	高档换手		大阴上影线	多空交战，空方较强		十字线	空方较有利
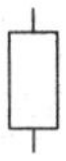	小阳线	方向不明，多方稍强		小阴线	方向不定，空方稍强		T 字线	多方的有利转机
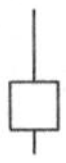	上影阳线	多方主导，但需谨慎		上影阴线	空方主导，极弱线		倒 T 字线	空方有利，势衰
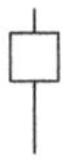	下影阳线	多方强势线		下影阴线	多方弱势线		一字线	飙涨或飙跌
	铁锤线	高档差、低档佳		铁锤线	高档差、低档佳			

二、K 线组合的解读

在 K 线组合中，两根 K 线的组合情况非常多，只要掌握了几种特定的组合形态，然后举一反三，就可得知其他组合的含义。

（一）K 线组合特例

1. 阳线三根型

阳线三根型说明股价是连续上涨的。

根据其上涨的速度，阳线三根型又分为四种：持续型、减速型、加速型和缓升型（见图 3-2）。

图 3-2 三连阳组合（小三连阳也叫“红三兵”）

2. 阴线三根型

如果股价不是一直在上升，而是一直在下跌，便会出现阴线三根型。根据下跌的速度，阴线三根型分为持续型、加速型、减速型和缓降型（见图 3-3)。

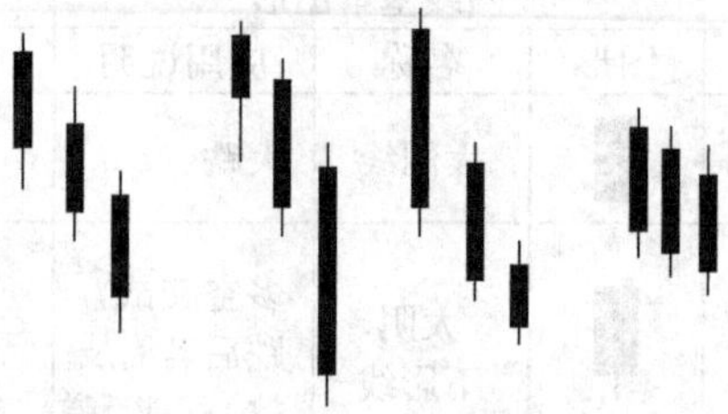

图 3-3 三连阴组合（小三连阴也叫“三只乌鸦”)

3. 几种典型的预示见底的 K 线组合

表 3-2 列出了五种预示市场出现止跌回升迹象的 K 线组合。早晨十字星的组合虽不经常出现，但其预示性却强于其他几种。此外，与此相反的情况也是特例，但预示的是将见顶回落。专门介绍 K 线组合的书籍有很多，此处不再占用更多的篇幅进行介绍，感兴趣的同学可以查阅关于 K 线的日本经典著作《酒田战法》，这是一本真正介绍 K 线理论的书籍。

表 3-2 几种典型的见底信号 K 线组合

序号	名称	图形	特征	技术含义	备注
1	早晨十字星，又称希望十字星	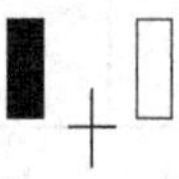	(1) 出现在下跌途中；(2) 由三根 K 线组成，第一根是阴线，第二根是十字线，第三根是阳线。第三根 K 线实体深入到第一根 K 线实体之内	见底信号，后市看涨	
2	早晨之星，又称希望之星	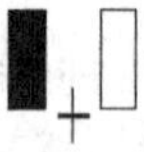	和早晨十字星相似，区别在于早晨十字星的第二根 K 线是十字线，而早晨之星的第二根 K 线是小阴线或小阳线	见底信号，后市看涨	信号不如早晨十字星强
3	好友反攻		(1) 出现在下跌行情中；(2) 由一阴一阳两根 K 线组成；(3) 先是一根大阴线，接着跳低开盘，结果收了一根大阳线或中阳线，并且收在与前一根 K 线收盘价相同或相近的位置上	见底信号，后市看涨	转势信号不如曙光初现强
4	曙光初现		(1) 出现在下跌趋势中；(2) 由一阴一阳两根 K 线组成；(3) 先是一根大阴线或中阴线，接着出现一根大阳线或中阳线。阳线的实体深入到阴线实体的二分之一以上处	见底信号，后市看涨	阳线实体深入阴线实体的部分越多，转势信号就越强
5	旭日东升	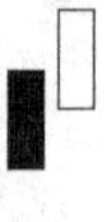	(1) 出现在下跌趋势中；(2) 由一阴一阳两根 K 线组成；(3) 先是一根大阴线或中阴线，接着出现一根高开的大阳线或中阳线，阳线的收盘价已高于前一根阴线的开盘价	见底信号，后市看涨	(1)见底信号，信号强于曙光初现；(2)阳线实体高于阴线实体的部分越多，转势信号就越强

（二）应用 K 线组合应注意的问题

无论是一根 K 线，还是两根、三根以至多根 K 线，都是对多空双方的争斗做出的一个描述，从它们的组合得到的结论都是相对的，不是绝对的。对具体进行股票买卖的投资者而言，结论仅起到一种参考作用。而收盘价决定了 K 线的阴阳，因而我们还要防止人为控制收盘价以修饰 K 线的企图。

此外，后续介绍的切线理论、形态理论等都是对 K 线理论的补充和延伸，我们要清楚地知道 K 线图是技术分析的基础，若没有 K 线图，则其他技术分析都无从下手，这就已经说明 K 线理论在技术分析中的重要性了。

第三节 切线理论

一、趋势分析

切线理论是指按一定方法和原则在根据股票价格数据所绘制的图上画一些直线，然后根据这些直线的情况推测股票价格的未来趋势。

（一）趋势的定义

趋势就是股票价格的波动方向。一般说来，市场价格变动不是朝一个方向直来直去，中间肯定有曲折，从图形上看就是一条蜿蜒的曲线，在每个折点处形成一个峰或谷。由这些峰和谷的相对高低点，我们可以看出趋势的方向。

（二）趋势的方向

（1）上升方向。

如果图形中每个后面的峰和谷都高于前面的峰和谷，则趋势的方向就是上升方向。

（2）下降方向。

如果图形中每个后面的峰和谷都低于前面的峰和谷，则趋势的方向就是下降方向。

（3）水平方向。

如果图形中后面的峰和谷与前面的峰和谷相比，没有明显的高低之分，几乎呈水平状延伸，这时趋势的方向就是水平方向。水平方向的趋势是被大多数人忽视的一种方向，这种方向在市场上出现的机会是相当多的（见图 3－4）。

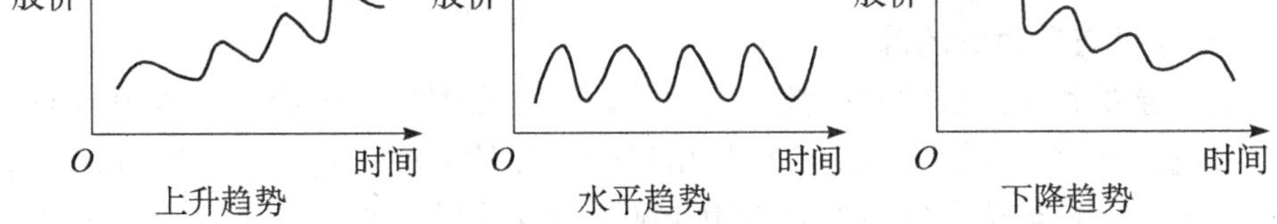

图 3－4 三种趋势方向

（三）趋势的类型

按道氏理论，趋势分为三种类型：

（1）主要趋势。主要趋势是趋势的主要方向，是投资者极力要弄清楚的目标。了解了主要趋势，才能做到顺势而为。主要趋势是价格波动的大方向，一般持续的时间比较长。

这是技术分析的第二个假设所叙述的。

(2) 次要趋势。次要趋势是在主要趋势进行的过程中所进行的调整。我们知道，趋势不会一成不变地直来直去，总要有局部调整和回撤的过程，次要趋势正是要完成这一使命的。

(3) 短暂趋势。短暂趋势是在次要趋势进行的过程中所进行的调整。短暂趋势与次要趋势的关系就如同次要趋势与主要趋势的关系。这三种类型的趋势的最大区别是时间的长短和波动幅度的大小的差异。

以上三种类型的趋势可以解释绝大多数行情。

二、支撑线与压力线

(一) 支撑线与压力线的概念

如果趋势已经确认，比如我们认识到大牛市来临，那么自然打算入市，这时就有选择入市时机的问题。我们总是希望在涨势的最低点买入，这个最低点在哪里呢？支撑线和压力线会给我们提供一定的帮助。

支撑线又被称为抵抗线。当股价跌到某个价位附近时，股价会停止下跌，甚至有可能回升，这是由多方在此买入造成的。支撑线起阻止股价继续下跌的作用，该价位就是支撑线所在的位置。

压力线又被称为阻力线。当股价上涨到某个价位附近时，股价会停止上涨，甚至有可能回落，这是由空方在此抛售造成的。压力线起阻止股价继续上升的作用。这个起着阻止或暂时阻止股价继续上升作用的价位就是压力线所在的位置。支撑线和压力线的图示见图 3-5。

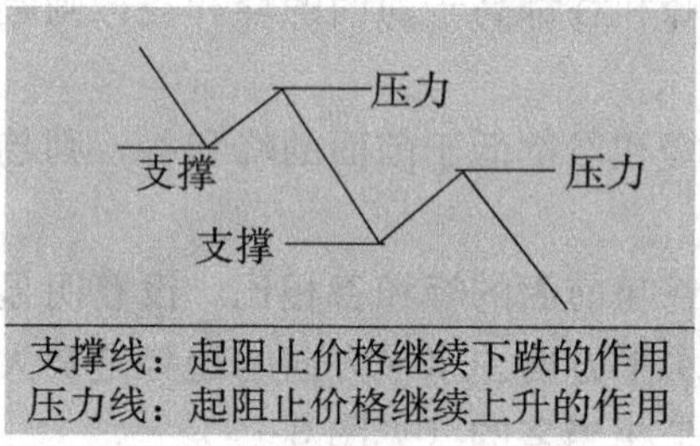

支撑线：起阻止价格继续下跌的作用
压力线：起阻止价格继续上升的作用

图 3-5 支撑线和压力线

(二) 支撑线与压力线的确认

每一条支撑线和压力线的确认都是人为的，主要根据基于股价变动所画出的图表来确认。一般来说，支撑线或压力线的重要性由三个方面的因素决定：一是股价在这个区域停留时间的长短；二是与这个区域的股价相伴随的成交量的大小；三是这个支撑区域或压力区域产生的时间距离当前时刻的远近。

有时，由于股价的变动，我们会发现，原来确认的支撑线或压力线可能并不真正具有支撑或压力的作用，比如说，不完全符合上面所描述的三个方面的因素。这时，就有一个对支撑线和压力线进行调整的问题，这就是支撑线和压力线的突破及相互转变。

(三) 支撑线与压力线的突破及相互转变

股价的变动是有趋势的，要维持这种趋势，保持原来的变动方向，就必须冲破阻止其继续向前的障碍。支撑线和压力线迟早会被突破。同时，支撑线和压力线又有彻底阻止股价按原方向变动的可能。支撑线和压力线之所以能分别起支撑和压力作用，在很大程度上是由于心理方面的原因，历史会重演也是一个重要因素。

在上升趋势中，如果股价未创出新高，即未突破压力线，这个上升趋势就已经处于非常关键的位置，且其后股价又向下突破了这个上升趋势的支撑线，那么就发出了趋势有变的强烈信号，通常这意味着这一轮的上升趋势已经结束，下一步的走向是下跌。同样，在下降趋势中股价未创新低，即未突破支撑线，这个下降趋势就已经处于非常关键的位置，且其后股价向上突破了这个下降趋势的压力线，那么这就发出了下降趋势将要结束的强烈信号。

支撑线和压力线也可能相互转换（见图 3-6）。一个支撑线如果被跌破，那么支撑线将成为压力线；同理，一个压力线如果被突破，那么压力线将成为支撑线。支撑线和压力线相互转换的重要依据是被突破，可以从三个方面判断二者是否被突破：（1）幅度原则；（2）时间原则；（3）收盘价原则。

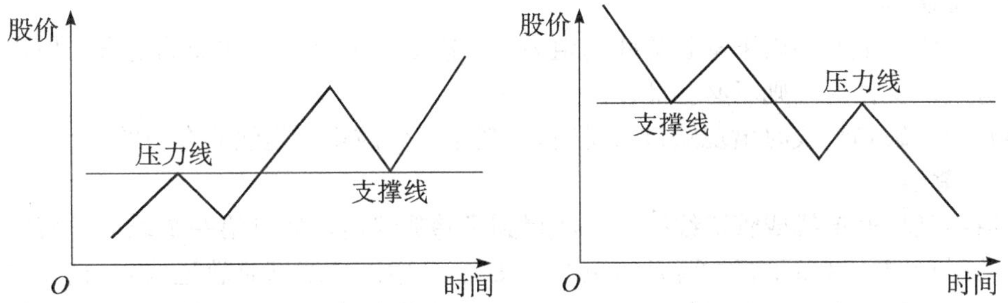

图 3-6　支撑线和压力线的转换

三、趋势线与轨道线

(一) 趋势线

1. 趋势线的意义

趋势线是衡量价格趋势的，由趋势线的方向可以明确地看出股价的运行趋势。在上升趋势中，将两个低点连成一条直线，就得到上升趋势线。在下降趋势中，将两个高点连成一条直线，就得到下降趋势线（见图 3-7）。

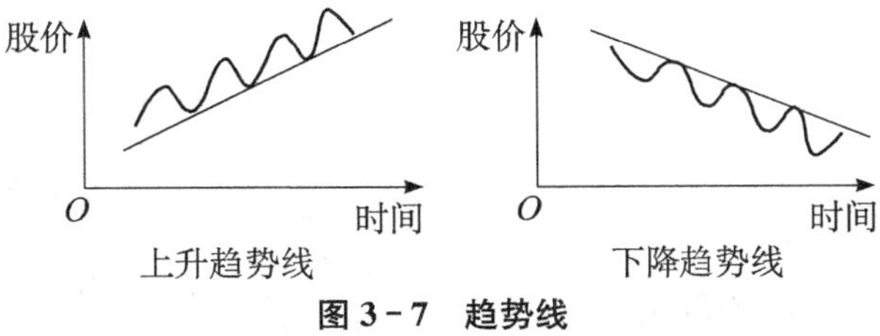

图 3-7　趋势线

上升趋势线是支撑线的延伸，支持股价向上；下降趋势线是压力线的延伸，对股价有抑制作用。换句话说，压力线和支撑线是基于某一时间段的分别经过高点和低点画出的水平线，而趋势线是两个或者两个以上高点、低点的连线。显然趋势线能揭示股价的未来变动趋势，而支撑线和压力线只能告诉我们哪个价位有支撑或者压力。

在实际中怎样对用各种方法画出的趋势线进行挑选和评判，以得到一条真正起作用的趋势线呢？首先，必须确实有趋势存在；其次，画出直线后，还应得到第三个点的验证才能确认这条趋势线是有效的；最后，这条直线延续的时间越长，就越有效。

怎样利用这条趋势线对股价进行预测？一般来说，趋势线有两种作用：

(1) 对股价今后的变动起约束作用，就是起支撑和压力作用。

(2) 趋势线被突破，说明股价下一步的走势将要反转。越重要、越有效的趋势线被突破，其转势的信号就越强烈。即原来是支撑线的，现在将起压力作用；原来是压力线的，现在将起支撑作用。

2. 趋势线被突破的确认

应用趋势线最为关键的问题是：怎么才算是对趋势线的突破？

(1) 假如股价在一天的交易时间里突破了趋势线，但其收盘价并没有超出趋势线，这并不算是突破，可以忽略它，而这条趋势线仍然有用。

(2) 如果收盘价突破了趋势线，则其突破的幅度必须超越 3%，而且持续 3 个交易日以上方可确认。

(3) 当股价上升冲破下降趋势线的阻力时，需要有大量成交增加的配合。但向下跌破上升趋势线的支持时，则不必如此。

(4) 当突破趋势线时出现缺口（跳空），则这一突破将会是强而有力的。

（二）轨道线

轨道线又称通道线或管道线。在已经得到了趋势线后，通过第一个峰或谷可做出这条趋势线的平行线，这条平行线就是轨道线（图 3-8 中的虚线即是轨道线），也就是常说的上升轨道和下降轨道。轨道线的一个作用是限制股价的变动范围。轨道线一旦得到确认，价格就将在这个通道里变动。轨道线的另一个作用是提供趋势转向的警报。如果在一次波动中股价未触及轨道线，离得很远就开始掉头，那么这往往是趋势将要改变的信号。

怎样确认轨道线？图 3-8 中的股价在 A 点的位置如果的确受到压力而在此掉头，并一直走在趋势线上，那么这条轨道线就可以被认可了。轨道线被触及的次数越多，延续的时间越长，其被认可的程度和重要性就越高。

与突破趋势线不同，对轨道线的突破并不是趋势反转的开始，而是趋势加速的开始，即原来的趋势线的斜率将会增大，趋势线将会更加陡峭，如图 3-9 所示。

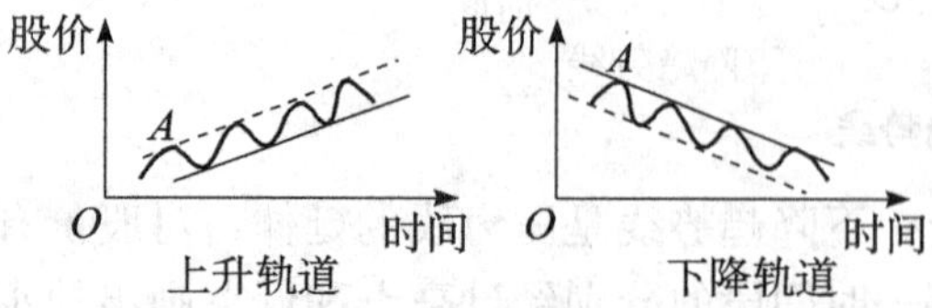

图 3-8 轨道线

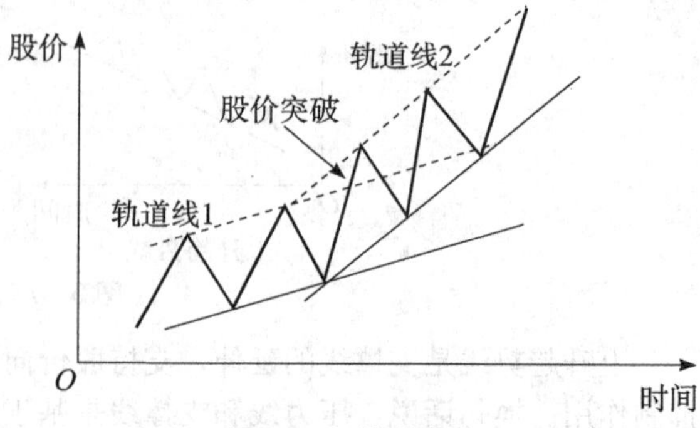

图 3-9 轨道变轨

图 3-9 所示的轨道变轨有些像航天飞机的变轨，变轨时需要较大的能量，在 K 线图的下方也一定伴随着成交量的放大。轨道线和趋势线是相互合作的一对。很显然，先有趋势线，后有轨道线。趋势线比轨道线重要。趋势线可以单独存在，而轨道线则不能单独存在。

如果某只股票走出了明显的上升通道，投资者可以在趋势线附近买入，在轨道线附近卖出；在下降通道内的操作与上升通道相反，在趋势线附近卖出，在轨道线附近买入。但需要指出的是，在下降通道的轨道线上买入是一种“抢反弹”的打法，轨道线毕竟没有趋势线可靠，还要在具备足够的“安全边际”的情况下来操作，这样做才会是投资性的操作。

第四节　形态理论

趋势的方向发生变化一般不是突然到来的，变化都有一个发展的过程。形态理论通过研究股价曲线的各种形态，发现股价正在行进的方向。形态理论这一重要的技术分析理论通过研究股价所走过的轨迹，分析和挖掘出这个轨迹曲线告诉我们的一些多空双方力量的对比结果，进而指导我们的行动。

股价的移动应该遵循这样的规律：

第一，股价应在多空双方取得平衡的位置上下来回波动。

第二，原有的平衡被打破后，股价将寻找新的平衡位置。

可以用下面的表示方法具体描述股价移动的规律：

保持平衡——→打破平衡——→新的平衡——→再打破平衡——→再寻找新的平衡——→……

股价的移动就是按这一规律循环往复、不断进行的。

我们把股价曲线的形态分成两大类型：反转突破形态和持续整理形态。

一、反转突破形态

反转突破形态（reversal pattern，简称反转形态）是指股票价格改变原有的运行趋势所形成的运动轨迹。反转形态存在的前提是市场原先确有趋势出现，而经过横向运动后改变了原有的方向，并预示着一个相反趋势的形成。反转形态的规模包括空间跨度和时间跨度。反转形态的规模决定了随之而来的市场动作的规模，也就是说，反转形态的规模越大，新趋势的市场动作就越大。在底部区域，市场形成反转形态需要较长的时间；而在顶部区域，则经历的时间较短，但其波动性远大于底部形态。交易量是确认反转形态的重要指标，而在向上突破时，交易量更具参考价值。

反转突破形态是指股价在底部或者顶部时的运动轨迹。不同时期、不同股票所形成的顶底形态也不尽相同（如图 3-10 所示的顶部反转形态），这些形态都有可能具备顶部（或者底部）特征。较为典型的有：双重顶和双重底、头肩顶和头肩底、圆弧形、V 形、菱形。下面以双重顶和双重底、头肩顶和头肩底为例进行重点介绍。

（一）双重顶底

双重顶和双重底因形似英文字母 M 和 W，所以又称 M 头和 W 底。图 3-11 是这种形态的形状。双重顶共有两个顶和一个底，也就是两个相同高度的高点和一个低点。下面以M头为例说明双重顶形成的过程。

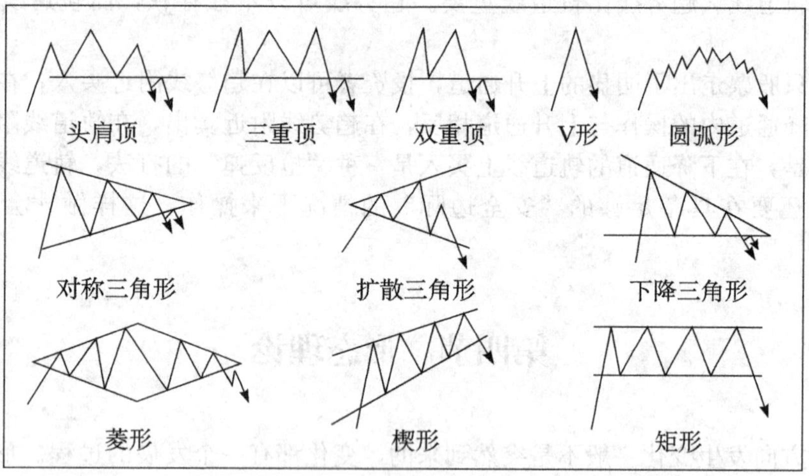

图 3－10　顶部反转形态

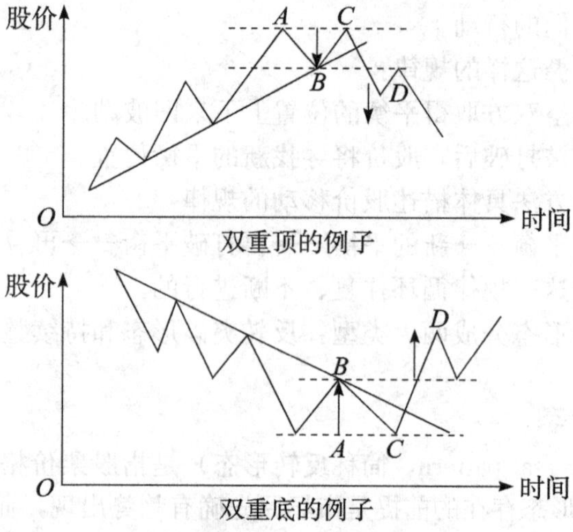

图 3－11　双重顶底形态

如图 3－11 的上图所示，随着股价的进一步上升，股价在 A 点建立了新高点，之后进行正常的回档，受到上升趋势线的支撑，这次回档在 B 点附近停止。往后是继续上升，但是力量不够，上升高度不足，在 C 点（与 A 点等高）遇到压力，股价向下，这样就形成 A 和 C 两个顶的形状。

M头形成以后，有两种可能的情形：第一是未突破 B 点的支撑位置，股价在 A、B 和 C 点形成的范围内上下波动，这是一个潜在的双重顶反转突破形态。第二是突破 B 点的支撑位置继续向下，虽有反弹，但其高点 D 未超过 B 点，这种是典型的双重顶反转突破形态。

在 B 点作平行于 AC 连线的平行线，这条线被称为颈线。AC 连线是趋势线，颈线是与这条趋势线对应的轨道线，这条轨道线在这里起支撑作用。

对双重顶形态应重点掌握以下要点：（1）两个顶点高度应大致相同，以不超过3%为限；（2）形态形成时间可长可短，少则一个交易日，多则数年，时间越长，对后市的影响就越大；（3）突破颈线是形态成立的标志，突破颈线就是突破轨道线；（4）突破颈线后，从突破点算起，股价将至少要下跌与形态高度相等的距离。形态高度就是从顶点到颈线的垂直距离。

以上是以双重顶为例对双重顶底形态进行的介绍，而双重底形态的情形与双重顶形态完全相反，但原理完全相同。

（二）头肩顶底

头肩顶和头肩底是实际股价形态中出现得最多的形态，是最著名和最可靠的反转突破形态。头肩顶底形态形成的时间较长，少则三五个月，长则数年之久。图3－12是这种形态的简单形式。

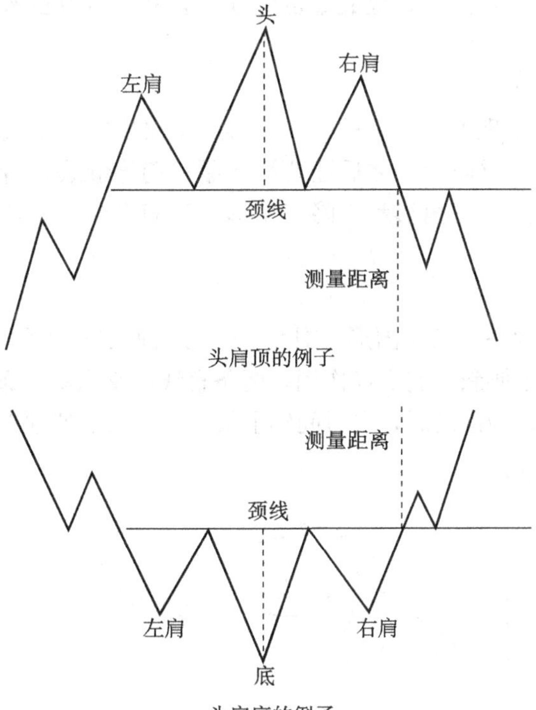

图3－12　头肩顶底形态

我们以头肩顶为例对头肩顶底形态加以介绍。这种形态一共出现三个顶和两个底，中间的高点比另外两个高点都高，称为头，左右两个相对较低的高点称为肩，两个低点的连线称为颈线。

在上升趋势中，不断升高的各个局部的高点和低点保持着上升趋势，然后在某一个地方趋势的上涨势头将放慢。右肩的形成已经表明上涨的势头遇到了阻碍，这说明这一轮上涨趋势可能已经出了问题。最后，股价向下击穿了颈线，这时反转向下的趋势已势不可当。

颈线被突破后，股价运动的方向是下跌，下跌的深度从突破点算起，股价将至少要下跌与形态高度相等的距离，即从头到颈线的距离，也就是头肩顶形态的高度。

以上是以头肩顶为例对头肩顶底形态进行的介绍。对头肩底而言，其情形与头肩顶形态完全相反，但原理完全相同。

二、持续整理形态

所谓持续整理形态（continuation pattern，简称整理形态）是指股票价格维持原有的运动轨迹。市场事先确有趋势存在，这是持续整理形态成立的前提。市场经过一段趋势运动后，积累了大量的获利筹码，随着获利盘纷纷套现，价格出现回吐，但同时看好原有趋势的交易者大量入场，使得价格振荡幅度收窄。市场采用横向运动的方式消化获利筹码，重新积聚了能量，然后恢复原先的趋势。持续整理形态即为市场的横向运动，它是市场原有趋势在休整期内的形态。

与反转形态相比，持续整理形态形成的时间较短，在持续整理形态形成的过程中，价格振荡幅度应当逐步收敛，同时，成交量也应逐步萎缩。最后在价格顺着原趋势方向突破时，应当伴随着成交量的放大。

（一）三角形

三角形形态是持续整理形态的一种。三角形大多出现在一个大趋势进行的途中，它表示原有的趋势暂时处于休整阶段，之后还要沿着原有趋势继续运行。很多书将三角形分为三种——对称三角形、上升三角形和下降三角形。我们只介绍三角形形态的时间测量和空间测量功能。

1. 时间测量功能

图 3－13 是三角形的一个简化图形，对称三角形有两条聚拢的直线，上面的向下倾斜，起压力作用，下面的向上倾斜，起支撑作用，两条直线的交点称为顶点。正是由于三角形的这一特征，股价在三角形内波动时，在时间轴上最晚在三角形的顶点将摆脱三角形的束缚。

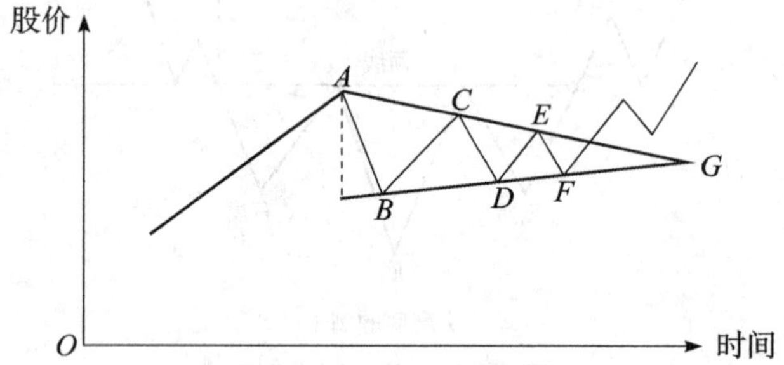

图 3－13　三角形的突破时机

一般而言，突破的位置应在三角形的横向宽度的二分之一到四分之三的某个点。如果股价不在预定的位置突破三角形，那么这个三角形形态可能会转化成别的形态。突破的确认可以采用百分比原则、时间原则及收盘价原则。三角形的横向宽度指的是图 3－13 中 G 点到虚线的水平距离。

2. 空间测量功能

三角形被突破后，有两种测算目标价位的方法。

方法一：如图 3－14 所示，从 C 点向上的带箭头的直线的高度，是未来股价至少要达到的高度，箭头直线的长度与 AB 连线的长度相等。AB 连线的长度被称为三角形的形态高度，从突破点算起，股价至少要上升与形态高度相等的距离。

方法二：如图 3－14 所示，过 A 点作平行于下边直线的平行线，即图中 A 点右侧的虚线，是股价今后至少要达到的位置。

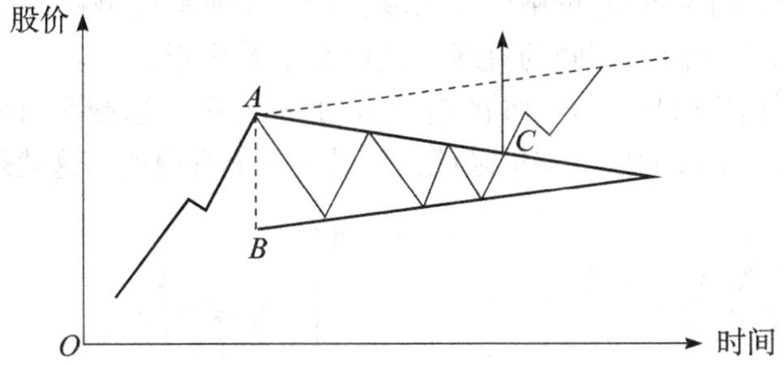

图 3－14　三角形的空间测量

（二）矩形

矩形是股票价格在两条横着的水平直线之间上下波动，作横向延伸运动而形成的形态。它表明市场暂时趋于平淡，价格上升到某水平时遇阻回落，但很快便获得支持而回升，可是回升到与上次的高点相同的高度时再一次受阻，而挫落到与上次的低点相同的高度时则得到支持（见图 3－15）。将这些短期高点和低点分别以直线连接起来，便可以绘出一条通道。该通道既非上倾的，亦非下降的，而是平行发展的。矩形又叫箱形，也是一种典型的持续整理形态。

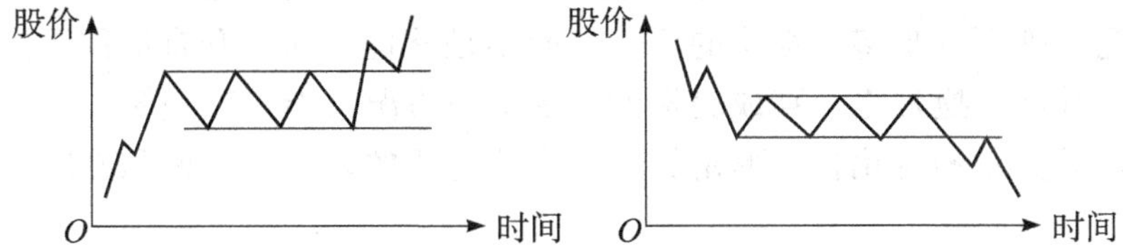

图 3－15　矩形

1. 矩形的特征

（1）在矩形形成的过程中，除非有突发性的消息扰乱，否则其成交量应该是不断减少的。如果在形态形成期间，有不规则的高成交量出现，就可能形不成矩形。当股价突破矩形上限水平时，必须有成交量激增的配合；但当股价跌破矩形下限水平时，就不需要有高成交量出现。

（2）在矩形被突破后，股价经常出现反抽，这种情形通常会在突破后的三天至三星期内出现。反抽将止于顶线水平之上，往下跌破后的假性回升将受阻于底线水平之下。

（3）一个高、低波幅较大的矩形形态较一个狭窄而长的矩形形态更具威力。

2. 矩形的测量功能

矩形也具备空间测量功能，一旦矩形被突破，则突破出去的距离最少是矩形高度的一倍。

（三）旗形

1. 形态分析

呈旗形走势的形态就像一面挂在旗杆顶上的旗帜。这一形态通常在急速而又大幅的市场波动中出现。股价经过一连串紧密的短期波动后，形成一个倾斜方向稍微与原来的趋势相反的矩形，这就是旗形走势。旗形走势又可分为上升旗形和下降旗形。

上升旗形（见图 3－16 的左图）的形成过程是：股价经过陡峭的飙升后，接着形成一个紧密、狭窄和稍微向下倾斜的价格密集区域。把这个密集区域的高点和低点分别连接起来，就可以画出两条平行而又下倾的直线，这就是上升旗形。

下降旗形则刚刚相反（见图 3－16 的右图），股价出现急速或垂直的下跌后，接着形成一个紧密、狭窄和稍微上倾的价格密集区域，像是一条上升通道，这就是下降旗形。

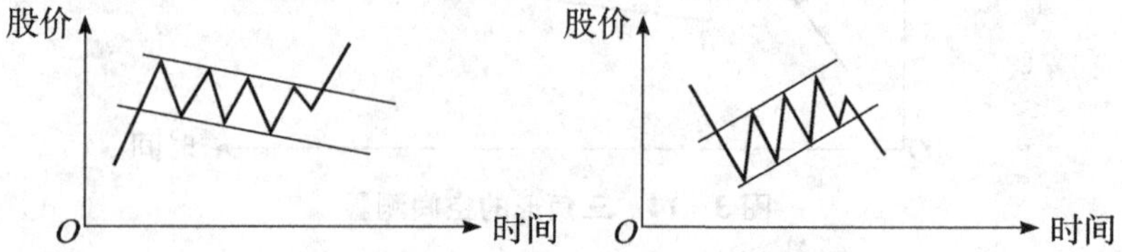

图 3－16　旗形

2. 旗形的特征

(1) 这一形态必须在急速上升或下跌之后出现，成交量则必须在形态形成期间不断地显著减少。

(2) 当上升旗形往上突破时，必须有成交量激增的配合；当下降旗形向下跌破时，成交量也是大量增加的。

(3) 在形态形成中，若出现股价趋势形成旗形，而其成交量不规则或很多而又非渐次减少的情况，则下一步将是很快的反转，而不是整理。即上升旗形往下突破，而下降旗形则是向上升破。换言之，高成交量的旗形形态市况可能出现逆转，而不会出现整理形态。因此，成交量的变化在旗形走势中是十分重要的，它是观察和判断形态真伪的唯一方法。

(4) 股价应在四个星期内向预定的方向突破，超出三个星期时，就应该特别小心，注意其变化。

(四) 楔形

1. 楔形的形态

楔形是股价于两条收敛的直线间变动而形成的形态。与三角形的不同之处在于楔形的两条界线同时上倾或下斜。成交量的变化和三角形一样是向顶端递减。楔形又分为上升楔形和下降楔形。

上升楔形（见图 3－17 的左图）指股价经过一次下跌后有强烈的技术性反弹，价格升至一定水平又掉头下落，但回落点较前次高，然后又上升至新高点，比上次反弹点高，而后又回落，形成一浪高于一浪之势。把短期高点相连、短期低点相连形成两条向上倾斜的直线，下面一条较为陡峭。

下降楔形（见图 3－17 的右图）则相反，高点一个比一个低，低点亦一个比一个低，形成两条同时下倾的斜线。

两种楔形的成交量都是越接近端部，成交量就越少。

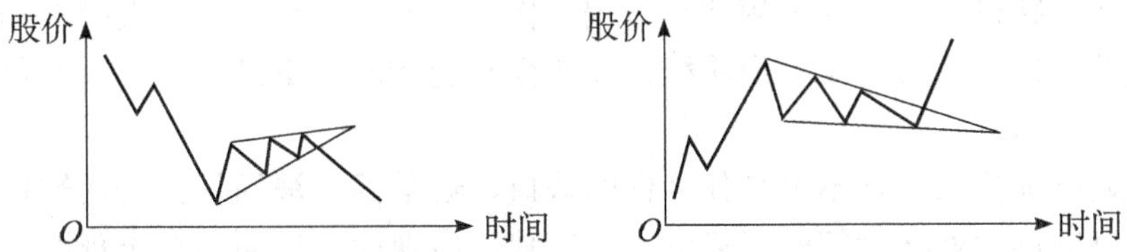

图 3-17 楔形

2. 楔形的特征

(1) 楔形上下两条线必须明显地收敛于一点，如果形态太过宽松，就该怀疑其形成的可能性。一般来说楔形需要两个星期以上的时间才能走完。

(2) 虽然跌市中出现的上升楔形大部分都是往下跌破，但相反地若是往上升破，而且成交量也有明显的增加，那么形态就可能出现变异。这时候我们应该改变原来看跌的看法，股价可能会开始一次新的升势了。同样倘若下降楔形不升反跌，跌破下限支持，这时候对后市的看法就应该随着市势的变化而做出修正。

(3) 上升楔形上下两条线收敛于一点，股价在形态内移动只可以作有限的上升和下降，最终会告跌破。而股价理想的跌破点是从第一个低点开始到上升楔形尖端之间距离的 2/3 处。有时候，股价可能会一直移动到楔形的尖端，出了尖端后还稍作上升，然后才大幅下跌。

(4) 下降楔形和上升楔形有一个明显的不同之处：上升楔形的股价在跌破下限支持后经常会出现急跌；但下降楔形往上突破阻力后，可能会横向发展，形成徘徊状态，成交量仍然十分低迷，然后股价才慢慢开始上升，成交量也随之增加。当这一情形出现时，我们可待股价打破徘徊闷局后才考虑跟进。

(5) 楔形有保持原有趋势方向的功能。

三、缺口及岛形反转

(一) 缺口的类型

缺口是指在股价连续的波动中有一段价格没有任何成交量与之对应，在股价的走势图中留下空白区域，又称跳空。在 K 线图中缺口反映出某天股价最高价比前一天最低价还低或者某天股价最低价比前一天最高价还高。缺口的出现往往伴随着向着某一方向的较强动能的产生，它的宽度（即缺口的上端与下端之差）反映了这种运动的强弱。不论是向何种方向运动所形成的缺口，都将成为日后较强的支撑区域或阻力区域。

(1) 普通缺口：在股价变化不大的成交密集区域内出现的缺口。这种缺口一般来说不大，通常发生在耗时较长的整理形态或者反转形态中，出现后很快（在几天内）就会被回补。普通缺口的确认可以帮助投资者判断出当前的盘势。

(2) 突破缺口：在成交密集的反转形态或整理形态形成之后，股价突破阻力或跌破支撑时出现大幅上涨或下跌所形成的缺口。这种缺口的出现一般被视为股价正式突破的标志。在股价向上突破时，必带有大成交量的配合。缺口越大，股价未来的变动就越剧烈。

(3) 持续性缺口：股价上涨或下跌过程中出现的缺口，它常在股价剧烈波动的开始与结束之间的一段时间内形成。这种缺口又称测量缺口，即股价到达缺口后，可能继续变动的幅度一般等于股价从开始到移动至这一缺口的幅度。

（4）消耗性缺口：股价在大幅波动过程中作最后一次跳跃，股价大幅波动所形成的缺口。分析这种缺口的意义在于，说明维持原有变动趋势的力量已经减弱，股价即将进入整理形态或反转形态。

此外，缺口理论认为，不论是什么样的缺口，迟早都会被回补。普通缺口几天内就被回补，表明市场仍然处在盘整的态势中；突破缺口出现后，后面还会出现两个缺口，即持续性缺口和消耗性缺口，因而突破缺口的回补需要很长时间，长者可达几年以上；持续性缺口是趋势形成后的第二个缺口，需要回补的时间也较长；而消耗性缺口出现后，被回补的时间就相对较短。

需要指出的是，缺口不是判断趋势形成的唯一标准，而只是趋势形成的特例，缺口可以帮助我们判断趋势的到来和趋势的力度，但大多数趋势形成时并不是都有缺口出现。

（二）岛形反转

岛形反转是股票形态理论中的一个重要反转形态，也就是说，在这种形态出现之后，股价走势往往会转向相反的方向。投资者若看到这种形态，应及时做出买入（底部）或卖出（顶部）决定。岛形反转分为顶部岛形反转（见图 3－18）和底部岛形反转，这是股价走势强烈反转的信号。顾名思义，从图形上看，股价明显地被分成了两个部分，中间被左右两个缺口隔开，使得图中“岛形”部分的 K 线像漂离海岸的岛屿一般。

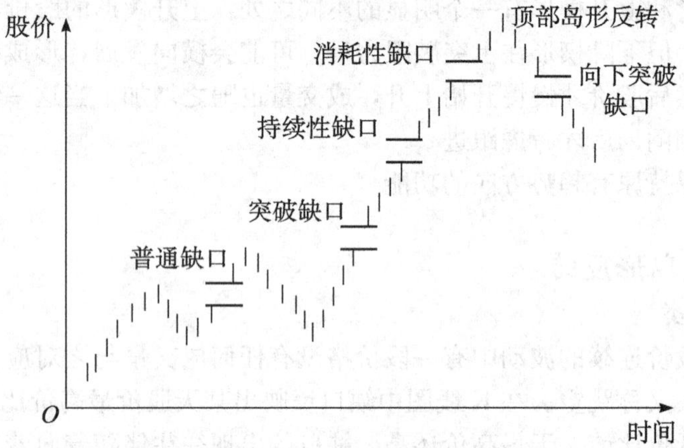

图 3－18　缺口的类型及岛形反转

判断岛形反转的要点如下：

（1）一般而言，在岛形前出现的缺口为消耗性缺口，其后在反方向移动中出现的缺口为突破缺口。如果岛形前只有一个缺口，虽不能称为消耗性缺口，但只要满足下面（2）、（3）两个条件，也可以视为岛形反转。但这种情况的出现是外界因素变化较大所致。

（2）两个缺口之间的时间最短可能只有一个交易日，亦可能长达数天至数星期。

（3）形成岛形的两个缺口大多出现在相同的水平高度上。

（4）岛形反转的两个缺口之间的总换手率越大，其反转的信号就越强。如果是短时间内的巨量换手，则为岛形与 V 形反转的复合形态，其信号非常强大。

（5）岛形反转并不是经常遇见的反转形态，也不是有两个缺口就可以判断其是岛形反转，还要同时满足（2）、（3）这两个条件，而它一旦出现，投资者要给予足够的重视。

补充：

除权缺口：当上市公司分红扩股时，股价会自动除权、除息从而形成除权缺口。除权缺口表现为除权价与股权登记日的收盘价之间的向下跳空缺口，缺口的大小视分红扩股的程度而定。这种缺口是一种特例，不是缺口理论所研究的对象，但对前面介绍的形态理论的分析会产生割裂的影响，因此为了便于持续分析股价曲线的形态，要对这样的缺口进行复权处理，以便让 K 线图连贯起来。各种行情分析软件都提供了前后复权功能。

四、应用形态理论应注意的问题

虽然我们对形态的类型进行了分类，但这些形态中有些是不容易区分其究竟是属于哪一类的。例如，一个局部的三重顶（底）形态，若在一个更大的范围内去观察，则有可能被认为是矩形形态的一部分。一个三角形形态有时也可以演变成反转突破形态，尽管在多数情况下我们都把它当成持续整理形态。

另外，在进行实际操作时，形态理论要求在形态完全明朗时才能行动，从某种意义上讲，这样做有错过机会的可能。

第五节　波浪理论

一、波浪理论概述

（一）波浪理论的形成过程

波浪理论的全称是艾略特波浪理论（Elliott wave theory）。拉尔夫·纳尔逊·艾略特（Ralph Nelson Elliott，1871—1948）是波浪理论的创始者，曾经是专业的会计师，专精于餐馆业与铁路业。他在中年染上重病，于 1927 年退休，长期住在加利福尼亚州休养。就在他休养的康复时期，他发展出了自己的股价波浪理论。艾略特的波浪理论受到了道氏理论的影响，道氏理论主要对股市的发展趋势给出了较完美的定性解释，而艾略特则在定量分析上提出了独到的见解。

艾略特在 1934 年公开发表波浪理论，指出股市走势依据一定的模式发展，在涨落之间，各种波浪有节奏地重复出现。艾略特创立的波浪理论包括一整套精细的分析工具，主要有：波浪运行的形态；浪与浪之间的比率；时间周期。

艾略特索性将 1946 年出版的第二本著作命名为《大自然的法则》(*Nature's Law*)。这一书名听来有些夸大。这是因为艾略特自认为他的股市理论属于大自然法则的一部分，股市就像潮汐一样有涨有落。

（二）波浪理论和斐波那契数列

波浪理论的重要课题是解决浪与浪之间的比率关系问题，而该比率实际上跟随着神奇数字系列发展。艾略特在《大自然的法则》一书中谈到，其波浪理论的数字基础是一系列的数列，是斐波那契在 13 世纪所发现的，因此，此数列一般被称为斐波那契数列。

斐波那契数列为：1，2，3，5，8，13，21，34，55，89，144，…

在波浪理论的范畴内，多头市况（牛市）阶段可以由 1 个上升浪代表，亦可以划分为

5 个小浪，或者进一步划分为 21 个次级浪，甚至还可以继续细分出 89 个细浪；对于空头市况（熊市）阶段，则可以由 1 个大的下跌浪代表，同样 1 个大的下跌浪可以划分为 3 个次级波段，或者可以进一步地再划分出 13 个低一级的波浪，甚至最后可看到 55 个细浪。

综上所述，我们可以不难理解地得出这样的结论：一个完整的升跌大循环，可以划分为 2、8、34 或 144 个波浪。在此不难发现，上面出现的数字，包括 1、2、3、5、8、13、21、34、55、89 及 144，全部属于神奇数字系列。

斐波那契数列的奇妙之处为：

（1）任何相邻两个数字之和等于后一个数字。

（2）除了最前面的三个数字（1、2、3），任何一个数与后一个数的比率都接近 0.618，而且越往后，其比率就越接近 0.618。

（3）除了最前面的三个数字（1、2、3），任何一个数与前一个数的比率都接近 1.618，有趣的是 1.618 的倒数是 0.618。

二、波浪理论的基本原理

艾略特最初的波浪理论是以周期为基础的。每一个周期中可能存在一些小周期，而小的周期又可以再细分成更小的周期，每个周期无论时间长短，都是以一种模式进行的。

（一）波浪理论考虑的因素

波浪理论考虑的因素主要有三个方面：第一，股价走势所形成的形态；第二，股价走势图中各个高点和低点所处的相对位置；第三，完成某个形态所经历时间的长短。

（二）波浪理论的基本观点

（1）股价指数的上升和下跌将是交替进行的。推动浪和调整浪是价格波动的两种最基本的方式。

（2）推动浪由 5 个上升浪组成，即五浪上升模式。在股市中价格以一种特定的五浪形态上升，其中第一浪、第三浪、第五浪是上升浪，第二浪和第四浪则分别是对第一浪和第三浪的逆向调整。

（3）调整浪由 A、B、C 三浪组成，即三浪调整模式。五浪上升运行完毕后将有 A、B、C 三浪对五浪上升进行调整，其中 A 浪和 C 浪是下跌浪，B 浪是反弹浪。

（4）一个完整的循环由五个上升浪和三个调整浪组成，即所谓的八浪循环（见图 3-19）。

（5）第一浪有两种表现形式，一种属于构筑底部，另一种则为上升形态；第二浪有时调整幅度较大，跌幅惊人；第三浪通常最具爆发力，是运行时间最长及调整幅度最大的一个浪；第四浪通常以较为复杂的形态出现，以三角形整理形态出现的情况居多。如第二浪是简单浪，则第四浪以复杂浪居多；如第二浪是复杂浪，则第四浪以简单浪居多。第四浪不应低于第一浪的顶。第五浪是上升中的最后一浪，力度大小不一。

（6）A 浪对五个上升浪进行调整，下跌力度大小不一；B 浪是修复 A 浪下跌的反弹浪，升势较不稳定；C 浪下跌的时间长、幅度大，最具杀伤力。

（三）应用波浪理论应注意的问题

（1）波浪理论最大的不足是应用上的困难，波浪理论从理论的角度看永远正确，但在

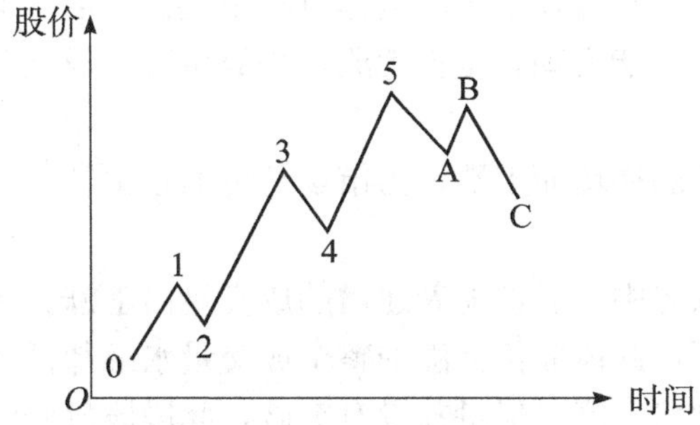

图 3-19 八浪结构的基本形态图

具体应用中"浪中有浪"，让人无所适从。

(2) 波浪理论的第二个不足是面对同一个形态，不同的人会产生不同的数浪法，而不同的数浪法产生的结果可能相差很大。每一个波浪大师，包括艾略特本人，在很多时候都会受一个问题的困扰，这就是一个浪是否已经完成而开始了另外一个浪。有时，甲看是第一浪；而乙看是第二浪。差之毫厘，谬以千里。看错的后果可能十分严重。一套不能确定的理论被用在风险奇高的股票市场，运作错误足以使人损失惨重。

第六节 量价关系理论

一、量、价是市场行为的最基本表现

市场行为最基本的表现就是成交价和成交量。技术分析就是利用过去和现在的成交量、成交价资料，以图形分析和指标分析工具来解释、预测未来的市场走势，再把时间因素考虑进去，技术分析就可简单地被归结为对时间、成交价、成交量三者关系的分析。在某一时点上的价和量反映的是买卖双方在这一时点上的市场行为，是双方的暂时均衡点，随着时间的推移，均势会不断发生变化，价格就有了空间上的变化，而实质就是量价关系的变化。

一般说来，买卖双方对价格的认同程度通过成交量的大小确认，认同程度大，成交量就大；认同程度小，成交量就小。双方的这种市场行为反映在价、量上往往呈现出这样一种规律：价升量增，价跌量减。

成交价、成交量的这种规律是技术分析的合理性所在，量、价是技术分析的基本要素，一切技术分析法都是以量、价关系为研究对象的。

二、成交量与价格趋势的关系

技术分析法认为，价格的涨、跌或平是股价变动的方向，成交量是对价格变动方向的认同，也可以被认为是价格变动的力量。

(一) 成交量与股价趋势——葛兰碧九大法则

关于量价关系的研究最早见于美国股市分析家葛兰碧 (Joe Granville) 所著的《股票市场指标》。葛兰碧认为成交量是股市的元气与动力，成交量的变动直接表现股市交易是否活跃，人气是否旺盛，而且体现了市场运作过程中供给与需求间的动态实况，没有成交量的发生，市场价格就不可能变动，也就无股价趋势可言，成交量的增加或减少都表现出一定的股价趋势。

（1）价格随着成交量的递增而上涨，为市场行情的正常特性，此种量增价升的关系表示股价将继续上升。

（2）在一个波段的涨势中，股价随着递增的成交量而上涨，突破前一波的高峰，创下新高价，继续上扬。然而，此段股价上涨的整个成交量水准却低于前一个波段股价上涨的成交量水准。此时股价创出新高，但量却没有突破，此段股价涨势令人怀疑，是股价趋势的潜在反转信号。

（3）股价随着成交量的递减而回升，股价上涨，成交量却逐渐萎缩。成交量是股价上升的原动力，原动力不足显示出股价趋势的潜在反转信号。

（4）有时股价随着缓慢递增的成交量而逐渐上升，渐渐地，股价曲线的走势突然呈现垂直上升的喷发行情，成交量急剧增加，股价跃升暴涨；紧随着此波走势，继之而来的是成交量大幅萎缩，同时股价急速下跌。这种现象表明涨势已到末期，上升乏力，显示出股价趋势有反转的迹象。反转所具有的意义将依前一波股价上涨幅度的大小及成交量增加的程度而不同。

（5）股价因成交量的递增而上升，是十分正常的现象，并无特别暗示趋势反转的信号。

（6）在一个波段，股价在长期下跌形成谷底后开始回升，成交量并没有随股价上升而递增，股价上涨欲振乏力，然后再度跌落至原先谷底附近，或高于谷底。第二谷底的成交量低于第一谷底，是股价将要上升的信号。

（7）股价往下跌落一段相当长的时间，股市出现恐慌性抛售，此时随着成交量的日益增加，股价大幅下跌；继恐慌卖出之后，预期股价可能上涨，同时恐慌卖出所创的低价将不可能在极短的时间内被突破。因此，大量恐慌性抛售之后，往往是（但并不一定是）空头市场的结束。

（8）股价下跌，向下突破股价形态、趋势线或移动平均线（移动平均线在下章介绍），同时出现了大成交量，这是股价下跌的信号，明确表示出下跌的趋势。

（9）在市场行情持续上涨数月之后，出现急剧增加的成交量，而股价却上涨无力，在高位整理，无法再大幅上升，显示出股价在高位大幅振荡，抛压沉重，上涨遇到了强阻力，此为股价下跌的先兆，但股价并不一定必然下跌。股价连续下跌之后，在低位区域出现大成交量，而股价却没有进一步下跌，仅出现小幅波动，此即表示进货，通常是股价上涨的前兆。

关于量价分析，技术分析法还认为：1）成交量的大小是相对的，主要是相对于最近而言，没有绝对的大小；2）成交量的变动在价格变动之前，所谓量在价先；3）技术分析法常用成交金额来代替成交量，这两者并没有太大的区别，但当市场热点过分集中在高价股或低价股上时应适当调整；4）成交价一般采用收盘价。

（二）涨跌停板制度下的量价关系分析

（1）涨停量小，股价将继续上扬；跌停量小，股价将继续下跌。

（2）涨停中途被打开次数越多、时间越久、成交量越大，股价反转下跌的可能性就越大；反之亦然。

(3) 涨停关门时间越早，次日涨势继续的可能性就越大；反之亦然。

(4) 封住涨停板的买盘数量的大小和后续继续上涨的概率正相关；反之亦然。

(三) 量价关系补充——换手率和量比

1. 换手率

所谓换手率是指单位时间内某一股票累计成交量与可交易量之间的比率。其数值的大小不仅说明交投的活跃程度，而且表明交易者之间换手的充分程度。

换手率对应的是统计的时间，换手率的高低要在相同的时间段内进行对比，时间可以是1天、1个星期、1个月、1个季度……统计的时间越长，要求的换手率就越高；而单日换手率的高低还要看放量的位置，以及后续是否持续放量。

换手率在市场中是很重要的买卖参考指标，应该说这远比技术指标和技术图形更加可靠。如果从造假成本的角度考虑，尽管交易印花税、交易佣金已大幅降低，但成交量越大所缴纳的费用就越高是不争的事实。

如果在K线图中的技术指标、图形、成交量三个要素当中选择，主力肯定是在最没有办法时才会用成交量来骗人。因此，研判成交量乃至换手率对于判断一只股票的未来发展是有很大帮助的。

一般来讲，换手率高的情况大致分为三种：

(1) 在相对高位成交量突然放大：主力派发的意愿是很明显的。然而，在高位放出成交量也并非易事，一般伴随着一些利好政策出台时，才会放出成交量，主力才能顺利完成派发，这种例子是很多的。

(2) 新股：这是一个特殊的群体，上市之初换手率高是很自然的事，股市一度也上演过新股不败的神话，然而，随着股市的变化，新股上市后高开低走已成为现实。显然已得不出换手率高股价一定能上涨的结论。

(3) 底部放量：价位不高的股票是我们应该关注的重点。换手率高，则其可信程度也较高，表明新资金介入的迹象较为明显，未来股价的上涨空间相对较大，越是底部换手充分，股价上行中的抛压就越轻。此外，当股市处在趋势不明、个股价格涨跌不一的情况下时，换手率高的个股有望成为强势股，强势股就代表了股市的热点，因而有必要对它们重点地加以关注。

2. 量比

量比是衡量相对成交量的指标。它是指股市开市后平均每分钟的成交量与过去5个交易日平均每分钟的成交量之比。其计算公式为：量比=(现成交总手数/现累计开市时间(分))/过去5日平均每分钟的成交量。

量比在观察成交量方面是卓有成效的分析工具，它将某只股票在某个时点上的成交量与一段时间的成交量平均值进行比较，排除了因股本不同造成的不可比情况，是发现成交量异动的重要指标。由于“量”是“价”的先导，因此我们可以根据量比曲线的变化，来分析个股买卖力量的对比情况，进而研判该股当日的运行趋势。

量比这个指标所反映出的是当前盘口的成交力度与最近五天的成交力度的差别，这个差别的值越大表明盘口成交越趋活跃，越能体现主力暗流涌动、准备随时展开攻击前蠢蠢欲动的盘口特征。因此量比资料可以说是盘口语言的翻译器，它是超级短线临盘实战洞察主力短时间动向的秘密武器之一。它更适用于短线操作。量比反映出的主力行为从计算公式中可以看出，量比的数值越大，表明该股当日流入的资金越多，市场活跃度越高；反之，量比值越小，表明资金的流入越少，市场活跃度越低。我们可以从量比曲线与数值上，看出主流资金的市场行为，如主力的突发性建仓，建完仓后的洗盘，洗盘结束后的拉升，这些行为可以让我们一目了然！

下面介绍量比及量比指标曲线的原理和使用方法。

（1）量比反映的是分时线上的即时量相对近段时期平均量的变化，一般都默认为量比是当日场内平均每分钟的成交量与过去5日平均每分钟的成交量之比。显然，量比大于1表明目前场内交投活跃，成交较过去几日增加。

（2）把当日每分钟不同的量比数值描绘在一个坐标图中，就形成了量比指标。通过量比指标可以得知当日量比如何变化，同时也能得知当日盘口成交量的变化，进而知道当日的量能相对近段时期量能的变化。

（3）一般要注意，股市及人们的心理经过一夜的休整，在新的一个交易日开盘的时候，股价及开盘成交量的变化反差极大，反映在量比数值上就是其在新的一个交易日开盘时显得很不稳定，因此我们应该静待量比指标有所稳定后再采取行动。

（4）在使用中，当量比指标在分时图上沿着一种大趋势单边运行时会突然出现量比急速翘头的迹象，我们认为不必急于采取行动，在进一步修正后，再依据量价的更进一步变化采取行动。

最后，在平时对量比的使用中可多结合形态理论，往往会取得更好的研判效果。

本章小结

基本分析与技术分析是证券投资分析的两种重要方法。本章详细介绍了技术分析法的理论部分。与基本分析法相比，技术分析法更注重量、价、时、空等股价走势变量的分析，更关注买卖时机的选择，对短线操作更具有指导意义。与基本分析法不同，技术分析法主要通过对各类市场数据的整理，借助图形分析工具来预测股价的变化趋势及波动幅度。量价分析在技术分析法中占有重要的地位，“量在价先”是重要原则。K线是股价图形分析的基础，借助K线图并运用形态理论可分析股价中期变化的特点。股价曲线的形态有反转突破形态和持续整理形态两种。切线分析是技术分析法中的精髓，其核心思想是通过切线找出价格运动的趋势，顺势操作。

关键术语

道氏理论	涨跌停板	K线	主要趋势	次要趋势
支撑线	压力线	形态理论	趋势线	轨道变轨
反转突破	持续整理	双重顶底	头肩顶底	岛形反转
缺口理论	波浪理论	上升浪	换手率	量价关系

习题

一、单项选择题

1. 技术分析法是一种直接对证券的(　　)进行分析的方法。

A. 内在价值　　B. 市场行为　　C. 盈利性　　D. 风险性

2. 就单根K线而言，反映多方占据绝对优势的K线形状是(　　)。

A. 带有较长上影线的阳线　　B. 光头光脚大阴线

C. 光头光脚大阳线　　D. 大十字线

3. 就单根K线而言，反映多空双方争夺激烈且势均力敌的K线形状是(　　)。

A. 带有较长下影线的阴线　　B. 光头光脚大阴线

C. 光头光脚大阳线　　D. 大十字线

4. 同样是在支撑线上买股票，下列哪种情况相对更安全？(　　)

A. 在上升通道的趋势线上　　B. 在下降通道的轨道线上

5. 在头肩顶形态中，当股票的收盘价突破颈线的幅度超过股票市价的(　　)时为有效突破。

A. 30%　　B. 10%　　C. 3%　　D. 50%

6. 波浪理论认为一个完整的价格循环周期由(　　)个上升浪和(　　)个调整浪组成。

A. 4，4　　B. 3，5　　C. 5，3　　D. 6，2

7. 股价图形分析的基础是(　　)。

A. 股价走势图　　B. 股票成交量时序图

C. K线图　　D. OX图

8. 在技术分析中，画好股价趋势线的关键是(　　)。

A. 选择两个具有决定意义的点　　B. 找出具有重要意义的一个点

C. 不要画得太陡峭　　D. 找出具有重要意义的三个点

9. 股价经持续上涨后进行调整，股价回落到涨幅的(　　)处反弹属强势调整。

A. 一半　　B. 三分之一　　C. 三分之二

10. 量价的基本关系是成交量与股价趋势(　　)。

A. 同步同向　　B. 同步反向

C. 异步同向　　D. 异步反向

二、多项选择题

1. 技术分析所基于的基本假设是(　　)。

A. 市场行为包容一切信息　　B. 价格沿趋势变动

C. 价格围绕价值波动　　D. 历史会重演

2. 道氏理论将股价运动趋势按级别划分为(　　)。

A. 主要趋势　　B. 次要趋势　　C. 短暂趋势

D. 上升趋势　　E. 下降趋势

3. 缺口理论中的三个重要缺口包括(　　)。

A. 普通缺口　　B. 突破缺口　　C. 持续性缺口　　D. 消耗性缺口

4. 股票价格的变动趋势一般分成（　　）。

A. 上升趋势　　B. 下降趋势

C. 突破趋势　　D. 水平趋势

5. 下列有关反转形态的说法正确的有（　　）。

A. 反转形态的出现表明股价运动将出现方向性的转折

B. 反转形态出现的前提条件是确实存在着股价上升或下降的趋势

C. 通常反转形态的规模越大，则反转后价格变动的幅度将越大

D. 通常反转形态的规模越大，则反转后价格变动的幅度将越小

6. 持续整理形态的类型有很多，除了三角形外，还有（　　）等形态。

A. 菱形　　B. 旗形　　C. 矩形　　D. 楔形

三、思考题

通过本章的学习，你认为最重要的技术分析理论是哪个？

第四章

证券投资技术分析主要技术指标

⊙本章要点⊙

1. 理解主要技术分析指标的设计思想并熟练掌握其应用法则；
2. 熟练运用技术分析指标研判、分析大盘与个股；
3. 准确判断技术指标发出信号的可靠性。

【本章导读】

技术指标的真谛

技术指标使用方便、判断直观，深受投资者喜爱。事实上技术指标虽然能起到有益的参考作用，但有时也会让人误入指标陷阱。这是由于技术指标都是根据量、价、时、空的数据计算而得的统计指标，往往比实际的股价变化慢一个计算过程。成交价和成交量在先，指标变化在后，因此在实践中不要过分依赖和迷信技术指标。不过像移动平均线、指数平滑异同移动平均线、相对强弱指标、动量指标、成交量变异率指标等经典技术指标作为辅助工具，将为投资者提供强有力的技术上的参考，在实践中如能得到灵活运用，并相互验证，往往能帮助投资者把握买卖的时机。这便是技术指标运用的真谛。

第一节　技术指标法简述

一、技术指标法的含义与本质

所谓技术指标法就是应用一定的数学公式，对原始数据进行处理，得出指标值，将指标值绘成图表，从定量的角度对股市进行预测的方法。这里的原始数据指某一股票或者指数在单位时间内的开盘价、最高价、最低价、收盘价、成交量和成交金额等。

技术指标法的本质是通过数学公式产生技术指标。这个指标反映了股市某一方面的深层次的内涵，这些内涵仅仅通过原始数据是很难看出的。

投资者在投资实践中会对股市有一些想法。有些基本的想法可能只停留在定性的程度，没有进行定量的分析。技术指标可以被用来进行定量分析，它克服了定性分析方法的不足，极大地提高了具体操作的精确度。例如，我们可以认为在下跌足够的情况下，总会出现一个反弹，那么跌到什么程度才能被认为是足够的呢？仅凭定性方面的分析是不能回答这个问题的。乖离率等技术指标所拥有的超买超卖功能在很大程度上能帮助我们解决这一问题。技术指标尽管不是百分之百地解决问题，但至少能在我们采取行动前从数量方面给予帮助。

二、技术指标法与其他技术分析法的关系

大多数技术分析法都有一个共同的特点，就是过分重视价格，而对成交量重视不够。除量价关系理论考虑了成交量信息外，其他理论都没有对成交量信息加以分析。尽管如此，很多技术分析法都还在正常运转，照样进行分析研究，进行行情预测，然而其分析结果的可信度将会降低。

技术指标种类繁多，考虑的方面也多，投资者能够想到的，都能在技术指标中得到体现，并且技术指标法将分析的结果数量化，尽管数据有时会钝化，但技术指标法毕竟是一种定量分析工具。这一点是其他技术分析法无法比拟的。

尽管如此，技术指标法和其他技术分析法仍是一脉相承的，都离不开K线这个分析基础，趋势型指标是切线理论中支撑线、压力线的延伸，也与形态理论有着很多相通的地方。在对超买超卖型指标的分析中也要用到技术分析理论中的分析方法，而人气型指标中的能量潮指标是唯一用成交量来衡量多空力量的指标，丰富了量价关系理论。因此，全面学习和了解技术指标也是很重要的。

三、应用技术指标法应注意的问题

任何技术指标都有自己的适用范围和应用条件，得出的结论也都有成立的前提和可能发生的意外。因此，不管这些结论成立的条件而盲目绝对地相信技术指标是要出错的。但从另外一个角度看，也不能认为技术指标有可能出错而完全否定技术指标的作用。

单纯应用一种技术指标容易出现错误，但当使用多个具有互补性的指标时，可以极大地提高预测精度。因此，在实际应用时，应采用若干个互补性的指标进行组合分析，以提高决策水平；再进一步和K线图、成交量相结合并相互验证，这样效果会更好。

四、技术指标的分类

从不同的角度可以将技术指标划分成不同的种类。从功能的角度可将常用的技术指标分为趋势型指标、超买超卖型指标和人气型指标三类。技术指标学派是技术分析中极为重要的分支。但由于技术指标众多，我们在这里仅按上述分类介绍一些有代表性的常用技术指标。

第二节 主要技术指标

一、趋势型指标

趋势型指标主要包括移动平均线（MA）、指数平滑异同移动平均线（MACD）和布林线指标三种。移动平均线和指数平滑异同移动平均线有一个共同点，即二者都是对前期股价进行平滑之后的产物。正是由于这两种指标的产生过程类似，反映的是股价同一方面的内容，因此，这两种指标在操作手法上有很多相通之处。

（一）移动平均线（MA）

Moving average，简称 MA，原本的意思是移动平均，由于我们将其制作成线形，所以一般称之为移动平均线，简称均线。移动平均线是将某一段时间股指或股价的平均值画在坐标图上所连成的曲线，用它可以研判股价未来的运动趋势。

1. MA 的计算方法

根据数据处理方法的不同，移动平均线可分为算术移动平均线（SMA）、加权移动平均线（WMA）和指数平滑移动平均线（EMA）三种。在实际应用中常常使用的是指数平滑移动平均线，其计算公式为：

$$\mathrm{EMA}_t(N)=C_t\times\frac{1}{N}+\mathrm{EMA}_{t-1}\times\frac{N-1}{N}$$

式中：C_t ——计算期中第 t 日的收盘价；

EMA_{t-1} ——第 $t-1$ 日的指数平滑移动平均数。

天数 N 是 MA 的参数，起点的移动平均值可用起点的收盘价代替。如第 10 日的 MA 简称为 10 日线，表示为 MA(10)。

常用的移动平均线有 5 日线、10 日线、30 日线、60 日线、120 日线和 250 日线。其中，5 日线和 10 日线是短期移动平均线，是短线炒作的参照指标，亦称短期线；30 日线和 60 日线是中期移动平均线，亦称中期线；120 日线、250 日线是长期移动平均线，又称长期线，亦被分别称为半年线和年线。由于短期移动平均线较长期移动平均线更易于反映行情的涨跌，所以短期移动平均线一般又被称为快速 MA，长期移动平均线则被称为慢速 MA。有时将周 K 线、月 K 线的移动平均线作为中长期趋势的研判对象；与此对应的也有对 1 小时 K 线或者 15 分钟 K 线的移动平均线进行分析来研判短线买卖点的。

2. MA 的特点

MA 的基本思想是消除股价随机波动的影响，寻求股价波动的趋势，因此它有以下几个特点：

特点一，追踪趋势。MA 能够表示股价的趋势方向，并追踪这个趋势。如果能从股价的图形中找出上升或下降趋势，那么 MA 将与趋势方向保持一致。原始数据的股价图形不具备追踪趋势的特点。因此，可以认为 MA 的趋势方向反映了股价波动的方向。

特点二，滞后性。在股价原有趋势发生反转时，由于 MA 追踪趋势的特点，其行动往往过于迟缓，调头速度落后于大趋势。这是 MA 的一个极大的弱点。

特点三，稳定性。根据 MA 的计算方法，要想较大地改变移动平均的数值，当天的股价必须有很大变化，因为 MA 的变化不是一天的变动，而是股价几天变动的平均值。这个特点也决定了 MA 对股价做出反应的滞后性。这种稳定性有优点，也有缺点，在应用时应多加注意，掌握好分寸。

特点四，助涨助跌性。当股价突破移动平均线时，无论是向上突破还是向下突破，股价都有继续向突破方向发展的愿望。

特点五，支撑线和压力线的特性。MA 的前四个特点使得它在股价走势中起支撑线和压力线的作用。MA 被突破，实际上是支撑线和压力线被突破，从这个意义上就很容易理解后面将要介绍的葛兰威尔的移动平均线八大买卖法则。

MA 的参数作用实际上就是调整 MA 上述几个方面的特点。参数选择得越大，上述特点就越显著。比如，突破 5 日线和突破 10 日线的助涨助跌的力度完全不同，10 日线比 5 日线的力度大。

3. MA 的应用法则

在 MA 的应用上，最常见的是葛兰威尔的移动平均线八大买卖法则，简称葛氏法则。此法则以证券价格（或指数）与移动平均线之间的偏离关系作为研判的依据。移动平均线八大买卖法则中有四条是买入法则，另外四条是卖出法则，如图 4－1 所示。

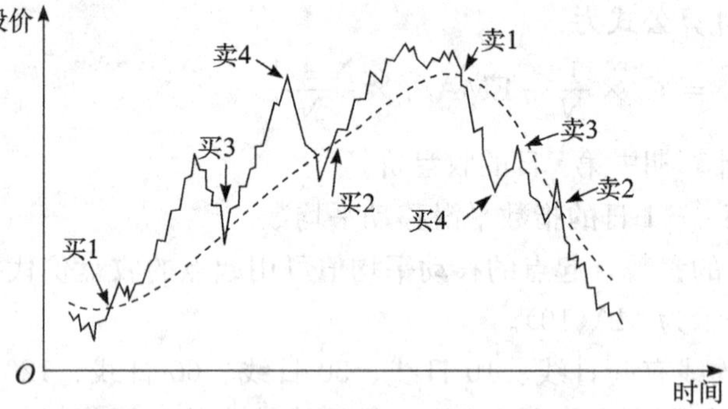

图 4－1　葛兰威尔的移动平均线八大买卖法则

葛兰威尔的四条买入法则如下：

(1) 移动平均线从下降逐渐走平且略向上方抬头，而股票价格从下向上突破移动平均线（买 1 点处），此为买入信号。

(2) 移动平均线仍为上升趋势，股票价格突然下跌，但在移动平均线附近（买 2 点处）又立刻回升到移动平均线上方，此为买入信号。

(3) 移动平均线仍为上升趋势，股票价格跌破移动平均线，随即反转上升（买 3 点处），此为买入信号。

(4) 股票价格突然暴跌，跌破且远离移动平均线（买 4 点处），而且移动平均线为下降趋势，此时极有可能止跌反弹，此为买入信号。

葛兰威尔的四条卖出法则如下：

(1) 移动平均线从上升逐渐转为盘局或下跌，而股票价格下跌并跌破移动平均线（卖 1 点处），此为卖出信号。

(2) 股票价格虽然向上突破移动平均线，但又立刻回跌至移动平均线以下（卖 2 点处），此时移动平均线仍为下降走势，此为卖出信号。

(3) 股票价格趋势位于移动平均线之下，股票价格上升但并未突破移动平均线，而后又开始下跌（卖 3 点处），且移动平均线为下降走势，此为卖出信号。

(4) 股票价格突然暴涨，突破并远离移动平均线，且移动平均线为上升趋势（卖 4 点处），此时股票价格极有可能回档调整，此为卖出信号。

4. 黄金交叉与死亡交叉

一般情况下，投资者可利用短期和长期两种移动平均线的交叉情况来决定买入和卖出的时机。当现在的价位站稳在长期与短期 MA 之上，短期 MA 又向上突破长期 MA 时，为买入信号，此种交叉被称为黄金交叉，又被称为金叉；反之，当现在的价位处于长期与短期 MA 之下，短期 MA 又向下突破长期 MA 时，则为卖出信号，此种交叉被称为死亡交叉，又被称为死叉。如图 4－2 所示。

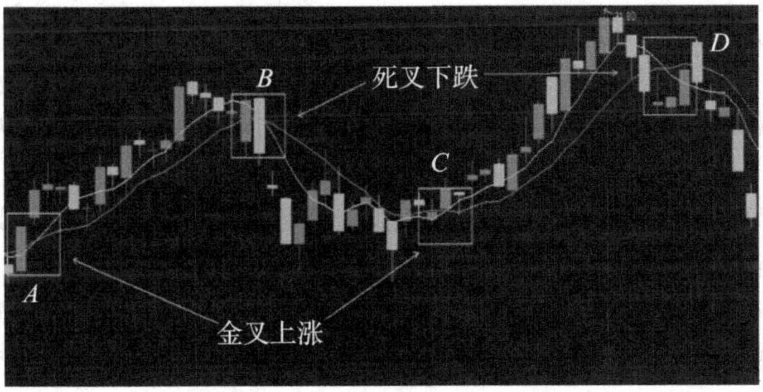

图 4－2　K 线图的金叉与死叉

图 4－2 中 A、C 处为黄金交叉，B、D 处为死亡交叉。我们可以清晰地看到，每逢金叉出现时，往往伴随着不错的机会；而每当死叉出现时，往往伴随着风险降临。

黄金交叉和死亡交叉实际上分别对应向上突破压力线和向下突破支撑线，所以只要掌握了支撑和压力的思想，就不难理解。

(二) 指数平滑异同移动平均线（MACD）

指数平滑异同移动平均线利用在一段上涨或下跌行情中快速（短期）和慢速（长期）平滑移动平均线两线之间的差距拉大，而在涨势或跌势趋缓时两线又相互接近或交叉的特征，进行双重平滑运算。

MACD 的优点是去除了移动平均线可能发出假信号的缺陷，同时保留了移动平均线的效果。缺点是 MACD 对价格变动的灵敏度不高，属于中长线指标，所以在盘整行情中不适用。另外，该指标对未来股价的上升和下降的深度无法提供有效的建议。

1. MACD 的计算方法

应用 MACD 时，首先要计算出快速平滑移动平均线与慢速平滑移动平均线之差，这个差就是 MACD 的离差值 DIF，然后再求出 DIF 的 n 期平滑移动平均线 DEA。在实际应用中，常以 12 日 EMA 为快速平滑移动平均线，以 26 日 EMA 为慢速平滑移动平均线。

$$\text{今日 EMA}(12)=\frac{2}{12+1}\times\text{今日收盘价}+\frac{11}{12+1}\times\text{昨日 EMA}(12)$$

$$今日EMA(26)=\frac{2}{26+1}\times今日收盘价+\frac{25}{26+1}\times昨日EMA(26)$$

$$DIF=EMA(12)-EMA(26)$$

$$今日DEA(MACD)=\frac{2}{10}\times今日DIF+\frac{8}{10}\times昨日DEA$$

理论上，在持续的涨势中，12 日 EMA 在 26 日 EMA 之上，它们之间的正离差值（+DIF）会越来越大；反之，在跌势中离差值可能变为负数（−DIF），这个值的绝对值也会越来越大。而在行情开始好转时，正离差值、负离差值的绝对值将会缩小。指标 MACD 正是将正负离差值与离差值的 n 日平滑移动平均线的交叉信号作为买卖信号的依据的，即再度以快速与慢速平滑移动平均线的交叉原理来分析买卖信号。

此外，在分析软件中还有一个指标叫柱状线（BAR），它是 DIF 值减去 DEA 值的差再乘以 2 后所得到的指标。

2. MACD 的应用法则

MACD 的应用法则包括两个方面：

其一，以 DIF 和 DEA 的取值及两者之间的相对取值对行情进行预测，应用法则如下：

（1）DIF 与 DEA 均为正值时，属多头市场。DIF 向上突破 DEA 是买入信号；DIF 向下跌破 DEA 只能认为是回落，可获利了结。

（2）DIF 与 DEA 均为负值时，属空头市场。DIF 向下突破 DEA 是卖出信号；DIF 向上穿破 DEA 只能认为是反弹，可暂时补空。

（3）DIF 向下突破零轴线，此为卖出信号，即 12 日 EMA 与 26 日 EMA 发生死亡交叉；DIF 向上穿破零轴线，此为买入信号，即 12 日 EMA 与 26 日 EMA 发生黄金交叉。

其二，指标背离原则。如果 DIF 的走向与股价走向背离，则这是采取行动的信号。

（1）当股价走势出现 2 个或 3 个近期低点时，DIF（DEA）并不配合，股价未出现新低点，这种情况被称为底背离，此时发出的买入信号较强烈，可买入股票（见图 4-3）。

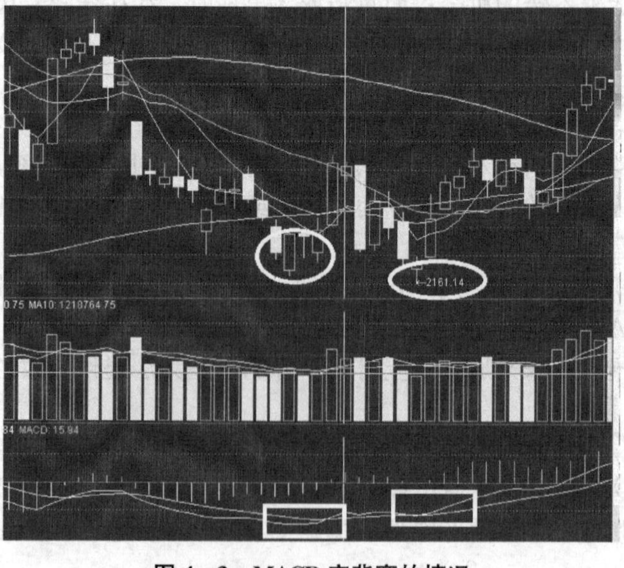

图 4-3　MACD 底背离的情况

注：此图为上证指数日 K 线图（数据截至 2013 年 5 月 16 日）。

(2) 当股价走势出现2个或3个近期高点时，DIF (DEA) 并不配合，股价未出现新高点，这种情况被称为顶背离，此时发出的卖出信号较强烈，可卖出股票（见图4-4)。

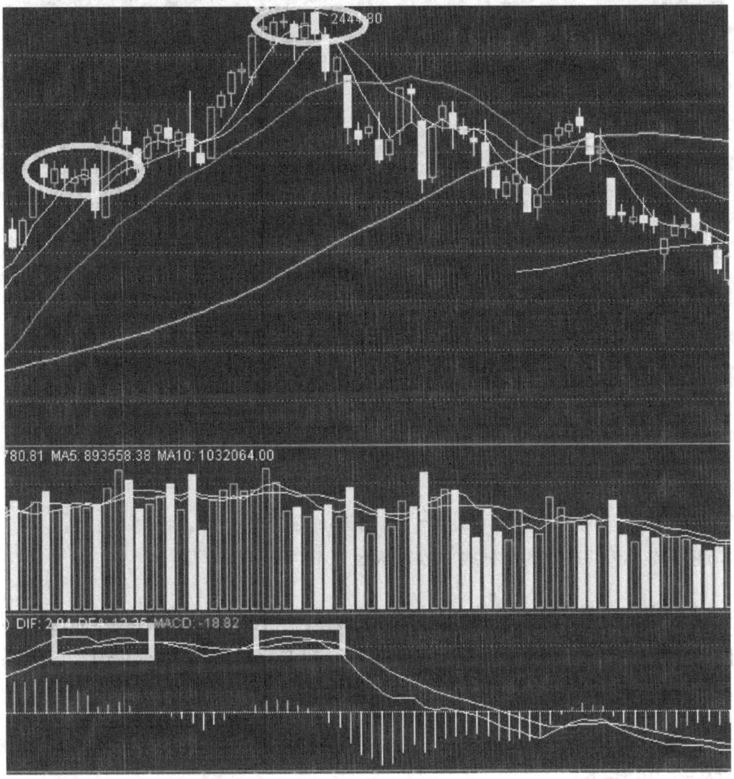

图4-4 MACD顶背离的情况

注：此图为上证指数日K线图（数据截至2013年5月16日)。

(三) 布林线指标 (BOLL)

布林线指标，其英文全称是Bolinger bands。布林线由约翰·布林格（John Bollinger）创造，其利用统计原理，求出股价的标准差及置信区间，从而确定股价的波动范围及未来走势，并利用波带显示股价的安全高低价位，因而布林线也被称为布林带。其上下轨范围不固定，随股价的波动而变化。布林线指标和麦克指标（MIKE）一样同属路径指标，股价波动处于上轨和下轨的区间之内，这条带状区的宽窄随着股价波动幅度的大小而变化，股价涨跌幅度加大时，带状区变宽，股价涨跌幅度狭小盘整时，带状区则变窄（见图4-5)。

布林格根据投资者的问题，总结出了22条布林线“黄金法则”，以纠正许多人对布林线的误解。比如，经常有人认为布林线突破上轨或者突破下轨是变盘信号，而布林格的正确解释是，布林线第一次突破上轨或者突破下轨只表明趋势的开始而不是买卖信号。他建议的最佳买点是价格穿越上轨之后回档、回档之后再穿越，这才是可靠的进场机会。

另外，布林格特别强调，布林线的收窄不是即将突破的唯一判断依据。收窄仅仅是对前期价格的盘整。至于盘整的区间大小则取决于股市的波动情况。布林线收窄后，一般来说确实会面临突破。而突破分两种——顺势突破和逆势突破。投资者在使用布林线的时候要多关注顺势突破，逆势突破操作难度较大。

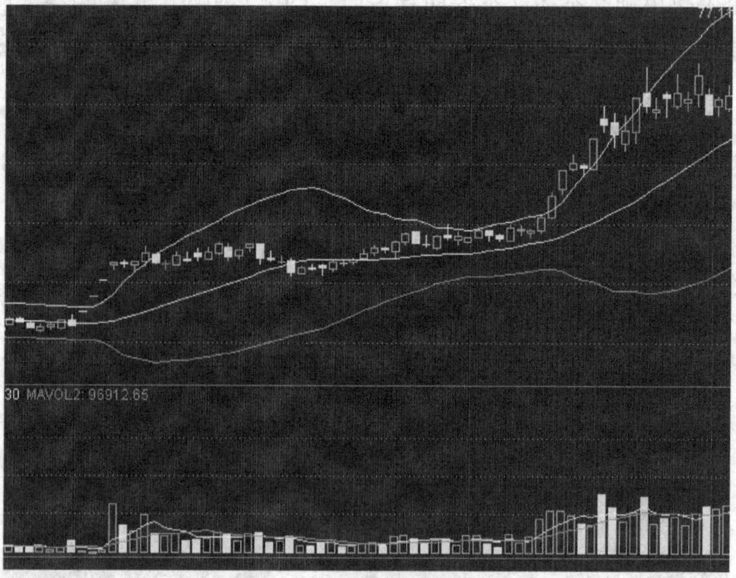

图 4-5　布林线实例

注：此图为掌趣科技（300315）的布林线（数据截至 2013 年 4 月 23 日）。

可以将布林线和相对强弱指标或者成交量变异率指标综合起来进行分析，这样买卖点的判定会更明晰。同时，布林线只能提供某个时间点的买卖建议，而不能提供连续的建议。

二、超买超卖型指标

超买超卖型指标包括相对强弱指标、威廉指标、随机指标和乖离率指标。目前在中国证券市场上常用的技术指标中大约有五分之一的指标属于此类。

（一）相对强弱指标（RSI）

相对强弱指标（relative strength index）又被称为力度指标，它反映出一段时间内在股市中买方力量与卖方力量的相对强弱程度及买卖双方力量对比的变化情况，投资者以此为依据来分析股价未来的走势。

1. RSI 的计算方法

相对强弱指标的计算公式通常以某一时间（n 日）内收盘价或收盘指数的结果作为计算对象，来反映这一时期内多空力量的强弱对比。假设 A 为 n 日内收盘价或收盘指数的升幅累计值，B 为 n 日内收盘价或收盘指数的跌幅累计值乘以 -1，那么 A 和 B 均为正数。将 A 和 B 代入 RSI 的计算公式，则

$$\mathrm{RSI}(n)=\frac{A}{A+B}\times 100$$

式中：A —— n 日内股价向上波动的大小；

B —— n 日内股价向下波动的大小；

$A+B$ ——股价总的波动大小。

RSI 的计算公式实际上反映了某一时期价格上涨所产生的波动占总波动的百分比，百

分比越大，强势就越明显；百分比越小，弱势就越明显。

RSI 的参数是天数 n，一般取 5 日、9 日、14 日等，RSI 的取值范围介于 0 和 100 之间。

2. RSI 的应用法则

（1）根据 RSI 取值的大小判断行情。将 0～100 分成 4 个区域，根据 RSI 取值落入的区域，发出相应的操作信号，如表 4－1 所示。

表 4－1　RSI 取值与操作信号的关系

RSI 值	市场特征	投资操作
80～100	极强	卖出
50～80	强	买入
20～50	弱	卖出
0～20	极弱	买入

“极强”与“强”的分界线和“极弱”与“弱”的分界线是不明确的，它们实际上是一个区域，如可以取 70、30 或 75、25 等。分界线位置的确定与 RSI 的参数和选择的股票有关。一般而言，参数越大，分界线离 50 就越近；股票越活跃，RSI 所能达到的高度就越高，分界线离 50 应该就越远。

（2）两条或多条 RSI 曲线的联合使用。我们称参数小的 RSI 为短期 RSI，参数大的 RSI 为长期 RSI。两条或多条 RSI 曲线的联合使用法则与两条移动平均线的使用法则相同，即短期 RSI 上穿长期 RSI，属于多头市场；短期 RSI 下穿长期 RSI，则属于空头市场。

（3）RSI 曲线的形态信号。RSI 在较高或较低的位置形成头肩顶和 M 头，是卖出的信号；RSI 在较低的位置形成头肩底和 W 底，是买入的信号。这些形态一定要出现在较高位置和较低位置，离 50 越远，结论就越可靠。

另外，也可以利用 RSI 上升和下降的轨迹画出趋势线，此时，起支撑线和压力线作用的切线理论同样适用。

（4）背离信号。RSI 处于高位，依次出现的后一个波峰低于前一个波峰，但此时的股价对应的是一峰比一峰高，此现象为“顶背离”，是比较强烈的卖出信号（见图 4－6）。与此相反的是“底背离”，RSI 在低位形成两个底部抬高的谷底，而股价还在下降，这是比较强烈的买入信号（见图 4－7）。

（二）威廉指标（WMS）

威廉指标又叫威廉超买超卖指标，最早起源于期货市场，由拉里·威廉（Larry William）于 1973 年首创。该指标是目前股市技术分析中比较常用的短期研判指标。

威廉指标主要是通过分析一段时间内股市中最高价、最低价及收盘价之间的关系，度量股市中的超买超卖现象，分析多空双方的力量对比，预测股价短期走势的一种技术指标。

1. WMS 的计算方法

$$\text{WMS}(n)=\frac{H_n-C_t}{H_n-L_n}\times 100$$

式中：C_t ——当天的收盘价；

H_n 、L_n ——分别为最近 n 日内（包括当日）出现的最高价和最低价；

n ——可以自由选定的时间参数，一般为 14 日或 20 日。

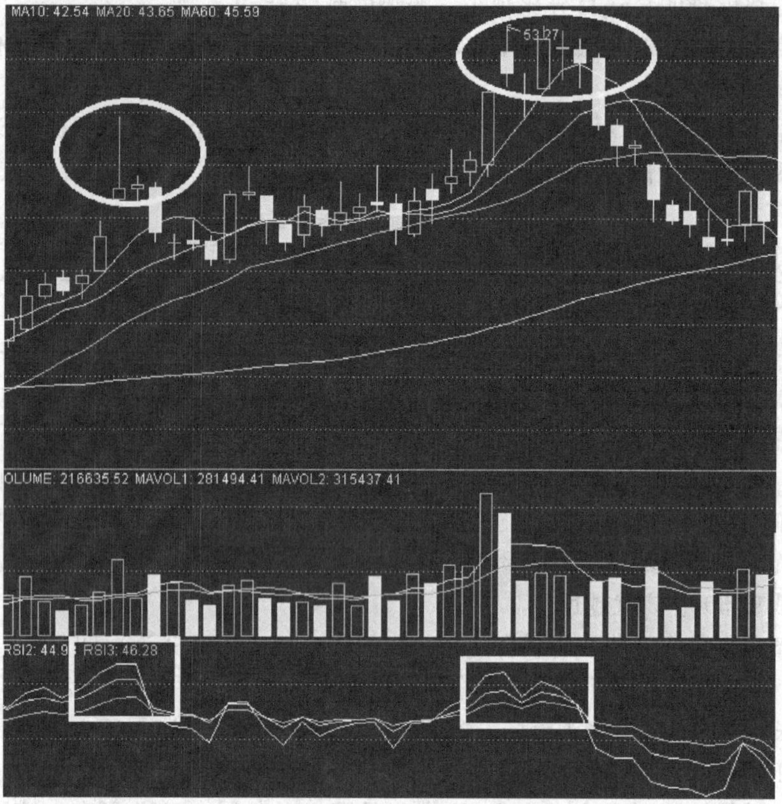

图 4-6 RSI 顶背离的情况

注:此图为中国平安(601318)日K线图(2013年2月4日创图中最高点)。

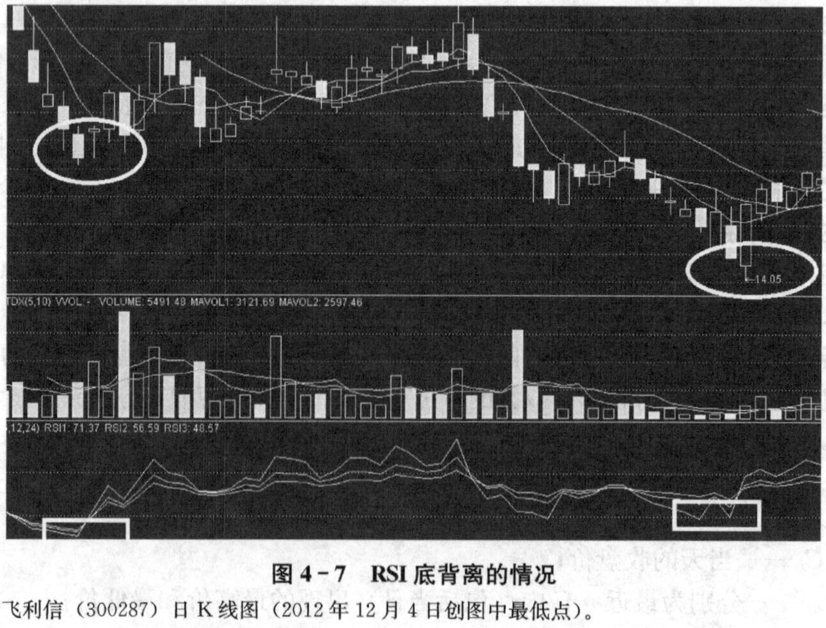

图 4-7 RSI 底背离的情况

注:此图为飞利信(300287)日K线图(2012年12月4日创图中最低点)。

威廉指数值在0～100之间变化。根据上面的公式可知，目前收盘价越接近 n 日内的最高价，WMS值就越小，超买严重，应当卖出；而目前收盘价越接近 n 日内的最低价，WMS值就越大，应考虑买入。

2. WMS的应用法则

首先，从WMS的取值方面考虑，WMS的顶部数值为0，底部数值为100。

（1）当WMS高于80时，处于超卖状态，行情即将见底，应考虑买入。

（2）当WMS低于20时，处于超买状态，行情即将见顶，应考虑卖出。

同时，在WMS的使用过程中应该注意与其他技术指标相配合。在盘整过程中，WMS的准确性较高；而在上升或下降趋势中，却不能只以WMS作为行情判断的依据。

其次，从WMS的曲线形状考虑。由于该指标属于短期指标，难免进入超买（超卖）区域后股价会继续上涨（下跌），这种现象被称为指标的钝化，因而有必要研判其撞顶和撞底的次数。当WMS连续几次撞顶（底），局部形成双重或多重顶（底）时，该指标发出的卖出（买入）信号才会更具参考意义。

（三）随机指标（KDJ）

随机指标（stochastics）又称KDJ指标，由乔治·莱恩（George Lane）最早提出。与威廉指标一样，KDJ指标是期货和股票市场上最常用的技术分析工具之一。它是研判股市中收盘价、最高价、最低价的波动及其相互关系的一种指数。一般认为，在股市上升行情中，收盘价偏于高位；而在股市下跌行情中，收盘价则偏于低位。

1. KDJ的计算方法

KDJ的计算比较复杂，在KDJ产生以前，未成熟随机值（row stochastic value，RSV）先产生。因此，首先要计算周期（n 日，n 周等）的RSV值，然后再计算K值、D值、J值等。

$$\mathrm{RSV}(n)=\frac{C_t-L_n}{H_n-L_n}\times 100$$

式中，C_n、L_n、H_n 的意义同WMS（n）的计算公式。RSV值始终在1～100之间波动。

其次，要计算K值与D值。

对RSV进行3日指数平滑移动平均，得到K值：

今日K值＝2/3×昨日K值＋1/3×今日RSV

对K值进行3日指数平滑移动平均，得到D值：

今日D值＝2/3×昨日D值＋1/3×今日K值

若无昨日的K值和D值，则可用50分别代替。

需要说明的是，式中的平滑因子1/3和2/3是可以人为选定的，目前已经约定俗成。在大多数股市分析软件中，平滑因子已经被设定为1/3和2/3，不需要做改动。

另外，一般在介绍K、D指标时，往往还附带一个J指标。由于K、D指标是在WMS的基础上发展起来的，所以K、D指标有WMS的一些特征。在反映股市价格变化时，WMS最快，K指标其次，D指标最慢。K指标反应敏捷，但容易出错；D指标反应稍慢，但稳重可靠。J指标是在D指标的基础上加上一个修正值，计算公式为：

J＝3D－2K＝D＋2(D－K)

实际上，J指标的实质是反映K指标和D指标的乖离程度，从而先于K、D指标显示曲线的顶部或底部。J值可超过100。

J指标是个辅助指标，最早的KDJ指标只有两条线，即K线和D线，该指标当时也被称为KD指标。随着股市分析技术的发展，KD指标逐渐演变成KDJ指标，从而提高了KDJ指标分析行情的能力（见图4-8）。

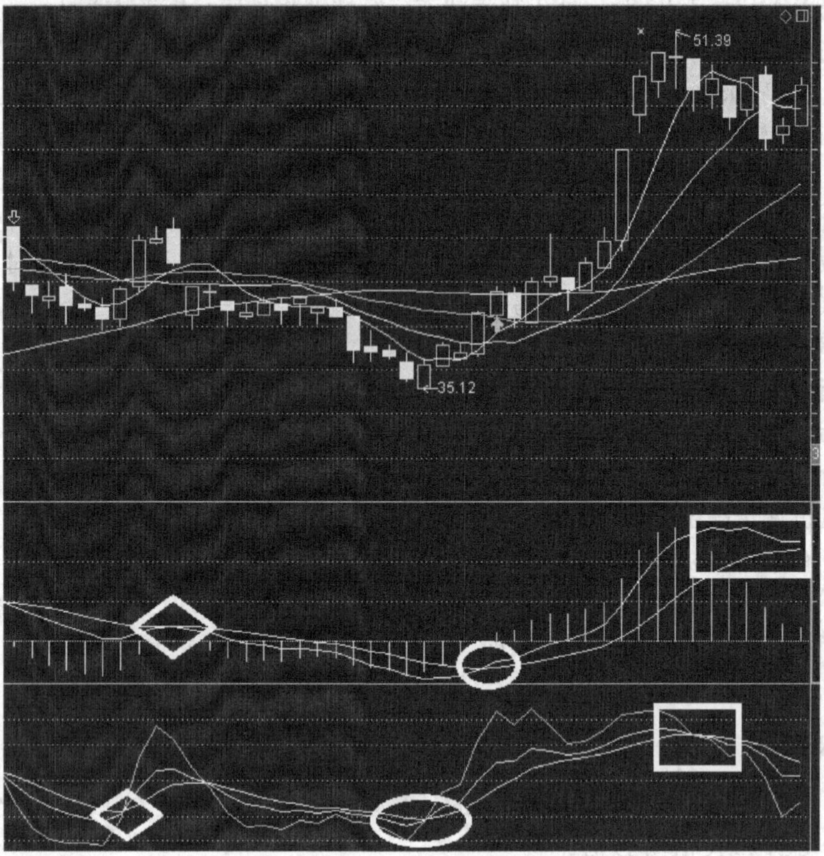

图4-8　KDJ、MACD的组合分析

注：此图为国瓷材料（300285）日K线图（数据截至2013年5月17日）。

2. KDJ的应用法则

KDJ指标是三条曲线，应用时主要从以下五个方面加以考虑。

（1）从K、D的取值方面考虑。K、D的取值范围在0和100之间。将其划分为几个区域，80以上为超买区，20以下为超卖区，其余为徘徊区。K、D值超过80，是卖出信号；K、D值低于20，是买入信号。上述划分只是K、D指标应用的初步过程，仅仅是一个信号，完全按照这种方法进行操作很容易招致损失。

（2）从K、D指标曲线的形态方面考虑。K、D指标在较高（较低）的位置形成头肩顶（底）和多重顶（底），是采取行动的信号。这些形态一定要在较高的位置或较低的位置出现，位置越高或越低，结论就越可靠。

当然也可以画出趋势线，从而明确K、D的趋势。在K、D的曲线图中仍然可以引进支撑线和压力线的概念。某一条支撑线和压力线被突破也是采取行动的信号。

(3) 从K、D指标的交叉方面考虑。K线与D线的关系和股价与MA的关系相似，也存在死亡交叉和黄金交叉问题。只是K、D交叉的应用比较复杂，要附带很多其他条件。

以K线从下向上与D线交叉为例，K线上穿D线是金叉，为买入信号。但是否买入，还要看其他条件：

其一，金叉的位置应该比较低，最好是在超卖区的位置，越低越好。

其二，与D线相交的次数。在低位，K线与D线有时要来回交叉好几次，交叉的次数至少要有两次，越多越好。

其三，交叉点相对于K、D线处于低点的位置，这就是常说的"右侧相交"原则，K线在D线已经抬头向上时才与D线相交，比在D线下降时与之相交要可靠得多。

(4) 从K、D指标的背离方面考虑。当K、D处于高位或低位时，如果其走向与股价方向背离，则是采取行动的信号。

当K、D处于高位，并形成两个依次向下的峰时，股价还在不断上涨，这就是顶背离，是卖出信号；当K、D处于低位，并形成一底比一底高的态势时，股价仍然在继续下跌，这构成底背离，是买入信号。

(5) 随机指标和威廉指标都属于短期指标，难免进入超买（超卖）区域后股价会继续上涨（下跌），通过图4-8 KDJ和MACD的对比来看，KDJ指标的反应过于灵敏。在实际应用中，常用J指标。J指标常先于K、D指标显示曲线的底部和顶部。J指标的取值超过100和低于0都属于价格的非正常区域，即大于100为超买，小于0为超卖。

（四）乖离率指标（BIAS）

BIAS是测算股价与移动平均线偏离程度的指标，是当日股市收盘指数（个股收盘价）偏离股市收盘指数（个股收盘价）平均数的比率。其基本原理是：如果股价偏离移动平均线太多，不管是在移动平均线的上方还是下方，都有向移动平均线回归的要求。

1. BIAS的计算方法

$$\mathrm{BIAS}(n)=\frac{C_t-\mathrm{MA}(n)}{\mathrm{MA}(n)}\times 100$$

式中：C_t —— n 日中第 t 日的收盘价；

MA(n) —— n 日的移动平均线；

n ——BIAS的参数。

分子为收盘价与移动平均线的距离，可正可负。分子除以分母后，就是相对距离。一般来说，参数选得越大，允许股价远离MA的程度就越大。也就是说，股价远离MA到了一定程度，就被认为该回头了。

2. BIAS的应用法则

(1) 从BIAS的取值大小和正负方面考虑。一般来说，乖离率正值越大，表示投资者平均获利越多，获利回吐的可能性越高，从而产生卖压，使股价回档。反之，乖离率负值的绝对值越大，表示投资者平均亏损越多，持股者往往惜售，而持币者却逢低吸纳，卖方力量的减弱和买方力量的增强会使股价反弹，是买入信号。

在实际应用中，一般会预设一个正数或负数，只要BIAS超过这个正数，就应考虑抛出；而BIAS低于这个负数，可以考虑买入。寻找这个正数和负数是关键，它是采取行动与静观的分界线。这条分界线与三个因素有关，一是BIAS参数的大小。参数越大，选择的分界线数值就越大。二是所选择股票的性质。越活跃的股票，选择的分界线数值就越大。三是分析时所处的时期。不同时期的分界线数值的大小可能不同。

表4-2给出了分界线的参考数值，这些分界线仅仅是参考，投资者应根据具体情况对它们进行适当的调整。

表4-2　分界线的参考数值

	买入信号（%）	卖出信号（%）
5日	−3	3.5
10日	−4	5
20日	−7	8
60日	−10	10

从表4-2中的数值可以看出，正数和负数的选择不是对称的，正数的绝对值偏大是进行分界线选择的一般规律。根据有关人员的经验总结，如果遇到由于突发的利多或利空消息而产生股价暴涨或暴跌的情况，分界线的数值应做如下调整：

1）对于综合指数而言：BIAS(10)＞30%为卖出时机，BIAS(10)＜−10%为买入时机。

2）对于个股而言：BIAS(10)＞35%为卖出时机，BIAS(10)＜−15%为买入时机。

（2）从BIAS的曲线形状方面考虑。形态理论和切线理论在BIAS上也能得到应用，主要是顶背离和底背离的原则。但是需要注意的是，形态和切线在这里不如通常意义下那么标准，很多形态和切线的确认需要丰富的想象力。

（3）从两条BIAS线结合方面考虑。短期BIAS在高位下穿长期BIAS，是卖出信号；短期BIAS在低位上穿长期BIAS，是买入信号。短期和长期在这里是针对参数而言的，参数大的为长期BIAS，参数小的为短期BIAS。

三、人气型指标

（一）心理线指标（PSY）

PSY是研究投资者因股市涨跌而产生心理波动的情绪指标，是一种涨跌类指标。它主要是从投资者的心理趋向方面，分析某一时期内投资者看多或看空的心理事实，并将其转化为数值来研判股价未来走势的技术指标。

作为分析股市涨跌的指标，PSY在时间的角度上计算N日内的多空力量，通过计算N日内股价或指数上涨天数的多少来衡量投资者的心理承受能力，反映股市在未来的发展趋势及股价是否存在过度的涨跌行为，为投资者买卖股票提供参考。

1. PSY的计算方法

PSY主要是从股票投资者买卖趋向的心理方面对多空双方的力量对比进行探索。它是以一段时间内收盘价涨跌天数的多少为依据进行计算的。计算方法比较简单，公式如下：

$$PSY(N)=\frac{A}{N}\times 100$$

式中：N——周期，是PSY的参数；

A——在周期内股价上涨的天数。

在实际应用中，N 一般定为 12 日。上涨和下跌的判断以收盘价为准。

PSY(N) 的取值范围是 0～100，以 50 为中心，50 以上是多方市场，50 以下是空方市场。PSY(N) 参数的选择是人为的，参数越大，PSY(N) 的取值范围就越集中、越平稳。

2. PSY 的应用法则

(1) PSY 取值在 25 和 75 之间，说明多空双方基本处于平衡状态。如果取值超出了这个范围，则是超买或超卖。

(2) PSY 取值过高或过低都是行动的信号。一般来说，出现 PSY 取值小于 10 或大于 90 的极端情况，是强烈的买入或卖出信号。

(3) PSY 取值第一次进入采取行动的区域时，往往容易出错，一般都要求 PSY 进入高位或低位两次以上才能采取行动。

(4) PSY 曲线如果在低位或高位出现大的 W 底或 M 头，也是买入或卖出的行动信号。

(5) PSY 曲线一般可同股价曲线配合使用，这时背离原则在 PSY 中同样适用。

PSY 曲线所显示的买卖信号一般为事后现象，事前并不能十分确切地预测。同时，投资者的心理偏好又受诸多随机因素的影响，随时调整且不可捉摸。特别是在一个投机气氛浓厚、投资者的心态不是十分稳定的股市中，PSY 曲线的应用有其局限性。

然而，我们将 PSY 曲线应用到上证指数的长期趋势分析上，却有着惊人的准确性（见图 4-9）。在该图中我们不难看出：图中三个低点区域、三个高点区域都分别和 PSY 指标的低点、高点相对应。998 点产生于 2005 年 6 月，此时的 PSY 指标已经在底部钝化，股市如此低迷的主因是国有股的市场化减持；2007 年 10 月底的 6 124 点这一历史高点的创出，是股市借股权分置改革之题拼命发挥的结果，PSY 指标二度顶部钝化以示警；上证指数从 6 124 点跌到 1 664 点只用了一年的时间，这是对前面疯狂牛市的修正，又恰逢美国次贷危机爆发，股市出现了反向的矫枉过正，PSY 在底部形成小双底；为了应对次贷危机，世界个股积极救市，时任国家总理温家宝提出“信心比黄金和货币重要”，股市率先闻风反弹，2009 年 8 月上证指数创反弹高点 3 478 点，尽管股指从低位反弹了一倍多，但仍属恢复性上涨，所以 PSY 指标在该年底才见顶；随后股市进入阴跌态势，2012 年底上证指数跌破 2 000 点大关，2013 年 4 月 PSY 数值达到谷底，同年 6 月由于钱荒，上证指数创低点 1 849.65 点；2014 年 7 月 22 日股市开始了一波杠杆牛市，2015 年 5 月 PSY 指标发出见顶信号，6 月中旬市场出现暴跌，千股跌停的惨剧不断上演。

(二) 能量潮指标 (OBV)

能量潮指标（on balance volume，OBV）即平衡交易量，人们更多地称其为能量潮，它是美国股市分析家格兰维尔（Granville）在 20 世纪 60 年代提出的。该指标的理论基础是股价的有效变动必须有成交量配合，量是价的先行指标。利用 OBV 可以验证当前股价走势的可靠性，并可以得到趋势可能反转的信号。比起单独使用成交量，使用 OBV 效果更好。

1. OBV 的计算方法

在 OBV 的计算公式中，假设已经知道了上一个交易日的 OBV，则：

今日 OBV＝昨日 OBV＋sgn×今天的成交量

式中，sgn 是符号函数，其数值由下式决定：

sgn＝＋1　　今日收盘价≥昨日收盘价

sgn＝－1　　今日收盘价＜昨日收盘价

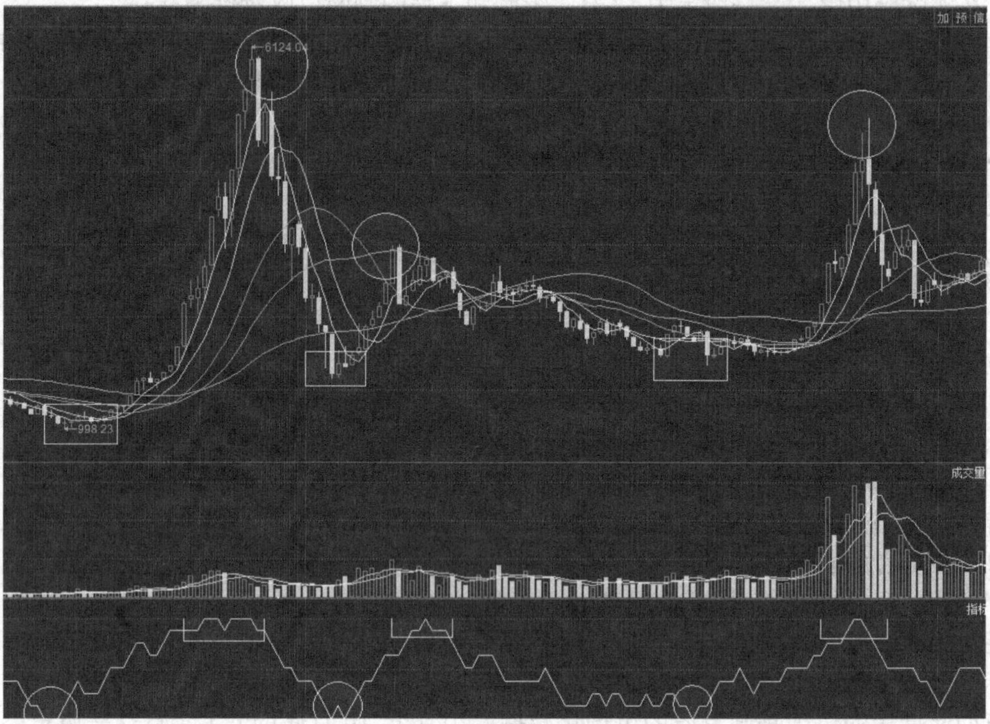

图 4-9 PSY 在月 K 线图上的应用

注：此图为上证指数月 K 线图（数据截至 2016 年 11 月，即使加上后三年的行情数据，本图的极值点也未变）。

这里的成交量指的是成交股票的手数，不是成交金额。当 sgn＝＋1 时，其成交量计入多方的能量；当 sgn＝－1 时，其成交量计入空方的能量。

2. OBV 的应用法则

第一，OBV 不能单独使用，必须与股价曲线结合使用才能发挥作用。

第二，OBV 曲线的上升和下降对投资者进一步确认当前股价的趋势极为重要。当股价上升（下降）时，OBV 也相应上升（下降），则可确认当前的上升（下降）趋势。当股价上升（下降）时，OBV 并未相应上升（下降），出现背离现象，则我们对目前上升（下降）趋势的认定程度要大打折扣。OBV 可以提前告诉我们趋势的后劲不足，有反转的可能。

第三，形态理论和切线理论的内容也同样适用于 OBV 曲线。

第四，在股价进入盘整区后，OBV 曲线会率先显露出脱离盘整的信号，向上或向下突破，且成功率较大。

OBV 曲线是预测股市短期波动的重要判断指标。OBV 不断上升说明有资金不断在介入，特别是 1 分钟、5 分钟 OBV 不断上升，更是代表短期内股指或股价有望上涨。当股指或股价下跌，而 OBV 没有创新低，形成底背离时，说明有资金在逢低吸纳，股指或股价有望出现反弹；当股指或股价创新高，而 OBV 没有创新高，形成顶背离时，说明有资金在逢高派发，股指或股价有可能出现下跌。

此外，虽然 OBV 曲线用在股市长期波动中意义不大，但我们在图 4-10 中可以清楚地看到：上证指数月 K 线上两个明显的高点对应的 OBV 数值相差很大，后一个高点明显低于前一个高点，而对应的 OBV 数值则是后者明显比前者高很多。在自 2005 年到 2007

年的那波牛市中还不能进行两融交易，也未加杠杆，而在自 2014 年下半年到 2015 上半年的牛市中两融、伞形信托、场外配资不一而足，称其为杠杆牛市恰如其分。尽管两次牛市过后调整得都很惨烈，但 OBV 下降得并不是很明显，中国股市牛短熊长的说法并不成立。

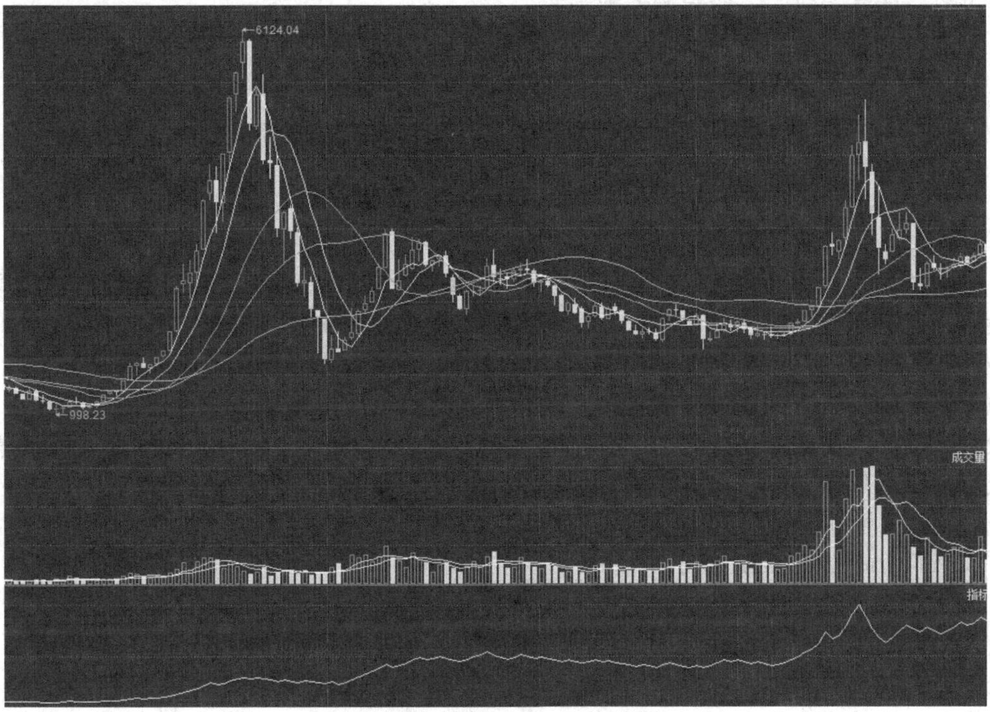

图 4－10 OBV 在月线中的应用

注：此图为上证指数月 K 线图（数据截至 2016 年 11 月）。

（三）动量指标（MTM）

动量指标是一种利用动力学原理，专门研究股价在波动过程中的各种加速、惯性作用以及由静到动或由动转静的现象。其英文全称是 momentum index，是一种专门研究股价波动的中短期技术分析工具。它认为股价的涨跌幅度随着时间的推移会逐渐变小，股价变化的速度和能量也会慢慢减缓，之后，行情就可能反转。在多头行情里，随着股价的不断上升，股价上涨的能量和速度必将日渐萎缩，当上涨的能量和速度萎缩到一定程度时，将会出现大幅回档整理或见顶反转的行情；而在空头行情里，随着股价的不断下跌，股价下跌的能量和速度也将日渐萎缩，当下跌的能量和速度萎缩到一定程度时，将会出现大幅反弹或见底反转的行情。

1. MTM 的计算方法

和大多数技术指标相比，MTM 指标的计算方法比较简单易懂。由于选用的计算周期不同，MTM 指标包括日 MTM 指标、周 MTM 指标、月 MTM 指标、年 MTM 指标以及分钟 MTM 指标等各种类型。经常被用于股市研判的是日 MTM 指标和周 MTM 指标。虽然它们在计算时的取值有所不同，但基本的计算方法一样。另外，由于软件版本的不同，MTM 指标的计算有两种方法。

第一种计算方法：

以日 MTM 指标为例，其计算过程如下：

$$\text{MTM}(N\text{ 日})=C-\text{CN}$$

式中：C——当日的收盘价；

CN——N 日前的收盘价；

N——计算参数，一般起始参数为 6。

第二种计算方法：

以日 MTM 指标为例，其计算过程如下：

$$\text{MTM}(N\text{ 日})=(C\div\text{CN}\times100)-100$$

式中：C——当日的收盘价；

CN——N 日前的收盘价；

N——计算参数，一般起始参数为 6。

虽然这两种计算方法有一定的不同，但这两种计算方法的意义和研判手段是相同的。在股市分析软件上，股价的动量线（即 MTM 线）是每个交易日动量点的连线，股价在波动中的变化可以通过动量线反映出来。动量指标以零轴线为中心线，零轴线上方为股价上升地带，零轴线下方为股价下跌地带。动量线就是根据股价围绕着中心线周期性波动来反映股价波动的速度的。另外，为了使动量指标更直观、准确地反映股价的真实波动情况，在股市分析软件中，MTM 指标图上还辅以另外一条线——MTMMA，即 MTM 的移动平均线。MTM 指标的研判就是围绕这两条线之间的关系展开的。

2. MTM 的应用法则

第一，在一般情况下，动量值由下向上突破中心线，显示股市内部上涨趋势的动力正在增长中，是买入时机；动量值由上向下跌破中心线，显示股市内部下跌趋势的动力正在增长中，是卖出时机。

第二，股价在上涨行情中创新高点，而动量未能配合上升，出现背离现象（见图 4－11），意味价格的上涨动力减弱，后市可能转为下跌行情。

第三，股价在下跌行情中创新低点，而动量未能配合下降，出现背离现象，意味价格的下跌动力减弱，后市可能转为上升行情。

第四，若价格与动量指标在低位同步上升，则显示短期股价将有反弹行情；若价格与动量指标在高位同步下降，则显示短期可能出现股价回落。

第五，将动量指标与其移动平均线（10 日）结合起来分析，动量线从下向上突破动量值的 10 日移动平均线，两线上升，是买入信号；动量线从上向下跌破动量值的 10 日移动平均线，两线下降，是卖出信号。

（四）成交量变异率指标（VR）

该指标主要的作用在于从成交量的角度测量股价的热度，表现股市的买卖气势，以利于投资者掌握股价可能的趋势。该指标以“反市场操作”的原理为出发点。

1. VR 指标的计算方法

（1）24 天以来凡是股价上涨，则那一天的成交量都被称为 AV，将 24 天内的 AV 相加后称其为 AVS。

（2）24 天以来凡是股价下跌，则那一天的成交量都被称为 BV，将 24 天内的 BV 相加后称其为 BVS。

（3）24 天以来凡是股价不涨不跌，则那一天的成交量都被称为 CV，将 24 天内的 CV 相加后称其为 CVS。

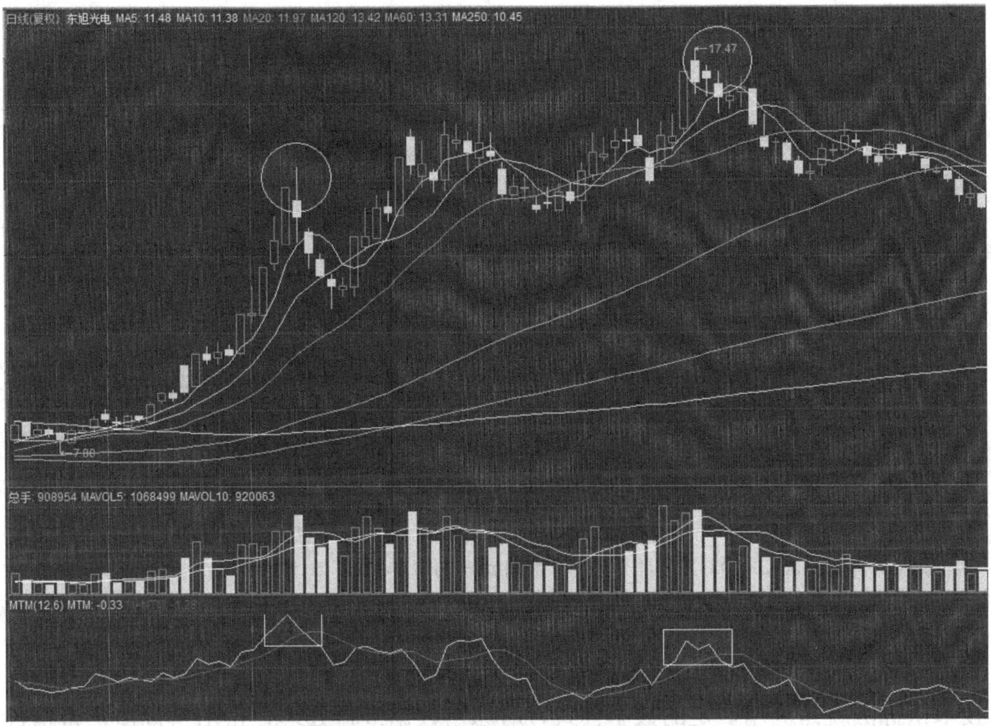

图 4-11 MTM 在日 K 线中的应用

注：此图为东旭光电（000413）日 K 线图（数据截至 2016 年 10 月）。

（4）在第 24 天计算得出 VR：

$$VR=\frac{AVS=\frac{1}{2}CVS}{BVS+\frac{1}{2}CVS}$$

（5）该计算例子中的参数 24 天可以修改，但是周期不宜小于 12 天，否则，采样天数不足容易造成偏差。

2. VR 指标的应用法则

VR 的分布如下：

A. 低价区域：40～70——可买入区域。

B. 安全区域：80～150——正常分布区域。

C. 获利区域：160～450——应考虑获利了结。

D. 警戒区域：450 以上——股价已过高。

VR 指标在低价区域准确度较高，当 VR>160 时有失真的可能，特别是在 350～400 的获利区域，有时会发生将股票卖出后股价仍持续上涨的现象，此时可以结合 PSY 指标来化解疑难。

VR 低于 40 的形态被运用在个股走势上，常发生股价无法有效反弹的效应，随后 VR 只在 40 和 60 之间徘徊。因此，此种信号较适宜应用在指数方面。VR 指标也可用来研判背离，在图 4-12 中后两个高点明显出现了顶背离。

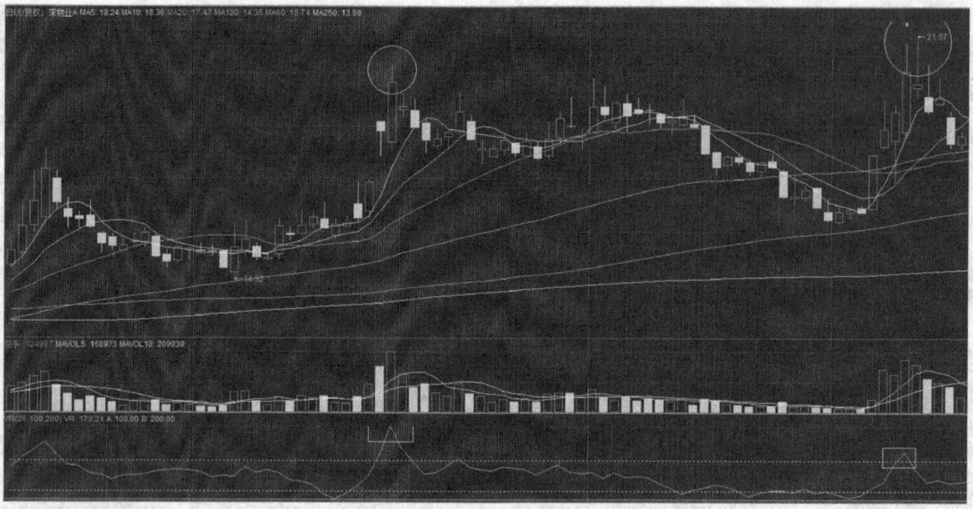

图 4－12　在 VR 拐点处股价形成头部

注：此图为深物业 A（000011）的日 K 线图（数据截至 2016 年 12 月 21 日）。

本章小结

技术指标法就是应用一定的数学公式，对原始数据进行处理，得出指标值，将指标值绘成图表，从定量的角度对股市进行预测的方法。它的本质是通过数学公式产生技术指标。该指标反映了股市的某一方面深层次的内涵，这些内涵仅仅通过原始数据是很难看出的。

我们从功能的角度出发，介绍了常用的技术指标——趋势型指标、超买超卖型指标、人气型指标三类，强调了技术指标的计算方法和应用法则，并对指标的背离做了重点介绍。

关键术语

乖离率	移动平均线	MACD	布林线	短期线
中期线	长期线	黄金交叉	死亡交叉	底背离
顶背离	RSI	WMS	KDJ	PSY
OBV	MTM	VR	警戒区域	

习题

一、单项选择题

1. 测算股价与股价移动平均线偏离程度的指标是（　　）。

A. PSY　　B. BIAS　　C. RSI　　D. WMS

2. 表示股市处于超买或超卖状态的技术指标是（　　）。

A. PSY　　B. MTM　　C. MACD　　D. KDJ

3. 在下列指标的计算中，唯一没有用到收盘价的是（　　）。

A. MACD　　B. RSI　　C. BIAS　　D. PSY

4. 当 WMS 高于 80 时，股市处于（　　）状态。

A. 超买　　B. 超卖

C. 公司盈利丰厚　　D. 人气旺盛

5. 股市中常说的黄金交叉是指（　　）。

A. 现在的价位站稳在长期与短期 MA 之上，短期 MA 又向上突破长期 MA

B. 现在的价位站稳在长期与短期 MA 之上，长期 MA 又向上突破短期 MA

C. 现在的价位站稳在长期与短期 MA 之下，短期 MA 又向上突破长期 MA

D. 现在的价位站稳在长期与短期 MA 之下，长期 MA 又向上突破短期 MA

6. 关于 MACD 的应用法则，不正确的是（　　）。

A. 以 DIF 和 DEA 的取值和这两者之间的相对取值对行情进行预测

B. DIF 和 DEA 均为正值时，DIF 向上突破 DEA 是买入信号

C. DIF 和 DEA 均为负值时，DIF 向下突破 DEA 是卖出信号

D. DIF 向上突破零轴线，为卖出信号

7. 如果遇到由于突发的利多或利空消息而产生的股价暴涨暴跌情况，对数据分界线的说法正确的是（　　）。

A. 对于综合指数，BIAS(10)＞35％为卖出时机

B. 对于综合指数，BIAS(10)＜20％为买入时机

C. 对于个股，BIAS(10)＞30％为卖出时机

D. 对于个股，BIAS(10)＜－15％为买入时机

8. 下列关于 BIAS 的应用法则错误的是（　　）。

A. 一般来说，正的 BIAS 越大表示短期多头的获利越大，获利回吐的可能性越大

B. 短期 BIAS 在高位下穿长期 BIAS，是买入信号

C. 一般来说，参数越大，股票越活跃，选择的分界线数值就越大

D. BIAS 应用法则也蕴含着顶背离的原理

9. 在技术分析的主要技术指标中，（　　）的理论基础是股价的有效变动必须有成交量配合。

A. PSY　　B. KD　　C. OBV　　D. WMS

10. RSI 处在高位，并形成两个依次向下的峰，而此时股价还在不停地上涨，这就是所谓的（　　）。

A. 底背离　　B. 顶背离　　C. 双重底　　D. 双重顶

二、多项选择题

1. 下列属于趋势型指标的有（　　）。

A. MA　　B. MACD　　C. WMS　　D. RSI

2. 下列属于超买超卖型指标的是（　　）。

A. BIAS　　B. WMS　　C. MTM　　D. KDJ

3. 下列属于人气型指标的是（　　）。

A. BIAS　　B. PSY　　C. VR　　D. OBV

4. 下列对于指标的应用正确的有（　　）。

A. 利用 MACD 预测时，如果 DIF 和 DEA 均为正值，当 DEA 向上突破 DIF 时，考虑买入

B. 当 WMS 高于 80 时，即处于超买状态，行情即将见底，考虑卖出

C. 当 K、D 指标在较高位置形成了多重顶时，考虑卖出

D. 当短期 RSI＞长期 RSI 时，属于多头市场

5. 利用 MACD 进行行情预测，主要是从(　　)方面进行。

A. 切线理论

B. 指标背离原则

C. DIF 和 DEA 的取值

D. DIF 和 DEA 的相对取值

6. 在应用 WMS 指数时，下列操作或者说法错误的有(　　)。

A. 在 WMS 升至 80 以上时，股价持续上扬，是卖出信号

B. 在 WMS 跌至 20 以下时，股价持续下降，是买入信号

C. 当 WMS 低于 20 时，一般应当考虑加仓

D. 当 WMS 高于 80 时，一般应当准备卖出

7. 在使用技术指标 WMS 的时候，下列结论正确的是(　　)。

A. WMS 在盘整过程中具有较高的准确性

B. WMS 连续几次撞顶，局部形成双重顶或多重顶，是卖出信号

C. WMS 进入低数值区位，一般要回头，如果股价还在继续上升，则是卖出信号

D. 使用 WMS 指标应从 WMS 的数值以及 WMS 曲线的形状两方面进行考虑

8. 在应用 KDJ 指标时，主要从(　　)方面进行考虑。

A. K、D 指标的取值

B. J 指标的取值大小

C. K、D 指标的交叉

D. K、D 指标的背离

9. 关于 RSI 的运用，下列论述正确的有(　　)。

A. 利用 RSI 上升和下降的轨迹画出趋势线，此时起支撑线和压力线作用的切线理论同样适用

B. 当短期 RSI＞长期 RSI 时，属于空头市场

C. RSI 在低位形成两个底部抬高的谷底，而股价还在下降，是可以买入的信号

D. 当 RSI 在较高或较低的位置形成头肩形和多重顶（底）时，是采取行动的信号

10. 移动平均线 MA 的特点有(　　)。

A. 追踪趋势　　B. 滞后性　　C. 稳定性　　D. 助涨助跌性

三、判断题

1. MTM 指标也叫动量指标，是使用收盘价和成交量计算得出的。(　　)

2. MACD 能够表示股价的波动趋势，并追随这个趋势，不轻易改变。MA 则不具备这种保持追踪趋势的特性。(　　)

3. 股市中常说的死亡交叉，实际上就是指短期移动平均线向上突破长期移动平均线，

即压力线。（　　）

4. K、D指标是在WMS的基础上发展起来的，所以K、D指标有WMS的一些特性。（　　）

5. WMS高于80时，处于超卖状态，行情即将见底，应当考虑买入。（　　）

四、案例分析题

案例一：葛兰威尔的移动平均线八大买卖法则的运用

案例分析：

如图4-13所示，按照葛兰威尔的移动平均线八大买卖法则，在位置①、②、③分别如何操作？

案例二：黄金交叉的运用

案例分析：

(1) 如图4-14所示，请分析并预测该股后市走势。

(2) 在①、②、③、④处的黄金交叉中，哪一个更有效？

案例三：MACD指标的运用

案例分析：

(1) 如图4-15所示，在①处，应该买入还是卖出？为什么？

(2) 如图4-15所示，在②处，应该买入还是卖出？为什么？

(3) 如图4-15所示，在③处，应该买入还是卖出？为什么？

案例四：KDJ指标的运用

案例分析：

(1) 如图4-16所示，在①处，应该买入还是卖出？为什么？

(2) 如图4-16所示，在②处，应该买入还是卖出？为什么？

(3) 如图4-16所示，在③处，应该买入还是卖出？为什么？

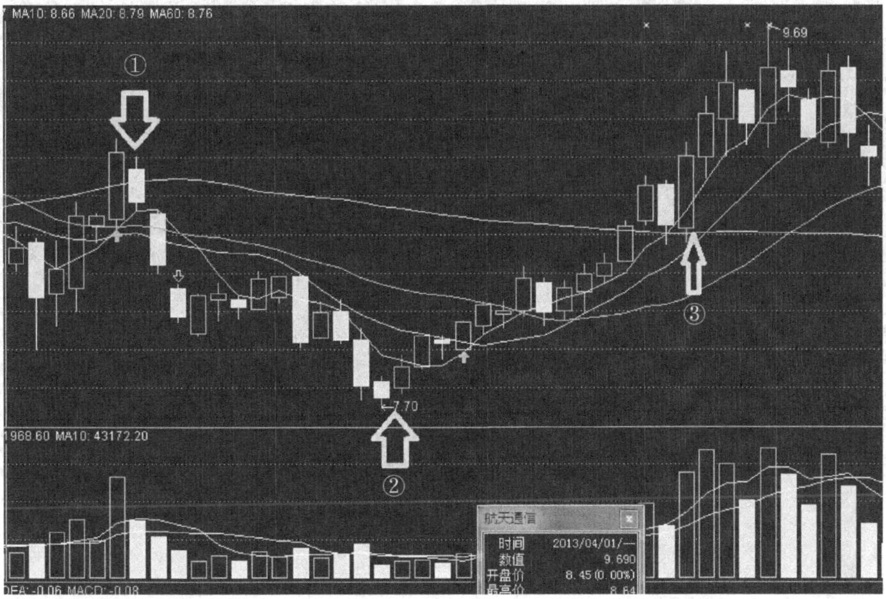

图4-13　航天信息（600271）2013年3—5月K线图

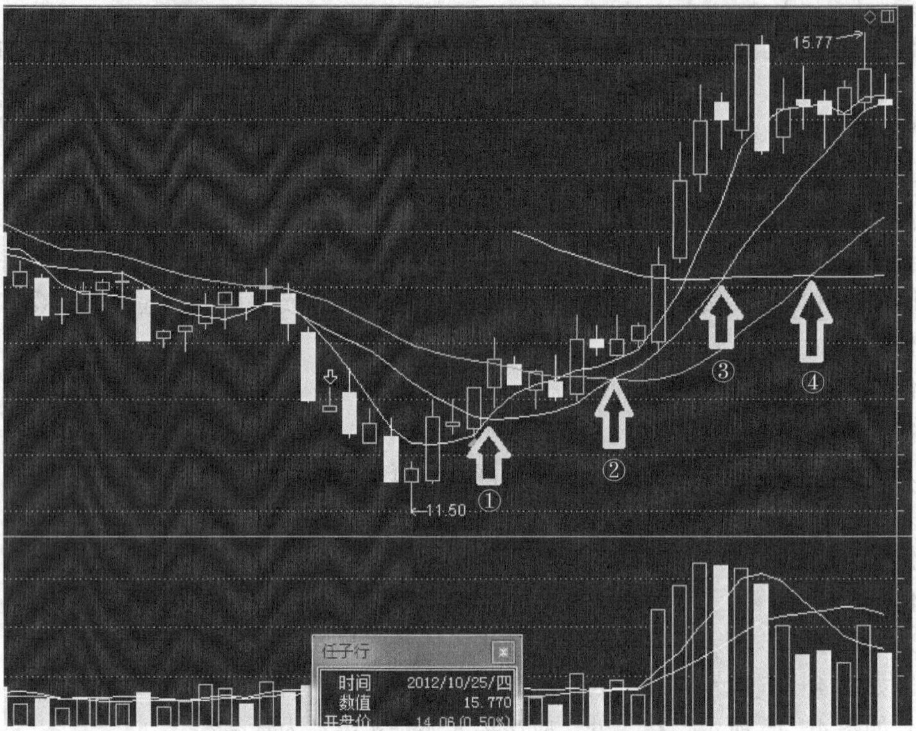

图 4-14　任子行（300311）2012 年 10 月 K 线图

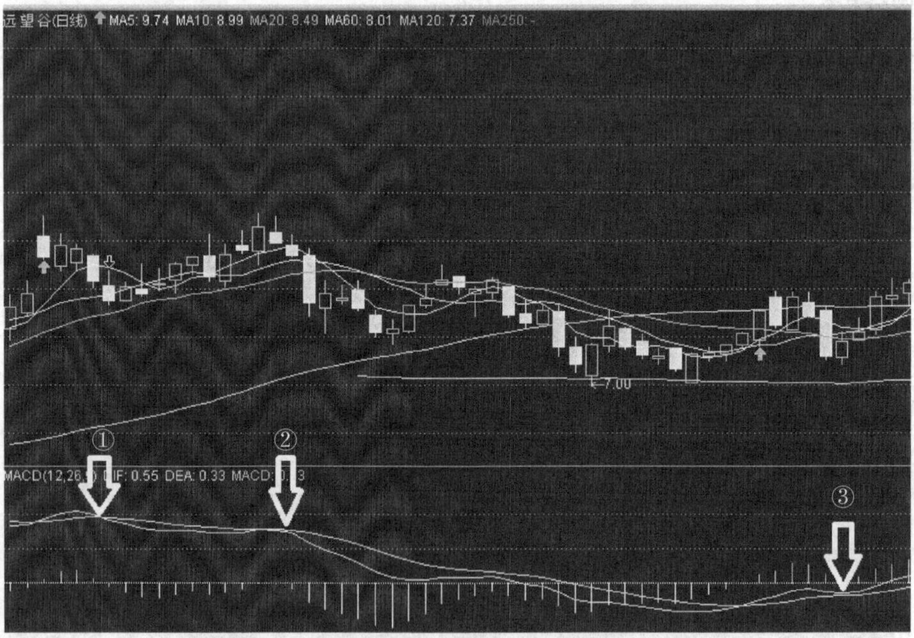

图 4-15　远望谷（002161）2013 年 2—5 月 K 线图

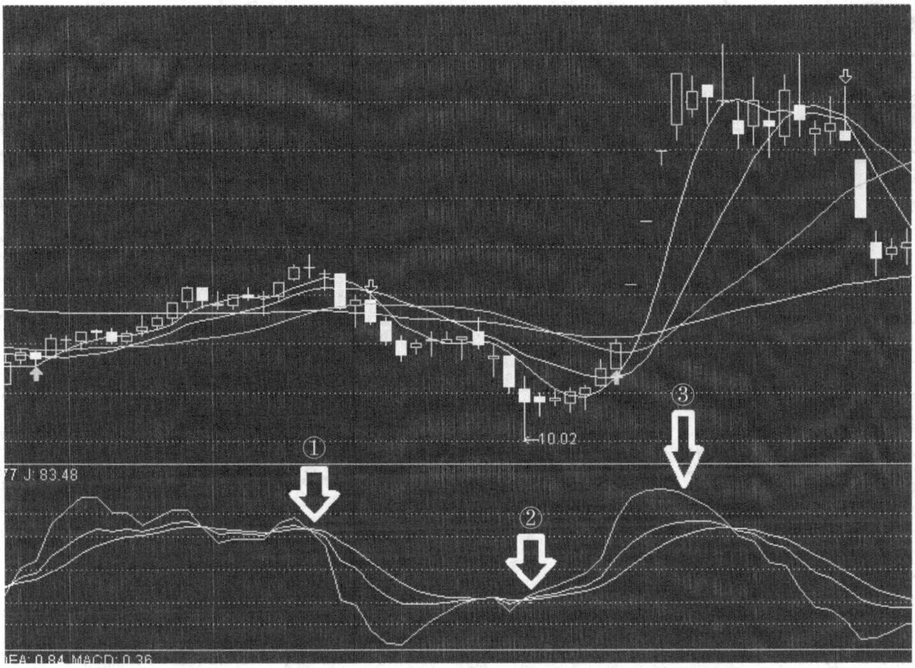

图 4－16　宝馨科技（002514）2013 年 5—10 月 K 线图

第五章

宏观经济分析

⊙本章要点⊙

1. 熟悉宏观经济分析的意义，熟悉总量分析法和结构分析法的定义、特点和关系，掌握宏观经济分析资料的搜集与处理方法；

2. 熟悉国民经济总体指标、投资指标、消费指标、金融指标、财政指标的主要内容，掌握各项指标变动对宏观经济的影响；

3. 了解我国证券市场制度建设的进程，清楚我国证券市场的结构问题，掌握A股市场与国际市场的联动性和特殊性。

【导入案例】

特朗普政府于2018年3月23日凌晨向中国发起的贸易战，短期内对全球资本市场产生了重大影响。全球的两大经济体之间发生贸易战，无疑使投资者对世界经济前景产生了悲观情绪，纳斯达克指数和上证指数也随之出现了大幅下跌行情。中美贸易战不断升级，直接影响到全球金融市场。我们来回顾下贸易战中涉及的重大事件。

2018年1—2月

“美国第一”关税

1月22日：美国对进口太阳能电池板和洗衣机征收保护性关税，或称“美国第一”关税。全球最大的太阳能电池板制造商在中国。

1月23日：中国批评了这一举措，称此举将进一步损害全球贸易。2月4日，中国商务部对从美国进口的高粱发起反倾销和反补贴调查。

2 月 27 日：中美全面经济对话中方牵头人刘鹤访问华盛顿，与美方举行会谈，旨在避免与美国爆发潜在的贸易战。

2018 年 3—4 月

不公平知识产权

3 月 23 日：美国提议对中国进口商品征收最高 500 亿～600 亿美元的新关税，并限制中国在美国的投资，以回应其所谓的“中国不公平贸易做法”。

4 月 2 日：中国对 128 种美国进口商品征收价值 30 亿美元的关税，以回应特朗普于 2018 年 3 月初宣布的美国对进口的钢铁和铝征收关税。

4 月 3 日：白宫公布了一份建议征税清单，包括约 1 300 种中国产品，称可能对这些产品征收 25%的关税。美国声称这是其对中国与美国技术和知识产权转让有关的所谓“不公平贸易行为”做出的回应的一部分。次日，中国宣布将对 106 种美国商品征收 25%的贸易关税，包括大豆、飞机和橙汁。

2018 年 5 月

中兴受制

美国商务部禁止美国公司向中国电信巨头中兴通讯出售设备 7 年，理由是中兴通讯涉嫌向伊朗和朝鲜非法出口设备。

5 月 3—4 日，美国财政部长姆努钦率团访问中国，但双方没有达成协议。

各说各话的谈判

5 月 7 日：中国国家主席习近平和美国总统特朗普通电话，讨论双边贸易争议和朝鲜半岛局势问题。中国官方媒体援引习近平的话说，经贸合作一直是中美关系的压舱石和推进器。

5 月 15 日：中国国务院副总理、中美全面经济对话中方牵头人刘鹤开始对美国进行当年的第 2 次访问。

5 月 17 日：中美双方同意暂时搁置贸易战。但 5 月 29 日，白宫发表声明称，除非中国解决所谓“窃取知识产权”问题，否则美国可能对包含重要工业技术的 500 亿美元中国商品征收 25%的关税。

5 月 30 日：中国商务部做出反应，表示这有悖于双方达成的共识。中国随后回应说，将对 659 种价值 500 亿美元的美国商品征收类似的税收，其中包括农产品、汽车和海产品。

2018 年 6—7 月

敏感问题

6 月 2—3 日，美国商务部长罗斯访问北京，会见中国国务院副总理、中美全面经济对话中方牵头人刘鹤。6 月 7 日中美达成一项协定，允许中兴通讯与美国供应商恢复业务，条件是中兴通讯支付 10 亿美元的罚款，并允许美国监管机构监督其运营。6 月 14 日，美国新任国务卿蓬佩奥开始对中国的首次正式访问，讨论了贸易问题。他与中国国务委员兼外交部长王毅举行会谈，并与习近平举行会晤。习近平表示，希望美方谨慎处理贸易等敏感问题，避免双边关系出现动荡。

“史上最大贸易战”

6 月 15 日：美国继续对中国商品征收高额关税，称将于 7 月 6 日生效。中国对此进行反击，称将从同日起对545种美国商品征收25%的关税，其中包括大豆、电动汽车、威士忌酒、鲑鱼和雪茄烟。

6月18日：美国参议院投票决定重新实施对中兴通讯的禁令，否决了特朗普此前与中方达成的协议。同日，特朗普威胁要对价值2 000亿美元的中国商品征收更多关税。次日，中国表示，如果美国继续征收附加关税，中国将别无选择，只能坚决反击。

7月6日：美国6月份宣布的对价值340亿美元的中国商品征收25%的关税生效。中国进行反击，对美国商品征收25%的类似关税，并称这将在美国加征关税措施生效后立即生效。中国商务部还指责美国挑起了经济史上最大规模的贸易战，并称中国被迫发动反击。

2018年9月

关税第三回合

9月18日：双方宣布开启第3轮相互征收关税。美国表示，对价值2 000亿美元的中国商品征收10%的关税，此决定于9月24日生效。中国予以反击，宣布对美国进口商品征收600亿美元的关税，该决定也将于9月24日生效。

2018年12月

暂时休战

12月1日：在阿根廷G20峰会期间，习近平与特朗普会晤，中美达成90天休战协议。美国将对中国价值2 000亿美元的进口商品征收10%的关税，而不是像特朗普此前所说的那样从2019年1月1日起将关税提高到25%。与此同时，中国同意进口更多的美国商品，逐步解决贸易不平衡问题。

2019年5—6月

华为阵痛

在2019年1月以来的第11轮谈判中，特朗普将价值2 000亿美元的中国商品的关税从10%提高到25%。中国表示将采取反击措施。

5月15日：美国商务部宣布将中国电信巨头华为列入管制实体名单，旨在防止所谓“外国敌对势力”对美国通信系统造成安全威胁。

6月1日：中国将价值600亿美元的美国商品的关税从5%～10%提高到25%，以回应特朗普5月份的决定。

2019年9月

新一轮关税和可能的让步

美国从9月1日起对进口自中国的1 250亿美元商品征收关税，包括服装、鞋类、照相机、电视零部件、牛肉和火鸡。对此，中国对价值750亿美元的美国商品征收5%～10%的关税。

9月5日：中美双方同意10月初在华盛顿举行第13轮中美经贸高级别磋商。

9月11日：中国发布公告，公布第一批对美加征关税商品第一次排除清单，对虾、润滑油、饲料用乳清等16个税目商品排除加征关税，豁免期限为2019年9月17日—2020年9月16日。同日，特朗普在推特上表示，应中国国务院副总理刘鹤的请求，并基于2019年10月1日为中国70周年国庆的事实，作为善意姿态，把对价值2 500亿美元中国输美商品的关税提高（25%～30%）日期从原定的10月1日推迟到10月15日。

在中美贸易战期间，国内公司如中兴通讯、华为以及相关概念股等都因为贸易战而受到冲击，中兴通讯的股价在2018年更是直接腰斩，一度跌至10港元以下。贸易战缓和之后，加上国家支持5G的发展，中兴通讯的股价直到2019年才回到30港元。

而在指数方面，美国三大指数受到贸易战的冲击，一度震荡回调，到2019年10月中美贸易战协商状况良好之后才恢复涨势。而我国A股更是从3 587点跌落至最低2 440点，目前还处于箱形整理形态。其他如现货黄金，因贸易战局势紧张导致投资者避险情绪升温，其价格从1 320美元/盎司涨到最高1 550美元/盎司，影响着全球所有的投资产品。

2019年10月，特朗普转变中美贸易谈判策略，接受部分协议，使中美贸易谈判不再停滞不前，而是往前迈了一大步。随着中美贸易关系大幅缓和，美国企业信心短期回温，同时美联储宣布购买短债，全球风险性资产可望企稳，因此美国三大指数自10月中旬以来不断创下历史新高。

2020年1月15日下午，经过中美两国经贸团队的共同努力，在平等和相互尊重的基础上，中共中央政治局委员、国务院副总理、中美全面经济对话中方牵头人刘鹤同美国总统特朗普在白宫正式签署中美第一阶段经贸协议。

第一节　宏观经济分析概述

一、宏观经济分析的意义与方法

（一）宏观经济分析的意义

（1）把握证券市场的总体变动趋势。在证券投资中，宏观经济分析是一个重要环节。只有把握住宏观经济运行的大方向，才能把握住证券市场的总体变动趋势，做出正确的投资决策；只有密切关注宏观经济因素的变化，尤其是货币政策和财政政策的变化，才能抓住证券投资的市场时机。

（2）判断整个证券市场的投资价值。证券市场的投资价值与国民经济整体素质及其结构变动密切相关。在这里证券市场的投资价值是指整个市场的平均投资价值。从一定意义上说，整个证券市场的投资价值就是整个国民经济发展速度和质量的反映，不同部门、不同行业与成千上万的不同企业相互影响、相互制约，共同影响国民经济发展的速度和质量。宏观经济是个体经济的总和，企业的投资价值必然在宏观经济的总体中综合反映出来，因此宏观经济分析是判断整个证券市场投资价值的关键。

（3）掌握宏观经济政策对证券市场的影响力度与方向。证券市场与宏观经济政策息息相关。在市场经济条件下，国家通过财政政策和货币政策来调控经济，或抑制经济过热，或促进经济增长。这些政策将会影响经济增长速度和企业的经济效益，并进一步对证券市场产生影响。因此，证券分析师必须认真分析宏观经济政策，掌握其对证券市场的影响力度与方向，只有这样才能准确把握整个证券市场的运动趋势和不同证券品种的投资价值变动。

（4）了解转型背景下宏观经济对股市的影响不同于成熟市场经济，了解中国股市为什么还不是经济的晴雨表。中国证券市场是新兴加转轨的市场，具有一定的特殊性，比如国有成分比重较大、行政干预相对较多、阶段性波动较大、投机性偏高、机构投资者不是很成熟等，由此导致证券市场对宏观经济的反应存在特殊的不确定性。证券分析师在分析的时候应该既看到中国证券市场与海外成熟市场的共性，又要看到中国证券市场的特性，只有这样才能更加准确地把握证券市场的国民经济晴雨表特征。简单化地用成熟市场的标尺来衡量我国的证券市场，容易产生偏差。

（二）宏观经济分析的基本方法及资料搜集

1. 总量分析法

总量分析法是指对影响宏观经济运行的总量指标的因素及其变动规律进行分析，如对国内生产总值、消费额、投资额、银行贷款总额及物价水平的变动规律的分析等，进而说明整个经济的状态和全貌。总量分析主要是一种动态分析，因为它主要研究总量指标的变动规律；同时也包括静态分析，因为总量分析包括考察同一时间内各总量指标的相互关系，如投资额、消费额和国内生产总值的关系等。

总量是反映整个社会经济活动状态的经济变量，包括两个方面：一是个量的总和。例如，国民收入是整个经济各单位新创造价值的总和，总投资是全社会私人投资和政府投资的总和，总消费是参与经济活动的各单位消费的总和。二是平均量或比例量。例如，价格水平是各种商品与劳务相对于基期而言的平均价格水平。

2. 结构分析法

结构分析法是指对经济系统中各组成部分及其对比关系的变动规律的分析。如国内生产总值中三次产业的结构分析、消费和投资的结构分析、经济增长中各因素作用的结构分析等。结构分析主要是一种静态分析，即对一定时间内经济系统中各组成部分的变动规律的分析。如果对不同时期内的经济结构的变动进行分析，则属于动态分析。

总量分析和结构分析是相互联系的。总量分析侧重于对总量指标速度的考察，侧重分析经济运行的动态过程；结构分析侧重于对一定时期经济整体中各组成部分相互关系的研究，侧重分析经济现象的相对静止状态。总量分析非常重要，但它需要结构分析来深化和补充，而结构分析要服从于总量分析的目标。先总量分析后结构分析，这是一个由表及里的过程，有了结构分析才能找出总量变化的原因，通过调结构使得总量指标朝着理想的方向发展。为使经济正常运行，需要对经济运行进行全面把握，将总量分析法和结构分析法结合起来使用。

3. 宏观经济分析资料的搜集与处理

宏观经济分析所需的有效资料一般包括政府的重点经济政策与措施、一般生产统计资料、金融物价统计资料、贸易统计资料、每年国民收入统计与景气动向、突发性非经济因素等。这些资料的来源主要包括：第一，电视、广播、报纸、杂志等媒体报道的世界经济动态与国内经济大事；第二，政府部门与经济管理部门，省、市、自治区公布的各种经济政策、计划、统计资料和经济报告，各种统计年鉴如《中国统计年鉴》《中国经济年鉴》《经济白皮书》等；第三，各主管公司、行业管理部门搜集和编制的统计资料；第四，部门与企业内部的原始记录；第五，各预测、情报和咨询机构公布的数据资料；第六，国家领导人、有关部门领导、省市领导的报告或讲话中的统计数字与信息等。其中，数据资料是宏观经济分析与预测尤其是定量分析与预测的基础，无论是对历史与现状的总结，还是对未来的预测，都必须以它们为依据。因此，对数据资料有一定的质量要求，如准确性、系统性、时间性、可比性、适用性等。需要注意的是，有时资料可能因口径不一致而不可比，或是存在不反映变量变化规律的异常值，此时还需对数据资料进行处理。

二、评价宏观经济形势的基本指标

（一）国民经济总体指标

1. 国内生产总值

国内生产总值（GDP）是指一个国家（或地区）所有常住居民在一定时期内（一般按年统计）生产活动的最终成果。

区分国内生产和国外生产一般以常住居民为标准，只有常住居民在1年内生产产品和提供劳务所得到的收入才应计算在本国的国内生产总值中。常住居民是指居住在本国的本国公民、暂居外国的本国公民和长期居住在本国但未加入本国国籍的居民。因此，一国的国内生产总值是指在一国的领土范围内，本国公民和外国居民在一定时期内所生产的、以市场价格表示的产品和劳务的总值。从这个意义上讲，与以国民原则为核算标准的国民生产总值（GNP）相比，以国土原则为核算标准的国内生产总值不包含本国公民在国外取得的收入，但包含外国居民在本国取得的收入；相反，国民生产总值包含本国公民在国外取得的收入，但不包含外国居民在本国取得的收入。

$$
\begin{aligned}
\text{GDP} &= \text{GNP} - \text{本国公民在国外的收入} + \text{外国居民在本国的收入} \\
&= \text{GNP} - \frac{\text{本国生产要素在}}{\text{国外取得的收入}} + \frac{\text{本国付给外国}}{\text{生产要素的收入}} \\
&= \text{GNP} - \text{国外要素收入净额}
\end{aligned}
$$

就上面的表达式来说，看似GNP应该是大于GDP的，但就中国的情况而言国外要素收入净额是相当大的负数，也就是说，我国公民在国外的收入低于外国居民在我国的收入。的确中国的GDP已经超过日本，但现在高兴为时尚早，等到我国的GNP超过日本时我们再高兴也不迟。

中国的GDP高，原因之一是国内外资控制的产值比较大，其实这种产值越大，对民族资本构成的挑战就越大。此外，中国的GDP高也有人民币大幅升值的贡献。自从世界银行让全球各国引进了GDP统计方法，各国已经基本不使用GNP统计方法了。然而，在全球经济一体化的今天，在跨国公司盛行的当下，我们必须与时俱进，加快经济结构转型，从过度重视GDP转到更具国际视野的GNP上来。

在数据的及时性方面我们暂时还绕不过GDP这道坎。国内生产总值有三种表现形态，即价值形态、收入形态和产品形态。从价值形态看，它是所有常住居民在一定时期内生产的全部产品和劳务价值超过同期中间投入的全部非固定资产产品和劳务价值的差额。从收入形态看，它是所有常住居民在一定时期内创造并分配给常住居民和非常住居民的初次收入分配之和。从产品形态看，它是所有常住居民在一定时期内最终使用的产品和劳务价值与产品和劳务净出口价值之和。

对应于这三种表现形态，在实际核算中，国内生产总值有三种计算方法，即生产法、收入法和支出法。这三种方法分别从不同的方面反映国内生产总值及其构成。以常用的支出法为例，统计 GDP 时要将出口计算在内，但不计算进口。其公式为：

$$GDP=C+I+G+(X-M)$$

式中：C——消费（即常住居民的个人消费，其中，所有房屋包括居民住房的购买都属于固定资本形成，而不属于消费性支出）；

I——投资（包括净投资与折旧）；

G——政府支出（包括政府购买，但不包括政府转移支付，以避免重复计算）；

X——出口；

M——进口；

$X-M$——净出口。

国内生产总值的增长速度一般用来衡量经济增长率（也称经济增长速度），是反映一定时期经济发展水平变化程度的动态指标，也是反映一国经济是否具有活力的基本指标。对于发达国家来说，其经济发展总水平已经达到相当的高度，经济增长速度的提高相对来说比较困难；对于经济尚处于较低水平的发展中国家而言，由于发展潜力大，其经济可能达到高速甚至超高速增长，这时就要警惕由此可能带来的诸如通货膨胀、泡沫经济等问题，以避免造成宏观经济的过热。

因此，在宏观经济分析中，国内生产总值指标占有非常重要的地位，具有十分广泛的用途。国内生产总值的持续稳定增长是政府追求的目标之一。

值得注意的是，国内生产总值等总量指标只能对国民经济形势有一个大致的判断，要深入掌握经济运行的内在规律，还必须对经济运行的变动特点进行分析。与对国内生产总值等总量指标的分析相比，对经济运行的变动特点进行分析更偏重于对经济运行质量的研究，主要包括以下几个方面：一是经济增长的历史动态比较，说明增长波动的特征，即所处经济周期的阶段特征；二是经济结构的动态比较，说明经济结构的变化过程和趋势；三是物价变动的动态比较，说明物价总水平的波动与通货膨胀状况，并联系经济增长、经济结构的发展变化等，说明物价变动的特点及其对经济运行主要方面的影响。

2. 工业增加值

工业增加值是指工业行业在报告期内以货币表现的工业生产活动的最终成果，是衡量国民经济的重要统计指标之一。

工业增加值有两种计算方法：一是生产法，即工业总产出减去工业中间投入；二是收入法，即从收入的角度出发，根据生产要素在生产过程中应得到的收入份额来计算，具体构成项目有固定资产折旧、劳动者报酬、生产税净额、营业盈余，这种方法也称要素分配法。

以常用的生产法为例，工业增加值等于工业总产值与中间消耗的差额。工业增加值率则是指一定时期内工业增加值占工业总产值的比重，反映降低中间消耗的经济效益。

测算工业增加值的基础来源于工业总产值，即以货币表现的工业企业在一定时期内生产的已出售或可供出售的工业产品总量，反映一定时间内工业生产的总规模和总水平。工业总产值采用工厂法计算，即以工业企业作为一个整体，按企业工业生产活动的最终成果来计算。企业内部不允许重复计算，不能把企业内部各个车间（分厂）生产的成果相加。

但工业总产值在企业之间、行业之间、地区之间存在着重复计算。

3. 失业率

失业率是指劳动力人口中失业人数所占的百分比。劳动力人口是指年龄在16岁以上具有劳动能力的人的全体。

目前，我国统计部门公布的失业率为城镇登记失业率，即城镇登记失业人数占城镇从业人数与城镇登记失业人数之和的百分比。城镇登记失业人数是指拥有非农业户口、在一定的劳动年龄内、有劳动能力、无业而要求就业，并在当地就业服务机构进行求职登记的人员数。

失业率的上升与下降是以GDP相对于潜在GDP的变动为背景的，而失业率本身则是现代社会的一个主要问题。当失业率很高时，资源被浪费，人们的收入减少。此时，经济问题还可能影响人们的情绪和家庭生活，进而引发一系列社会问题。

但值得注意的是，通常所说的充分就业是指对劳动力的充分利用，但不是完全利用，因为在实际的经济生活中不可能达到失业率为零的状态。在充分就业情况下也会存在一部分正常的失业，如由于劳动力的结构不能适应经济发展对劳动力的需求的变动而引起的结构性失业。

4. 通货膨胀

通货膨胀是指一般物价水平持续、普遍、明显的上涨。对通货膨胀的衡量可以通过对一般物价水平上涨幅度的衡量来进行。一般说来，常用的指标有：零售物价指数、生产者物价指数、国内生产总值物价平减指数等。零售物价指数又被称为消费物价指数（CPI）或生活费用指数，反映消费者为购买消费品而付出的价格的变动情况；生产者物价指数（PPI）是衡量工业企业产品的出厂价格的变动趋势和变动程度的指数，是反映某一时期生产领域价格变动情况的重要经济指标；国内生产总值物价平减指数则是按当年不变价格计算的国内生产总值与按基年不变价格计算的国内生产总值的比率。由于以上指标在衡量通货膨胀时各有优缺点，且所涉及商品和劳务的范围不同，计算口径不同，即使在同一国家的同一时期，各种指数所反映的通货膨胀程度也不尽相同，所以在衡量通货膨胀时需要选择适当的指数。一般说来，在衡量通货膨胀时，零售物价指数使用得最多、最普遍。

通货膨胀一般以两种方式影响经济：通过收入和财产的再分配以及通过改变产品的产量与类型来影响经济。具体地说，通货膨胀对社会经济产生的影响主要有：引起收入和财富的再分配，扭曲商品的相对价格，降低资源配置效率，引发泡沫经济乃至损害一国的经济基础和政权基础。

通货膨胀有被预期到和未被预期到之分，从程度上讲则有温和的、严重的和恶性的三种。温和的通货膨胀是指年通货膨胀率低于10%的通货膨胀；严重的通货膨胀是指年通货膨胀率为两位数的通货膨胀；恶性的通货膨胀则是指年通货膨胀率为三位数及以上的通货膨胀。各个国家往往不会长期容忍高通货膨胀率，但为抑制通货膨胀而采取的货币政策和财政政策通常会导致高失业和GDP的低增长，由此而损失的就业数量和产量作为抑制通货膨胀的代价是很大的。

正因为通货膨胀对经济运行有这样大的影响，投资者要进行投资就必须对通货膨胀产生的可能性及其程度有一个大致的预测。对于通货膨胀产生的原因，传统的理论解释主要有三种：需求拉动的通货膨胀、成本推进的通货膨胀、结构性通货膨胀。而在实践中，要正确把握通货膨胀可能的发展变化，必须把它与经济增长的动态比较结合起来考虑，并考虑各种对通货膨胀产生影响的重要冲击因素，如政治经济体制改革、经济结构转变、战争、国际收支状况以及一些突发的不确定性事件等。

5. 国际收支

国际收支一般是指一国居民在一定时期内与非本国居民在政治、经济、军事、文化及其他往来中所产生的全部交易的系统记录。这里的居民是指在国内居住 1 年以上的自然人和法人。国际收支主要反映：

(1) 一国与他国之间的商品、劳务和收益等交易行为。

(2) 该国持有的货币、黄金、特别提款权的变化以及与他国债权、债务关系的变化。

(3) 凡不需要偿还的单方转移项目和相应的科目，以及会计上必须用来平衡的尚未抵消的交易。

国际收支包括经常项目和资本项目。经常项目主要反映一国的贸易和劳务往来状况，包括贸易收支（也就是通常的进出口）、劳务收支（如运输、通信和旅游等）和单方面转移（如侨民汇款、无偿援助和捐赠、国际组织收支等），是最具综合性的对外贸易指标。资本项目则集中反映一国同国外的资金往来情况，反映一国利用外资和偿还本金的执行情况。资本项目一般分为长期资本和短期资本。长期资本是指合同规定偿还期超过 1 年的资本或未定偿还期的资本（如公司股本），其主要形式有直接投资、政府和银行的长期借款及企业信贷等。短期资本指即期付款的资本和合同规定借款期为 1 年或 1 年以下的资本。

进口和出口是国际收支中最主要的部分。进口量是指一个国家（或地区）所有常住居民从非常住居民处购买或无偿得到的各种货物和服务的价值。反之，出口量则指一个国家（或地区）所有常住居民向非常住居民出售或无偿转让的各种货物和服务的价值。进出口总量及其增长是衡量一国经济开放程度的重要指标，且进口和出口的数量与结构直接对国内总供求产生重大影响。

实现国际收支平衡需要避免国际收支的过度逆差或顺差。可以通过维持适当的国际储备水平和相对稳定的汇率水平来实现国际收支平衡。

(二) 投资指标

投资规模是指一定时期内在国民经济各部门、各行业再生产中投入资金的数量。投资规模是否适度是影响经济稳定与增长的一个决定性因素。投资规模安排过小，不利于为经济的进一步发展奠定物质技术基础；投资规模安排过大，超出了一定时期人力、物力和财力的可能，又会造成国民经济比例的失调，导致经济大起大落。

全社会固定资产投资是衡量投资规模的主要变量。按经济类型划分，全社会固定资产投资包括国有经济单位投资、城乡集体经济单位投资、其他各种经济单位的投资和城乡居民个人投资。按我国现行管理体制划分，全社会固定资产投资包括基本建设、更新改造、房地产开发投资和其他固定资产投资四部分。固定资产投资是社会固定资产再生产的主要手段。固定资产投资额是以货币表现的建造和购置固定资产活动的工作量，是反映固定资产投资规模、速度、比例关系和使用方向的综合性指标。

随着我国改革开放的不断深入，投资主体呈现出多元化的趋势，按投资主体划分，投资指标主要包括政府投资、企业投资和外商投资三个方面。

1. 政府投资

政府投资是指政府以财政资金投资于经济建设，其目的是改变长期失衡的经济结构，完成私人部门不能或不愿从事但对国民经济发展至关重要的投资项目，如大型水利设施、公路建设和生态保护等。同时，政府投资也是扩大投资需求、促进经济增长的重要手段。

2. 企业投资

随着我国现代企业制度的建立，企业逐渐成为投资主体之一，企业投融资的能力不断增强。随着我国市场化改革的不断深入，企业投资需求将成为国内投资需求的主要组成部分，企业投资的规模和方向影响着我国经济未来的走向。

3. 外商投资

外商投资包括外商直接投资和外商间接投资。外商直接投资是指外国企业和经济组织或个人根据我国有关政策、法规，用现汇、实物、技术等在我国境内开办外商独资企业，与我国境内的企业或经济组织共同开办中外合资经营企业、中外合作经营企业或合作开发资源的投资（包括外商投资收益的再投资）以及经政府有关部门批准的项目投资总额中企业从境外借入的资金等。外商间接投资是指除对外借款（外国政府贷款、国际金融组织贷款、外国商业银行商业贷款、出口信贷以及对外发行债券等）和外商直接投资以外的各种利用外资的形式，包括企业在境内外股票市场公开发行的以外币计价的股票发行总额，国际租赁进口设备的应付款，补偿贸易中外商提供的进口设备、技术、物料的价款，加工装配贸易中外商提供的进口设备、物料的价款。

另外，还有一个重要的投资指标——采购经理指数（purchasing manager's index，PMI）。采购经理指数是一个综合指数，按照国际上通行的做法，采购经理指数由五个扩散指数即新订单指数（简称订单）、生产指数（简称生产）、从业人员指数（简称雇员）、供应商配送时间指数（简称配送）、主要原材料库存指数（简称存货）加权而成。

PMI 的计算公式如下：

$$\text{PMI}=\text{订单}\times30\%+\text{生产}\times25\%+\text{雇员}\times20\%+\text{配送}\times15\%+\text{存货}\times10\%$$

采购经理指数是以百分比来表示的，常以 50%作为经济强弱的分界点：当指数高于 50%时，被解释为经济扩张的信号。当指数低于 50%，尤其是非常接近 40%时，则有经济萧条的忧虑。它是先行指标中一个非常重要的附属指标。采购经理指数是通过对采购经理的月度调查统计而汇总、编制的指数，反映了经济的变化趋势，是经济监测的先行指标。根据美国专家的分析，采购经理指数与国内生产总值具有高度的相关性，且其转折点往往领先于国内生产总值几个月。

采购经理指数作为国际通行的经济监测指标体系，在许多国家通常与国内生产总值、生产者物价指数、新屋开工/营建指标（与国内固定资产投资指标类似）、汇率、股指等并行，用来分析经济走势、帮助进行各种投资决策、进行阶段性研究预测等，已成为政府、企业、各类金融机构以及财经媒体广为使用的重要信息之一。

（三）消费指标

1. 社会消费品零售总额

社会消费品零售总额是指国民经济各行业通过多种商品流通渠道向城乡居民和社会集

团供应的消费品总额。根据我国国家统计局的统计标准，社会消费品零售总额包括十大项内容。简而言之，社会消费品零售总额包括各种经济类型的批发零售贸易业、餐饮业、制造业和其他行业售给城乡居民与社会集团的消费品零售额以及农民售给非农业居民与社会集团的消费品零售额。

社会消费品零售总额按销售对象可划分为两大部分，即对居民的消费品零售额和对社会集团的消费品零售额。对居民的消费品零售额对应售给城乡居民用于生活消费的商品；对社会集团的消费品零售额对应企业、事业和行政等各种类型单位用公款购买的非生产、非经营用的消费品。其中，居民的消费品零售额与国民经济核算中的居民消费之间具有密切的联系，前者中的大部分直接构成居民消费，是计算居民消费的主要资料来源之一。

社会消费品零售总额是研究国内零售市场变动情况、反映经济景气程度的重要指标。社会消费品零售总额的大小和增长速度也反映了城乡居民与社会集团的消费水平的高低、居民消费意愿的强弱。社会消费品需求是国内需求的重要组成部分，对一国的经济增长具有巨大的促进作用。

2. 城乡居民储蓄存款余额

城乡居民储蓄存款余额是指某一时点城乡居民存入银行及农村信用社的储蓄金额，包括城镇居民储蓄存款和农民个人储蓄存款，不包括居民的手持现金和工矿企业、部队、机关、团体等的单位存款。居民储蓄存款是居民可支配收入扣除消费支出以后形成的。居民储蓄量的大小首先取决于可支配收入的多少，同时又受可支配收入中消费支出比例的限制。在可支配收入一定时，消费支出多了，储蓄就会减少，二者呈此多彼少的关系。当市场上人们的消费意愿增强时，储蓄相应缩小；当市场上人们的消费意愿减弱时，储蓄相应增加。

居民储蓄增加以后，银行的资金来源扩大了，如果存贷比率不变，银行的贷款投放也会相应增加，这就扩大了企业可用资金的数量，正常情况下就会扩大国内投资需求。所以，储蓄扩大的直接效果就是投资需求扩大和消费需求减少。

3. 居民可支配收入

居民可支配收入是指居民家庭在一定时期内获得的并且可以自由支配的收入。包括：家庭成员所从事主要职业的工资以及从事第二职业、其他兼职和偶尔劳动得到的劳动收入；家庭成员从事生产经营活动所获得的净收入；家庭资产所获得的收入，如存款利息、出租房屋收入、保险收益、股息与红利收入、知识产权收入；政府对个人收入转移的离退休金、失业救济金、赔偿等；单位对个人收入转移的辞退金、保险索赔、住房公积金；家庭间的赠送和赡养。

居民可支配收入是通过对居民家庭日常获得的总收入的计算得来的。由于居民家庭总收入包括个人所得税、公积金、养老基金、医疗基金、失业基金等属于国家先发后征或居民家庭成员必须缴纳的刚性支出，因此对这部分名义收入（居民不可自由支配）必须予以扣除，余下的即为居民可以自由支配的收入。

居民可支配收入＝居民家庭总收入－交纳的所得税
－个人交纳的社会保障支出

居民家庭总收入包括工薪收入、经营性净收入、财产性收入（如利息、红利、房租收入等)、转移性收入(如养老金、离退休金、社会救济收入等)。

分析一国的消费能力时，应注意该国居民可支配收入在国民收入中的占比及占比变化。

(四)金融指标

1. 总量指标

(1) 货币供应量。货币供应量是单位和居民个人在银行的各项存款与手持现金之和，其变化反映着中央银行货币政策的变化，对企业的生产经营、金融市场的运行尤其是证券市场的运行和居民个人的投资行为有着重大的影响。中央银行一般根据宏观监测和宏观调控的需要，按照流动性的大小将货币供应量划分为不同的层次。我国现行货币统计制度将货币供应量划分为三个层次：

1) 流通中的现金(M0)，指单位库存现金和居民手持现金之和，其中“单位”指银行体系以外的企业、机关、团体、部队、学校等。

2) 狭义货币供应量(M1)，指 M0 加上单位在银行的活期存款。

3) 广义货币供应量(M2)，指 M1 加上单位在银行的定期存款和城乡居民个人在银行的各项储蓄存款以及证券公司的客户保证金。其中，中国人民银行从 2001 年 7 月起将证券公司的客户保证金计入 M2。M2 与 M1 的差额通常被称为准货币。

中央银行可以通过增加或减少货币供应量来调节货币市场，实现对经济的干预。货币供应量的变动会影响利率。中央银行可以通过对货币供应量的管理来调节信贷供给和利率，从而影响货币需求并使其与货币供给相一致，对宏观经济施加影响。

(2) 金融机构各项存贷款余额。金融机构各项存贷款余额是指某一时点的金融机构存款金额(包括企业存款、财政存款、机关团体存款、城乡储蓄存款、农业存款、信托存款及其他类存款)与金融机构贷款金额(包括工业贷款、农业贷款、商业贷款、建筑业贷款、私营及个体贷款、乡镇企业贷款、固定资产贷款、信托贷款及其他类贷款)。其中，金融机构主要包括商业银行、政策性银行、非银行信贷机构和保险公司。

(3) 金融资产总量。金融资产总量是指手持现金、银行存款、有价证券、保险等其他资产的总和。

居民家庭的金融资产包括手持现金、银行储蓄存款、股票、债券、基金和保险权利等。在我国居民的金融资产中，银行储蓄存款占绝大部分，而有价证券和其他金融资产所占的比例很小。

金融资产的多样化是社会融资方式变化和发展的标志。改革开放以来，中国金融资产由单一的银行资产向市场化、多元化的方向发展。非银行金融机构提供的其他各种类型的金融资产的比重相对上升；同时银行贷款形式的金融资产的比重相对下降，被证券化的金融资产开始不断涌现。

(4) 外汇储备和外汇占款。外汇储备是一国对外债权的总和，用于偿还外债和支付进口，是国际储备的一种。一国当前持有的外汇储备是以前各期一直到现期为止的国际收支顺差的累计结果。一国的国际储备除了外汇储备外，还包括黄金储备、特别提款权和在国际货币基金组织(IMF)的储备头寸。在我国后两者所占比重较低，国际储备主要由黄金储备和外汇储备构成。在一个时期内，国际储备中可能发生较大变动的主要是外汇储备。

外汇储备的变动是由国际收支产生差额引起的。在国际收支账户中，经常账户和资本账户都会产生差额，但如果两者方向不同，就会相互抵消。只有国际收支账户上的所有项目综合起来产生综合差额，才会引起国际储备变动特别是外汇储备变动。

外汇占款是指受资国中央银行收购外汇资产而相应投放的本国货币。由于人民币是非自由兑换货币，外币被引入后需兑换成人民币才能流通使用，中央银行为了外币换汇要投入大量资金，需要用本国货币购买外汇，因此增加了"货币供给"，从而形成了外汇占款。

在严格的银行结售汇制度下，中央银行收购外汇资产形成中央银行的外汇储备，而整个银行体系收购外汇资产形成全社会的外汇储备。全社会的外汇储备变化反映在"国际收支平衡表"中"储备资产"下的"外汇"一项上。我们日常所说的外汇储备是全社会的外汇储备。外汇储备作为一种金融资产，它的增加无异于投放基础货币。外汇储备增加得越多，人民币的发放增长得就越快。这是因为，外汇储备是由货币当局购买并持有的，其在货币当局账目上的对应项目就是外汇占款，外汇占款的增加直接增加了基础货币量，再通过货币乘数效应，造成了货币供应量的大幅增长，使得流通中的人民币迅速增多。

中国外汇占款不断增长主要源于两个方面：一方面是近年来我国外贸和外商直接投资增长较快，企业不断地将外汇出售给商业银行以换取人民币，商业银行又不得不将大量外汇出售给央行以换取人民币，导致外汇占款大幅增加。另一方面是国际热钱的流入。随着我国资本项目开放程度的日益加深和人民币升值预期的增强，国际热钱持续流入我国，为保持汇率稳定，国家必须购买交易市场上溢出的外汇，这在国家外汇管理局账目上的对应反映就是外汇占款增多，中央银行为收购热钱付出了大量人民币资金。为了防止受到热钱进出的冲击，2010 年时任央行行长周小川抛出了"池子"论，即通过上调法定存款准备金率将热钱锁在各商业银行以使其不四处乱窜影响经济，但效果可想而知，只是按一定比例锁住热钱罢了，M2 增速的居高不下就是佐证。

由于存款准备金制度具有强烈的行政色彩和一定的征税效应，目前美国、欧盟、日本等国家和地区已经普遍将准备金制度边缘化了，其货币政策的调节更多地依赖于价格工具。

2020 年 5 月 26 日我国央行宣布降准后，目前金融机构平均法定存款准备金率是 9.4%；中小银行最低档的法定存款准备金率已经降至 6%。目前我国的法定存款准备金率处于适度的水平，根据宏观调控的需要，进一步下调法定存款准备金率尚有空间，不过空间有限。在加大双向开放的新格局之下，货币政策的调控最终将实现从数量向价格的转型，利率将取代准备金率成为货币政策锚；与此同时，宏观审慎功能也将从调控资产转向调控资本，而资本项目的适度放松也会造成资本流出的压力，蓄水池的逆周期调节功能仍然要发挥作用。

2. 利率

利率（或称利息率）是指在借贷期内所形成的利息额与本金的比率。利率直接反映的是信用关系中债务人使用资金的代价，也是债权人出让资金使用权的报酬。从宏观经济分析的角度看，利率的波动反映出市场资金供求的变动状况。在经济发展的不同阶段，利率有不同的表现。当经济持续繁荣增长时，资金供不应求，利率上升；当经济萧条、市场疲软时，利率会随着资金需求的减少而下降。除了与整体经济状况密切相关之外，利率还影响着人们的储蓄、投资和消费行为；利率结构影响着居民对金融资产的选择，影响着证券的持有结构。利率可以分为存款利率、贷款利率、国债利率、回购利率、同业拆借利率等。再贴现率和同业拆借利率是基准利率。随着市场经济的不断发展和政府宏观调控能力的不断加强，利率特别是基准利率已经成为中央银行一项行之有效的货币政策工具。

（1）贴现率与再贴现率。贴现是指银行应客户的要求，买进其未到付款日期的票据。或者说，购买票据的业务即为贴现。办理贴现业务时，银行向客户收取一定的利息，该利息即为贴现利息或折扣，其对应的比率即贴现率。再贴现率是商业银行出于资金周转的需要，以未到期的合格票据再向中央银行贴现时所适用的利率。对中央银行而言，再贴现是买进票据，让渡资金；对商业银行而言，再贴现是卖出票据，获得资金。

再贴现是中央银行的一项主要的货币政策工具。中央银行根据市场资金的供求状况调整再贴现率，能够影响商业银行借入资金的成本，进而影响商业银行对社会的信用量，从而调节货币供给总量。如果中央银行提高再贴现率，就意味着商业银行向中央银行再融资的成本提高了，因此它们必然要调高对客户的贴现率或提高放款利率，从而带动整个市场利率上涨，这样借款人就会减少，从而市场货币供应量就会减少，就可以起到紧缩信用的作用；反之，如果中央银行降低再贴现率，就可以起到扩大信用的作用。所以，再贴现率的变动对货币供应量起直接作用，进而对国内总需求产生影响。当再贴现率提高时，总需求就会降低；当再贴现率降低时，总需求就会提高。

（2）同业拆借利率。同业拆借利率是指银行同业之间的短期资金借贷利率。同业拆借有两个利率，即拆进利率与拆出利率。拆进利率表示银行愿意借款的利率；拆出利率表示银行愿意贷款的利率。一家银行的拆进（借款）实际上也是另一家银行的拆出（贷款）。将同一家银行的拆进利率和拆出利率相比较，拆进利率永远小于拆出利率，其差额就是银行的收益。同业拆借中大量使用的利率是伦敦同业拆借利率（Libor）。Libor 是指在伦敦的一家第一流银行借款给在伦敦的另一家第一流银行所使用的利率。现在 Libor 已经被作为国际金融市场中大多数浮动利率的基础利率，并被作为银行从市场上筹集资金进行转贷的融资成本。贷款协议中议定的 Libor，通常是几家指定的参考银行在规定的时间（一般是伦敦时间上午 11：00）报价的平均利率。使用最多的是 3 个月和 6 个月的 Libor。我国的对外筹资成本通常是在 Libor 的基础上加一定的百分点。从 Libor 变化出来的，还有新加坡同业拆借利率、纽约同业拆借利率、香港同业拆借利率等。

中国人民银行借鉴国际经验而推动建立的报价制中国金融市场基准利率——上海银行间同业拆放利率（Shibor）自 2006 年 10 月 8 日起开始运行，2007 年 1 月 4 日正式对外发布。Shibor 是根据信用等级较高的银行组成的报价银行团自主报出的人民币同业拆出利率而计算确定的算术平均利率，是单利、无担保利率和批发性利率。Shibor 包括隔夜、1 周、2 周、1 个月、3 个月、6 个月、9 个月及 1 年 8 个品种。Shibor 报价银行团由 16 家商业银行组成。这些报价行是公开市场一级交易商或外汇市场做市商，在货币市场上交易相对活跃，信息披露比较充分。全国银行间同业拆借中心受权负责 Shibor 的报价计算和信息发布。该中心在每个交易日根据各报价行的报价，剔除最高、最低各 2 家报价，对其余报价进行算术平均后，得出每一期限品种的 Shibor，并于 11：30 对外发布。目前，以 Shibor 为基准的拆借、回购、转贴现的交易量正在不断扩大，Shibor 对短期融资券、企业债券、浮息债券等债券产品定价的指导作用明显增强，市场推出的以 Shibor 为基础的金融创新产品已有债券远期利率协议、利率互换等。

（3）回购利率。回购是交易双方在全国统一同业拆借中心进行的以债券（包括国债、政策性金融债和中央银行融资券）为权利质押的一种短期资金融通业务，是指资金融入方（正回购方）在将债券出质给资金融出方（逆回购方）来融入资金的同时，双方约定在将来某一日期由正回购方以按某一约定利率计算的资金额向逆回购方返还资金，逆回购方向正回购方返还原出质债券的融资行为。该约定利率即回购利率。

全国银行间债券市场的回购交易是以国家主权级的债券作为质押品的交易。其回购利率可以说是一种无风险利率，可以准确反映市场资金成本和短期收益水平，比较真实地反映中国金融市场的资金供求情况，已成为中央银行制定货币政策、财政部和其他债券发行人制定发行策略、市场参与者进行资产管理的重要参考指标。

（4）各项存贷款利率。各项存贷款利率包括金融机构对客户存贷款利率，即城乡居民和企事业单位存贷款利率、中国人民银行对金融机构存贷款利率、优惠贷款利率。国务院批准和授权中国人民银行制定的各项利率为法定利率，具有法律效力，其他任何单位和个人无权变动，且法定利率的公布、实施由中国人民银行负责。

银行利率的变动不仅对银行存贷款有直接影响，对债券利率也会产生影响，其他货币的市场价格也会随着利率的变动而发生变动。所以，利率是对市场反应非常灵敏的一个经济变量。在对利率与总供求关系的研究中，应该对存款利率和贷款利率加以区分。存款利率主要调节存款，贷款利率主要调节贷款。一般情况下，两者之间的变动方向是一致的，但是有时候在变动幅度上可以不同，因而存贷款利率之间的差额也可以成为调节供求关系的一种工具。

在其他条件不变时，利率水平上浮会引起存款增加和贷款下降，使居民的消费支出减少，使企业生产成本增加，从而会同时抑制供给和需求；利率水平的降低则会引起需求和供给的双向扩大。

3. 汇率

汇率是外汇市场上一国货币与他国货币相互交换的比率。一般来说，国际金融市场上的外汇汇率是由一国货币所代表的实际社会购买力和自由市场对外汇的供求关系决定的。

汇率变动是国际市场商品和货币供求关系的综合反映。以外币为基准，当汇率上升时，本币贬值，国外的本币持有人就会抛出本币，或者加快从国内市场购买商品的速度。对于国内来说，一方面是流回国内的本币增多，另一方面是从国内流出的商品增多，出口量扩大，这就形成了国内需求的扩大和供给的减少。当汇率下降时，本币升值，国外对本币的需求扩大以及本币流出增加，国内进口量增加，这就使国内需求减少和供给增加。总体效应就是：提高汇率会扩大国内总需求，降低汇率会减少国内总需求。

一国的汇率会因该国的国际收支状况、通货膨胀率、利率、经济增长率等的变化而波动；同样，汇率波动又会影响一国的进出口额和资本流动，并影响一国的经济发展。特别是在当前国际分工异常发达、各国间经济联系十分密切的情况下，汇率的波动对一国的国内经济、对外经济以及国际经济联系都产生着重大影响。

除此之外，在我国当前的外汇管理体制下，人民币的汇率走向和热钱的进出密切关联，外汇占款和M2相关，热钱进出在和外汇储备的增减相关的同时还会影响法定存款准备金率这一货币政策工具的取向。一般而言，本币的升贬和股市负相关，但在我国人民币的贬值反而因可能造成热钱流出而对股市造成压力。

2015年8月11日，中国人民银行进一步完善了人民币汇率中间价报价机制，即做市商参考上日银行间外汇市场收盘价，综合考虑外汇供求情况及国际主要货币汇率变化向中国外汇交易中心提供中间价报价，这意味着中国汇率制度向市场化方向又迈进了一步，被称为“8·11汇改”。2015年8月10日美元兑人民币中间价为6.116 2，8月11日为6.229 8，8月12日为6.330 6，8月13日为6.401 0，人民币三天累计贬值达4.7%，引发了国际金融市场恐慌，此后央行对人民币即期和远期汇率进行果断干预，平息了外汇市场的剧烈波动。考虑到美联储加息不可避免，加之前期欧元、日元兑美元大幅贬值导致人民币积累了较大的贬值压力，央行主动一次性释放人民币贬值压力，这是中国汇率政策应对多重挑战的理性选择，也是增强人民币汇率弹性、加强人民币汇率预期管理的开始。

2016年10月，人民币正式加入特别提款权（SDR），成为人民币国际化的里程碑，这也是中国参与全球治理的里程碑。人民币正式加入SDR对中国经济产生了一系列正面影响，包括人民币资产配置需求和吸引力不断上升，周边许多国家宣布将人民币纳入外汇储备，人民币成为IMF和多边开发银行官方交易货币等。人民币还是一个以国内经济为主体的货币，人民币国际化尚处在起步阶段，虽然人民币取得了加入SDR的重要成果，但在世界范围内，投资、结算等使用人民币的占比还是比较小的。

新中国成立70多年以来，人民币在国内已长期稳定运行，未来还将继续稳定运行下去。我们要多采取一些创新型手段，勇于试探、勇于拓展新的发展空间，逐步提高人民币的国际化程度。

（五）财政指标

1. 财政收入

财政收入指国家财政通过参与社会产品分配所取得的收入，是实现国家职能的财力保证。财政收入的内容几经变化，目前主要包括：

（1）各项税收：包括增值税、消费税、土地增值税、城市维护建设税、资源税、城市土地使用税、印花税、个人所得税、企业所得税、关税和耕地占用税等。

（2）专项收入：包括排污费收入、城市水资源费收入、教育费附加收入等。

（3）其他收入：包括基本建设贷款归还收入、基本建设收入、捐赠收入等。

（4）国有企业计划亏损补贴：这项为负收入，冲减财政收入。

2. 财政支出

财政支出是指国家财政对筹集起来的资金进行分配和使用，以满足经济建设和各项事业的需要。主要包括：基本建设支出、企业挖潜改造资金、地质勘探费用、科技三项费用（即新产品试制费、中间试验费、重要科学研究补助费）、支援农村生产支出、农林水利气象等部门的事业费用、工业交通商业等部门的事业费、文教科学卫生事业费、抚恤和社会福利救济费、国防支出、行政管理费和价格补贴支出。

上述财政支出可归类为两部分：一部分是经常性支出，包括政府的日常性支出、公共消费产品的购买、经常性转移等；另一部分是资本性支出，就是政府的公共性投资支出，包括政府在基础设施和环境改善方面的投资以及政府储备物资的购买等。这两部分支出的变化对国内总供求的影响是不同的。

在财政收支平衡的条件下，财政支出的总量并不能扩大或缩小总需求。但财政支出的结构会改变消费需求和投资需求的结构。经常性支出的扩大可以扩大消费需求，其中既有个人消费需求，也有公共物品消费需求。资本性支出的扩大则扩大投资需求。在总量不变的条件下，投资和消费是此多彼少的关系。扩大了投资，消费就必须减少；扩大了消费，投资就必须减少。所以在调整需求结构时，适当调整财政支出的结构就能产生很显著的效应。

3. 赤字或结余

财政收入与财政支出的差额即为赤字（差值为负时）或结余（差值为正时）。核算财政收支总额主要是为了进行财政收支状况的对比。财政收入大于支出表现为结余，财政收不抵支则表现为赤字。如果财政赤字过大，则会引起社会总需求的膨胀和社会总供求的失衡。

同时，财政赤字或结余也是宏观调控中应用最普遍的一个经济变量。财政发生赤字时有两种弥补方式：一是通过举债即发行国债来弥补，二是通过向银行借款来弥补。

此外，当一国在国内举债不能满足财政需求时，也有对外举债的选择。对外举债也就是对外发行所谓的主权债务（sovereign debt），即主权国家以自己的主权做担保，通过发行债券等方式向国际社会进行借款。由于主权债务大多是以外币计值，向国际机构、外国政府或国际金融机构借款，因此一旦债务国家的信誉评级被调低，就会引发主权债务危机。2008 年爆发的欧债危机就是主权债务危机。

第二节　宏观经济分析的主要内容

证券投资的宏观经济分析主要有两个方面的内容，即宏观经济运行分析和宏观经济政策分析。

一、宏观经济运行分析

（一）宏观经济运行对证券市场的影响

证券市场素有经济晴雨表之称，这既表明证券市场是宏观经济的先行指标，也表明宏观经济的走向决定了证券市场的长期趋势。可以说，宏观经济因素是影响证券市场长期走势的唯一因素，其他因素可以暂时改变证券市场的短期和中期走势，但改变不了证券市场的长期走势。影响整个证券市场的宏观经济因素，既包括经济周期波动这种纯粹的经济因素，也包括政府经济政策及特定的财政金融行为等混合因素。宏观经济运行对证券市场的影响主要表现在以下几个方面：

1. 企业经济效益

无论是从长期看还是从短期看，宏观经济环境都是影响企业生存、发展的最基本因素。企业的经济效益会随着宏观经济运行周期、宏观经济政策、利率水平和物价水平等宏观经济因素的变动而变动。如果宏观经济运行趋好，企业总体盈利水平提高，证券市场的市值自然会上涨；如果政府采取强有力的宏观调控政策，紧缩银根，企业的投资和经营就会受到影响，盈利就会下降，证券市场的市值就可能缩水。

2. 居民收入水平

在经济周期处于上升阶段时或在提高居民收入的政策的作用下，居民收入水平的提高将会在一定程度上拉动消费需求，从而增加相关企业的经济效益。另外，居民收入水平的提高也会直接拉动证券市场的投资需求。

3. 投资者对股价的预期

投资者对股价的预期，也就是投资者的信心，是宏观经济影响证券市场走势的重要途径。当宏观经济趋好时，投资者预期企业效益和自身的收入水平会上升，证券市场自然人气旺盛，从而推动市场平均价格走高；反之，则会令投资者对证券市场的信心下降，从而推动市场平均价格走低。

4. 资金成本

当国家经济政策发生变化，如调整利率水平、实施消费信贷政策、征收利息税时，居民、单位的资金持有成本将随之变化。如利率水平的降低和征收利息税的政策，将会促使部分资金由银行储蓄变为投资，从而影响证券市场的走向。

（二）宏观经济变动与证券市场波动的关系

1. 国内生产总值变动

国内生产总值是一国经济成就的根本反映。从长期看，在上市公司的行业结构与该国产业结构基本一致的情况下，股票平均价格的变动与 GDP 的变化趋势是相吻合的。但不能简单地认为 GDP 增长时，证券市场就必将伴之以上升走势，实际走势有时恰恰相反。我们必须将 GDP 与经济形势结合起来进行考察。

（1）持续、稳定、高速的 GDP 增长。在这种情况下，社会总需求与总供给协调增长，经济结构逐步合理并趋于平衡，经济增长来源于需求刺激并使得闲置的或利用率不高的资源得以充分利用，从而表明经济发展势头良好。这时证券市场将基于下述原因而呈现上升走势：

1）伴随着总体经济的成长，上市公司的利润持续上升，股息不断增长，企业经营环境不断改善，产销两旺，投资风险也越来越小，从而上市公司的股票和债券全面升值，价格上扬。

2）人们对经济形势形成了良好的预期，投资积极性得以提高，从而增加了对证券的需求，促使证券价格上涨。

3）随着 GDP 的持续增长，国民收入和个人收入都不断得到提高，收入提高也将增加对证券投资的需求，从而导致证券价格上涨。

（2）高通货膨胀下的 GDP 增长。当经济呈严重失衡下的高速增长时，总需求大大超过总供给，这会表现为高通货膨胀率。这是经济形势恶化的征兆，如不采取调控措施，必将导致未来的滞胀（通货膨胀与经济停滞并存）。这时，经济中的各种矛盾会突出地表现出来，企业经营将面临困境，居民实际收入也将降低，因而失衡的经济增长必将导致证券市场行情下跌。

（3）宏观调控下的 GDP 减速增长。当 GDP 呈失衡的高速增长时，政府可能采取宏观调控措施以维持经济的稳定增长，这样必然减缓 GDP 的增长速度。如果调控目标得以顺利实现，使得 GDP 仍以适当的速度增长而未导致 GDP 的负增长或低增长，说明宏观调控措施十分有效，经济矛盾得以逐步缓解，这将为进一步增长创造有利条件。这时证券市场亦将反映这种好的形势而呈平稳渐升的态势。

（4）转折性的 GDP 变动。如果 GDP 一定时期以来呈负增长，当负增长速度逐渐减缓并呈现向正增长转变的趋势时，就表明恶化的经济环境逐步得到改善，证券市场走势也将由下跌转为上升。当 GDP 由低速增长转向高速增长时，表明在低速增长中，经济结构得到调整，经济的瓶颈制约得以改善，新一轮经济高速增长已经来临，证券市场亦将伴之以快速上涨之势。

证券市场一般提前对 GDP 的变动做出反应。也就是说，证券市场反映的是预期的 GDP 变动，而当 GDP 的实际变动被公布时，证券市场只反映实际变动与预期变动的差别，因而对 GDP 变动进行分析时必须着眼于未来，这是最基本的原则。另外，我们必须强调，以上有关 GDP 与证券市场关系的陈述对分析一国在相当长的时间内的情况比较有价值。由于影响证券市场走势的因素有很多，因此有时一国证券市场与本国 GDP 走势在一段时间内有可能出现背离。图 5-1 以 1990—2019 年我国 GDP 增速与上证指数为例来说明二者的关系。

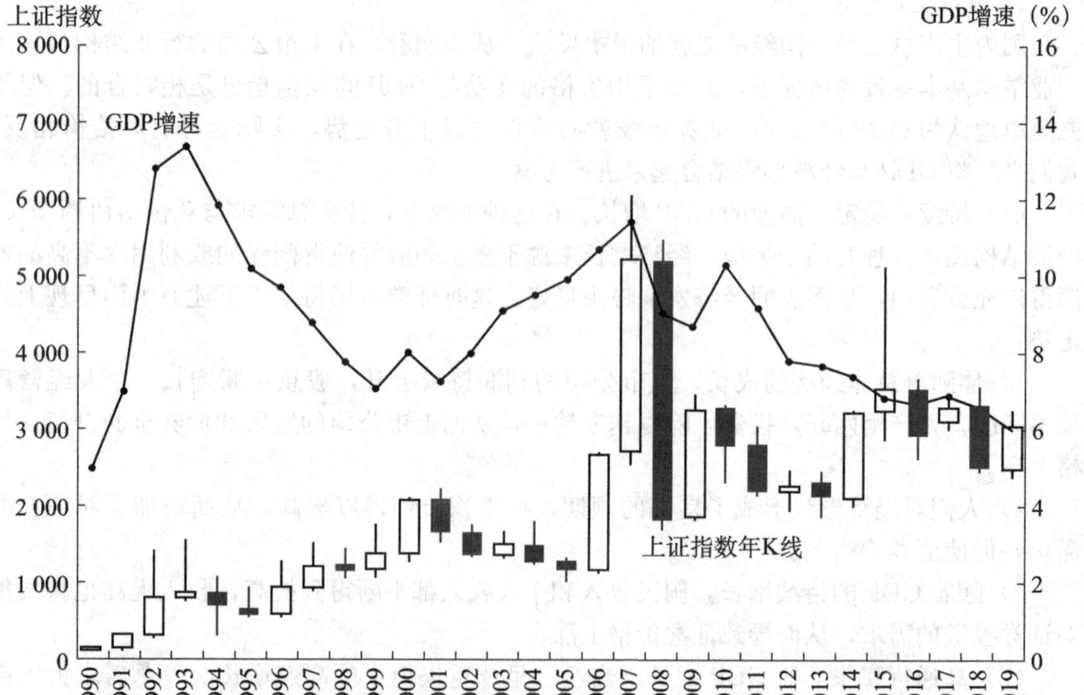

图 5-1　GDP 增速与上证指数年 K 线关系图

从图 5-1 可以看出：1990—1995 年上证指数走势与 GDP 增速的变化趋势基本一致。1996—1999 年上证指数走势与 GDP 增速的变化趋势大体相反。2000 年和 2001 年上证指数走势与 GDP 增速的变化趋势一致。2002—2007 年 GDP 增速持续上升，但上证指数在前

4年持续走低，而2006年和2007年出现了持续两年的大牛市，在这六年的时间里中国股市的走势和一件大事密切相关，这就是国有股减持向股权分置改革的演变，而和宏观经济的相关性较低。2008年中国GDP增速虽趋缓但也达到了9%的增长率，然而股市却暴跌了65.4%，其主要原因是对前两年牛市的修正和受到美国次贷危机的影响。2009年中国GDP增长8.7%，年末上证指数收盘3 277.1点，与2008年同期相比上涨80%，这主要是对之前股市暴跌的修正。2010年中国GDP增速重回二位数，经济刺激政策的效果显现，但上证指数已经无力再涨并自此持续低迷了4年，GDP增速也在次年掉头向下，中国经济进入转型的阵痛期，到2016年中国GDP增速目标已经被定在了6.7%，同时，上证指数在2014年基于对改革的预期以及金融创新而爆发了持续一年的“杠杆牛市”，但去杠杆的过程是痛苦的，2015年下半年千股跌停的场面频现，2016年初更是变本加厉，中国股市用一年的时间还摆脱不了年初熔断的阴影。2017—2019年相较于上证指数，中国GDP增速变化不大。2017—2019年中国GDP增速保持在6%～7%之间。2017年中国GDP现价总量为820 754亿元，按不变价格计算，同比增长6.8%；2018年中国GDP首次突破90万亿元，为900 309亿元，按可比价格计算，同比增长6.6%；2019年中国GDP为990 865亿元，按可比价格计算，同比增长6.1%，按年平均汇率折算，人均GDP突破1万美元大关，达到10 276美元。反观股市，2017—2019年上证指数先涨后降继而又涨。2017年上证指数在摆脱2016年的阴影后总体上看波澜不惊，从3 103.6点涨至3 307.2点，全年累计上涨6.56%，其中上证50指数全年累计上涨25.08%。如果剔除上证50指数，则其余股票的整体表现更为可怜。2018年是资本的寒冬之年，这一点已成全球共识，从中国股票市场看，上证指数从3 307.2点跌至2 493.9点，全年累计跌幅为24.59%。相较于2017年，2018年的中国股市给投资者展示了其更为残酷的一面。2017年，股市的熊性更多地体现在中小市值股票的暴跌上，而上证50指数在以白酒、电器、金融为首的蓝筹股抱团取暖的情况下取得了不错的业绩。但在2018年，暴跌之下仍有暴跌，且由局部暴跌转为集体暴跌。2019年股市摆脱了暴跌的阴影，上证指数全年累计上涨22.30%。

纵观上证指数历年的走势，它整体上和宏观经济的相关性不强，“政策市”的痕迹较为明显，但扣除2007年、2015年两次人造牛市的脉冲信号，一条较为清晰的缓慢上升的通道是看得出来的，这和上证指数的编制原理是有关系的，只要新股不断发行，上证指数向上就是一个大方向。其实如果我们少一些浮躁而多一分对市场的敬畏，慢牛就不是不可期待的，通过股市分享中国经济的发展成果也不是痴人说梦。

我们在分析宏观经济与证券市场运行的关系的时候，既要看到中国证券市场与海外成熟市场的共性，又要看到中国证券市场的特性，这样才能更加准确地把握证券市场的国民经济晴雨表特征。当然，随着市场规模的不断扩大和注册制改革的完成，股市流通市值占GDP的比重将会逐渐上升，证券市场与宏观经济的关联度将逐步提高。

2. 经济周期变动

经济周期是一个连续不断的过程，表现为扩张和收缩的交替出现。在某个时期产出、价格、利率、就业不断上升直至某个高峰——繁荣，之后可能是经济的衰退，产出、产品销售、利率、就业开始下降，直至某个低谷——萧条。萧条阶段的明显特征是：需求严重不足，生产相对严重过剩，销售量下降，价格低落，企业盈利水平极低，生产萎缩，大量企业破产倒闭，失业率提高。接下来则是经济复苏，进入一个新的经济周期。

证券市场综合了人们对经济形势的预期，这种预期较全面地反映了人们对经济发展过程中表现出的有关信息的切身感受。这种预期又必然反映到投资者的投资行为中，从而影响证券市场的价格。既然股价反映的是投资者对经济形势的预期，那么其表现必定领先于经济的实际表现（除非预期出现偏差，经济形势本身才对股价产生纠错反应）。当经济持续衰退至尾声即萧条时期时，百业不振，投资者已远离证券市场，每日成交量稀少。此时，那些有眼光而且在不停搜集信息和分析有关经济形势并做出合理判断的投资者已在默默吸纳股票，股价已缓缓上升。当各种媒介开始传播萧条已去、经济日渐复苏的信息时，股价实际上已经升至一定水平。而那些有识之士在综合分析经济形势的基础上，认为经济将不会再创热潮时，就悄然抛出股票，股价虽然还在上涨，但供求力量逐渐发生转变。当经济形势逐渐被更多的投资者所认识，供求趋于平衡直至供大于求时，股价便开始下跌。当经济形势按照人们的预期走向衰退时，与上述相反的情况便会发生。

上面描述了证券市场与经济周期相互关联的一个总体轮廓。这个轮廓给予我们以下几点启示：

(1) 经济总是处在周期性运动中。股价伴随着经济周期而相应波动，但股价的波动超前于经济变动，股价波动是永恒的。

(2) 收集有关宏观经济的资料和政策信息，随时注意经济发展动向。正确把握当前经济发展处于经济周期的何种阶段，以对未来做出正确判断。

(3) 把握经济周期，认清经济形势。不要被股价的小涨、小跌迷惑而追逐小利或回避小失，这一点对中长期投资者尤为重要。

3. 通货变动

通货是指一个国家的法定货币。它的国内购买力水平是以可比物价变动情况来衡量的。一般在没有价格管制、价格基本由市场调节的情况下，通货变动与物价总水平是同义语。通货变动包括通货膨胀和通货紧缩。

(1) 通货膨胀对证券市场的影响。通货膨胀对证券市场特别是对个股的影响，没有一成不变的规律可循，完全有可能产生反方向的影响，所以应具体情况具体分析。因此，对这些影响进行分析和比较必须从该时期通货膨胀的发生原因、通货膨胀的程度、当时的经济结构和形势、政府可能采取的干预措施等方面入手。以下是分析的几个一般性原则：

1) 温和的、稳定的通货膨胀对股价的影响较小。通货膨胀提高了债券的必要收益率，从而引起债券价格下跌。

2) 如果通货膨胀在一定的可容忍范围内持续，而经济处于景气（扩张）阶段，产量和就业都持续增长，那么股价也将持续上升。

3) 严重的通货膨胀是很危险的，经济将被严重扭曲，货币会加速贬值，这时人们将通过囤积商品、购买房屋等对资产进行保值。这可能从两个方面影响证券价格：一是资金流出证券市场，引起股价和债券价格下跌。二是经济扭曲并失去效率，企业筹集不到必需的生产资金；同时，原材料、劳务成本等价格飞涨，使企业经营严重受挫，盈利水平下降，甚至倒闭。

4) 政府往往不会长期容忍通货膨胀的存在，因而必然会使用某些宏观经济政策工具来抑制通货膨胀，这些政策必然对经济运行造成影响。

5）在通货膨胀时期，并不是所有价格和工资都按同一比率变动，而是相对价格发生变化。这种相对价格变化引致财富和收入的再分配，因而某些企业可能从中获利，而另一些企业可能蒙受损失。

6）通货膨胀不仅可能产生经济影响，还可能产生社会影响，并影响投资者的心理和预期，从而对股价产生影响。

7）通货膨胀使得各种商品的价格具有更大的不确定性，也使得企业未来的经营状况具有更大的不确定性，从而增加证券投资的风险。

8）通货膨胀对上市公司的微观影响表现为：在通货膨胀之初，税收效应、负债效应、存货效应和波纹效应等都有可能刺激股价上涨。但长期严重的通货膨胀必然恶化经济环境、社会环境，股价将受大环境影响而下跌。

(2) 通货紧缩对证券市场的影响。通货紧缩将损害消费者和投资者的积极性，造成经济衰退和经济萧条，与通货膨胀一样不利于币值稳定和经济增长。通货紧缩甚至被认为是导致经济衰退的“杀手”。对消费者来说，通货紧缩会使消费者对物价的预期值下降，从而使消费者更多地推迟购买。对投资者来说，通货紧缩将使投资产出的产品的未来价格低于当前预期，从而使投资者更加谨慎或推迟原有的投资计划。消费和投资的下降减少了总需求，使物价继续下降，从而步入恶性循环。从利率角度分析，通货紧缩形成了利率下调的稳定预期，由于真实利率等于名义利率减去通货膨胀率，下调名义利率降低了社会的投资预期收益率，导致有效需求和投资支出进一步减少，工资降低，失业增多，企业效益下滑，居民收入减少，引起物价更大幅度地下降。可见，因通货紧缩而带来的经济负增长使得股票、债券及房地产等资产的价格大幅下降，银行资产状况严重恶化，甚至可能引发经济危机与金融萧条。而经济危机与金融萧条的出现反过来又会大大影响投资者对证券市场走势的信心。

二、宏观经济政策分析

(一) 财政政策

财政政策是政府依据客观经济规律制定的指导财政工作和处理财政关系的一系列方针、准则和措施的总称。财政政策是当代市场经济条件下国家干预经济、与货币政策并重的一项手段。

1. 财政政策手段及其对证券市场的影响

财政政策手段主要包括国家预算、税收、国债、财政补贴、财政管理体制、转移支付制度等。这些手段可以单独使用，也可以相互配合协调使用。

(1) 国家预算。国家预算是财政政策的主要手段。作为政府的基本财政收支计划，国家预算能够全面反映国家财力的规模和平衡状态，并且是各种财政政策手段综合运用结果的反映，因而在宏观调控中具有重要的作用。国家预算收支的规模和收支平衡状态可以对社会供求的总量平衡产生影响。在一定时期，当其他社会需求总量不变时，财政赤字具有扩张社会总需求的功能，财政采用结余政策和压缩财政支出具有缩小社会总需求的功能。

国家预算的支出方向可以调节社会总供求结构的平衡状态。财政投资主要运用于能源、交通及重要的基础产业、基础设施的建设，财政投资的多少和投资方向直接影响与制约国民经济的部门结构，因而具有造就未来经济结构框架的功能，也有矫正当期结构失衡状态的功能。

(2) 税收。税收是国家凭借政治权力参与社会产品分配的重要形式。税收具有强制性、无偿性和固定性的特征，它既是筹集财政收入的主要工具，又是调节宏观经济的重要手段。税制的设置可以调节和制约企业间的税负水平。可以根据消费需求和投资需求的不同对象设置税种或在同一税种中实行差别税率，以控制需求数量和调节供求结构。此外，进口关税政策和出口退税政策对国际收支具有重要的调节功能。

(3) 国债。国债是国家按照有偿信用原则筹集财政资金的一种形式，也是实现政府财政政策、进行宏观调控的重要工具。国债可以调节国民收入的使用结构和产业结构，通过将筹集资金用于农业、能源、交通和基础设施等国民经济的薄弱部门以及促进瓶颈产业的发展，调整固定资产投资结构，从而促进经济结构的合理化。政府还可以通过发行国债调节资金供求和货币流通量。另外，国债的发行对证券市场资金的流向格局也有较大影响。如果一段时间内国债发行量较大且具有一定的吸引力，将会分流证券市场的资金。

(4) 财政补贴。财政补贴是国家为了某种特定需要，将一部分财政资金无偿补助给企业和居民的一种再分配形式。我国的财政补贴主要包括价格补贴、企业亏损补贴、财政贴息、房租补贴、职工生活补贴和外贸补贴等。

(5) 财政管理体制。财政管理体制是中央与地方之间、地方各级政府之间以及国家与企事业单位之间进行资金管理权限和财力划分的一种根本制度，其主要功能是调节各地区、各部门之间的财力分配。

(6) 转移支付制度。转移支付制度是中央财政将集中的一部分财政资金，按一定的标准拨付给地方财政的一项制度。其主要功能是调整中央政府与地方政府之间的财力纵向不平衡、调整地区间的财力横向不平衡。

国家预算、税收除了能通过预算安排的松紧、课税的轻重影响财政收支的多少，进而影响整个经济的景气外，更重要的是给某些行业、某些企业带来不同的影响。如果国家预算对能源、交通等行业在支出安排上有所侧重，将促进这些行业的发展。同样，如果国家对某些行业、某些企业实施税收优惠政策，诸如采取减税、提高出口退税率等措施，那么这些行业及企业就会处于有利的经营环境，其税后利润就会增加，这些行业及企业的股票价格也会随之上扬。另外，证券投资收益所得税的征收情况也对证券市场具有直接影响。一些新兴市场国家为了加快发展证券市场，在一段时期内免征证券交易所得税，这将加速证券市场的发展和完善。

2. 财政政策的种类及其对证券市场的影响

财政政策分为扩张性财政政策、紧缩性财政政策和中性财政政策。实施紧缩性财政政策时，政府财政在保证各种行政与国防开支外，并不从事大规模的投资。而实施扩张性财政政策时，政府积极投资于能源、交通、住宅等的建设，从而刺激相关产业如水泥、钢材、机械等的发展。如果政府以发行公债的方式增加投资，对景气的影响就更为深远。总的来说，紧缩性财政政策将使得过热的经济受到控制，证券市场也将走弱，因为这预示着未来经济将减速增长或走向衰退；而扩张性财政政策将刺激经济发展，证券市场将走强，因为这预示着未来经济将加速增长或进入繁荣阶段。

具体而言，实施扩张性财政政策对证券市场的影响有：

（1）减少税收，降低税率，扩大减免税范围。其政策效应是：增加微观经济主体的收入，以刺激微观经济主体的投资需求，从而扩大社会供给，进而增加人们的收入，同时增加人们的投资需求和消费支出。减少税收对证券市场的影响为：增加收入、引起证券市场价格上涨、增加投资需求和消费支出，这会拉动社会总需求；而总需求增加又会反过来刺激投资需求，从而使企业扩大生产规模，增加企业利润；企业利润增加，又将刺激企业扩大生产规模的积极性，进一步增加企业利润总额，从而促进股票价格上涨。因市场需求活跃，企业经营环境得以改善，盈利能力得以增强，因而还本付息风险降低，债券价格也将上扬。

（2）扩大财政支出，扩大财政赤字。其政策效应是：扩大社会总需求，从而刺激投资，扩大就业。政府通过购买和公共支出增加对商品和劳务的需求，激励企业增加投入，提高产出水平，于是企业利润增加，经营风险降低，这将使得股票价格和债券价格上升。同时，人们在经济复苏中收入提高，持有货币增加，景气的趋势会进一步增强投资者的信心，买气增强，证券市场和债券市场趋于活跃，价格自然上扬。特别是与政府购买和公共支出相关的企业将最先、最直接地从财政政策中获益，有关企业的股票价格和债券价格将率先上涨。但若过度使用此项政策，使财政收支出现巨额赤字，这样虽然会进一步扩大需求，但会进而增加经济的不稳定因素，使通货膨胀加剧，物价上涨，并有可能使投资者对经济的预期不乐观，反而造成股价下跌。

（3）减少国债发行（或回购部分短期国债）。其政策效应是：国债是证券市场上重要的交易券种，国债发行规模的缩减使市场供应量减少，从而对证券市场原有的供求平衡产生影响，导致更多的资金转向股票，推动证券市场价格上扬。

（4）增加财政补贴。财政补贴往往使财政支出扩大。其政策效应是：扩大社会总需求和刺激总供给，从而使证券市场的总体价格水平趋于上涨。

紧缩性财政政策的政策效应及其对证券市场的影响与上述情况相反。

3. 分析财政政策对证券市场的影响应注意的问题

财政政策对证券市场的影响是十分深刻的，也是十分复杂的。正确运用财政政策为证券投资决策服务，应把握以下几个方面：

（1）关注有关的统计资料信息，认清经济形势。

（2）利用各种媒介了解经济界人士对当前经济形势的看法，关心政府有关部门主要负责人的日常讲话，分析其经济观点、主张，从而预见政府可能采取的经济措施和采取措施的时机。

（3）分析过去类似形势下的政府行为及其经济影响，据此预期政府的政策倾向和相应的经济影响。

（4）关注年度财政预算，从而把握财政收支总量的变化趋势，更重要的是对财政收支结构及其重点做出分析，以便了解政府的财政投资重点和倾斜政策。一般而言，财政政策所倾斜的行业的业绩较有保障，该行业平均股价因此存在上涨的空间。

（5）在预见和分析财政政策的基础上，进一步分析相应政策对经济形势的综合影响

（比如对通货膨胀、利率等的影响），结合行业分析和公司分析做出投资选择。通常，与政府采购密切相关的行业和公司对财政政策较为敏感。

（二）货币政策

1. 货币政策及其作用

所谓货币政策，是指政府为实现一定的宏观经济目标所制定的关于货币供应和货币流通的组织管理的基本方针和基本准则。货币政策对宏观经济进行全方位的调控，其调控作用突出表现为以下几点：

（1）通过调控货币供应总量来保持社会总供给与总需求的平衡。货币政策可通过调控货币供应量达到对社会总需求和总供给两方面的调节，使经济达到均衡。当总需求膨胀导致供求失衡时，可通过控制货币供应量达到对总需求的抑制；当总需求不足时，可通过增加货币供应量提高社会总需求，使经济继续发展。同时，货币供给的增加有利于贷款利率的降低，可降低投资成本，刺激投资增长和生产扩大，从而增加社会总供给。反之，货币供给的减少将促使贷款利率上升，从而抑制社会总供给。

（2）通过调控利率和货币总量来控制通货膨胀，保持物价总水平的稳定。无论通货膨胀的形成原因多么复杂，从总量上看，都表现为流通中的货币超过社会在不变价格下所能提供的商品和劳务总量。提高利率可以推迟现有货币的购买力，减少即期社会需求，也使银行贷款需求减少；降低利率的作用则相反。中央银行还可以通过金融市场直接调控货币供应量。

（3）调节国民收入中消费与储蓄的比例。货币政策通过对利率的调节能够影响人们的消费倾向和储蓄倾向。低利率鼓励消费，高利率则有利于吸收储蓄。

（4）引导储蓄向投资的转化并实现资源的合理配置。储蓄是投资的来源，但储蓄不能自动转化为投资，储蓄向投资的转化依赖于一定的市场条件。货币政策可以通过利率的变化影响投资成本和投资的边际效率，提高储蓄转化为投资的比重，并通过金融市场的有效运作实现资源的合理配置。

2. 货币政策工具

货币政策工具是指中央银行为实现货币政策目标所采用的政策手段。货币政策工具可分为一般性货币政策工具（包括法定存款准备金率、再贴现政策、公开市场业务、借贷便利类货币政策）和选择性货币政策工具（包括直接信用控制、间接信用指导等）。

（1）一般性货币政策工具。一般性货币政策工具是指中央银行经常采用的四大政策工具。

1）法定存款准备金率。法定存款准备金率是指中央银行规定的金融机构为保证客户提取存款和资金清算的需要而准备的在中央银行的存款占其存款总额的比例。当中央银行提高法定存款准备金率时，商业银行可运用的资金减少，贷款能力下降，货币乘数变小，市场上的货币流通量便会相应减少。所以，在通货膨胀时，中央银行可提高法定存款准备金率；反之，则降低法定存款准备金率。由于货币乘数的作用，法定存款准备金率的作用效果比较明显。由于我国是强制结汇国家，非正常流入的外汇——热钱被商业银行结汇后变成人民币存款，成为可放贷的资金，因此央行只能通过提高法定存款准备金率来锁定这部分热钱。关于这一点在“外汇占款”中已有论述，在此不再赘述。不过可以借此说明的是，人民币不能自由兑换、利率的非市场化导致央行的货币政策腾挪空间非常有限。

2）再贴现政策。再贴现政策是指中央银行对商业银行用持有的未到期票据向中央银行融资所作的政策规定。再贴现政策一般包括再贴现率的确定和再贴现的资格条件。再贴现率主要着眼于短期政策效应。中央银行根据市场的资金供求状况调整再贴现率，以影响商业银行借入资金的成本，进而影响商业银行向社会提供的信用量，从而调整货币供应总量。在传导机制上，若商业银行需要付出较高的代价才能获得中央银行的贷款，便会提高对客户的贴现率或提高放款利率，其结果就会是信用量收缩，货币供应量减少；反之，则相反。中央银行对再贴现资格条件的规定则着眼于长期的政策效应，以发挥抑制或扶持作用，并改变资金流向。

3）公开市场业务。在多数发达国家，公开市场业务是中央银行吞吐基础货币、调节市场流动性的主要货币政策工具，通过中央银行与指定交易商进行有价证券交易和外汇交易，实现货币政策调控目标。中国的公开市场业务包括人民币操作和外汇操作两部分。外汇公开市场业务于 1994 年 3 月启动，人民币公开市场业务于 1998 年 5 月 26 日恢复交易，规模逐步扩大。1999 年以来，公开市场业务已成为中国人民银行执行货币政策日常操作的重要工具，对于调控货币供应量、调节商业银行流动性水平、引导货币市场利率走势发挥了积极的作用。

中国人民银行从 1998 年开始建立公开市场业务一级交易商制度，选择了一批能够承担大额债券交易的商业银行作为公开市场业务的交易对象。2017 年 3 月 3 日，中国人民银行公布的公开市场业务一级交易商为 48 家，其中包括多家商业银行以及少量保险公司和证券公司。这些交易商可以运用国债、政策性金融债券等交易工具，与中国人民银行开展公开市场业务。

从交易品种看，中国人民银行的公开市场业务债券交易主要包括回购交易、现券交易和发行中央银行票据。

回购交易分为正回购和逆回购两种。正回购为中国人民银行向一级交易商卖出有价证券，并约定在未来特定日期买回有价证券的交易行为。正回购为中国人民银行从市场收回流动性的操作，正回购到期则为中国人民银行向市场投放流动性的操作。逆回购为中国人民银行向一级交易商购买有价证券，并约定在未来特定日期将有价证券卖给一级交易商的交易行为。逆回购为中国人民银行向市场投放流动性的操作，逆回购到期则为中国人民银行从市场收回流动性的操作。

现券交易分为现券买断和现券卖断两种。前者为中国人民银行直接从二级市场买入债券，一次性地投放基础货币；后者为中国人民银行直接卖出持有债券，一次性地回笼基础货币。

中央银行票据即中国人民银行发行的短期债务凭证。中国人民银行通过发行中央银行票据可以回笼基础货币，中央银行票据到期则体现为投放基础货币。

4）借贷便利类货币政策。自 2013 年以来，传统的流动性供给手段已经不能满足国民经济对市场流动性的需求，面对流动性紧张、外汇储备增长严重放缓、传统货币工具的作用效果不断减弱的现状，中国人民银行陆续推出了多种新型货币政策工具，用以加强货币政策对流动性的调节力度。

由此，2013 年 11 月 6 日，中国人民银行的货币政策工具箱中新增了常备借贷便利（standing lending facility，SLF）这一货币政策工具，作为对传统货币政策工具的补充。我国的常备借贷便利货币政策工具是中国人民银行正常的流动性供给渠道，其运行模式为由金融机构发起，中央银行以抵押的方式向提出申请的金融机构发放贷款，必要时采取信用借款方式发放贷款，贷款期限通常为 1～3 个月，其中合格抵押品包括国债、中央银行票据、政策性金融债、高评级公司金融债等四类债券资产和优质信贷资产。常备借贷便利主要有以下三个特点：首先，常备借贷便利是由金融机构主动发起的，金融机构拥有主动权，可根据自身的流动性需求申请常备借贷便利；其次，常备借贷便利针对性比较强，是中央银行与金融机构的“一对一”交易；最后，常备借贷便利覆盖范围广，包括很多存款类金融机构，交易对手众多。

2014 年 9 月，中国人民银行创设了中期借贷便利（medium-term lending facility，MLF）。中期借贷便利与常备借贷便利类似，区别是中期借贷便利的期限比常备借贷便利更长。中期借贷便利的期限是 3 个月，并且临近到期时可能会重新约定利率并展期。通过中期借贷便利，央行的目标是鼓励商业银行继续对“三农”企业和小微企业发放贷款。各金融机构可以通过质押利率债和信用债获取借贷便利工具的投放。

借贷便利类货币政策工具主要通过向市场提供流动性来引导实体经济的发展，拓宽了中央银行的流动性供给渠道，增强了中央银行流动性管理的弹性及广泛性，对推进利率市场化进程有着积极的意义。

（2）选择性货币政策工具。随着中央银行宏观调控作用重要性的加强，货币政策工具也趋向多元化，因而出现了一些可供选择使用的新措施，这些措施被称为选择性货币政策工具。选择性货币政策工具主要有两类：直接信用控制和间接信用指导。

1）直接信用控制。直接信用控制是指以行政命令或其他方式，直接对金融机构尤其是商业银行的信用活动进行控制。其具体手段包括：规定利率限额与信用配额、信用条件限制、规定金融机构流动性比率和直接干预等。

2）间接信用指导。间接信用指导是指中央银行通过道义劝告、窗口指导等办法来间接影响商业银行等金融机构行为的做法。

3. 货币政策的运作

货币政策的运作主要是指中央银行根据客观经济形势采取适当的政策措施来调控货币供应量和信用规模，使之达到预定的货币政策目标，并以此影响整体经济的运行。通常，将货币政策的运作分为紧的货币政策和松的货币政策。

（1）紧的货币政策。紧的货币政策的主要政策手段是：减少货币供应量，提高利率，加强信贷控制。如果市场物价上涨，需求过度，经济过度繁荣，则被认为是社会总需求大于总供给，中央银行就会采取紧缩货币的政策以减少总需求。

（2）松的货币政策。松的货币政策的主要政策手段是：增加货币供应量，降低利率，放松信贷控制。如果市场产品销售不畅，经济运转困难，资金短缺，设备闲置，则被认为是社会总需求小于总供给，中央银行就会采取扩大货币供应的政策以增加总需求。

总的来说，在经济衰退时，总需求不足，采取松的货币政策；在经济扩张时，总需求过大，采取紧的货币政策。但这只是一个方面的问题，政府还必须根据现实情况对松紧程度做科学合理的把握，必须根据政策工具本身的利弊及实施条件和效果选择适当的政策工具。

4. 货币政策对证券市场的影响

中央银行的货币政策对证券市场的影响，可以从以下四个方面加以分析：

（1）利率。中央银行调整基准利率会对证券价格产生影响。一般来说，利率下降时，股票价格就上升；而利率上升时，股票价格就下降。原因有：第一，利率是计算股票内在投资价值的重要依据之一。当利率上升时，同一股票的内在投资价值下降，从而导致股票价格下跌；反之，则股价上升。第二，利率水平的变动直接影响到企业的融资成本，从而影响股票价格。利率下降，可以降低企业的利息负担，增加企业的盈利，股票价格将随之上升；反之，若利率上升，则股票价格下跌。第三，若利率下降，部分投资者将把储蓄投资转成股票投资，股票需求增加，促成股价上升；反之，若利率上升，一部分资金将会从证券市场转向银行存款，致使股价下降。

利率对股票价格的影响一般比较明显，股价对利率的反应也比较迅速。因此要把握住股票价格的走势，首先要对利率的变化趋势进行全面掌握。有必要指出的是，利率政策本身是中央银行货币政策的一个组成部分，但利率的变动同时也受到其他货币政策因素的影响。如果货币供应量增加、中央银行再贴现率降低、中央银行所要求的法定存款准备金率下降，就表明中央银行在放松银根，利率将呈下降趋势；反之，则表明利率总的趋势是上升。

上述利率与股价反向变化是一般情况，不能将此绝对化，股价和利率并不是呈现绝对的负相关关系。当形势看好、股票行情暴涨的时候，利率的调整对股价的控制作用就不会很大。同样，当股市暴跌的时候，即使出台利率下降的调整政策，也可能使股价回升乏力。

美国在 1978 年就曾出现过利率和股票价格同时上升的情形。当时出现这种异常现象主要有两个原因：一是许多金融机构对美国政府当时维持美元在世界上的地位和控制通货膨胀的能力没有信心；二是当时股票价格已经下降到极低点，远远偏离了股票的实际价格，从而使大量的外国资金流向了美国股市，引起了股票价格的上涨。我国香港地区在 1981 年也曾出现过同样的情形。

（2）中央银行的公开市场业务对证券价格的影响。当政府倾向于实施松的货币政策时，中央银行就会大量购进有价证券，从而使市场上的货币供应量增加。这会推动利率下调，资金成本降低，从而企业和个人的投资与消费热情高涨，生产扩张，利润增加，这又会推动股票价格上涨；反之，股票价格将下跌。我们之所以特别强调公开市场业务对证券市场的影响，还在于中央银行公开市场业务的运作是直接以国债为操作对象的，从而直接关系到国债市场的供求变动，影响到国债市场的波动。

（3）调节货币供应量对证券市场的影响。中央银行可以通过法定存款准备金率和再贴现政策调节货币供应量，从而影响货币市场和资本市场的资金供求，进而影响证券市场。如果中央银行提高法定存款准备金率，则这在很大程度上限制了商业银行体系创造派生存款的能力，等于冻结了一部分商业银行的超额准备金。由于法定存款准备金率对应着数额庞大的存款总量，并通过货币乘数的作用使货币供应量更大幅度地减少，因而证券市场价格趋于下跌。同样，如果中央银行提高再贴现率，对再贴现资格加以严格审查，则会使商业银行的资金成本增加，市场贴现率上升，社会信用收缩，证券市场的资金供应减少，从而使证券市场行情趋软。反之，如果中央银行降低法定存款准备金率或降低再贴现率，通常会导致证券市场行情上扬。

（4）选择性货币政策工具对证券市场的影响。为了实现国家的产业政策和区域经济政策，我国对不同行业和区域采取区别对待的方针。一般说来，这类政策工具会对证券市场整体走势产生影响，而且会因为板块效应对证券市场产生结构性影响。当通过直接信用控制或间接信用指导降低贷款限额、压缩信贷规模时，紧的货币政策会使证券市场行情呈下跌走势，但如果在紧的货币政策的前提下实行总量控制，通过直接信用控制或间接信用指导区别对待，紧中有松，那么一些优先发展的产业和国家支柱产业以及农业、能源、交通、通信等基础产业及优先重点发展的地区的证券价格就可能不受影响，甚至逆势而上。总的来说，选择性货币政策工具会导致证券市场价格的比价关系做出结构性调整。

（三）收入政策

1. 收入政策概述

收入政策是国家为实现宏观调控总目标和总任务，针对居民收入水平的高低、收入差距的大小在分配方面制定的原则和方针。与财政政策、货币政策相比，收入政策具有更高一层次的调节功能，它制约着财政政策和货币政策的作用方向与作用力度，而且收入政策最终要通过财政政策和货币政策来实现。

收入政策目标包括收入总量目标和收入结构目标。收入总量目标着眼于近期的宏观经济总量平衡，着重处理积累和消费的关系、人们近期生活水平改善和国家长远经济发展的关系以及失业和通货膨胀等问题。收入结构目标则着眼于处理各种收入的比例关系，以解决公共消费和私人消费、收入差距等问题。

收入总量调控政策主要通过财政机制、货币机制来实施，还可以通过行政干预和法律调整等机制来实施。财政机制通过预算控制、税收控制、补贴调控和国债调控等手段贯彻收入政策。货币机制通过调控货币供应量、货币流通量、信贷方向和数量、利率等贯彻收入政策。因此，收入总量调控政策通过财政政策和货币政策的传导对证券市场产生影响。

2. 我国收入政策的变化及其对证券市场的影响

我国个人收入分配实行以按劳分配为主体、多种分配方式并存的收入分配政策。在以劳动收入为主体的前提下，国家依法保护法人和居民的一切合法收入与财产，鼓励城乡居民储蓄和投资，允许属于个人的资本等生产要素参与分配。

自1979年经济体制改革以来，我国对劳动者个人实行按劳分配原则。农村实行家庭联产承包责任制，企业职工实行按时、按件计酬，还辅以奖金、津贴、补助等分配形式，在企业经营方式上实行承包制和租赁制。这些措施使劳动者收入有了较大的提高。收入的增长带来积累的增加，城乡居民的可自由支配收入增长很快。随着经济的发展，居民的金融投资意识也逐步增强。而随着居民金融投资意识的增强，有越来越多的人进入证券市场，购买债券或进行股票投资。

同时，由于对企业实行放权让利，企业收入也得到较大增长。自1979年以来，我国对企业分别实行了利润留成，利润递增包干，工资总额与利税增长挂钩，第一步、第二步利改税，利税分流等多项分配制度改革，提高了企业积累和扩大再生产的积极性。随着现代企业制度的建立，企业的积累功能大大增强。企业积累除用于自我发展外，部分积累较多的企业还将其分别用于银行存款、购买债券、参与实业、合作投资、股权投资、股票投资和期货投资等。

党的十六大报告明确了一切合法的劳动收入和合法的非劳动收入都应该得到保护，把过去有关文献中“保护合法收入”的规定具体化和明确化了，并在论述分配制度时突破性地指出：“确立劳动、资本、技术和管理等生产要素按贡献参与分配的原则，完善按劳分配为主体、多种分配方式并存的分配制度。”在我国社会主义初级阶段，存在多种所有制经济和多种分配方式。在多种分配方式中获得的收入有劳动收入与非劳动收入之别。在公有制经济中根据按劳分配方式获得的收入，国家事业单位以及党、政、军、警等部门的工作者所获得的工资、奖金等，都是合法的劳动收入。私营企业和外资企业的职工所获得的工资、奖金等，也是合法的劳动收入。私营企业和外资企业的企业主凭借管理劳动和技术劳动获得的收入也属于合法的劳动收入。个体劳动者的劳动收入同样也是合法的。

此外，按生产要素的贡献分配的收入同样可分为劳动收入和非劳动收入。劳动有狭义、广义之别，这里所讲的劳动生产要素，是狭义的一般工人的劳动。广义的劳动，还包括科技人员和管理人员的劳动。马克思的“整体劳动”概念就是广义的劳动。因此，作为劳动生产要素的技术工作、管理活动的贡献——收入——是广义的劳动收入。而作为非劳动生产要素的资本的贡献——收入——则是非劳动收入。技术作为生产要素，其收入可分为三个层次：一是技术劳动收入，二是技术专利转让收入，三是技术入股收入。技术专利有偿转让的收入也是劳动收入，因为科技发明是科技劳动成果。技术入股如果能大幅提高经济效益，则可获得较高的技术入股收入，这与资本入股收入类似，一般属于合法的非劳动收入。

党的十七大报告首次提出了“创造条件让更多群众拥有财产性收入”，明确了通过增加群众的财产性收入来分享改革开放成果的方向。通俗地讲，财产性收入就是指家庭拥有的动产（如银行存款、有价证券等）、不动产（如房屋、车辆、土地、收藏品等）所获得的收入。它包括出让财产使用权所获得的利息、租金、专利收入等，进行财产营运所获得的红利收入、财产增值收益等。财产性收入的增加必然会涉及各种投资，除了实业投资等，还包括金融产品投资，涵盖了储蓄、债券、保险和股票等。

在 2011 年 3 月召开的第十一届全国人民代表大会第四次会议上，《政府工作报告》明确指出了“十二五”时期的主要目标和任务：努力实现居民收入增长和经济发展同步、劳动报酬增长和劳动生产率提高同步，逐步提高居民收入在国民收入分配中的比重，提高劳动报酬在初次分配中的比重，加快形成合理的收入分配格局；城镇居民人均可支配收入和农村居民人均纯收入年均实际增长超过 7%；提高扶贫标准，减少贫困人口；加快完善社会保障制度，进一步提高保障水平；城乡基本养老、基本医疗保障制度实现全覆盖，提高并稳定城乡三项基本医疗保险参保率，政策范围内的医保基金支付水平提高到 70%以上，全国城镇保障性住房覆盖面达到 20%左右。

总之，随着社会主义市场经济体制的建立和完善，我国收入分配格局发生了根本性的变化，从而导致了我国民间金融资产大幅增加，并具有相当规模。这些资产必然要寻找出路，或者储蓄，或者投资。由于资金分散，直接的实业投资很难普遍进行，大部分投资须借助于金融市场来实现。

民间金融资产增加、社会总积累向社会分配侧重将导致储蓄增加，同时增加证券市场需求，促进证券市场规模的扩大和价格水平的逐步提高。着眼于短期供求总量均衡的收入总量调控通过财政政策、货币政策来进行，因而收入总量调控通过财政政策和货币政策的传导对证券市场产生影响。

第三节　制度建设对证券市场运行的影响

一、发行制度改革和市场运行

（一）新股发行方式的变革

中国证券市场自诞生以来，新股发行方式的改革就一直没有停止过，其间经历了漫长的不断探索和完善的过程。回顾A股历史上几次重大的新股发行体制改革，吸取过去成功的经验，是为了更好地服务于未来，以促进资本市场的更大发展。

第一，1991年之前由于种种局限性，我国采用过内部认购的发行方式，而最早的新股发行没有招股说明书，亦没有刊登发行公告。

第二，认购证。由于发售预约单、有限量认购证、发行抽签表等新股发行方式的共同特点是有限量，故1991—1993年被归类为有限量认购证发行阶段。

由于有限量的限制，认购证供不应求，加上新股发行上市后的暴利易引发各类经济问题和社会问题，最终这类有限量认购证发行方式被淘汰，A股进入无限量认购证发行阶段。

1993年之后改为无限量发售。投资者购买股票时先购买新股认购申请表，该表在规定的时间内无限量发售，当有效申购量大于股票发行量时，主承销商将新股认购申请表连续排号，通过抽签产生中签号码，投资者凭中签申请表认购股票。

第三，等比例配售。1994年我国开始施行全额预缴、比例配售、余款即退的发行方式，而此前在1993年8月18日，国务院证券委员会颁发了《国务院证券委关于1993年股票发售与认购办法的意见》，根据该意见，股票发行方式还可以采用与银行储蓄存款挂钩的方式。

第四，网上发行。1994年，以岁宝热电和琼金盘为试点，尝试通过证券交易所网络系统竞价发行新股并取得成功。同年，粤宏远通过深圳证券交易所交易系统定价发行新股。1996年我国开始采用上网定价发行方式。主承销商在“上网定价”发行前应在证券交易所设立股票发行专户和申购资金专户，申购结束后，根据实际到位资金，由证券交易所主机确认有效申购。上网定价发行方式充分利用了现代化的通信手段和先进交易系统，是截至1996年最为流行、最为安全、效率最高的发行方式，受到了管理层和投资者的认可和支持。

第五，新股发行采取核准制并与对一般投资者上网发行和对法人配售相结合。1999年施行的《证券法》第10条规定：“公开发行证券，必须符合法律、行政法规规定的条件，并依法报经国务院证券监督管理机构或者国务院授权的部门核准或审批；未经依法核准或审批，任何单位和个人不得向社会公开发行证券。”从此，我国对新股发行采取核准制。

第六，2001 年证监会发布《新股发行上网竞价方式指导意见（公开征求意见稿）》，标志着上网竞价发行方式将得以广泛采用，从而减少主观操作，防止违规行为和暗箱操作行为的发生。其实，早在 1995 年 10 月，证监会就专门针对股票发行方式问题提出了《关于股票发行与认购办法的意见》，该意见指出，经批准也可以采用上网竞价发行试点。

第七，2002 年推出全部向二级市场配售的发行方式。2002 年 5 月 20 日证监会公布《关于向二级市场投资者配售新股有关问题的补充通知》，该通知称，鉴于恢复向二级市场投资者配售新股的技术准备已经完成，决定恢复向二级市场投资者配售新股的发行方式。

第八，2005 年引入新股询价制度。其实，早在 2001 年 10 月，一些企业就开始实行询价发行方式。询价发行方式给申购的投资者一个询价区间（即申购价格上限和下限），然后企业根据投资者对该询价区间中占大多数的价格的认同来确定发行价格，最后以该价格进行配售。

第九，市场化定价。2009 年 6 月，证监会出台新股发行制度改革方案，主要内容是“在新股定价方面，完善询价和申购的报价约束机制，淡化行政指导，形成进一步市场化的价格形成机制”，这次发行制度改革的基本原则和方向是“坚持市场化方向，促进新股定价进一步市场化，目的是实现新股定价的市场化”。

第十，2010 年引入第七类询价机构询价制度。

第十一，2012 年扩大询价对象范围，允许主承销商挑选 5～10 名个人投资者询价，提高网下配售比例，并允许首次公开募股（IPO）发行存量老股，增加流动性，但对老股转让资金解禁有限制。

第十二，对中介机构的惩罚加重。2013 年 11 月 30 日，中国证监会发布《中国证监会关于进一步推进新股发行体制改革的意见》，此次新股发行体制改革内容涉及推进新股市场化发行机制、强化发行人及其控股股东等责任主体的诚信义务、进一步提高新股定价的市场化程度以及加大监管执法力度、切实维护“三公”原则等多个方面。

第十三，2014 年 3 月，证监会出台《证券发行与承销管理办法》，中国证监会完善新股发行改革相关措施，对定价制度进行微调及完善，取消有效报价投资者数量的上限，并进一步规范网下报价行为。

第十四，2015 年证监会发布修改《证券发行与承销管理办法》、《首次公开发行股票并上市管理办法》及《首次公开发行股票并在创业板上市管理办法》的决定，并起草了《关于首发及再融资、重大资产重组摊薄即期回报有关事项的指导意见（征求意见稿）》，于 2015 年 11 月 6 日向社会公开征求意见。

第十五，2016 年 1 月 1 日我国开始施行证监会修改后的《证券发行与承销管理办法》，完善新股发行制度相关规则，新股发行开始按照新的制度执行。投资者申购新股时无须再预先缴款，小盘股将直接定价发行，发行审核将更加注重信息披露要求，发行企业和保荐机构需要为保护投资者合法权益承担更多的义务和责任。明确规定公开发行股票数量在 2 000万股（含）以下且无老股转让计划的，应当通过直接定价的方式确定发行价格，不进行网下询价。同时完善现有报价剔除机制，若最高申报价格与最终确定的发行价格相同，剔除比例可以少于10%，避免出现相同报价中部分投资者被剔除的不公平情形。

（二）新股发行制度改革之路

1. 新股发行制度的种类

新股的发行制度主要有三种：审批制、核准制和注册制，每一种发行制度都对应于一定的市场发展状况。其中，审批制是完全计划发行的模式，核准制是从审批制向注册制过渡的中间形式，注册制则是目前成熟资本市场普遍采用的发行体制。

审批制是我国在股票市场的发展初期，为了维护上市公司的稳定和平衡复杂的社会经济关系，采用行政和计划的办法分配股票发行的指标和额度，由地方或行业主管部门根据指标推荐企业发行股票的一种发行制度。企业发行股票的首要条件是取得指标和额度，也就是说，如果取得了给予的指标和额度，就等于取得了保荐，股票发行仅仅是走个过场。因此，审批制下企业发行股票的竞争焦点主要是争夺股票发行指标和额度。证券监管部门凭借行政权力行使实质性审批职能，证券中介机构的主要职能是进行技术指导，这样无法保证发行公司不通过虚假包装甚至伪装、做账达标等方式达到发行股票的目的。

注册制是市场化程度较高的成熟股票市场所普遍采用的一种发行制度，证券监管部门公布股票发行的必要条件，企业只要达到所公布条件的要求，即可发行股票。发行人申请发行股票时，必须依法将公开的各种资料完全准确地向证券监管机构申报。证券监管机构的职责是对申报文件的真实性、准确性、完整性和及时性做合规性的形式审查，而将发行公司的质量留给证券中介机构来判断和决定。这种股票发行制度对发行人、证券中介机构和投资者的要求都比较高。

核准制则是介于注册制和审批制之间的中间形式。它一方面取消了股票发行的指标和额度管理，并引进证券中介机构判断企业是否达到股票发行的条件；另一方面证券监管机构同时对股票发行的合规性和时效性条件进行实质性审查，并有权否决股票发行的申请。在核准制下，发行人在申请发行股票时，不仅要充分公开企业的真实情况，而且必须符合有关法律和证券监管机构规定的必要条件，证券监管机构有权否决不符合规定条件的股票发行申请。证券监管机构对申报文件的真实性、准确性、完整性和及时性进行审查，还对发行人的营业性质、财力、素质、发展前景、发行数量和发行价格等条件进行实质性审查，并据此做出发行人是否符合发行条件的价值判断和是否核准申请的决定。

2. 核准制下的发行制度改革

在2000年以前，我国新股的发行制度主要以审批制为主，1999年我国施行的《证券法》标志着我国的新股发行制度告别了计划色彩浓厚的审批制，正式进入新股发行核准制时代。当前所谓的新股发行机制改革是在核准制这个大框架下的改革，距离期望的真正意义上的市场化新股发行还有很长的路要走。新股发行的市场化就是由目前的“核准制”改革为“注册制”。

“股市低迷—IPO暂停—股市回暖—IPO重启—股市低迷—IPO暂停”这一循环数次重复。我国的资本市场建设历时尚短，股票二级市场波动幅度较大，有时甚至出现极度下跌的情况，即所谓的“股灾”。与二级市场相对应，一级市场即IPO市场也时而出现“断供”现象，新股发行多次被暂停。我国证券一、二级市场之间存在较为明显的联动性：二级市场发生的多次较大市场波动大多是由过热的市场情绪及市场制度改革引起的；一级市场“断供”即IPO暂停9次（见表5－1），大多与二级市场的大幅波动相关；有时暂停IPO甚至成为对二级市场的一种“救灾”措施。

表5－1 我国股市9次IPO暂停情况

次序	时间段	暂停天数（交易日）	暂停时长（月）
1	1994年7月21日至1994年12月7日	98	5
2	1995年1月19日至1995年6月9日	96	5
3	1995年7月5日至1996年1月3日	128	6
4	2001年7月31日至2001年11月2日	64	3
5	2004年8月26日至2005年1月23日	101	5
6	2005年5月25日至2006年6月2日	249	12
7	2008年12月6日至2009年6月29日	198	8
8	2012年11月3日至2014年1月7日	274	14
9	2015年7月5日至2015年11月30日	100	4

通过暂停IPO来调节市场供给作为政府调控股市的重要手段之一，尽管在短期内会引起股价的回升，但是往往会引发新的问题，如IPO“堰塞湖”问题，只有建立起完善的、行之有效的市场机制，才能实现市场的自我调整，做到健康平稳运行。所幸的是到本教材截稿时止，第10次新股暂停发行始终没有出现，相信随着新《证券法》的实施，是否暂时停止发行新股将是拟上市公司根据市场情况的自主行为，而不再是监管部门基于股市涨跌的行政命令。

3. 科创板与注册制

2019年7月22日，科创板正式开市。科创板与A股市场其他交易板块最大的区别是，科创板放开市盈率“天花板”限制，改审核制和核准制为注册制，综合各种估值方法进行市场化定价，业界称其为“中国的纳斯达克”。科创板的历史性意义不在于它使中国资本市场多了一个板块，也不在于它瞄准的是高科技企业和战略新型产业（这一点与运行多年的中小板和创业板并无根本差异），而在于它实行的是注册制。注册制的灵魂是信息的充分披露、市场化定价和责权明晰且对称的外部约束机制。以注册制为新的制度平台的科创板，是中国资本市场深刻的制度变革，是中国资本市场发展理念的重大转型。

4. 新《证券法》和注册制

历时四年多、历经四次审议后，新《证券法》于2019年12月28日由第十三届全国人大常委会第十五次会议修订通过。修订后的《证券法》自2020年3月1日起施行。新《证券法》的出炉标志着中国资本市场在市场化、法治化的道路上又迈出了至关重要的一步。作为资本市场的根本法，各方期待新《证券法》能够直击市场痛点和难点，给市场生态带来深刻变化，更好地护航资本市场的改革与发展。

《证券法》的修订关系到资本市场的改革与发展大局，新《证券法》共有十四章内容，包括总则、证券发行、证券交易、上市公司的收购、信息披露、投资者保护、证券交易场所、证券公司、证券登记结算机构、证券服务机构、证券业协会、证券监督管理机构、法律责任和附则。和2014年修订的《证券法》相比，新《证券法》新增了“信息披露”和

“投资者保护”两章，并在注册制全面推广、提高证券违法成本、投资者保护改革等方面进行了大幅修改。

☞扩展阅读

科创板试点注册制的主要进程

2013 年，党的十八届三中全会提出“推进股票发行注册制改革”。

2014 年底，已有一份注册制改革草案报国务院审阅，但最终的方案并未对外公布。

2015 年《政府工作报告》明确提出“实施股票发行注册制改革”。

2018 年 11 月 5 日，在上海证券交易所设立科创板并试点注册制的决定正式宣布。

2019 年 1 月 30 日，证监会发布《关于在上海证券交易所设立科创板并试点注册制的实施意见》，成为科创板的纲领性文件。

2019 年 3 月 1 日，证监会发布《科创板首次公开发行股票注册管理办法（试行)》，同时，上海证券交易所发布科创板股票上市规则，以及一系列配套业务规则和监管问答、业务指南等规范性文件，搭建科创板基本规则体系。

2019 年 3 月 18 日，上海证券交易所科创板股票发行上市审核系统正式开始接受企业 IPO 申报。

2019 年 3 月 22 日，首批 9 家科创板受理公司出炉。

2019 年 6 月 5 日，首批 3 家公司获科创板股票上市委员会审议会议通过。

2019 年 6 月 13 日，在第十一届陆家嘴论坛开幕式上，科创板正式开板。

2019 年 6 月 14 日，首批 2 家公司拿到证监会注册批文。

2019 年 7 月 22 日，科创板正式开市，25 家公司集体挂牌上市。

与实行多年的核准制相比，实行注册制的科创板主要有以下五个方面的重要变化或改进：

一是企业股票发行的核许主体不同，将由核准制下的证监会发行审核委员会，转变成上海证券交易所科创板股票上市委员会。这一变化不仅仅是主体形式的变化，更重要的是完成了证监会监审分离的制度变革。

二是股票发行定价的高度市场化，彻底告别了核准制下人为的定价机制。与发行定价的高度市场化相一致，科创板二级市场的交易结构、报价机制、涨跌幅限制以及投资者适度性保护制度均朝着市场化和与市场风险相匹配的方向变化。

三是监管的重心和重点发生了重大变化。科创板的监管重点是信息披露和市场透明度，而不是市场波动；监管的重心将从前台即把上市公司入市关转向中后台，即上市公司信息披露、市场交易的违规违法行为和事后的处罚。

四是虚假信息披露、欺诈上市、内幕交易、操纵市场等的违规违法成本大幅上升，将彻底告别轻描淡写、助长违法的处罚机制时代。为此，我国将彻底修改包括《公司法》《证券法》《刑法》等在内的法律中关于违法行为的处罚标准，建立集团诉讼制度，从而给违规违法者以巨大的法律威慑。

五是健全了上市公司退市制度。我国将建立一套标准清晰、与科创板相匹配的退市标准。在科创板，上市与退市将保持一个相对均衡状态。

扩展阅读

新《证券法》的七大要点

1. 明确全面推行注册制

新《证券法》明确全面推行注册制。将发行股票应当“具有持续盈利能力”的要求，改为“具有持续经营能力”。同时，大幅简化公司债券的发行条件，取消发行审核委员会制度。

2. 新增了信息披露和投资者保护专章

与2014年修订的《证券法》相比，新《证券法》新增了“信息披露”和“投资者保护”两章。

3. 明确证券从业人员买卖股票将被没收违法所得并处罚款

证券交易场所、证券公司和证券登记结算机构的从业人员，证券监督管理机构的工作人员以及法律、行政法规规定禁止参与股票交易的其他人员，在任期或者法定期限内，不得直接或者以化名、借他人名义持有、买卖股票或者其他具有股权性质的证券，也不得收受他人赠送的股票或者其他具有股权性质的证券。

法律、行政法规规定禁止参与股票交易的人员，直接或者以化名、借他人名义持有、买卖股票或者其他具有股权性质的证券的，责令依法处理非法持有的股票、其他具有股权性质的证券，没收违法所得，并处以买卖证券等值以下的罚款。

4. 明确证券服务机构禁止买卖相关期限

为证券发行出具审计报告或者法律意见书等文件的证券服务机构和人员，在该证券承销期内和期满后六个月内，不得买卖该证券。

除上述规定外，为发行人及其控股股东、实际控制人，或者收购人、重大资产交易方出具审计报告或者法律意见书等文件的证券服务机构和人员，自接受委托之日起至上述文件公开后五日内，不得买卖该证券。实际开展上述有关工作之日早于接受委托之日的，自实际开展上述有关工作之日起至上述文件公告后五日内，不得买卖该证券。

5. 大力提高违法成本，对内幕交易最高处以十倍罚款

证券交易内幕信息的知情人或者非法获取内幕信息的人违反规定从事内幕交易的，责令依法处理非法持有的证券，没收违法所得，并处以违法所得一倍以上十倍以下的罚款；没收违法所得或者违法所得不足50万元的，处以50万元以上500万元以下的罚款。单位从事内幕交易的，还应当对直接负责的主管人员和其他直接责任人员给予警告，并处以20万元以上200万元以下的罚款。

信息披露义务人未按照规定报送相关报告或者履行信息披露义务的，责令改正，给予警告，并处以50万元以上500万元以下的罚款，对直接负责的主管人员和其他直接责任人员给予警告，并处以20万元以上200万元以下的罚款。信息披露义务人报送的报告或者披露的信息有虚假记载、误导性陈述或者重大遗漏的，责令改正，给予警告，并处以100万元以上1 000万元以下的罚款。

新《证券法》规定，发行人在其公告的证券发行文件中隐瞒重要事实或者编造重大虚假内容，尚未发行证券的，处以200万元以上2 000万元以下的罚款。

6. 强化信息披露要求，明确董事、监事和高级管理人员的责任

新《证券法》强化了信息披露要求。信息披露义务人披露的信息，应当真实、准确、完整，简明清晰，通俗易懂，不得有虚假记载、误导性陈述或者重大遗漏。同时，新《证券法》还强化了董事、监事和高级管理人员的责任。新《证券法》规定，发行人的董事、高级管理人员应当对证券发行文件和定期报告签署书面确认意见。发行人的监事会应当对董事会编制的证券发行文件和定期报告进行审核并提出书面审核意见，监事应当签署书面确认意见。

7. 明确投资者保护机构可依法支持投资者向人民法院提起诉讼

发行人因欺诈发行、虚假陈述或者其他重大违法行为给投资者造成损失的，发行人的控股股东、实际控制人、相关的证券公司可以委托投资者保护机构，就赔偿事宜与受到损失的投资者达成协议，予以先行赔付。先行赔付后，可以依法向发行人以及其他连带责任人追偿。

投资者与发行人、证券公司等发生纠纷的，双方可以向投资者保护机构申请调解。普通投资者与证券公司发生证券业务纠纷，普通投资者提出调解请求的，证券公司不得拒绝。

投资者保护机构对损害投资者利益的行为，可以依法支持投资者向人民法院提起诉讼。

发行人的董事、监事、高级管理人员执行公司职务时违反法律、行政法规或者公司章程的规定给公司造成损失，发行人的控股股东、实际控制人等侵犯公司合法权益给公司造成损失，投资者保护机构持有该公司股份的，可以为公司的利益以自己的名义向人民法院提起诉讼，持股比例和持股期限不受《公司法》规定的限制。

投资者提起虚假陈述等证券民事赔偿诉讼时，诉讼标的是同一种类，且当事人一方人数众多的，可以依法推选代表人进行诉讼。

对按照上述规定提起的诉讼，可能存在有相同诉讼请求的其他众多投资者的，人民法院可以发出公告，说明该诉讼请求的案件情况，通知投资者在一定期间向人民法院登记。人民法院做出的判决、裁定，对参加登记的投资者发生效力。

投资者保护机构受50名以上投资者委托，可以作为代表人参加诉讼，并为经证券登记结算机构确认的权利人依照上述规定向人民法院登记，但投资者明确表示不愿意参加该诉讼的除外。

二、证券市场结构问题

（一）股权分置改革和大小非减持

所谓股权分置，是指上市公司股东所持向社会公开发行的股份在证券交易所上市交易，这种股份称为流通股，而公开发行前股份暂不上市交易，这种股份称为非流通股。在股改前中国股市中有三分之二的股权不能流通，这种同一上市公司股份分为流通股和非流通股的股权分置状况，是在中国经济由计划经济向市场经济转变的这个时期形成的，为中国证券市场所独有。

非流通股与流通股这两类股份除了持股成本存在巨大差异和流通权不同之外，二者赋予每份股份其他的权利均相同。持股成本的巨大差异造成了两类股东之间的严重不公。这种制度安排不仅使上市公司或大股东不关心股价的涨跌，不利于维护中小投资者的利益，而且越来越影响到上市公司通过股权交易进行兼并以达到资本市场优化资源配置的目的，妨碍了中国经济改革的深化。2005 年 4 月 29 日，中国证监会公布首批股权分置改革试点名单，标志着中国股权分置改革的开始。

中国证监会颁布的《上市公司股权分置改革管理办法》规定，改革后公司原非流通股股份，自改革方案实施之日起，在十二个月内不得上市交易或者转让；持有上市公司股份总数百分之五以上的原非流通股股东，在前项规定期满后，通过证券交易所挂牌交易出售原非流通股股份，出售数量占该公司股份总数的比例在十二个月内不得超过百分之五，在二十四个月内不得超过百分之十。这就是俗称的“锁一爬二”。

这意味着持股在 5%以下的非流通股份在股改方案实施 12 个月后即可上市流通，因此，“小非”是指持股量在 5%以下的非流通股股东所持股份，这就是“小非”的由来。与“小非”相对应，“大非”则是指持股量在 5%以上的非流通股股东所持股份。股权分置改革后新股发行时也沿用了这个“锁一爬二”的解禁政策。

股权分置改革在中国资本市场发展史上具有里程碑的意义，尽管它本应一揽子解决所有历史遗留问题，但实际上只解决了大小非的流通问题，并没有解决大股东持股比例过高的问题。大股东为了在股改后仍然保持绝对控股地位，甚至减持后还能绝对控股，采取少支付对价（送股换流通权）甚至不实际支付对价即发放权证的方式，让公众股东玩“击鼓传花”的游戏以便在股东大会上瞒天过海，通过股改方案。这导致股改后有些大股东的持股比例竟超过 75%的红线，并为后来首次发行股票的大股东们所效仿。

此外，与 IPO 相比，全流通对股市供求关系的影响更为明显。2012 年两市股指与 2007 年的最高点相比，已跌去了大半，但流通市值却翻了近一倍。这其中，限售股流通后增加的市值是主要部分。限售股的解禁对二级市场形成了压制，使定价中枢不断下移。由于控股股东在解禁期后其股票可以自由流通，因而使得部分不思进取的上市公司股东在解禁期后大幅减持原始股，造成了部分股票价格的剧烈波动，而其示范效应在股市中直接导致了“劣币驱逐良币”，股东们纷纷效仿。大小非和限售股的不规范流通造成了抛股套现成为常见现象，这种现象侵蚀了中国股市，损害了广大股民的利益，也消磨了企业家的创业精神。

如何制约大小非的减持？如何为它们的解禁设限？这其实是新股发行制度改革中的主

要细节问题，涉及新股的发行方式、新股的定价、发行新股后大股东的持股比例上限等问题。

（二）上证综合指数的构成问题

上证综合指数（上海证券综合指数），通常简称上证指数，是上海证券交易所编制的，以上海证券交易所挂牌上市的全部股票为计算范围、以总股本为权数进行综合。上证指数反映了上海证券交易市场的总体走势。

当遇新股上市时，新股上市当天新股不计入上证指数，上海证券交易所于当日收盘后对指数加以修正，并于次日将新股计入指数。尽管这种方法尽量避免了新股增量对指数的直接贡献，但毕竟为上证指数增加了新的变量，新股上市第二天乃至以后其走势如何还是会对上证指数构成实际影响。至于这只新股的影响力如何则依赖于新股的涨跌幅度和股本大小。

每只股票的股本大小决定了这只股票在上证指数中的权重大小，这是由上证指数的权数构成所决定的。上证指数中权重大的股票（权重股）大都集中在银行、地产、电力、有色金属、钢铁、汽车等行业。尤其是四大国有商业银行——中国工商银行、中国农业银行、中国银行、中国建设银行的总股本都有两三千亿股，除中国建设银行之外其他几家国有银行在A股市场可流通的股份也都接近或者超过2 000亿股，它们的一举一动都会对上证指数产生直接影响，甚至影响到整个中国A股市场的价值中枢。

与上证指数相比，成分股指数的编制更符合国际惯例，具有较好的代表性。这些指数采用流通股本加权、分级靠档原则，选取市值大、流动性好的股票作为样本股，且成分股总数固定，定期调整成分股，在编制方法上更易与国际接轨。目前我国证券市场上除上证指数外基本上都是成分股指数，如上证180指数、深证100指数、沪深300指数等，尤其是沪深300指数还成为股指期货的投资标的。

尽管和成分股指数相比上证指数有明显的缺陷，但由于上证指数是中国股市发布最早的一个指数，鉴于使用习惯市场的广大参与者对其很难割舍。而更重要的原因是，我们在前面提到的权重股问题无论在什么样的指数中都是一个问题，只是程度略有不同罢了。换句话说，中国股市权重股过大的结构性问题不是指数编制之过，而是这么大的权重股该不该存在、是否应该都集中在一个行业的问题。

（三）A/H股共存公司股价的相互牵制

中国内地企业通过A+H上市、先发行A股再发行H股以及H股公司回归A股市场，形成了截至2016年底89家A/H股共存公司这个特殊的群体。

在股权分置改革之前，同时拥有A股、H股的公司就已经存在，但数量相对较少，而且绝大多数A股股价都高于其H股股价，这凸显了A股市场较强的投机性，同时也是两个市场供求关系不同所导致的一个必然结果。随着股权分置改革的深入、全流通时代的到来，中国内地A股市场和中国香港H股市场的供求关系彻底逆转。参与股改的A/H股共存公司的大股东们通过向A股公众股东支付对价来购买流通权，将来他们进行流通减持时显然是在A股市场而非H股市场；而后成为A/H股共存公司的大股东们也大多明确其可流通股份在A股市场流通（中国建设银行是特例）。供求关系的逆转导致一部分A/H股共存公司的H股股价高于其A股股价（见表5-2）。

这种情况刚开始出现时，一度引发了中国内地市场和香港市场“证券定价功能”之争，但随着这种现象的常态化，这种声音渐少。香港市场作为较为成熟的市场，其理性成分相对于A股市场来说要多一些。同时香港市场和国际股市的联动性较强，由于A/H股共存公司的存在，A股市场在价格上也在和国际股市接轨。这种接轨将是一种大势所趋，因而在关注中国宏观经济政策变动的同时，也要注意世界主要国家和经济体的政策变化；既要关注国际汇率尤其是美元汇率和人民币汇率的变化，也要关注世界大宗商品尤其是原油的价格走势。

由于A股市场权重大的公司大多是A/H股共存公司，所以这种接轨还只是单方向的接轨，即国际股市上涨时A股市场未必上涨，而国际股市下跌时却总是少不了A股。读者在学习证券市场线理论之后，就会更好地理解这种现象。

表5-2 A/H股共存公司股价比价（2020年2月7日）

序号	名称	H股代码	最新价（HKD）	A股代码	最新价（RMB）	比价（H/A）
1	中国平安	2318	91.50	601318	81.03	1.02
2	海螺水泥	0914	53.45	600585	48.31	0.99
3	招商银行	3968	39.10	600036	35.42	0.99
4	潍柴动力	2338	14.60	000338	13.34	0.98
5	万科A	2202	29.60	000002	27.50	0.97
6	青岛银行	3866	5.59	002948	5.22	0.96
7	药明康德	2359	109.40	603259	102.38	0.96
8	马钢股份	0323	2.81	600808	2.66	0.95
9	深高速	0548	10.40	600548	10.10	0.93
10	康龙化成	3759	55.85	300759	55.35	0.91
11	工商银行	1398	5.46	601398	5.44	0.90
12	福耀玻璃	3606	23.80	600660	23.83	0.90
13	中联重科	1157	5.83	000157	5.97	0.88
14	交通银行	3328	5.09	601328	5.25	0.87
15	青岛啤酒	0168	44.15	600600	45.61	0.87
16	鞍钢股份	0347	2.67	000898	2.78	0.86
17	宁沪高速	0177	10.36	600377	10.79	0.86
18	建设银行	0939	6.32	601939	6.63	0.85
19	民生银行	1988	5.53	600016	5.89	0.85
20	中国铁建	1186	8.18	601186	8.77	0.84

资料来源：东方财富网（比价已考虑汇率因素）。

三、A股市场与国际市场的融合

（一）沪港通与深港通

2014年11月17日，沪港通正式开通交易。沪港通是指上海证券交易所和香港联合交易所允许两地投资者通过当地证券公司（或经纪商）买卖规定范围内的在对方交易所上市的股票，是沪港股票市场交易互联互通机制。

沪股通是指投资者委托香港经纪商，经由香港联合交易所设立的证券交易服务公司，向上海证券交易所进行申报（买卖盘传递），买卖规定范围内的在上海证券交易所上市的股票。

港股通是指投资者委托内地证券公司，经由上海证券交易所设立的证券交易服务公司，向香港联合交易所进行申报（买卖盘传递），买卖规定范围内的在香港联合交易所上市的股票。

在沪港通开通两年后，深港通也于 2016 年 12 月 5 日正式启动。深港通是深港股票市场交易互联互通机制的简称，指的是深圳证券交易所和香港联合交易所建立技术连接，使中国内地和香港投资者可以通过当地证券公司或经纪商，买卖规定范围内的在对方交易所上市的股票。

不论是沪港通还是深港通，都在运行过程中遇到了“南冷北热”的情况，从内地到香港买港股的投资者远没有从香港到内地买 A 股的投资者多，尤其是在 2020 年初的上涨行情中，北上资金日流入达到了百亿元的规模。从表 5 - 2 中的 H/A 比价来看，H 股股价高于 A 股股价的公司只有 1 个，就是中国平安。显然，资金是哪里有机会，就向哪里流动，不以人们的意志为转移。

（二）沪伦通和中日 ETF 互通

1. *沪伦通*

2019 年 6 月 17 日，沪伦通正式开通。沪伦通是指上海证券交易所与伦敦证券交易所的互联互通机制，指符合条件的在伦敦证券交易所上市的境外基础证券发行人在境内公开发行存托凭证（DR）并在上海证券交易所上市，以及符合条件的在上海证券交易所上市的境内上市公司在境外发行存托凭证并在伦敦证券交易所上市。沪伦通是将对方市场的股票转换成 DR 到本地市场挂牌交易，“产品”跨境，但投资者仍在本地市场。华泰证券拔得头筹成为首家发行全球存托凭证（GDR）的 A 股公司。在起步阶段，我国对沪伦通跨境资金实行总额度管理。其中，东向业务总额度为 2 500 亿元人民币；西向业务总额度为 3 000 亿元人民币。

2. *中日 ETF 互通*

2019 年 6 月 25 日，上海证券交易所和日本交易所集团同步举行中日 ETF 互通开通仪式。首批 4 只中方产品和首批 4 只日方产品分别在上海证券交易所和东京证券交易所上市交易。

（三）A 股加入两大重要全球指数

1. *A 股加入 MSCI 新兴市场指数*

在三次闯关 MSCI 指数均与之擦肩而过后，2018 年 6 月 1 日，A 股在第四次闯关 MSCI 指数时取得成功。美国明晟公司（MSCI）公布的信息显示，自 2018 年 6 月起正式将 A 股纳入 MSCI 新兴市场指数。

2019 年 5 月 28 日收盘后，MSCI 第一阶段扩大纳入 A 股的决定正式生效，中国大盘 A 股纳入因子将从 5%增至 10%。MSCI 在 2019 年 8 月进行季度指数审议，将相关指数中所有中国大盘 A 股的纳入因子从 10%升至 15%。2019 年 11 月，在半年度指数审议中，MSCI 将相关指数中所有中国大盘 A 股的纳入因子从 15%升至 20%；同时，将中国中盘 A 股（包括符合条件的创业板股票）以 20%的纳入因子纳入 MSCI 相关指数。

2. *A 股加入富时罗素全球股票指数*

2019 年 6 月 24 日，1 005 只 A 股加入富时罗素全球股票指数，在当日开盘时正式生效。在将 A 股纳入富时罗素全球股票指数的第一阶段，以每只证券可投资市值的 25%为纳入比例；而第一阶段将分为三个批次，分别完成第一阶段纳入的 20%、40%、40%，分别在 2019 年 6 月、2019 年 9 月和 2020 年 3 月执行。

沪港通、深港通只是我国内地和香港交易所之间的互联互通举措，沪伦通和中日 ETF 互通则是我国证券交易所和国际知名证券交易所之间的互联互通；而 A 股加入两大重要全球指数，无疑标志着中国资本市场在对外开放与合作方面又迈出了重要一步。这些新变化都会对 A 股市场的未来产生深远的影响。

本章小结

本章阐述了宏观经济分析在证券投资中的意义，介绍了宏观经济分析的总量分析法和结构分析法，并主要介绍了与宏观经济运行相关的基本指标，以及宏观经济政策对证券市场的影响。同时，结合我国证券市场的实际情况，建设性地介绍了中国资本市场制度建设对证券市场运行的影响，以及中国资本市场制度建设的最终目标，揭示了中国证券市场的结构性问题，并通过 A/H 股共存现象、中国内地证券交易所与世界多个证券交易所互联互通、A 股加入两大重要全球指数等来看中国证券市场和世界证券市场的接轨问题。

关键术语

宏观经济分析	货币政策	财政政策	总量分析	结构分析
GDP	GNP	通货膨胀	CPI	PPI
PMI	货币供应量	外汇储备	外汇占款	注册制
SLF	MLF	权重股	互联互通	

习题

一、单项选择题

1. 下列哪项指标是用来衡量通货膨胀率的？（　　）

A. PPI　　B. CPI　　C. PMI　　D. FDI

2. 国民生产总值的英文缩写是什么？（　　）

A. GNP　　B. MLF　　C. PMI　　D. GDP

3. 中国人民银行根据国务院的批准和授权针对（　　）制定的各项利率水平被称为法定利率。

A. 贴现率　　B. 同业拆借利率　　C. 存贷款利率　　D. 回购利率

4. 下列哪项不是一般性货币政策工具？（　　）

A. 直接信用控制　　B. 公开市场业务

C. 法定存款准备金率　　D. 再贴现政策

5. 当前我国证券市场股票公开发行审核时主要采用的是（　）制度。

A. 额度制　B. 核准制　C. 注册制

6. 对将来的经济状况提供预示性信息的经济指标是（　）。

A. 先行指标　B. 货币指标　C. 同步指标　D. 滞后指标

7. 证券市场呈现上升走势的最有利的经济背景是（　）。

A. 持续、稳定、高速的 GDP 增长　B. 高通胀下的 GDP 增长

C. 宏观调控下的 GDP 减速增长　D. 转折性的 GDP 变动

二、多项选择题

1. 下列关于利率对证券市场的影响，说法正确的是(　)。

A. 当利率上升时，同一股票的内在价值下降，从而导致股票价格下跌

B. 利率下降可以降低企业的利息负担，增加企业的盈利，股票价格将随之上升

C. 利率上升会使得部分资金从证券市场转向银行存款，导致股价下降

D. 股价和利率呈现绝对的负相关关系

2. 宏观经济运行对证券市场的影响通常通过(　)途径实现。

A. 企业经济效益　B. 居民收入水平

C. 投资者对股价的预期　D. 资金成本

3. 股权分置改革对我国证券市场产生的深刻、积极的影响有(　)。

A. 不同股东之间的利益行为机制在股改后趋于一致

B. 大股东的违规行为将被利益牵制

C. 上市公司重组、并购行为增多

D. 市场供给增加、流动性增强

4. 下列关于宏观经济分析基本方法中的总量分析法和结构分析法的说法，正确的是(　)。

A. 对国民生产总值的分析属于总量分析法

B. 总量分析主要是一种静态分析

C. 对国内生产总值中三次产业的结构分析属于结构分析法

D. 对不同时期内经济结构变动的分析属于动态分析

5. 下列经济指标中属于国民经济总体指标的是(　)。

A. 国内生产总值　B. 工业增加值　C. 货币供应量　D. 国际收支

三、思考题

1. GDP 和 GNP 哪个更重要？

2. 在我国价格体制改革中用什么办法能抑制和减少通货膨胀的影响？

3. 外汇管制和货币供应量之间有什么联系？

4. 新《证券法》中的哪些章节与注册制配套？

5. 中国人民银行为什么频繁降准而不降息？

第六章

行业分析

在人的一生中，只要做对几件事就成了。如果投资者能够做到真正熟悉几个行业后进行大量投资，一定会获得巨额的利润。

——沃伦·巴菲特

⊙本章要点⊙

1. 了解行业的含义及行业划分的方法；
2. 掌握行业的竞争结构，能够区分不同行业对经济周期的不同反应；
3. 能够区分垄断行业和完全竞争行业；
4. 了解新产业革命的影响及我国的产业政策。

【本章导读】

哪些行业值得长期投资？

斯蒂芬·A. 加里斯洛夫斯基是一位在加拿大声名显赫的投资富豪和慈善家，被称为“加拿大巴菲特”。他在79岁时写了自己一生的唯一一本书《投资丛林》，总结了自己50年的投资经验：

我的准则是只投资于高质量且其增长大体上具有非周期性的股票，这种股票有可预期的高收益率，并且有希望提供较高的股息增长率。

从历史上看，原材料、农矿产品的价格没能跟上通货膨胀率，而其他部门，例如医疗部门或金融部门，则超越了通货膨胀。

在全世界我可以选择的几万只股票中，我真正需要看的最多只有50只。我不需要买加拿大贝尔或者通用汽车，因为我不认为这些公司能在今后持续多年一直产生每年14%～16%的收益。同样的事情也适用于造纸业公司的股票，因为这个产业严重受周期支配，并且农林矿产品的收益很少能提供14%～16%的长期成长空间。我也不需要买小公司的新进股票，它们可能会由于某个竞争者进入而被剿灭，从而一夜间毁掉利润空间，甚至更糟。

我也不认为该购买那些不支付有吸引力股息的公司的股票，我希望最好是随着公司财富的上升而增加股息、红利。就像多数有生命的生物体一样，公司是有寿命限度的。公司的目的就是获取利润，而这个利润应分配给持股人。但是，也可能存在着这样的公司，作为整体的整个持股人群体在这个公司从生到死的过程中都没获得任何东西。一些投资者可能交易了这些股票从而收获了利润，但最终，随着这个公司衰败下去，其他人将遭受损失，而如果这个公司或其继承者垮掉，最初的投资将被完全抹掉。

对花生酱、谷类食品、软饮料或者剃须刀片的消费基本上是非周期性的。不仅如此，随着冷战的结束，这些产品已经扩张到全球。业内领先公司具有单位产品成本较低的好处，从而能积聚更大的利润，进而提供更多的资金来推动它们的扩张。它们的市场网络非常强大，能被用于推广新开发的产品或者是通过收购而获得的产品。身为引领者，更大的利润空间容许它们在追求成长的同时获得股利，而你很可能要从第二名或第三名的公司两者中选择一个。

因此像吉列、可口可乐、菲利普·莫里斯、联合利华、家乐氏、康尼格拉等这样的公司，就是值得考虑的公司。你应当查验它们一个时期例如10年期的收益和股息增长率。如果它们每5～7年增长1倍，那么这些公司就是你投资计划的候选者。更进一步，如果股价在10年里上涨了4倍而同时市盈率没有提高，那么这样的股票就是你本应该在10年前就去购买的股票!

供你探寻的另一个非常肥沃的领域是医疗，包括业内领先的医疗产品供应商的股票。像雅培、强生、诺华（一家瑞士公司）、豪夫迈-罗氏（也是瑞士公司）、卡地纳健康集团（Cardinal Health）、辉瑞、安进（Amgen）等，这些都是重点关注对象，有着坚实的特许权和出色的研究设施。在我看来，这是一个绝妙的领域，其内的公司股票在我的投资组合中总是占有很大一部分。

零售和分销物流行业也会产生一些好股票，但这是一个比较微妙的领域。例如，业内领先的药品连锁店有着很棒的经过时间检验的业绩。但零售概念股经常只有有限的生命周期，并且很难延长。顶尖的食品连锁店被证明更可能比百货公司或专卖店存续得长久。不过，如果你能及早抓住一个好的概念股，就像沃尔玛或者家得宝(Home Depot)，它能在许多年里向你提供15%的成长率。

在银行或保险领域很难找到15%的稳定成长率，但这样的增长确实存在，尤其是近年来。竞争法律的变革模糊了证券包销、经纪业、保险业和银行业之间的界限，为发展创造出了新机遇，其结果是世界范围的业务扩张。在这个领域中有许多股票提供每年12%～13%的稳定收益。当然，你应当看到利率，因为高利率倾向于抑制这些股票的价格。寻找那些常年提供高所有者权益报酬率的金融股票，它们要有一条增长的收入线，要显示出不论是在顶端（毛收入）还是在底端（净收入）都有稳定的增长。我要再次说，主要是要寻找业内领导者；如果管理良好，那么规模就能提供较低的单位成本和竞争优势，也就是这个道理导致了现在强劲的兼并趋势。

你要避免的是不满足上面所讨论的产业范围。在高技术产业中，有许许多多公司可以在很多年里做得非常好，但之后就垮掉，正如苹果、王安电脑、优利系统（Unisys），它们就是例子。

你成功的关键点是选择行业内领先公司的股票，然后坚持持有它们多年。若是有家公司的收入在某一年或两年中没达到目标，也没必要为之惊慌，这是相当正常的现象。作为公司，除非它们“管理自己的收入”（这是试图操纵它们的委婉说法），否则就不可避免地会经历比较好的时期或者比较差的时期。多数公司，甚至包括最优秀的公司，也必须不断地对自己投资。有许多公司此前三到四年问世的产品可能占到市场总销售额的40%～50%。而在制药业，药品专利到期后就会面临来自所谓非专利药的竞争。所以如果新旧产品在交替换代上没有特别吸引人的新东西，公司的增长就会出现减速或暂停；如果该公司的研发和整体管理水平仍旧保持在业界一流水平，那么你在这方面就不必感到不安。我曾经在辉瑞处于这样的减速时期时购买了它的股票，结果是我的这笔投资在其后的四年中翻了两番。

这种投资途径看似平淡枯燥，因为很少变动，但这种做法是有效的，尤其是在你借鉴了专家的分析和研究之后。谨守规则并留在投资的高速公路上，不要四处观望。你不是在寻找情感上的满足，不是在赌博，也不是为了娱乐而投资，而是为了在长期内获得安全可靠的回报。

资料来源：斯蒂芬·A. 加里斯洛夫斯基. 投资丛林. 北京：中信出版社，2009.

第一节　行业分析概述

一、行业的含义和行业分析的意义

（一）行业的含义

所谓行业，是指从事国民经济中同性质的生产或其他经济社会活动的经营单位和个体等构成的组织结构体系，如林业、汽车业、银行业、房地产业等。从严格意义上讲，行业与产业有差别，主要是适用范围不一样。产业作为经济学的专门术语，有更严格的使用条件。构成产业一般应具有三个特点：

（1）规模性，即产业的企业数量、产品或服务的产出量达到一定的规模。

（2）职业化，即形成了专门从事这一产业活动的职业人员。

（3）社会功能性，即这一产业在社会经济活动中承担一定的角色，而且是不可缺少的。

行业虽然也拥有职业人员，也具有特定的社会功能，但一般没有规模上的约定。比如，国家机关和党政机关行业就不构成一个产业。证券分析师关注的往往都是具有相当规模的行业，特别是含有上市公司的行业，所以业内一直约定俗成地把行业分析与产业分析视为同义语。

（二）行业分析的意义

行业分析的主要任务包括：解释行业本身所处的发展阶段及其在国民经济中的地位，分析影响行业发展的各种因素以及判断其对行业的影响力度，预测并引导行业的未来发展趋势，判断行业的投资价值，揭示行业投资风险，从而为政府部门、投资者及其他机构提供决策依据或投资依据。

行业经济是宏观经济的构成部分，宏观经济活动是行业经济活动的总和。行业经济活动是介于宏观经济活动和微观经济活动之间的经济层面，是中观经济分析的主要对象之一。

宏观经济分析主要分析社会经济的总体状况，但没有对总体经济的各组成部分进行具体分析。宏观经济的发展水平和增长速度反映了各组成部分的平均发展水平和增长速度，但各组成部分的发展却有很大的差别，并非都和总体水平相一致。实际上，总是有些行业的增长快于宏观经济的增长，而有些行业的增长则慢于宏观经济的增长。

从证券投资分析的角度看，宏观经济分析是为了掌握证券投资的宏观环境，把握证券市场的总体趋势。但宏观经济分析并不能提供关于具体的投资领域和投资对象的建议。面对只能投资于在国内上市的证券的投资者，证券分析师除了提供宏观经济分析之外，更需要提供深入的行业分析和公司分析。当然，随着投资全球化的深入，在多个国家进行证券投资的投资者，尤其是机构投资者，越来越需要对各国的宏观经济进行分析从而决定不同的投资比例。另外，对于在全球范围投资的指数基金来说，宏观经济分析也非常重要。

行业分析是对上市公司进行分析的前提，也是连接宏观经济分析和上市公司分析的桥梁，是基本分析的重要环节。行业有自己特定的生命周期，处在生命周期不同发展阶段的行业，投资价值也不一样。在国民经济中具有不同地位的行业，其投资价值也不一样。公司的投资价值可能会由于所处行业不同而有明显差异。因此，行业是决定公司投资价值的重要因素之一。

行业分析和公司分析是相辅相成的。一方面，上市公司的投资价值可能会因为所处行业的不同而产生差异；另一方面，同一行业内的上市公司也会千差万别。

二、行业划分的方法

（一）道琼斯分类法

道琼斯分类法是在 19 世纪末为选取在纽约证券交易所上市的有代表性的股票而对各公司进行的分类，是证券指数统计中最常用的分类法之一。

道琼斯分类法将大多数股票分为三类——工业、运输业和公用事业，然后选取有代表性的股票。虽然入选的股票并不涵盖这类行业中的全部股票，但所选择的这些股票足以表明行业的一种趋势。

在道琼斯指数中，工业类股票取自工业部门的 30 家公司，包括采掘业、制造业和商业；运输业类股票取自 20 家交通运输业公司，包括航空、铁路、汽车运输和航运业；公用事业类股票取自 6 家公用事业公司，主要包括电话公司、煤气公司和电力公司等。作为计算道琼斯指数的股票类别，公用事业行业直到 1929 年才被确认添加进来。

（二）标准行业分类法

为便于汇总各国的统计资料并进行对比，联合国经济和社会事务统计局曾制定了一个《全部经济活动国际标准行业分类》（简称《国际标准行业分类》），建议各国采用。它把国民经济划分为 10 个门类：

（1）农业、畜牧狩猎业、林业和渔业；

（2）采矿业及土、石采掘业；

（3）制造业；

（4）电、煤气和水；

（5）建筑业；

（6）批发和零售业、饮食和旅馆业；

（7）运输、仓储和邮电通信业；

（8）金融、保险、房地产和工商服务业；

（9）政府、社会和个人服务业；

（10）其他。

对每个门类再划分大类、中类、小类。例如，制造业部门分为食品、饮料和烟草制造业，冶金工业，木材与木制品业等 9 个大类。食品、饮料和烟草制造业又分为食品业、饮料工业和烟草加工业 3 个中类。食品业中再分为屠宰、肉类加工和保藏业，水果、蔬菜罐头制作和保藏业等 11 个小类。各个类目都进行编码。各个门类用一个数字代表，如制造业为 3；各个大类用两个数字代表，如食品、饮料和烟草制造业为 31；各个中类用 3 个数字代表，如食品业为 311～312（因食品业有 11 个小类，第三位数不够用，所以占了两个代码）；各个小类用 4 个数字代表，如屠宰、肉类加工和保藏业为 3111。根据上述编码原则，在表示某小类的 4 位数代码中，第 1 位数字表示该小类所属门类，第 1 位和第 2 位数字合起来表示所属大类，前 3 位数字表示所属中类，全部 4 个数字就表示某小类本身。

（三）我国国民经济的行业分类

1985 年，我国国家统计局明确划分了三大产业。把农业（包括林业、牧业、渔业等）定义为第一产业；把工业（包括采掘业、制造业、自来水、电力、煤气）和建筑业定义为第二产业；把第一、第二产业以外的各行业定义为第三产业，主要是指向全社会提供各种各样劳务的服务性行业，具体包括交通运输业、邮电通信业、仓储业、金融保险业、餐饮业、房地产业、社会服务业等。其中，第三产业的内涵非常丰富，而且随着生产力的发展，它所包括的细分行业也不断增多，因而是一个发展性概念。

中华人民共和国国家标准《国民经济行业分类与代码》（GB/T 4754）于 1984 年首次制定，广泛应用于统计、计划、财务核算、工商、税务管理等各个领域，对我国的统计工作、行业和部门管理起到了规范化、标准化的作用。

为适应社会主义市场经济的发展，正确反映国民经济内部的结构和发展状况，并为国家宏观管理、各级政府部门和行业协会的经济管理以及科研、教学、新闻宣传、信息咨询活动等提供统一的行业分类和编码，1994 年我国对《国民经济行业分类与代码》进行了第一次修订，《国民经济行业分类与代码》（GB/T 4754－94）第一次对我国国民经济行业分类进行了详细的划分。

之后，随着社会主义市场经济的不断发展和产业结构的调整，以及对外开放的日益扩大，我国涌现出了许多新兴行业。诸如信息技术、商务经济、资源与环境保护、知识产权等服务业活动迅速发展，旧的标准已不能明确规定这些活动的行业类别。为了准确反映我国那一阶段经济活动的分类状况，加强与国际分类标准的衔接，1999 年国家启动了对《国民经济行业分类与代码》（GB/T 4754－94）的修订工作。从前期准备开始，经历论证、立项、调研、修订以及专家评审等过程，历时近 4 年的国家标准《国民经济行业分类》（GB/T 4754－2002）于 2002 年推出。这一新标准借鉴了联合国的《国际标准行业分类》（修订第三版）的分类原则，按经济活动同质性原则划分行业和结构框架，根据我国情况调整了 1994 年标准中与分类原则不相符的内容，大量充实了第三产业的新兴活动，对原采掘业和制造业进行了删减，并为与国际标准衔接，新增或调整了部分行业类别，增减相抵后，与 1994 年的标准相比新增 4 个门类、3 个大类、28 个中类、67 个小类。

2011 年我国对《国民经济行业分类》做了第三次修订。《国民经济行业分类》（GB/T 4754－2011）由国家统计局起草，由国家质量监督检验检疫总局、国家标准化管理委员会批准发布，并于 2011 年 11 月 1 日实施。此次修订除参照 2008 年联合国修订的《国际标准行业分类》（修订第四版）外，主要依据我国近年来的经济发展状况和趋势，对门类、大类、中类、小类做了调整和修改。经过调整与修改，共有行业门类 20 个，行业大类 96 个，行业种类 432 个，行业小类 1 094 个，基本反映出我国当时的行业结构状况。其中，行业门类从 A 到 T 分别为：

A——农、林、牧、渔业

B——采矿业

C——制造业

D——电力、热力、燃气及水生产和供应业

E——建筑业

F——批发和零售业

G——交通运输、仓储和邮政业

H——住宿和餐饮业

I——信息传输、软件和信息技术服务业

J——金融业

K——房地产业

L——租赁和商务服务业

M——科学研究和技术服务业

N——水利、环境和公共设施管理业

O——居民服务、修理和其他服务业

P——教育

Q——卫生和社会工作

R——文化、体育和娱乐业

S——公共管理、社会保障和社会组织

T——国际组织

2017年我国对《国民经济行业分类》做了第四次修订。《国民经济行业分类》(GB/T 4754-2017)由国家统计局、中国标准化研究院起草，由国家质量监督检验检疫总局、国家标准化管理委员会批准发布，并于2017年10月1日实施。此次修订同样参照了《国际标准行业分类》(修订第四版)，主要是为了反映我国以新产业、新业态、新商业模式为核心内容的新兴经济的发展状况。与《国民经济行业分类》(GB/T 4754-2011)相比，《国民经济行业分类》(GB/T 4754-2017)保留了《国民经济行业分类》(GB/T 4754-2011)的主要内容，对个别大类及若干中类、小类的条目、名称和范围作了调整，其中，行业门类名称与2011年的标准相比保持不变。经过调整与修改，《国民经济行业分类》(GB/T 4754-2017)共有行业门类20个，行业大类97个，行业中类473个，行业小类1 382个。

(四)我国上市公司的行业分类

由于各种原因，我国在证券市场建立之初，对上市公司没有进行统一的分类。上海证券交易所、深圳证券交易所根据各自工作的需要，分别对上市公司进行了简单划分。上海证券交易所将上市公司分为工业、商业、地产业、公用事业和综合五类；深圳证券交易所则将上市公司分为工业、商业、地产业、公用事业、金融业和综合六类。近年来，随着证券市场的发展，上市公司数量激增，两家证券交易所原有分类的不足越来越明显地表现出来，即分类过粗，这给市场各方对上市公司进行分析带来了很多不便。在此背景下，中国证监会于2001年4月4日公布了《上市公司行业分类指引》。此后中国证监会根据实际情况的变化于2012年10月26日公布了《上市公司行业分类指引(2012年修订)》，具体内容见下述“扩展阅读”部分。

☞扩展阅读

《上市公司行业分类指引(2012年修订)》

为规范上市公司行业分类工作，根据《中华人民共和国统计法》、《证券期货市场统计管理办法》、《国民经济行业分类》等法律法规和相关规定，制定《上市公司行业分类指引》(以下简称《指引》)。

本《指引》自公布之日起施行。2001年中国证监会公布的《上市公司行业分类指引》同时废止。

1. 分类对象与适用范围

1.1 《指引》以在中国境内证券交易所挂牌交易的上市公司为基本分类对象。

1.2 《指引》适用于证券期货监管系统对上市公司行业分类信息进行统计、评价、分析及其他相关工作。中国证监会另有规定的，适用其规定。

1.3 各证券期货交易所、中国证券登记结算公司、中国证监会派出机构以及其他相关机构，向中国证监会报送统计数据所涉及的上市公司行业分类应符合

《指引》的规定。

1.4 市场机构基于投资分析目的所使用的上市公司行业分类可参照《指引》规定的行业类别，但非强制适用。

2. 分类原则与方法

2.1 以上市公司营业收入等财务数据为主要分类标准和依据，所采用财务数据为经过会计师事务所审计并已公开披露的合并报表数据。

2.2 当上市公司某类业务的营业收入比重大于或等于50%，则将其划入该业务相对应的行业。

2.3 当上市公司没有一类业务的营业收入比重大于或等于50%，但某类业务的收入和利润均在所有业务中最高，而且均占到公司总收入和总利润的30%以上（包含本数），则该公司归属该业务对应的行业类别。

2.4 不能按照上述分类方法确定行业归属的，由上市公司行业分类专家委员会根据公司实际经营状况判断公司行业归属；归属不明确的，划为综合类。

3. 编码方法

3.1 本《指引》参照《国民经济行业分类》（GB/T 4754－2011），将上市公司的经济活动分为门类、大类两级。与此对应，门类代码用一位拉丁字母表示，即用字母A、B、C……依次代表不同门类；大类代码用两位阿拉伯数字表示，从01开始按顺序依次编码。

4. 管理机构及其职责

4.1 中国证监会统筹指导上市公司行业分类工作，负责制定、修改和完善《指引》，对《指引》及相关制度进行解释，对外发布上市公司行业分类结果。

4.2 中国上市公司协会负责按照《指引》组织对上市公司进行行业分类，向中国证监会报送上市公司行业分类结果，并向证券交易所、中证指数公司等相关机构通报上市公司行业分类结果。

4.3 中国上市公司协会建立上市公司行业分类专家委员会（以下简称专家委员会），由有关部委、证券期货监管系统和证券经营机构的专家组成。专家委员会负责就上市公司行业分类制度的修订提出意见和建议；依据专业判断，确定上市公司行业分类结果。

5. 沟通反馈机制

5.1 中国上市公司协会应当建立与上市公司的日常沟通机制，就行业类别划分及变更情况征求上市公司意见；上市公司提出不同意见的，应提请专家委员会讨论作出最终判断。

6. 行业分类流程

6.1 上市公司行业分类按季度进行。每年3月20日、6月10日、9月20日和12月20日为当季行业分类工作起始日；原则上应于季度末完成当季上市公司行业分类工作。

6.2 行业分类包括初次分类和定期调整。

6.2.1 初次分类是对新上市公司的行业分类，依据公司《招股说明书》进行。公司上市首日在每季度行业分类工作起始日（不含当日）之前的，纳入当季行业分类；上市首日在行业分类工作起始日至季末之间的，转入下一季度进行行业分类。

6.2.2 定期调整是对已上市公司行业分类结果的重新确认或变更。原则上未发生重大资产重组的公司，每年依据上市公司年报调整一次，纳入第二季度的行业分类工作；完成重大资产重组的公司，依据重大资产重组相关公告，纳入最近季度的上市公司行业分类。

6.3 行业分类的初评、沟通、确认和结果公布。

中国上市公司协会在行业分类工作起始日当日召开上市公司行业分类专家委员会会议，形成行业分类初评结果；从起始日开始（不含当日），7 日内完成与上市公司沟通工作，并形成由专家委员会确认的分类结果；从起始日开始（不含当日）第 8 日将上市公司行业分类最终结果报送中国证监会。

中国证监会于每季度末公布上市公司行业分类结果。

遇节假日或重大事项，上市公司行业分类工作进程可相应后延。

7. 分类结构与代码

代码		类别名称	说明
门类	大类		
A		农、林、牧、渔业	本门类包括 01～05 大类
	01	农业	指对各种农作物的种植
	02	林业	
	03	畜牧业	指为了获得各种畜禽产品而从事的动物饲养、捕捉活动
	04	渔业	
	05	农、林、牧、渔服务业	
B		采矿业	本门类包括 06～12 大类，采矿业指对固体（如煤和矿物）、液体（如原油）或气体（如天然气）等自然产生的矿物的采掘；包括地下或地上采掘、矿井的运行，以及一般在矿址或矿址附近从事的旨在加工原材料的所有辅助性工作，例如碾磨、选矿和处理，均属本类活动；还包括使原料得以销售所需的准备工作；不包括水的蓄集、净化和分配，以及地质勘查、建筑工程活动
	06	煤炭开采和洗选业	指对各种煤炭的开采、洗选、分级等生产活动；不包括煤制品的生产和煤炭勘探活动
	07	石油和天然气开采业	指在陆地或海洋，对天然原油、液态或气态天然气的开采，对煤矿瓦斯气（煤层气）的开采；为运输目的所进行的天然气液化和从天然气田气体中生产液化烃的活动，还包括对含沥青的页岩或油母页岩矿的开采，以及对焦油沙矿进行的同类作业
	08	黑色金属矿采选业	

续表

代码		类别名称	说明
门类	大类		
	09	有色金属矿采选业	指对常用有色金属矿、贵金属矿，以及稀有稀土金属矿的开采、选矿活动
	10	非金属矿采选业	
	11	开采辅助活动	指为煤炭、石油和天然气等矿物开采提供的服务
	12	其他采矿业	
C		制造业	本门类包括13～43大类，指经物理变化或化学变化后成为新的产品，不论是动力机械制造，还是手工制作；也不论产品是批发销售，还是零售，均视为制造 建筑物中的各种制成品、零部件的生产应视为制造，但在建筑预制品工地，把主要部件组装成桥梁、仓库设备、铁路与高架公路、升降机与电梯、管道设备、喷水设备、暖气设备、通风设备与空调设备，照明与安装电线等组装活动，以及建筑物的装置，均列为建筑活动 本门类包括机电产品的再制造，指将废旧汽车零部件、工程机械、机床等进行专业化修复的批量化生产过程，再制造的产品达到与原有新产品相同的质量和性能
	13	农副食品加工业	指直接以农、林、牧、渔业产品为原料进行的谷物磨制、饲料加工、植物油和制糖加工、屠宰及肉类加工、水产品加工，以及蔬菜、水果和坚果等食品的加工
	14	食品制造业	
	15	酒、饮料和精制茶制造业	
	16	烟草制品业	
	17	纺织业	
	18	纺织服装、服饰业	
	19	皮革、毛皮、羽毛及其制品和制鞋业	
	20	木材加工和木、竹、藤、棕、草制品业	
	21	家具制造业	指用木材、金属、塑料、竹、藤等材料制作的，具有坐卧、凭倚、储藏、间隔等功能，可用于住宅、旅馆、办公室、学校、餐馆、医院、剧场、公园、船舰、飞机、机动车等任何场所的各种家具的制造
	22	造纸和纸制品业	
	23	印刷和记录媒介复制业	

续表

代码		类别名称	说明
门类	大类		
	24	文教、工美、体育和娱乐用品制造业	
	25	石油加工、炼焦和核燃料加工业	
	26	化学原料和化学制品制造业	
	27	医药制造业	
	28	化学纤维制造业	
	29	橡胶和塑料制品业	
	30	非金属矿物制品业	
	31	黑色金属冶炼和压延加工业	
	32	有色金属冶炼和压延加工业	
	33	金属制品业	
	34	通用设备制造业	
	35	专用设备制造业	
	36	汽车制造业	
	37	铁路、船舶、航空航天和其他运输设备制造业	
	38	电气机械和器材制造业	
	39	计算机、通信和其他电子设备制造业	
	40	仪器仪表制造业	
	41	其他制造业	
	42	废弃资源综合利用业	指废弃资源和废旧材料回收加工
	43	金属制品、机械和设备修理业	
D		电力、热力、燃气及水生产和供应业	本门类包括 44～46 大类
	44	电力、热力生产和供应业	
	45	燃气生产和供应业	
	46	水的生产和供应业	
E		建筑业	本门类包括 47～50 大类
	47	房屋建筑业	
	48	土木工程建筑业	指土木工程主体的施工活动；不包括施工前的工程准备活动

续表

代码		类别名称	说明
门类	大类		
	49	建筑安装业	指建筑物主体工程竣工后，建筑物内各种设备的安装活动，以及施工中的线路敷设和管道安装活动；不包括工程收尾的装饰，如对墙面、地板、天花板、门窗等的处理活动
	50	建筑装饰和其他建筑业	
F		批发和零售业	本门类包括 51 和 52 大类，指商品在流通环节中的批发活动和零售活动
	51	批发业	指向其他批发或零售单位（含个体经营者）及其他企事业单位、机关团体等批量销售生活用品、生产资料的活动，以及从事进出口贸易和贸易经纪与代理的活动，包括拥有货物所有权，并以本单位（公司）的名义进行交易活动，也包括不拥有货物的所有权，收取佣金的商品代理、商品代售活动；本类还包括各类商品批发市场中固定摊位的批发活动，以及以销售为目的的收购活动
	52	零售业	指百货商店、超级市场、专门零售商店、品牌专卖店、售货摊等主要面向最终消费者（如居民等）的销售活动，以互联网、邮政、电话、售货机等方式进行的销售活动，还包括在同一地点，后面加工生产，前面销售的店铺（如面包房）；谷物、种子、饲料、牲畜、矿产品、生产用原料、化工原料、农用化工产品、机械设备（乘用车、计算机及通信设备除外）等生产资料的销售不作为零售活动；多数零售商对其销售的货物拥有所有权，但有些则是充当委托人的代理人，进行委托销售或以收取佣金的方式进行销售
G		交通运输、仓储和邮政业	本门类包括 53～60 大类
	53	铁路运输业	指铁路客运、货运及相关的调度、信号、机车、车辆、检修、工务等活动；不包括铁路系统所属的机车、车辆及信号通信设备的制造厂（公司）、建筑工程公司、商店、学校、科研所、医院等活动
	54	道路运输业	
	55	水上运输业	
	56	航空运输业	
	57	管道运输业	
	58	装卸搬运和运输代理业	

续表

代码		类别名称	说明
门类	大类		
	59	仓储业	指专门从事货物仓储、货物运输中转仓储，以及以仓储为主的货物送配活动，还包括以仓储为目的的收购活动
	60	邮政业	
H		住宿和餐饮业	本门类包括 61 和 62 大类
	61	住宿业	指为旅行者提供短期留宿场所的活动，有些单位只提供住宿，也有些单位提供住宿、饮食、商务、娱乐一体的服务，本类不包括主要按月或按年长期出租房屋住所的活动
	62	餐饮业	指通过即时制作加工、商业销售和服务性劳动等，向消费者提供食品和消费场所及设施的服务
I		信息传输、软件和信息技术服务业	本门类包括 63～65 大类
	63	电信、广播电视和卫星传输服务	
	64	互联网和相关服务	
	65	软件和信息技术服务业	指对信息传输、信息制作、信息提供和信息接收过程中产生的技术问题或技术需求所提供的服务
J		金融业	本门类包括 66～69 大类
	66	货币金融服务	
	67	资本市场服务	
	68	保险业	
	69	其他金融业	
K		房地产业	本门类包括 70 大类
	70	房地产业	
L		租赁和商务服务业	本门类包括 71 和 72 大类
	71	租赁业	
	72	商务服务业	
M		科学研究和技术服务业	本门类包括 73～75 大类
	73	研究和试验发展	指为了增加知识（包括有关自然、工程、人类、文化和社会的知识），以及运用这些知识创造新的应用，所进行的系统的、创造性的活动；该活动仅限于对新发现、新理论的研究，新技术、新产品、新工艺的研制研究与试验发展，包括基础研究、应用研究和试验发展
	74	专业技术服务业	
	75	科技推广和应用服务业	
N		水利、环境和公共设施管理业	本门类包括 76～78 大类
	76	水利管理业	

续表

代码		类别名称	说明
门类	大类		
	77	生态保护和环境治理业	
	78	公共设施管理业	
O		居民服务、修理和其他服务业	本门类包括 79～81 大类
	79	居民服务业	
	80	机动车、电子产品和日用产品修理业	
	81	其他服务业	
P		教育	本门类包括 82 大类
	82	教育	
Q		卫生和社会工作	本门类包括 83 和 84 大类
	83	卫生	
	84	社会工作	指提供慈善、救助、福利、护理、帮助等社会工作的活动
R		文化、体育和娱乐业	本门类包括 85～89 大类
	85	新闻和出版业	
	86	广播、电视、电影和影视录音制作业	指对广播、电视、电影、影视录音内容的制作、编导、主持、播出、放映等活动；不包括广播电视信号的传输和接收活动
	87	文化艺术业	
	88	体育	
	89	娱乐业	
S		综合	本门类包括 90 大类
	90	综合	

第二节　行业的一般特征分析

一、行业的市场结构分析

在现实经济中各行业的市场是不同的，即存在着不同的市场结构。市场结构就是市场竞争或垄断的程度。根据该行业中企业数量的多少、进入限制的程度和产品的差别，行业基本上可分为四种市场结构：完全竞争、垄断竞争、寡头垄断、完全垄断。

（一）完全竞争

完全竞争型市场是指竞争不受任何阻碍和干扰的市场结构。其特点是：

（1）生产者众多，各种生产资料可以完全流动。

（2）产品不论是有形的还是无形的，都是同质的、无差别的。

(3) 没有一家企业能够影响产品的价格，企业永远是价格的接受者而不是价格的制定者。

(4) 企业的盈利基本上由市场对产品的需求来决定。

(5) 生产者可自由进入或退出这个市场。

(6) 市场信息对买卖双方都是畅通的，生产者和消费者对市场情况非常了解。

从上述特点可以看出，完全竞争是一个理论上的假设，该市场结构得以形成的根本因素在于企业产品的无差异，所有的企业都无法控制产品的市场价格。在现实经济中，完全竞争的市场类型是少见的，初级产品（如农产品）的市场类型较类似于完全竞争。

（二）垄断竞争

垄断竞争型市场是指既有垄断又有竞争的市场结构。在垄断竞争型市场上，每家企业都在市场上具有一定的垄断力，但它们之间又存在激烈的竞争。其特点是：

(1) 生产者众多，各种生产资料可以流动。

(2) 生产的产品同种但不同质，即产品之间存在着差异。产品的差异性是指各种产品之间存在着实际或想象上的差异。这是垄断竞争与完全竞争的主要区别。

(3) 由于产品差异性的存在，生产者可以树立自己产品的信誉，从而对其产品的价格有一定的控制能力。

可以看出，垄断竞争型市场中有大量企业，但没有一家企业能有效影响其他企业的行为。在该市场结构中，造成垄断现象的原因是产品差别；造成竞争现象的原因是产品同种，即产品的可替代性。在国民经济各行业中，制成品（如纺织、服装等轻工业产品）的市场类型一般都属于垄断竞争。

（三）寡头垄断

寡头垄断型市场是指相对少量的生产者在某种产品的生产中占据很大的市场份额，从而控制了这个行业的供给的市场结构。该市场结构得以形成的原因有：

(1) 这类行业初始投入资本较大，阻止了大量中小企业的进入。

(2) 这类产品只有在大规模生产时才能获得好的效益，这就会在竞争中自然淘汰大量的中小企业。

在寡头垄断的市场上，由于这些少数生产者的产量非常大，因此它们对市场的价格和交易具有一定的垄断能力。同时，由于只有少量的生产者生产同一种产品，因而每个生产者的价格政策和经营方式及其变化都会对其他生产者产生重要的影响。

因此，在这个市场上，通常存在着一家起领导作用的企业，其他企业跟随该企业定价与经营方式的变化而相应进行某些调整。资本密集型、技术密集型产品行业如钢铁、汽车等重工业以及少数储量集中的矿产品如石油等的市场多属这种类型。生产这些产品所必需的巨额投资、复杂的技术或产品储量的分布限制了新企业进入这个市场。

（四）完全垄断

完全垄断型市场是指独家企业生产某种特质产品的情形，即整个行业的市场完全由一家企业所控制的市场结构。特质产品是指那些没有或缺少相近的替代品的产品。

完全垄断可分为两种类型：

(1) 政府完全垄断。通常在公用事业中居多，如国有铁路、邮电等部门。

（2）私人完全垄断。如政府授予的特许专营，或基于专利生产的独家经营以及由于资本雄厚、技术先进而建立的排他性的私人垄断经营。

完全垄断型市场结构的特点是：

（1）市场被独家企业所控制，其他企业不可以或不可能进入该行业。

（2）产品没有或缺少相近的替代品。

（3）垄断者能够根据市场的供求情况制定理想的价格和产量，在高价少销和低价多销之间进行选择，以获取最大的利润。

（4）垄断者在制定产品的价格与生产数量方面的自由性是有限度的，要受到反垄断法和政府管制的约束。

在当前的现实生活中没有真正的完全垄断型市场，每个行业都或多或少地引进了竞争。公用事业行业（如发电厂、煤气公司、自来水公司和邮电通信公司等所在的行业）和某些资本、技术高度密集型行业或稀有金属矿藏的开采等行业属于接近完全垄断的市场类型。

在分析行业的市场结构时，通常会使用到行业集中度。行业集中度又称行业集中率或市场集中度，是指某行业相关市场内前 N 家最大的企业所占市场份额（产值、产量、销售额、销售量、职工人数、资产总额等）的总和。行业集中度（CR）一般以某一行业排名前 4 位的企业的销售额（或生产量等数值）占行业总的销售额（或生产量等数值）的比例来度量，表示为 CR_4。CR_4 越大，说明这一行业的集中度越高，市场越趋向于垄断；反之，集中度越低，说明市场越趋向于竞争。行业集中度是衡量行业市场结构的一个重要指标。

在已知该行业中企业的产值、产量、销售额、销售量、职工人数、资产总额等的情况下，其计算公式为：

$$CR_n = \frac{\sum (X_i)_n}{\sum (X_i)_N} (N > n)$$

式中：CR_n——规模最大的前几家企业的行业集中度；

X_i——第 i 家企业的产值、产量、销售额、销售量、职工人数、资产总额等；

n——行业内规模最大的前几家企业数；

N——行业内的企业总数。

通常 $n=4$ 或者 $n=8$，此时，行业集中度就分别表示行业内规模最大的前 4 家或者前 8 家企业的集中度。

但是，行业集中度的缺点是没有指出这个行业相关市场中正在运营和竞争的企业的总数。例如，具有同样的高达 75%的 CR_4 的两个行业其份额却可能是不相同的，因为一个行业可能仅有几家企业而另一个行业则可能有许多家企业。

根据美国经济学家贝恩和日本通产省对行业集中度的划分标准（贝恩对市场结构进行的分类见表 6-1），将行业市场结构粗分为寡占型（$CR_8 \geqslant 40\%$）和竞争型（$CR_8 < 40\%$）两类。其中，寡占型又细分为极高寡占型（$CR_8 \geqslant 70\%$）和低集中寡占型（$40\% \leqslant CR_8 < 70\%$）；竞争型又细分为低集中竞争型（$20\% \leqslant CR_8 < 40\%$）和分散竞争型（$CR_8 < 20\%$）。

表 6－1 贝恩对市场结构进行的分类

市场结构 \ 集中度	CR_4 值（%）	CR_8 值（%）
寡占Ⅰ型	$CR_4 \geqslant 85$	
寡占Ⅱ型	$75 \leqslant CR_4 < 85$	$CR_8 \geqslant 85$
寡占Ⅲ型	$50 \leqslant CR_4 < 75$	$75 \leqslant CR_8 < 85$
寡占Ⅳ型	$35 \leqslant CR_4 < 50$	$45 \leqslant CR_8 < 75$
寡占Ⅴ型	$30 \leqslant CR_4 < 35$	$40 \leqslant CR_8 < 45$
竞争型	$CR_4 < 30$	$CR_8 < 40$

二、行业的竞争结构分析

美国哈佛大学商学院教授迈克尔·波特认为，一个行业的激烈竞争局面源于其内部存在的竞争结构。一个行业内存在着五种基本竞争力量，即潜在进入者、替代品、供方、需方以及行业内现有竞争者（见图 6－1）。

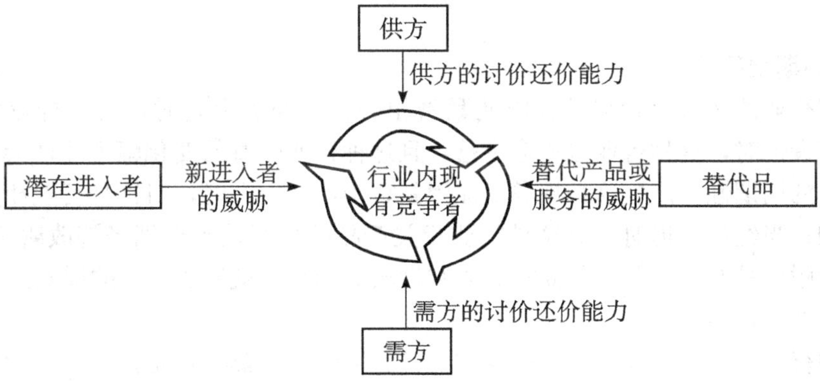

图 6－1 行业竞争结构分析示意图

从静态角度看，这五种基本竞争力量的状况及其综合强度决定着行业内的竞争激烈程度，决定着行业内的企业可能获得利润的最终潜力。从动态角度看，这五种基本竞争力量抗衡的结果决定着行业的发展方向，决定着行业的竞争强度和获利能力。但是，各种力量的作用是不同的，常常是最强的某个力量或某几个力量处于支配地位、起着决定性的作用。例如，一家企业在某行业中处于极为有利的市场地位时，潜在进入者可能不会对它构成威胁。但如果它遇到了高质量、低成本的替代品的竞争，它就可能会失去其有利的市场地位，只能获得低的收益。有时，即使没有替代品和大批的潜在进入者，现有竞争者之间的激烈抗衡也会限制该企业的潜在收益。

五种基本竞争力量中每种力量的优势都是行业结构或作为行业基础的经济特征和技术特征的一个函数。行业结构是相对稳定的，但又随着行业发展的进程而变化。行业结构的变化会改变竞争力量总体的相对强度，从而能够以积极或消极的方式影响行业的盈利能力。

三、经济周期与行业分析

各行业在变动时，往往呈现出明显的、可测的增长或衰退的格局。这些变动与国民经济总体的周期变动是有关系的，但关系密切的程度又不一样。据此，可以将行业分为三类：增长型行业、周期型行业、防守型行业。

（一）增长型行业

增长型行业的运行状态与经济活动总水平的周期及其振幅并不紧密相关。这种行业收入增长的速率并不会总是随着经济周期的变动而出现同步变动，因为它们主要依靠技术的进步、新产品的推出及更优质的服务，从而经常呈现出增长形态。

在过去的几十年内，计算机和复印机行业表现出了这种形态。投资者对高增长的行业十分感兴趣，主要是因为这种行业对于经济的周期性波动来说，提供了一种对财富进行套期保值的手段。在经济高涨时，高增长行业的发展速度通常高于平均水平；在经济衰退时，其所受影响较小甚至仍能保持一定的增长。然而，这种行业增长的形态却使得投资者难以把握精确的购买时机，因为这种行业的股票价格不会明显地随着经济周期的变化而变化。

（二）周期型行业

周期型行业的运行状态与经济周期紧密相关。当经济上升时，这种行业会紧随其扩张，当经济衰退时，这种行业也相应衰落，且这种行业收益的变化幅度往往会在一定程度上夸大经济的周期性。产生这种现象的原因是，当经济上升时，对这种行业相关产品的购买相应增加；当经济衰退时，对这种行业相关产品的购买被延迟到经济改善之后。例如，消费品业、耐用品制造业及其他需求收入弹性较大的行业就属于典型的周期型行业。

（三）防守型行业

防守型行业的经营状况在经济周期的上升和下降阶段都很稳定。这种运动形态的存在是因为这种行业的产品需求相对稳定，需求弹性小，从而经济处于衰退阶段对这种行业的影响也比较小，甚至有些防守型行业在经济衰退时期还会有一定的实际增长。这种行业的产品往往是生活必需品或是必要的公共服务，公众对其产品有相对稳定的需求，因而行业中有代表性的公司的盈利水平相对较稳定。例如，食品业和公用事业行业就属于防守型行业。也正是因为这个原因，对防守型行业的投资一般属于收入型投资，而非资本利得型投资。

四、行业生命周期分析

通常，每个行业都要经历一个由成长到衰退的发展演变过程。这个过程便被称为行业的生命周期。一般来说，行业的生命周期可分为幼稚期、成长期、成熟期和衰退期。

（一）幼稚期

一个行业的萌芽和形成最基本和最重要的条件是人们的物质文化需求。社会的物质文化需求是行业经济活动的最基本动力。资本的支持与资源的稳定供给是行业形成的基本保证。行业形成的方式有三种：分化、衍生和新生长。分化是指新行业从原行业（母体）中分离出来，分解为一个独立的新行业。比如电子工业从机械工业中分化出来，石化行业从石油工业中分化出来等。衍生是指出现与原有行业相关、相配套的行业，如从汽车业衍生出来的汽车修理业，从房地产业衍生出来的房地产咨询业等。新生长是指新行业以相对独立的方式存在和运行，并不依附于原有行业。这种行业的生产往往是科学技术产生突破性进步的结果，其萌芽经常出现于实验室或者科技园区。

在这一阶段，由于新行业刚刚诞生或初建不久，只有为数不多的投资公司投资于这个新兴的行业。另外，创业公司的研究和开发费用较高，而大众对其产品尚缺乏全面了解，致使其产品市场需求狭小，销售收入较低，因此这些创业公司在财务上可能不但没有盈利，反而出现较大的亏损。

同时，较高的产品成本和价格与较小的市场需求之间的矛盾使得创业公司面临很大的市场风险，而且可能因财务困难而引发破产风险。因此，这类企业更适合投机者和创业投资者。

在幼稚期后期，随着行业生产技术的成熟、生产成本的降低和市场需求的扩大，新行业便逐步由高风险、低收益的幼稚期迈入高风险、高收益的成长期。

（二）成长期

行业的成长实际上就是行业的扩大再生产。各个行业的成长能力是有差异的。成长能力主要体现在生产能力和规模扩张能力、区域的横向渗透能力以及自身组织结构的变革能力上。

判断一个行业的成长能力，可以从以下几个方面考察：

（1）需求弹性。一般而言，需求弹性较大的行业成长能力也较强。

（2）生产技术。技术进步快的行业，创新能力强，生产率上升快，容易保持优势地位，其成长能力也强。

（3）产业关联度。产业关联度强的行业，成长能力也强。

（4）市场容量与市场潜力。市场容量和市场潜力大的行业，其成长空间也大。

（5）行业在空间上的转移活动。行业在空间上的转移活动停止，一般说明行业的成长达到市场需求边界，成长期也就进入尾声。

（6）产业组织变化。在行业成长的过程中，一般伴随着行业中的企业组织不断向集团化、大型化的方向发展。

在成长期的初期，企业的生产技术逐渐成形，市场认可并接受了行业的产品，产品的销量迅速增长，市场逐步扩大，然而企业可能仍然处于亏损或者微利状态，需要外部资金注入以增加设备、人员，并着手下一代产品的开发。在进入加速成长期后，企业的产品已为广大消费者所接受，销售收入和利润开始加速增长，新的机会不断出现，但企业仍然需要大量资金来实现高速成长。在这一时期，拥有较强研究开发实力、市场营销能力、雄厚资本实力和畅通融资渠道的企业逐渐占领市场。这个时期的行业增长非常迅猛，部分优势企业脱颖而出，投资于这些企业的投资者往往获得极高的投资回报，所以成长期有时被称为投资机会时期。

随着市场需求的上升，新行业也相应繁荣起来。投资于新行业的企业大量增加，产品也逐步从单一、低质和高价向多样、优质和低价方向发展，出现了企业之间和产品之间相互竞争的局面。这种状况会持续数年或数十年。其间，市场竞争不断加剧，产品产量不断增加，企业数量也不断增加。进入成长期后期，企业不仅需要依靠扩大产量和提高市场份额来获得竞争优势，还需要不断提高生产技术水平、降低成本、研制和开发新产品，从而战胜或紧跟竞争对手，维持企业的生存。

这一时期企业的利润虽然增长很快，但所面临的竞争风险也非常大，破产率与被兼并率相当高。由于市场竞争中优胜劣汰规律的作用，市场上企业的数量会在一个阶段后大幅减少，之后开始逐渐稳定下来。由于市场需求趋于饱和，产品的销售增长率降低，迅速赚取利润的机会减少，整个行业便开始进入成熟期。

（三）成熟期

行业的成熟表现在以下四个方面：

（1）产品的成熟。产品的成熟是行业成熟的标志。产品的基本性能、式样、功能、规格、结构都趋于成熟，且已经被消费者习惯。

（2）技术的成熟。即行业内企业普遍采用的是适用的且至少有一定先进性、稳定性的技术。

（3）生产工艺的成熟。生产工艺的成熟主要是说，行业内的企业普遍采用的是效率较高的制造产品的总体流程。

（4）产业组织的成熟。产业组织的成熟主要是说，行业内企业间建立起了良好的分工协作关系，市场竞争是有效的，市场运作规则合理，市场结构稳定。

行业的成熟期是一个相对较长的时期。具体来看，各个行业成熟期的时间长短往往有所区别。一般而言，技术含量高的行业成熟期历时相对较短，而公用事业行业成熟期持续的时间较长。行业处于成熟期的特点主要有：

（1）企业规模空前，地位显赫，产品普及程度高。

（2）行业生产能力接近饱和，市场需求也趋于饱和，买方市场出现。

（3）形成支柱产业地位，其生产要素份额、产值、利税份额在国民经济中占有一席之地。但通常在短期内很难识别一个行业何时真正进入成熟期。

进入成熟期的行业市场已被少数资本雄厚、技术先进的大企业控制，各企业分别占有自己的市场份额，整个市场的生产布局和份额在相当长的时期内处于稳定状态。企业之间的竞争手段逐渐从价格手段转向各种非价格手段，如提高质量、改善性能和加强售后服务等。行业的利润由于一定程度的垄断而达到了较高的水平，但风险却因市场结构比较稳定、新企业难以进入而降低。

在行业的成熟期，行业增长速度降到一个适度水平。在某些情况下，整个行业的增长可能会完全停止，其产出甚至下降。很难较好地保持行业发展与国内生产总值增长同步。当然，由于技术创新、产业政策、经济全球化等各种原因，某些行业可能会在进入成熟期之后迎来新的增长。

（四）衰退期

行业衰退是客观的必然，是行业经济新陈代谢的表现。行业衰退可以分为自然衰退和偶然衰退。自然衰退是一种在自然状态下到来的衰退。偶然衰退是指在偶然的外部因素作用下，提前或者延后发生的衰退。行业衰退还可以分为绝对衰退和相对衰退。绝对衰退是指行业本身因内在的衰退规律起作用而发生的规模萎缩、功能衰退、产品老化。相对衰退是指行业因结构性原因或者无形原因而发生的行业地位和功能衰减的状况，而并不一定是行业实体发生了绝对的萎缩。

衰退期出现在较长的成熟期之后。由于大量替代品的出现，原行业产品的市场需求开始逐渐减少，产品的销售量也开始下降，某些企业开始向其他更有利可图的行业转移资金，因而原行业出现了企业数目减少、利润水平停滞不前或不断下降的萧条景象。至此，整个行业便进入了衰退期。但在很多情况下，行业的衰退期往往比行业生命周期的其他三个阶段的总和还要长，大量的行业都是衰而不亡，甚至会与人类社会长期共存。例如，钢铁业、纺织业在衰退，但是人们却看不到它们的消亡。烟草业更是如此，难有终期。

综上所述，在行业生命周期的不同阶段行业会展现出不同的特点（见图6-2）。

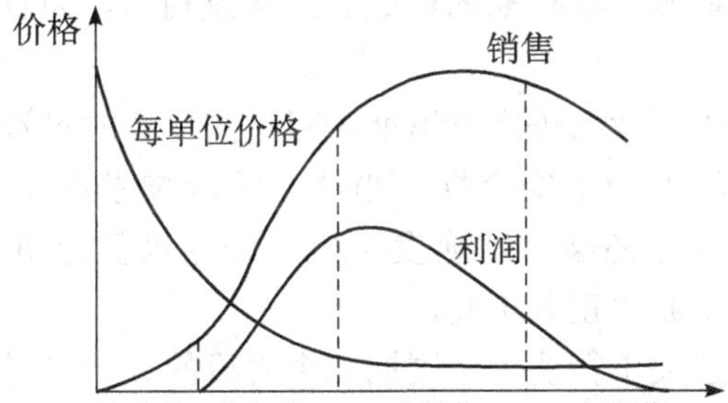

	幼稚期	成长期	成熟期	衰退期
企业数量	少	增加	减少	少
产品价格	高	下降	稳定	下降
利润	亏损	增加	高	减少→亏损
风险	高	高	降低	提高

图6-2 行业生命周期各阶段“企业数量—产品价格—利润—风险”情况图

证券分析师应当仔细研究企业所处的行业生命周期阶段，跟踪考察该行业的发展趋势，分析行业的投资价值和投资风险。针对具有不同偏好的投资者，证券分析师应有不同的投资建议以供选择。比如，对于收益型投资者，可以建议其优先选择处于成熟期的行业，因为这些行业基础稳定，盈利丰厚，市场风险相对较小。

举例说明，一些典型行业所处的生命周期阶段如图6-3所示。

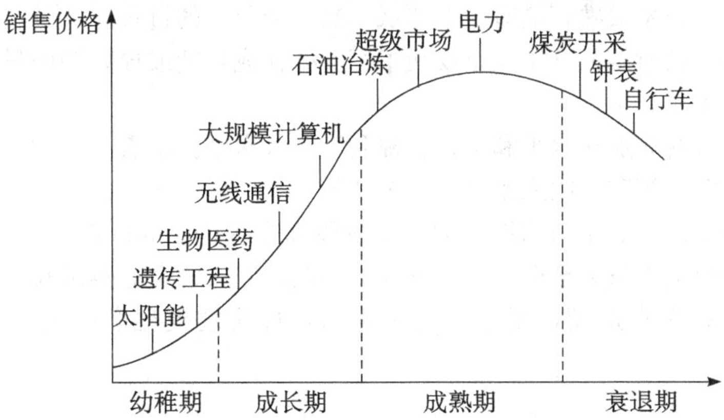

图6-3 典型行业的生命周期图示

（1）太阳能等行业正处于行业生命周期的幼稚期。如果计划在这些行业进行投资，可能只有为数不多的几家企业可供选择，同时投资于该行业的风险较大。当然，也存在获得很高收益的可能。投资者可以通过风险和收益的权衡来决定是否投资于该行业。

（2）电子信息（电子计算机及软件、通信）、生物医药等行业处于行业生命周期的成长期。其中，生物医药行业处于成长期的初期，无线通信行业处于成长期的中期，大规模计算机行业处于成长期的后期。由此便可初步判断生物医药行业将会以很快的速度增长，但企业所面临的竞争风险也将不断增长；而大规模计算机行业在增长速度上要低于生物医药行业及无线通信行业，竞争风险则相对较小。

（3）石油冶炼、超级市场和电力等行业已进入成熟期。这些行业将会继续增长，但速度要比前面各阶段的行业慢。成熟期的行业通常是盈利的，而且盈利水平比较稳定，投资的风险相对较小。

（4）自行车、钟表等行业已进入衰退期。对这些行业的投资应当谨慎。如果是长期投资，这种投资可能存在较大的不安全性。当然，随着技术进步、经济全球化等因素的变化，某些处于衰退期的行业还会重新焕发生机。证券投资分析界所奉行的“没有夕阳产业，只有夕阳企业”的论断也正源于此。

需要说明的是，上述关于行业生命周期四个阶段的分析只是对行业发展共性的一种描述，它并不适用于所有行业的情况。而且，同一行业在处于不同发展水平的不同国家或者在同一国家的不同发展时期，可能处于生命周期的不同阶段。

因此，证券分析师在具体判断某个行业所处的实际生命周期阶段的时候，往往会从以下几个方面进行综合考察：

（1）行业规模。随着行业的兴衰，行业的市场容量有一个“小—大—小”的过程，行业的资产总规模也经历“小—大—萎缩”的过程。

（2）产出增长率。产出增长率在成长期较高，在成熟期以后降低，经验数据一般以15%为界。到了衰退阶段，行业处于低速运行状态，有时甚至处于负增长状态。

（3）利润率水平。利润率水平是行业兴衰程度的一个综合反映，一般都有一个“低—高—稳定—低—严重亏损”的过程。

（4）技术进步和技术成熟程度。随着行业的兴衰，行业的创新能力有一个从强增长到逐步衰减的过程，技术成熟程度有一个“低—高—老化”的过程。

（5）开工率。长时期的开工充足反映了行业处在成长期或成熟期的景气状态。衰退期往往伴随着开工不足。

（6）从业人员的职业化水平和工资、福利、收入水平。随着行业的兴衰，从业人员的职业化水平和工资、福利、收入水平有一个“低—高—低”的过程。

（7）资本进退。行业生命周期中的每个阶段都会有企业的进退发生。在成熟期以前，进入的企业数量及资本量大于退出量；进入成熟期，进入的企业数量及资本量与退出量有一个均衡的过程；在衰退期，则退出超过进入，行业规模逐渐萎缩，转产、倒闭多有发生。

五、行业景气分析

（一）行业景气的基本内涵

处于周期波动不同节点的行业将有明显的表现差异。处于周期上升期的行业呈现出需求旺盛、生产满负荷和买卖活跃的景象。反之，处于周期下降期的行业呈现出需求萎靡、生产能力过剩、产品滞销、应收款增加、价格下跌和多数企业亏损的景象。行业周期波动是行业在市场经济下的必然规律，根据这一特点并综合目前国内外有关行业景气的定义，行业景气可定义如下：行业处于不同的周期节点时所呈现出的不同的市场景象。

（二）行业景气指数

景气指数又称景气度，它是对企业景气调查中的定性指标通过定量方法加工汇总，综合反映某一特定调查群体或某一社会经济现象所处的状态或发展趋势的一种指标。

景气指数以100为临界值，范围在0～200之间，即景气指数高于100，表明经济状态趋于上升或改善，处于景气状态；景气指数低于100，表明经济状态趋于下降或恶化，处于不景气状态。描述行业发展、变动的指标有很多，既有总量指标又有比率指标，不同指标从不同方面描述行业。为了对行业经济有整体把握，同时能分析行业的变动状况，有必要构建一个反映行业景气度的指标——行业景气指数。

行业景气指数是对能综合反映行业状况的各种指标进行加权而编制的能够反映行业变动趋势的一种综合指数。例如，房地产开发景气指数是反映房地产业发展景气状况的综合指数。它是根据经济周期波动理论和景气指数原理，采用合成指数的计算方法，从房地产业发展必须同时具备的土地、资金和市场需求三个基本条件出发，选择房地产开发投资、资金来源、土地出让收入、完成土地开发面积、空置面积、新开工面积、竣工面积、商品房销售价格等具有代表性的统计指标进行分类指数测算，然后进行加权平均而得到的总体指数。

（三）影响行业景气的几个重要因素

影响行业景气的外因是宏观经济指标的波动、经济周期、上下游产业链的供应需求的变动，内因是行业产品需求的变动、生产能力的变动、技术水平的变化及产业政策的变化等。在分析行业景气的变化时，通常会关注以下几个重要因素：

（1）需求。当行业产品需求增加时，销售和总产量会提高，行业景气由差向好转变，但这取决于需求量的多少和维持时间的长短。短时间的需求量提高不能作为景气转好的特征，仅被视为波动而已。

（2）供应。当行业内部因竞争或产业政策的限制而使总供应下降但总需求不变时，企业效益好转，景气转好。只要总需求不变，这种景气转变往往就能维持较长的时间。

（3）产业政策。由于环保因素或产业升级而使行业内的企业数减少，从而导致竞争下降，效益转好，这种景气能长时间维持。

（4）价格。价格因素是比较敏感的因素，也是波动较多的因素。价格上涨后，一般实际需求增加，行业景气向好，但若价格上涨是由原料价格上涨造成的，则反而会使行业景气向淡。价格因素导致的景气转变往往持续时间不长，这时价格因素改变会导致供应能力发生变化，从而供求关系改变会进一步影响价格。

第三节　影响行业兴衰的主要因素

行业兴衰的实质是行业在整个产业体系中的地位变迁，也就是行业经历“幼稚产业—先导产业—主导产业—支柱产业—夕阳产业”的过程，是资本在某一行业领域“形成—集中—大规模聚集—分散”的过程，是新技术“产生—推广—应用—转移—落后”的过程。

一个行业的兴衰会受到技术进步、产业政策、产业组织创新、社会习惯改变和经济全球化等因素的影响而发生变化。比如，随着中国加入WTO，国际竞争和国际分工的作用会导致国内某些行业的生命周期在原来的轨迹上发生一定的变化。

一、技术进步

（一）当前技术进步的行业特征

（1）以信息通信技术为核心的高新技术成为21世纪国家产业竞争力的决定性因素之一。20世纪90年代末，以微电子、网络技术、计算机和通信为代表的信息产业每年以30%以上的速度高速发展，最终取代汽车、化工、钢铁等行业成为发达国家的主导产业，是迄今为止发展最快、渗透性最强、应用关键技术最广的行业之一。

（2）信息技术的扩散与应用引起相关行业的技术革命，并加速改造着传统产业。以制药行业为例，药物研究及临床试验的高昂成本一直是制药公司面临的关键问题。美国国会技术评估局估计，向市场推出一种新药需要耗费数亿美元，周期甚至长达20年。而当生物信息技术将技术先进、功能强大的计算机技术应用于新药研制过程时，制药工业的面貌大大改变，新药面世速度加快，且药品价格不断下降。在传统制造业领域，信息技术早已通过计算机辅助设计（CAD）、计算机辅助制造（CAM）、计算机集成制造系统（CIMS）、计算机模拟等系统技术在汽车、机械制造、航空航天、新材料等行业广泛应用，大大降低了研发成本，缩短了研发周期。

（3）研发活动的投入强度成为划分高技术群类和衡量产业竞争力的标尺。从技术进步的方式上看，研究与开发的投资强度比以设备更新投资为主要形式的技术改造的投资强度更能体现一个国家和一个产业技术进步的实力与潜力。目前，多数国家和组织以研发（R&D）投入占产业或行业销售收入的比重来划分或定义技术产业群。

（4）技术进步速度加快，周期明显缩短，产品更新换代频繁。从1981年IBM推出第一台个人计算机起，到1995年计算机产业的蓬勃发展，大约用了15年。

信息时代有三大定律——摩尔定律、吉尔德定律、麦特卡尔夫定律。

所谓摩尔定律，是指微处理器的速度会每18个月翻一番，同等价位的微处理器的计算速度会越来越快，同等速度的微处理器会越来越便宜。

所谓吉尔德定律，是指在未来25年，主干网的带宽将每6个月增加1倍。

所谓麦特卡尔夫定律，是指网络的价值同网络用户数量的平方成正比，也就是说，N个联结可创造出$N \times N$的效益。

计算速度的提高和足够的带宽为互联网尤其是移动互联网的普及打下了坚实的基础，

而麦特卡尔夫定律很好地诠释了网络的冲击力和创造力。社会的发展一一验证了这些定律的预言。

（二）技术进步对行业的影响

当前正是科学技术日新月异的时代，不仅新兴学科不断涌现，而且理论科学向实用技术的转化过程大大缩短，速度大大加快。技术进步对行业的影响是巨大的，它往往催生一个新的行业，同时迫使一个旧的行业加速进入衰退期。例如，电灯的出现极大地削减了对煤油灯的需求，蒸汽动力行业则被电力行业取代，喷气式飞机取代了螺旋桨飞机，大规模集成电路计算机取代了一般的电子计算机，等等。这些新产品在定型和大批量生产后，市场价格大幅下降，从而很快就能被消费者所使用。上述这些特点使得新兴行业能够很快超过并代替旧行业，或严重地威胁原有行业的生存。未来优势行业将伴随技术创新而到来，处于技术尖端的基因技术、纳米技术等将催生新的优势行业。

当然，新、旧行业并存是未来全球行业发展的基本规律和特点，大部分行业都是国民经济不可缺少的。多数行业都会在竞争中发生变化，以新的增长方式为自己找到生存的空间。例如，传统农业已经遍布全世界，未来农业还会靠技术创新获得深度增长。传统工业在通过技术创新获得深度增长的同时，还可以通过行业的国际转移，在其他相对落后的国家获得广度增长的机会。

二、产业政策

政府对行业的管理和调控主要是通过产业政策来实现的。产业政策是国家干预或参与经济的一种形式，是国家（政府）系统设计的有关产业发展的政策目标和政策措施的总和。一般认为，产业政策可以包括产业结构政策、产业组织政策、产业技术政策和产业布局政策等部分。其中，产业结构政策与产业组织政策是产业政策的核心。

（一）产业结构政策

产业结构政策是选择行业发展重点的优先顺序的政策措施，其目标是促使行业之间的关系更协调、社会资源配置更合理，使产业结构高级化。产业结构政策是一个政策系统，主要包括以下内容：

(1) 产业结构长期构想。它是国家根据现阶段产业的发展水平和进一步发展的要求，遵循产业发展演变的规律，提出的在较长一段时期内产业发展的目标和方向。

(2) 对战略产业的保护和扶植。对战略产业的保护和扶植政策是产业结构政策的重点。所谓战略产业，一般是指具有较大需求弹性和收入弹性、能够带动国民经济其他部门发展的产业。

对战略产业的保护政策包括限制所保护的同类国外产品的进口，限制国外私人直接投资等；对战略产业的扶植政策主要包括财政投资、金融倾斜、税收倾斜以及行政性干预等，其中政府直接投资、差别税率、优惠税、保护性关税、补贴、折旧和成本控制等是较常使用的方式。如 1998 年 4 月，美国商务部发表题为《新兴的数字经济》的报告，宣布美国对电子商务免税，进一步加速了网络经济在美国的强劲增长。当然，对于关系到国计民生和国家安全的基础行业以及战略性行业，政府可能实施较多干预，如钢铁、石油化工、电力、供水、邮电通信、广播电视、铁路、航空、银行、证券、保险等。公用事业由于投资大、建设周期长、投资回收慢，允许众多企业投巨资竞相建设是不经济的，因此政府往往通过授予某些企业在指定地区独家经营某项公用事业特许权的方法来进行管理。被授权的企业也就因此成为这些行业的合法垄断者。但这些合法的垄断者和一般的垄断者不一样，它们不能任意规定不合理的价格，其定价要受到政府的调节和管制。

(3) 对衰退产业的调整和援助。对衰退产业的调整和援助政策主要包括限制进口、财政补贴、减免税等。对衰退产业及时进行调整和援助，有利于减少经济损失、避免社会动乱。日本政府自20世纪50年代中期起，先后对煤炭、铝、合成纤维、船舶、化肥、石化等衰退产业采取了规模收缩和合理化对策，通过课税特例、特定产业信用基金的债务保证以及开发银行的融资等措施促进相关企业的设备处理、事业转移。

(二) 产业组织政策

产业组织政策是调整市场结构和规范市场行为的政策，以“反对垄断、促进竞争、规范大型企业集团、扶持中小企业发展”为核心，其目的在于实现同一产业内企业组织形态和企业间关系的合理化。所谓同一产业是指具有相同使用功能和替代功能的产品或劳务的集合，实质上就是具有竞争关系的卖方企业的集合。产业组织政策主要包括：

(1) 市场秩序政策。其目的在于鼓励竞争、限制垄断。如1997年美国总统克林顿发布了《全球电子商务框架》，主张私营企业在电子商务中起主导作用，政府应当避免进行不恰当的限制，在需要政府参与的情况下，其目标也应当是支持和加强一个可预见的、宽松的、一致的和简单的商业法制环境。

(2) 产业合理化政策。其目的在于确保规模经济的充分利用，防止过度竞争。例如，我国于1994年颁布的《汽车工业产业政策》，就对我国汽车工业的集中投资和产业内企业的兼并重组起到了较大的推动作用，在很大程度上抑制了重复生产，催生了三大汽车生产企业集团，汽车生产集中度得到大幅提高。

(3) 产业保护政策。其目的在于减轻国外企业对本国幼稚产业的冲击。在我国有关外商投资的产业政策中，对外商投资方式的限制规定在一定程度上起到了对我国部分产业内的现有企业进行保护的作用。

(三) 产业技术政策

产业技术政策是促进产业技术进步的政策，是产业政策的重要组成部分。它主要包括两个方面的内容：

(1) 产业技术结构的选择和技术发展政策。主要涉及制定具体的技术标准、规定各产业的技术发展方向、鼓励采用先进技术等方面。

(2) 促进资源向技术开发领域投入的政策。主要包括技术引进政策、促进技术开发政策和基础技术研究的资助与组织政策。

(四) 产业布局政策

产业布局是产业存在和发展的空间形式。产业布局政策的目标是实现产业布局的合理化。产业布局政策一般遵循以下原则：

(1) 经济性原则，即保证那些投资效率高、经济效益好、发展速度快的地区优先发展。

(2) 合理性原则，即鼓励各地区根据自身的资源、经济、技术条件，发展具有相对优势的产业。

(3) 协调性原则，即促进地区间的经济、技术交流，形成合理的分工协作体系。

(4) 平衡性原则，即在加快先进地区发展的同时，逐步缩小先进地区与落后地区的差距。

(五) 我国目前的主要产业政策

我国比较系统地实行产业政策是在20世纪80年代后半期。在此以前，产业政策的内容主要体现在国民经济发展计划中。1988年，国家发展计划委员会成立了产业政策司；1989年2月14日，国务院颁布了《中国产业政策大纲》，在政府文件中首次使用“产业政策”一词；1989年3月15日，国务院发布《国务院关于当前产业政策要点的决定》，该决定成为我国第一个正式的产业政策。进入90年代，我国产业政策工作逐渐步入正轨，国家先后制定并颁布了一系列产业政策、规划，如《90年代国家产业政策纲要》《九十年代中国农业发展纲要》以及汽车、电子等方面的专项产业政策。2002年3月11日，基于经济全球化与中国加入WTO的新形势，国家发展计划委员会、国家经济贸易委员会及对外贸易经济合作部联合修订并发布的《外商投资产业指导目录》及其附件成为当时我国的产业政策的重要组成部分。2007年国家对该指导目录进行了修订，并自同年12月1日起实施。2011年12月24日，经国务院批准，国家发展和改革委员会、商务部发布了《外商投资产业指导目录（2011年修订）》，自2012年1月30日起施行。此次修订的指导目录由《鼓励外商投资产业目录》《限制外商投资产业目录》《禁止外商投资产业目录》三个目录构成，标志着我国盲目引进外资时代的终结。2015年3月10日，《外商投资产业指导目录（2015年修订）》经国务院批准发布，自2015年4月10日起施行。2019年3月15日，第十三届全国人民代表大会第二次会议表决通过了《中华人民共和国外商投资法》，自2020年1月1日起施行。

我国还针对具体产业制定了详细的产业政策。现将我国目前的主要产业政策概述如下：《玻璃纤维行业准入条件》（国家发展和改革委员会，2007年1月18日发布，2012年修订）；《钨行业准入条件》《锡行业准入条件》《锑行业准入条件》（国家发展和改革委员会，2006年12月22日发布）；《国家发展改革委、财政部关于加强生物燃料乙醇项目建设管理，促进产业健康发展的通知》（国家发展和改革委员会、财政部，2006年12月14日发布）；《水泥工业产业发展政策》（国家发展和改革委员会，2006年10月17日发布）；《关于规范铅锌行业投资行为加快结构调整指导意见的通知》（国家发展和改革委员会、财政部、国土资源部、商务部、中国人民银行、海关总署、国家税务总局、国家环保总局、国家安全生产监督管理总局，2006年9月13日发布）；《电解金属锰企业行业准入条件》（国家发展和改革委员会，2006年8月8日发布），2008年修订并更名为《电解金属锰行业准入条件（2008年修订）》，2016年1月1日该修订版废止，《铁合金、电解金属锰行业规范条件》（工业和信息化部，2015年12月10日发布）自2016年1月1日起施行；《关于加强煤炭建设项目管理的通知》（国家发展和改革委员会、国土资源部、建设部、国家安全生产监督管理总局、国家煤矿安全监察局，2006年6月12日发布）；《铜冶炼行业准入条件》（国家发展和改革委员会，2006年6月30日发布）于2014年5月1日废止，《铜冶炼行业规范条件》（工业和信息化部，2014年4月14日发布）自2014年5月1日起实施；《关于加快纺织行业结构调整促进产业升级若干意见的通知》（国家发展和改革委员会、财政部、科技部、劳动和社会保障部、农业部、商务部、中国人民银行、国家税务总局、国家环保总局、国家质量监督检验检疫总局，2006年4月29日发布）；《关于加快电石行业结构调整有关意见的通知》（国家发展和改革委员会、国土资源部、国家质检总局、国家环保总局、国家安全生产监督管理总局、银监会、国家电力监管委员会，2006年4月21日发布）；《关于推进铁合金行业加快结构调整的通知》（国家发展和改革委员会、财政部、国土资源部、商务部、中国人民银行、国家环保总局、国家电力监管委员会，2006年4月5日发布）；《钢铁产业发展政策》（国家发展和改革委员会，2005年7月8日发布）；《汽车产业发展政策》（国家发展和改革委员会，2004年5月21日发布，2009年修订）。

2008年金融危机后，全球正在形成战略性新兴产业攻略。所谓战略性新兴产业，是指以低碳经济为特征的新能源、节能环保产业，以降低成本、提高生产率为特征的新材料和信息技术产业，以延长生命、促进健康和拓展人类生存空间为特征的新医药、空间技术产业。2009年，中国政府非常注重发展战略性新兴产业，国家有关部门加紧编制战略性新兴产业发展规划以推动相关产业的发展。2010年10月公布的《国务院关于加快培育和发展战略性新兴产业的决定》明确了战略性新兴产业的发展目标：到2015年，战略性新兴产业形成健康发展、协调推进的基本格局，对产业结构升级的推动作用显著增强，增加值占国内生产总值的比重力争达到8%左右。到2020年，战略性新兴产业增加值占国内生产总值的比重力争达到15%左右，吸纳、带动就业能力显著提高。节能环保、新一代信息技术、生物、高端装备制造产业成为国民经济的支柱产业，新能源、新材料、新能源汽车产业成为国民经济的先导产业；创新能力大幅提升，掌握一批关键核心技术，在局部领域达到世界领先水平；形成一批具有国际影响力的大企业和一批创新活力旺盛的中小企业；建成一批产业链完善、创新能力强、特色鲜明的战略性新兴产业集聚区。

2013年9月和10月，国家主席习近平在访问中亚四国和印度尼西亚时，分别提出建设"丝绸之路经济带"和建设"21世纪海上丝绸之路"的构想。2015年3月，国家发展改革委、外交部、商务部联合发布《推动共建丝绸之路经济带和21世纪海上丝绸之路的愿景和行动》，"一带一路"倡议进入实施阶段。"一带一路"倡议是东亚经济圈与欧洲经济圈"中间广大腹地国家"共同合作谋发展的宏大行动倡议。"'一带一路'相关的国家基于但不限于古代丝绸之路的范围，各国和国际、地区组织均可参与"，意在"让共建成果惠及更广泛的区域"。

"一带一路"建设现阶段包含五个重点地域合作方向。丝绸之路经济带重点畅通三条线路：一是中国经中亚、俄罗斯至欧洲（波罗的海）；二是中国经中亚、西亚至波斯湾、地中海；三是中国至东南亚、南亚、印度洋。将"依托国际大通道，以沿线中心城市为支撑，以重点经贸产业园区为合作平台，共同打造新亚欧大陆桥、中蒙俄、中国—中亚—西亚、中国—中南半岛等国际经济合作走廊"。21世纪海上丝绸之路的重点方向包括：从中国沿海港口过南海到印度洋，延伸至欧洲；从中国沿海港口过南海到南太平洋。"海上以重点港口为节点，共同建设通畅安全高效的运输大通道"。《推动共建丝绸之路经济带和21世纪海上丝绸之路的愿景与行动》特别提道："中巴、孟中印缅两个经济走廊与推进'一带一路'建设关联紧密，要进一步推动合作，取得更大进展。"

此外，在行业管理与调控的不同时期，不少国家还采用立法的形式进一步保障产业政策的实现。美国的反垄断法是规范产业以及产业组织的著名法律。美国政府曾相继制定了《谢尔曼反垄断法》（1890 年）、《克莱顿反托拉斯法》（1914 年）和《罗宾逊-帕特曼法》（1936 年）等法律对行业的经营活动进行管理。其中，《谢尔曼反垄断法》主要是保护贸易与商业免受非法限制与垄断的影响；《克莱顿反托拉斯法》主要是禁止可能导致行业竞争大大减弱或行业限制的一家公司持有其他公司股票的行为；《罗宾逊-帕特曼法》则规定了某些类型的价格歧视是非法的，应当取缔。此外，美国还曾制定过保护关税、赠予铁路公司土地、保护国有土地自然资源等法律法规。日本在追求产业结构合理化的过程中也曾制定过针对第二次世界大战后某类产业高速增长现象的法规，如《石油工业法》《电子产业振兴法》《机械工业合理化临时措施法》以及用以加速某类行业发展的法规等。

2014 年 7 月 15 日，国务院国资委发布了央企“四项改革”试点名单，其中中国医药集团、中国建材入围混合所有制经济试点。国资委发言人表示，国资委想重点在六个方面对混合所有制试点进行探索：一是探索建立混合所有制企业有效制衡、平等保护的治理结构；二是探索职业经理人制度和市场化劳动用工制度；三是探索市场化激励和约束机制；四是探索混合所有制企业员工持股；五是探索对混合所有制企业的有效监管机制；六是探索混合所有制企业党建工作的有效机制。2017 年 8 月 21 日，中国联通披露混改方案，含定增、旧股转让和核心员工股权激励三个部分，总交易对价达 780 亿元，百度、阿里巴巴、腾讯、京东等互联网巨头集体参与此次混改受到市场的广泛关注。

我国在经济转型的重要时刻提出了“供给侧改革”的重大战略部署。习近平总书记在 2015 年 11 月 10 日举行的中央财经领导小组会议上首次明确提出了“供给侧结构性改革”，并在 2015 年 11 月 18 日的亚太经合组织（APEC）工商领导人峰会演讲中指出“必须下决心在推进经济结构性改革方面作更大努力，使供给体系更适应需求结构的变化”。

我国的供给侧结构性改革的核心是经济结构的调整和经济发展方式的转变，通过提高供给结构的适应性和灵活性，提高全要素生产率。运用好产业政策和改革政策，加快产业结构调整的步伐，完成“去产能、去库存、去杠杆、降成本、补短板”的任务。只有这样，才能为“十三五”期间我国经济社会的顺利发展奠定良好的基础。

2019 年 10 月 24 日，习近平总书记在主持中央政治局第十八次集体学习时强调，“区块链技术的集成应用在新的技术革新和产业变革中起着重要作用。我们要把区块链作为核心技术自主创新的重要突破口，明确主攻方向，加大投入力度，着力攻克一批关键核心技术，加快推动区块链技术和产业创新发展”。

补充知识

区块链

区块链起源于比特币。2008 年 11 月 1 日，一位自称中本聪（Satoshi Nakamoto）的人发表了《比特币：一种点对点的电子现金系统》一文，阐述了基于 P2P 网络技术、加密技术、时间戳技术、区块链技术等的电子现金系统的构架理念，这标志着比特币的诞生。两个月后该理念步入实践，2009 年 1 月 3 日第一个序号为 0 的创世区块诞生。2009 年 1 月 9 日出现序号为 1 的区块，并与序号为 0 的创世区块相连接形成了链，标志着区块链的诞生。

作为比特币底层技术之一的区块链技术日益受到重视。在比特币形成过程中，区块是一个一个的存储单元，记录了一定时间内各个区块节点全部的交流信息。各个区块之间通过随机散列（也称哈希算法）实现链接，后一个区块包含前一个区块的哈希值，随着信息交流的扩大，一个区块与一个区块相继接续，形成的结果就叫区块链。从技术角度来讲，区块链是分布式数据存储、点对点传输、共识机制、加密算法等计算机技术的新型应用模式。区块链本质上是一个去中心化的数据库。所以区块链技术可以延伸到数字金融、物联网、智能制造、供应链管理、数字资产交易等多个领域。

三、产业组织创新

产业组织是指同一产业内企业的组织形态和企业间的关系，包括市场结构、市场行为、市场绩效三个方面的内容。因此，所谓产业组织创新，是指同一产业内企业的组织形态和企业间关系的创新。产业组织的创新过程（活动）实际上是对影响产业组织绩效的要素进行整合优化的过程，是使产业组织重新获得竞争优势的过程。

从作用的效果来看，产业政策的调控与产业组织创新都有优化产业组织的功能，但产业政策在产业组织合理化过程中的作用是一种经济过程中的被组织力量，而产业组织创新则往往是产业及产业内企业的自组织过程。一方面，产业组织与产业结构息息相关，是连接产业结构与产业政策的纽带。因此，产业组织创新是推动产业结构升级的重要力量之一。另一方面，产业组织与企业组织是两个密切相关、具有某种同一性的范畴。因此，产业组织创新不仅仅是产业内企业与企业之间垄断或竞争关系平衡的结果，更是企业组织创新与产业组织创新协调和互动的结果。

实践证明，产业组织创新的直接效应包括实现规模经济、专业化分工与协作、提高产业集中度、促进技术进步和有效竞争等，间接效应包括创造产业增长机会、促进产业实现增长、构筑产业赶超效应、适应产业经济增长等多项功效。产业组织创新能在一定程度上引起产业（或行业）生命周期运行轨迹或生命周期阶段持续时间的变化。

与其他创新活动一样，产业组织创新没有固定的模式，在不同行业或同一行业的不同发展时期，产业组织创新有着与行业本身固有的行业属性、行业所处生命周期的阶段特征、行业内企业组织变革乃至整个社会经济演进相关联的各种形式。例如，产业化经营旨在延长产业链，增加附加值，加深某产业与相关产业的融合发展，解决产品的产供销衔接问题，使商业资本与产业资本相对集中，产生聚合的规模效益；产融结合旨在通过产业部门与金融部门的资本融合，使产业资本加速集中，充分发挥金融对产业发展的融资作用，使产业结构的调整得以迅速有效地进行；服务体系建设旨在加强产业的服务体系建设，完善产业市场信息体系、产业质量标准体系及产业自律体系；大规模数字化经济旨在改变产业内企业的组织管理形式、企业与消费者的关系、竞争者之间的竞争方式以及企业间乃至产业间的分工协作方式等。以我国的农业为例，家庭联产承包责任制、一体化经营、农业产业化等成为我国农业在不同发展时期的产业组织创新的尝试，构筑了传统农业向现代农业演进的产业升级之路。

此外，产业组织创新与产业技术创新等密不可分。产业技术创新在很大程度上由产业组织创新的过程和产业组织创新的结果所驱动。技术创新是组织创新某方面的表现，组织创新是技术创新的有效载体，二者是相互促进的互动关系。具有创新活力且通过组织创新不断优化了的产业组织，能最大限度地、系统地为产业技术创新配置资源（如资本资源、人力资源、环境资源等）。由此，产业组织创新与产业技术创新共同成为产业不断适应外部竞争环境或者从内部增强产业核心能力的关键。

四、社会习惯改变

随着人们生活水平和受教育程度的提高，人们的消费心理、消费习惯、文明程度和社会责任感会逐渐改变，从而使某些商品的需求发生变化并进一步影响行业的兴衰。在解决基本温饱之后，人们更注重生活质量，不受污染的天然食品备受人们青睐；对健康投资从注重保健品转向健身器材；在物质生活丰富后，人们开始注重智力投资和丰富精神生活，旅游、音响成了新的消费热点；快节奏的现代生活使人们更偏好便捷的交通和通信工具；高度工业化和生活现代化又使人们认识到保护生存环境免受污染的重要性。发达国家的工业部门每年都要花费几十亿美元的经费来研制和生产与环境保护有关的各种设备，以便使工业排放的废渣、废水和废气能够符合规定的标准。所有这些社会观念、社会习惯、社会趋势的变化对企业的经营活动、生产成本和收益等方面都会产生一定的影响，足以使一些不再适应社会需要的行业在衰退的同时激发新兴行业的发展。

需求变化是未来优势产业的发展导向，并在相当程度上影响行业的兴衰。在收入相对比较低的时候，由于恩格尔定律的作用，人们对生活消费品有较大需求。提供生活消费品的可口可乐公司、宝洁公司、强生公司和满足这些需求的销售渠道如沃尔玛公司，均在不断满足这些消费需求的过程中发展起来。随着收入水平的提高，生活消费品支出占消费总支出的比例逐渐下降，人们需要更多的服务消费和金融投资，从而使金融、旅游、教育、医疗、保险、体育、文化等行业从中获得了快速增长的动力。

五、经济全球化

所谓经济全球化，是指商品、服务、生产要素与信息跨国界流动的规模不断扩大与形式不断丰富，并通过国际分工，在世界市场范围内提高资源配置效率，从而使各国经济的相互依赖程度有日益加深的趋势。它是全球生产力发展的结果，其推动力是追求利润和取得竞争优势。20 世纪 90 年代以来，经济全球化的趋势大大加强。导致经济全球化的直接原因是国际直接投资与贸易环境出现了新变化。

（一）经济全球化的主要表现

（1）生产活动全球化，传统的国际分工正在演变成世界性的分工。国际分工的形成机制在变化，出现了协议性分工，即主要是跨国公司经营的分工和地区性经贸集团成员内组织的分工。世界性的国际分工使各国成为世界生产的一部分，成为商品价值链中的一个环节。它有利于世界各国充分发挥优势，节约社会劳动，使生产要素实现合理配置，提高经济效益，促进世界经济的发展。

(2) 1995年1月1日诞生的世界贸易组织（WTO）标志着世界贸易进一步规范化，世界贸易体制开始形成。作为世界多边贸易体制的组织基础和法律基础的世界贸易组织，以其法人地位对所有成员方都有严格的约束力。因此，世界贸易组织的建立标志着一个以贸易自由化为中心、囊括当今世界贸易诸多领域的多边贸易体制大框架已经构筑起来。

(3) 各国的金融日益融合在一起。金融国际化进程加快，地区性经贸集团的金融出现一体化，金融市场迅猛扩大。

(4) 投资活动遍及全球，全球性投资规范框架开始形成。投资成为经济发展和增长的新支点，国际对外直接投资与吸收外国直接投资主体多元化，一些国家与地区成为吸收外国直接投资的主要对象。国际借贷资金流动量增长很快，证券投资、股权投资迅速发展，投资自由化成为各国国际直接投资政策的目标。

(5) 跨国公司的作用进一步加强。跨国公司的数目剧增，以发达国家和发展中国家为基地的最大跨国公司日益全球化，跨国公司开始结成新型的战略联盟，全球跨国兼并与收购总额上升，跨国公司国际生产的规模日益增大、重要性日益凸显。跨国公司内部贸易在其国家贸易中的比重提高，出现了无国界经济。

（二）经济全球化对各国产业发展的重大影响

1. 经济全球化导致产业的全球性转移

发达国家将低端制造技术加速向发展中国家进行产业化转移。随着高新技术行业逐渐成为发达国家的主导产业，传统的劳动密集型行业（如纺织服装、消费类电子产品）甚至是低端技术的资本密集型行业（如中低档汽车制造）将加快向发展中国家转移。发达国家在将发展中国家变成它的加工组装基地和制造工厂的同时，仍然可以掌握传统行业的核心技术，并通过不断向发展中国家转让其技术专利取得市场利益。

制造业结构正在向技术密集型行业和高新技术行业加速转移。20世纪70年代，世界技术密集型行业的增长就已经出现快于一般工业的趋势，80年代这一趋势更加明显。从高新技术行业占整个制造业增加值和出口总值的比重来看，欧洲、北美和日本自1970年以来都有明显的增长。

选择性发展将是未来各国形成优势行业的重要途径，因为一个国家受技术水平、资源潜力的限制，不可能在所有领域都取得领先优势。战略性产业发展思路成为许多国家的战略，比如美国的信息技术和生物技术行业、日本的机器人行业、印度的计算机软件业等。

产业全球化导致的国际竞争和国际投资因素，将会影响行业结构，使其发生很大变化。比如成熟的美国汽车行业长期被通用汽车、福特汽车和克莱斯勒三家汽车公司所控制，市场处于稳定状态，但近年来，美国汽车工业受到日本、西欧甚至韩国汽车的挑战。这种国际竞争不仅打破了美国国内原先的市场格局，而且影响到美国汽车行业的生命周期。

2. 国际分工出现重要变化

(1) 国际分工的基础出现了重要变化。传统的国际分工理论认为，国家间分工的基础是各国的资源禀赋。各国资源禀赋的差异导致各国产业结构的不同，通过不同商品的贸易可以增进各国的福利。经济全球化的不断深化使生产要素与商品、服务跨国界流动的障碍和成本大大降低，一个国家的优势行业也不再主要取决于资源禀赋。随着产业结构的高度化，在决定各国比较优势的因素中，资源禀赋的作用在减弱，后天因素的作用逐步增强。所谓后天因素，包括政府的效率、市场机制完善的程度、劳动者掌握知识与信息的能力、受到政策影响的市场规模等。后天因素的改善可以弥补资源禀赋方面的劣势，而后天因素的劣势则可能使资源禀赋方面的比较优势难以发挥出来。

(2) 国际分工的模式出现了重要变化。以往的国际分工是各国从其比较优势出发，用比较优势行业的商品交换比较劣势行业的商品，表现在贸易结构上，主要是行业间的贸易。随着经济全球化的日益加深，跨国公司在全球范围内寻求资源的最佳配置，将其产业链的不同环节分别布局在不同的国家，将越来越多的国家纳入跨国公司的全球生产与服务网络之中。这种新的国际分工表现在贸易结构上，就是行业内贸易和公司内贸易的比重大幅提高。

3. 经济全球化导致贸易理论与国际直接投资理论一体化

在贸易与投资理论一体化中，企业行为被分为两大类型：第一，总部行为。总部行为包括工程、管理和金融服务以及信誉、商标等甚至可以无偿转让给远方生产区位的服务。这类行为有时被简化概括为研究与开发。第二，实际生产行为。实际生产行为又可分为上游生产（中间产品）和下游生产（终极产品）。企业在两个国家进行活动时，可以将总部行为安排在母国进行，但其实际生产或转移到东道国进行（纵向一体化），或既安排在国内又安排在国外进行（横向一体化）。因此，跨国企业不仅通过价格和质量进行竞争，而且通过生产的组织进行竞争。贸易与投资理论的一体化表明，在经济全球化背景下不能以单纯的贸易行为来衡量国家之间的经济利益。

第四节 行业投资的选择

一、行业增长横向比较

分析某行业是否属于增长型行业，可对该行业的历年统计资料与国民经济综合指标进行对比。具体做法是取得某行业历年的销售额或营业收入的可靠数据并计算出年变动率，与国民生产总值增长率、国内生产总值增长率进行比较。通过比较，可以做出如下判断：

(1) 确定该行业是否属于周期型行业。如果国民生产总值或国内生产总值连续几年逐年上升，说明国民经济正处于繁荣阶段；反之，则说明国民经济正处于衰退阶段。要观察同一时期该行业销售额是否与国民生产总值或国内生产总值同向变化。如果在国民经济繁荣阶段行业的销售额也逐年同步增长，或是在国民经济衰退阶段行业的销售额也同步下降，则说明这一行业很可能是周期型行业。

(2) 比较该行业的年增长率与国民生产总值、国内生产总值的年增长率。如果在大多数年份中该行业的年增长率都高于国民经济综合指标的年增长率，则说明这一行业是增长型行业；如果该行业的年增长率与国民生产总值、国内生产总值的年增长率持平甚至相对较低，则说明这一行业与国民经济增长保持同步或是增长过缓。

(3) 计算各观察年份该行业销售额在国民生产总值或国内生产总值中所占的比重。如果这一比重逐年上升，则说明该行业的增长与国民经济平均水平相比较快；反之，则较慢。

通过以上分析，基本可以发现和判断某一行业是不是增长型行业。但要注意，观察数据不可过少，如过少，则可能会引起判断失误。表 6－2 列示了某行业销售额与国民生产总值的比较。

表 6－2　某行业销售额与国民生产总值的比较

年次	某行业		国民生产总值		某行业销售额占国民生产总值的百分比（%）
	销售额（10 亿元）	年增长率（%）	金额（10 亿元）	年增长率（%）	
1	8.12		105		7.73
2	8.78	8.13	112	6.67	7.84
3	9.64	9.79	120	7.14	8.03
4	10.50	8.92	129	7.50	8.14
5	11.48	9.33	139	7.75	8.26
6	12.65	10.19	150	7.91	8.43
7	14.12	11.62	162	8.00	8.72
8	15.80	11.90	176	8.64	8.98

二、行业未来增长率预测

将行业历年销售额与国民生产总值、国内生产总值的周期性资料进行对比，只能说明过去的情况，研究者还需要了解和分析行业未来的增长变化，因此要对行业未来的发展趋势做出预测。预测的方法有多种，使用较多的方法有两种。一种方法是将行业历年销售额与国民生产总值标在坐标图上，用最小二乘法找出两者的关系曲线，并绘在坐标图上。这一关系曲线即为行业增长的趋势线。根据国民生产总值的计划指标或预计值可以预测行业的未来销售额。另一种方法是利用行业历年的增长率计算历史的平均增长率和标准差，预计未来增长率。利用这一方法要使用行业在过去 10 年或 10 年以上的历史数据，这样预计的结果才较有说服力。如果某一行业是与居民基本生活资料相关的，也可利用历史资料计算人均消费量及人均消费增长率，再利用人口增长预测资料预计行业的未来增长。

综上所述，通过行业增长比较分析和行业增长预测分析，证券分析师可以选择出处于成长期或稳定期、竞争实力雄厚、有较大发展潜力的行业。此外，证券分析师还应该考虑其他一些因素，如消费者的偏好和收入分配的变化，某产品是否有国外竞争者介入等。最后，要确定某一行业证券的投资价值，还必须辨别现实价格所反映的未来收入机会有多大，所反映的投机需求程度有多大。只有系统地评估这些因素，才能对一个行业进行正确的分析，从而提出明智的行业投资决策建议。

三、如何面对新产业革命

（一）“德国工业 4.0”

2011 年 4 月在德国举办的汉诺威工业博览会上，“德国工业 4.0”这一概念问世。“德国工业 4.0”是由德国产、学、研各界共同制定，以提高德国工业竞争力为主要目的的战略。这一概念成型于 2013 年 4 月“德国工业 4.0”工作组发表的名为《保障德国制造业的未来——关于实施“工业 4.0”战略的建议》的报告，进而于 2013 年 12 月 19 日由德国电气电子和信息技术协会细化为“工业 4.0”标准化路线图。目前，“工业 4.0”已经上升为德国的国家战略。

18 世纪人类社会进入大机器制造的工业时代，其引领者是英国，被称为工业 1.0；19 世纪末至 20 世纪初人类社会进入电气化时代，其引领者是美国，被称为工业 2.0；20 世纪 70 年代人类社会进入电子和信息技术时代，其引领者是美国硅谷，被称为工业 3.0；以德国为首的国家所倡导的工业 4.0，显然是在告诉人们，社会正在进入一个以信息传递、表达深化及数字化运用为特征的智能化、网络化的工业时代，亦称实体物理世界和虚拟网络世界的融合。工业 4.0 主要包括两个主题，即“智能工厂”与“智能生产”。为了一步一步地实现工业 4.0 战略目标，对应上述两个主题，德国联邦教研部与联邦经济和能源部全力支持“智能工厂创新联盟”所领导的“智能工厂”项目和“it's OWL”（北威州智能技术系统）创新集群所主导的“智能技术系统”项目。“智能生产”的基本设想是制造的产品集成动态数字存储器、感知和通信能力，承载着其在整个供应链和生命周期中所需的各种信息；整个生产价值链中所集成的生产设施能够实现重组与自配置，能够根据当前的状况灵活地决定生产过程。“智能生产”的目标是满足用户的各种需求，建立一个高度灵活的个性化和数字化的产品与服务的生产模式。实现“智能生产”的主要手段之一是采用“智能技术系统”。

（二）世界期待新产业革命

2012 年 4 月 21 日，世界著名的《经济学人》杂志刊登了关于“第三次工业革命”的封面专题系列文章；2012 年 5 月 29 日，欧盟委员会在比利时布鲁塞尔召开了名为“增长使命：欧洲引领新产业革命”（Mission Growth：Europe at the Lead of the New Industrial Revolution）的会议，欧盟主席巴罗佐再次大声疾呼欧洲只有在新一轮的产业革命中处于领先地位才能实现可持续增长，《第三次工业革命》的作者杰里米·里夫金也在这个高峰会议上发表了主题演讲。

第一次产业革命首先发生在 18 世纪的英国，以蒸汽机为代表的技术革命将人类从农业社会带入工业社会——因此第一次产业革命更多地被称为第一次工业革命。但是对于第二次、第三次产业革命的说法，学界就存在不同的看法了。这次《经济学人》所定义的第三次工业革命是指制造业将迎来数字化、智能化的革命，而且对应的第二次工业革命是指 20 世纪初期汽车业开创的规模化生产时代。因此，《经济学人》预言的“产业革命”的确只是“工业革命”——依然是制造业“革命”。

而杰里米·里夫金重新定义了“工业革命”，他认为在人类历史上“革命”总是发生在新通信技术和新能源系统结合之际，这次互联网技术和可再生能源结合起来产生的“能源互联网”将带来第三次工业革命。因此，这两个第三次工业革命预言从完全不同的角度描绘未来，其本质其实是一致的——第三次工业革命的实质还是“信息革命”。虽然我们早已处在信息化进程中，信息化进程也一直在影响我们的生产方式、生活方式，但过去的一切改变可能都还是“量变”，现在以大数据、云计算、物联网、全媒体等数字技术为核心特征的智能化、信息化对制造业、能源生产和传输分配乃至生命科学研究等的影响和改变到了临界点，“质变”可能即将发生。这次的“质变”应该不会局限在“工业”领域，因此这是一次新的“产业革命”。

（三）产业融合大势所趋

如果这是一次全面的产业革命，那么所有的产业领域都有“革命”的机会。制造业革命首当其冲。这也是2012年4月的《经济学人》长达14页的封面专题系列报道“第三次工业革命”所揭示的主要内容——即将到来的新一轮工业革命是基于信息化的制造业变革：数字化、网络化、智能化、服务化、绿色化、个性化的新制造模式即将全面出现。由于信息化进入了新的智慧阶段，这将使制造业和服务业越来越融合在一起，将使规模化生产方式得以改变：生产组织更加灵活、劳动投入更少，因此未来的中小企业甚至个体企业将变得更具有竞争力。信息化的“智慧时代”还可以打造“智能电网”“智慧城市”乃至“智慧地球”。

能源革命似乎也指日可待。因此杰里米·里夫金预言的智能型的“能源互联网”也是可以想象的，当然这里的核心问题可能不仅仅是信息产业的再发展，更多的还是低碳的可再生能源产业的实质性突破。在这样的未来图景中，农业、工业、服务业的划分将被颠覆，新的产业链和商业模式将出现，人的简单劳动投入占比将越来越小，但是知识、创意劳动的含量会越来越高。产业革命将不仅是生产力革命，真正的产业革命一定是能够改变生产关系的，所以管理革命也需要跟进。

（四）我国的新兴产业政策

继《“十二五”国家战略性新兴产业发展规划》之后，2016年12月19日，国务院发布了《“十三五”国家战略性新兴产业发展规划》（以下简称《规划》），指出进一步发展壮大新一代信息技术、高端装备、新材料、生物、新能源汽车、新能源、节能环保、数字创意等战略性新兴产业。《规划》提出，到2020年，战略性新兴产业增加值占国内生产总值的比重要由2015年的8%达到15%。同时，要形成新一代信息技术、高端制造、生物、绿色低碳、数字创意等5个产值规模达10万亿元级的新支柱。

（1）推动信息技术产业跨越发展，拓展网络经济新空间。

（2）促进高端装备与新材料产业突破发展，引领中国制造新跨越。

（3）加快生物产业创新发展步伐，培育生物经济新动力。

（4）推动新能源汽车、新能源和节能环保产业快速壮大，构建可持续发展新模式。

（5）促进数字创意产业蓬勃发展，创造引领新消费。

2019年6月13日，科创板正式开板，科创板从提出到开板只有短短221天。设立科创板并试点注册制是资本市场提升服务科技创新企业能力，增强市场包容性，强化市场功能的一项重大改革举措。表6-3列示的是科创板优先推荐的企业和行业，这些行业也可以说是具体的国家鼓励发展的新兴产业。从科创板允许有潜力但尚不盈利的企业上市，到新《证券法》将发行股票应当“具有持续盈利能力”的要求改成具有“持续经营能力”，可见国家对培育与扶持科技企业的重视程度是空前的。

表6-3 科创板优先推荐的企业和行业

推荐	类别	内容
优先推荐企业	符合国家战略、突破关键核心技术、市场认可度高的科技创新企业；属于新一代信息技术、高端装备、新材料、新能源、节能环保以及生物医药等高新技术产业和战略性新兴产业的科技创新企业；互联网、大数据、云计算、人工智能和制造业深度融合的科技创新企业	

续表

推荐	类别	内容
重点推荐行业	(1) 新一代信息技术领域	半导体和集成电路、电子信息、下一代信息网络、人工智能、大数据、云计算、新兴软件、互联网、物联网和智能硬件等
	(2) 高端装备领域	智能制造、航空航天、先进轨道交通、海洋工程装备及相关技术服务等
	(3) 新材料领域	先进钢铁材料、先进有色金属材料、先进石化化工新材料、先进无机非金属材料、高性能复合材料、前沿新材料及相关技术服务等
	(4) 新能源领域	先进核电、大型风电、高效光电光热、高效储能及相关技术服务等
	(5) 节能环保领域	高效节能产品及设备、先进环保技术装备、先进环保产品、资源循环利用、新能源汽车整车、新能源汽车关键零部件、动力电池及相关技术服务等
	(6) 生物医药领域	生物制品、高端化学药、高端医疗设备与器械及相关技术服务等
	(7) 其他领域	符合科创板定位的其他领域
其他企业	保荐机构可以按照《上海证券交易所科创板企业上市推荐指引》的要求，推荐其他具有较强科技创新能力的企业	

资料来源：上海证券交易所网站。

☞案例分析

新能源龙头企业无锡尚德破产重整

2013年3月20日，无锡市中级人民法院依据《中华人民共和国破产法》的规定，正式裁定对中国光伏巨头无锡尚德太阳能电力有限公司（以下简称无锡尚德）实施破产重整。

由施正荣创办于2001年的无锡尚德是尚德电力公司（以下简称尚德电力）资产规模最大的生产基地，产能占95%以上。2005年，施正荣在英属维尔京群岛注册成立100%控股无锡尚德的尚德电力，并在纽约证券交易所上市。海外上市募得4亿美元后，尚德电力开始狂飙突进。2004年，尚德电力的生产线产能仅有50MW（兆瓦），随着2010年无锡光伏新能源产业园的建设，尚德电力的产能扩大至3 500MW，上市五年增长了69倍。在2010年底，尚德电力的光伏产能居全球第一。

与此同时，尚德电力的债台也越筑越高。2007—2008年间，尚德电力通过各种方式在海外融资近10亿美元，而银行贷款则从2005年的0.56亿美元攀升至2011年的17亿美元。截至2013年2月底，包括中国工商银行、中国农业银行、中国银行等在内的9家债权银行对无锡尚德的本外币授信余额折合人民币已达到71亿元。

然而，自2011年起光伏行业遭遇了近10年来最严重的困境，国家对各太阳能光伏应用大幅下调政策补贴力度，导致市场出现了严重的供过于求，企业间竞争加剧，价格暴跌，全行业呈现亏损局面。尚德电力的运营急转直下。到破产时，无锡尚德的负债总额已达到23亿美元。

属于新能源领域的太阳能产业无疑是地道的新兴产业，也是我国鼓励发展的产业，但如何发展和投资新兴产业是值得人们深思的问题。90%的原料依靠进口、90%的产品又依赖出口的中国光伏产业窘境，绝非国家想要的产业发展模式。企业能够一哄而上，显然其技术门槛也是让人怀疑的。自酿苦酒之人绝非无锡尚德自己，地方政府、各金融机构对于处在幼稚期的产业如此热衷，从慷慨授信到最后追债也是咎由自取。

欧美的"双反"(反倾销、反补贴)并不是无锡尚德倒闭的主因，一个还在幼稚期、靠各国政府补贴扶持发展的光伏产业，一个商业化道路依然漫长的光伏产业，各国岂会让他国轻易进入？在这样的行业背景下，规模扩张得如此之快，又没有打通上下游产业链，无锡尚德先倒在光伏产业商业化的路上也是情理之中的事情。

施正荣拒绝无锡市政府用施正荣的个人资产做担保以注资无锡尚德来拯救公司的方案，这本身所折射的问题其实也是发人深省的。是地方政府开的药方可笑，还是破产对企业家更有好处？钱来得太容易会消磨企业家精神是符合经济学原理的。

在关注和研究新兴产业的企业时，我们不应被"新兴产业"这四个字的光环所迷惑，新兴产业与传统产业相比，存在的风险或许更大。尤其是在国家已将放宽这些企业IPO时的业绩要求写进新《证券法》的背景下，我们不能只想着它们成功的喜悦，还要知道它们有不成功的可能。在新兴产业中，我们要寻找真正拥有技术壁垒和创新能力的企业，寻找规模扩张和管理水平提升同步的企业，寻找资产负债率恰当、资产投入轻、能够创造良好现金流、商业模式优秀的企业，寻找管理层对小股东忠诚度高的企业，我们要关心整个行业的扩张速度和下游需求的变化。如此才能规避风险，真正从新兴产业企业的成长中获得良好的投资回报。

有了本章的基础，如何寻找具体的企业将在下一章公司分析中介绍。

本章小结

本章主要介绍了行业的几种划分方法、行业的竞争结构、各行业对经济周期的不同反应、行业的生命周期，重点介绍了影响行业兴衰的主要因素。同时，结合当前世界经济的产业格局强调了第三次工业革命即将到来，并介绍了我国当前的新兴产业政策。

关键术语

行业分类	完全竞争	寡头垄断	周期型行业	幼稚期
成长期	成熟期	衰退期	技术进步	产业政策
行业兴衰	景气指数	社会习惯	新兴行业	“一带一路”
供给侧改革	区块链	物联网	产业革命	工业 4.0
大数据	云计算	绿色低碳	数字创意	科创板

习题

一、多项选择题

1. 在标准行业分类法中行业门类分为（　　）。

A. 大类　　B. 中类　　C. 小类　　D. 子类

2. 各行业的变动和国民经济总体的周期波动是有关系的，但关系密切的程度不尽相同，因此可将行业分为（　　）三类。

A. 周期型　　B. 增长型　　C. 创新型　　D. 防守型

3. 在分析行业景气变化时，通常会关注以下哪几个重要因素？（　　）

A. 供求　　B. 价格　　C. 收入　　D. 产业政策

4. 行业基本上可分为四种市场结构，它们是（　　）。

A. 完全竞争　　B. 垄断竞争　　C. 行政垄断　　D. 寡头垄断　　E. 完全垄断

5.《经济学人》定义的第三次工业革命是指制造业将迎来（　　）的革命。

A. 数字化　　B. 信息化　　C. 网络化　　D. 智能化

二、思考题

1. 行业分析应该从哪些方面着手？
2. 是否所有行业都会受到经济周期的影响？
3. 马云复出再战“菜鸟网络”属于第三次工业革命的范畴吗？
4. 我国的“一带一路”倡议和“供给侧改革”有何关联？
5. 区块链技术有美好的未来吗？

第七章

公司分析

⊙本章要点⊙

1. 了解上市公司年度报告的基本格式；
2. 能够进行公司的产品分析；
3. 能够进行基本的公司财务分析；
4. 掌握公司的盈利能力和成长性分析的方法；
5. 从会看研究报告到会写研究报告。

【本章导读】

在完成了宏观经济分析和行业分析之后，对于具体投资对象的选择最终都将落实在微观层面的公司分析上。而我们在这里所说的公司分析特指对在证券交易所上市交易的公司进行分析，即上市公司研究。

根据《公司法》《证券法》及相关规定，上市公司有信息披露义务，每年要披露四次公司业绩报告，即一季度报告、半年报告、三季度报告、年度报告。这是投资者、机构研究员赖以分析公司经营状况的最主要信息来源，投资者、机构研究员经过分析和实地考察判断出其内在价值后，再根据其股票的市场价格是低于还是高于其内在价值，来考虑是买入还是卖出该公司的股票。

此外，《证券法》还规定，上市公司针对公司的重大事件要刊登临时公告，除每年在年度报告披露后要召开例行的股东大会外，超出股东大会授权范围的重大决定要召开临时股东大会讨论并表决。上市公司的重大事件也是投资者和市场分析人士关注的重点之一。

对普通个人投资者而言，宏观经济分析和行业分析的难度较大，投资者不一定具备分析的能力。而对公司而言，分析能力的提高则是必要的，即使对公司价值的判断力一时很难提高，起码也要清楚公司的基本分析都包括哪些内容。投资者不会写分析报告不要紧，但起码应该会看研究报告。而看研究报告不是简单地看其结论，而是看其推理的过程是否有逻辑性。

第一节　公司基本分析

一、年度报告的基本格式

上海证券交易所和深圳证券交易所对在其交易所上市交易的上市公司披露的定期报告都有具体的格式要求，尽管略有差别，但强制要求信息披露的内容都要满足中国证监会关于信息披露的规范意见，而年度报告又是一年四次定期报告中最全面的报告，因而我们有必要通过深圳证券交易所关于创业板公司年度报告的具体要求，来了解一下上市公司定期报告中年度报告的基本格式。

（一）重要提示、目录和释义

重要提示包括：公司管理层中的成员对本报告的异议；如果执行审计的会计师事务所对公司未出具标准无保留意见的审计报告，要具体说明；未来的计划、预测等方面的内容。

由于年度报告较长，因此为了便于投资者阅读，要求编制目录，标明各章、节的标题及其对应的页码。

上市公司应对可能造成投资者理解障碍及有特定含义的术语做出清晰、易懂的解释，年度报告的释义应在目录次页排印。

（二）公司基本情况简介

通过公司的基本情况可以了解：公司的历史沿革、公司注册地址、注册资金、法人代表、董事会秘书、证券事务代表、联系方式、公司网址、邮箱、公司指定的信息披露媒体、公司聘请的会计师事务所的名称及办公地点等。

（三）会计数据和财务指标摘要

1. 主要会计数据和财务指标

上市公司应采用数据列表方式，提供截至报告期末公司近 3 年的主要会计数据和财务指标，包括但不限于以下各项：营业收入、营业利润、利润总额、归属于上市公司普通股股东的净利润、归属于上市公司普通股股东的扣除非经常性损益后的净利润、资产总额、负债总额、归属于上市公司普通股股东的所有者权益、经营活动产生的现金流量净额、每股经营活动产生的现金流量净额、归属于上市公司普通股股东的每股净资产、净资产收益率、每股收益、资产负债率等。

2. 报告期内非经常性损益的项目及金额

公司在披露“归属于上市公司普通股股东的扣除非经常性损益后的净利润”时，应当同时说明报告期内非经常性损益的项目及金额。

3. 重大风险提示

公司对风险因素的描述应当围绕公司的经营情况，遵循重要性原则，披露可能对公司下一年度发展战略和经营目标的实现产生不利影响的重大风险，包括但不限于未来不能持续成长的风险、不能持续进行技术创新或产品更新的风险、产品的市场竞争风险、对大客户的依赖风险、重大投资失败的风险、关键技术人员流失的风险等，并根据实际情况，披露已经或将要采取的措施。

主要会计数据和财务指标是为了便于普通投资者了解上市公司的基本财务信息而强制要求上市公司披露的，非经常性损益的披露是为了强化主业的盈利能力，重大风险提示是为了让投资者规避风险。深入的分析还要看财务审计报告及会计附注的内容。

（四）董事会报告

董事会报告是上市公司年度报告的重要内容，是上市公司董事会对过去一年公司经营状况的全面总结和对未来的展望。被世界广大投资者重视的《巴菲特致股东的一封信》其实就是投资大师巴菲特亲自撰写的伯克希尔·哈撒韦公司的董事会年度报告。通过对此部分内容的研读，投资者对公司的经营能力以及公司是否具备成长性会有一个基本的认识和判断。

（1）公司董事会报告对报告期公司从事的主要业务进行回顾，包括报告期公司所从事的主要业务和主要产品简介、行业发展变化、市场竞争格局以及公司的行业地位等内容。

（2）公司董事会报告对财务报告数据与其他必要的统计数据以及报告期内发生的和未来将要发生的重大事项进行讨论与分析，以有助于投资者了解其经营成果、财务状况及未来可能的变化。在此处要求上市公司重点讨论和分析重大的投资项目、资产购买、兼并重组、在建工程、研发项目、人才培养和储备等方面在报告期内的执行情况和未来的计划。

（3）公司利润分配及分红派息情况。主要介绍公司的股利分配政策和本年度的分红送股（含转增）方案。

（五）重要事项

（1）上市公司应披露重大诉讼、仲裁事项。

（2）发生控股股东及其关联方非经营性占用资金情况的，公司应充分披露资金占用期初金额、发生额、偿还额、期末余额、占用原因、预计偿还方式及清偿时间。

（3）公司应披露报告期内发生的破产相关事项。

（4）公司应披露报告期内收购及出售资产、企业合并事项的简要情况及进程。

（5）公司应披露股权激励计划在本报告期的具体实施情况。

（6）公司应披露报告期内发生的重大关联交易事项。

（7）公司应披露重大合同及其履行情况。

1）托管、承包、租赁其他公司资产或其他公司托管、承包、租赁公司资产的事项，且该事项为公司带来的利润达到公司当年利润总额的10%以上（含10%）时，应详细披露有关合同的主要内容，如有关资产的情况、涉及的金额和期限、收益及其确定依据等。同时还应披露该收益对公司的影响。

2）重大担保。公司应当披露报告期内履行的及尚未履行完毕的担保合同，包括担保金额、担保期限、担保对象、担保类型（一般担保或连带责任担保）、担保的决策程序等；

对于未到期的担保合同，如有明显迹象表明有可能承担连带清偿责任，应明确说明。

3）在报告期内或报告期继续发生的委托他人进行现金资产管理的事项。

4）其他重大合同。

（8）公司或持股5%以上的股东、实际控制人、董事、监事、高级管理人员如在报告期内或持续到报告期内有承诺事项，公司董事会应说明该承诺事项在报告期内的履行情况，详细列示承诺方、承诺类型、承诺事项、承诺时间、承诺期限、承诺的履行情况等。如承诺未能及时履行，应说明未完成履行的原因及下一步工作计划。

（9）如公司资产或项目存在盈利预测，且报告期仍处在盈利预测期间内，公司董事会和相关股东应就资产或项目是否达到原盈利预测及其原因做出说明。

（10）公司应披露聘任、解聘会计师事务所的情况。

（11）公司及其董事、监事、高级管理人员、公司控股股东、实际控制人、收购人如在报告期内存在违法违规情况，应予以披露。

（12）列入省级以上环保部门公布的污染严重企业名单的或存在其他重大社会安全问题的公司及其子公司，应披露公司存在的问题、整改情况。

（13）年报披露后面临暂停上市和终止上市风险的公司，应当充分披露导致暂停上市或终止上市的原因以及公司采取的消除暂停上市或终止上市情形的措施。面临终止上市风险的公司，应同时披露终止上市后投资者关系管理工作的详细安排和计划。

凡是对上市公司经营构成重大影响的事项都是重要事项，不同的上市公司在事项涉及的金额方面还有不同的规定，可参阅公司章程中关于对公司董事会的授权部分的内容。具体的上市公司不可能在一个报告期内同时涉及上述13项内容，未涉及的内容用“不适用”注释。

（六）股份变动及股东情况

1. 股份变动情况

（1）介绍报告期内证券的发行情况，包括股票、可转换公司债券、公司债券及其他衍生证券的种类、发行日期、发行价格（或利率）、发行数量、上市日期、获准上市交易数量、交易终止日期等。

（2）对报告期内因送股、转增股本、配股、增发新股、非公开发行股票、权证行权、实施股权激励计划、企业合并、可转换公司债券转股、减资、债券发行或其他原因而引起的公司股份总数及结构的变动、公司资产负债结构的变动，应予以说明。

2. 公司按以下要求披露股东情况

（1）截至报告期末以及年度报告披露日前第5个交易日末的股东总数。

（2）持有本公司5%以上（含5%）股份的股东的名称、年度内股份增减变动的情况、年末持股数量、所持股份类别及所持股份质押或冻结的情况。若持股5%以上（含5%）的股东少于10人，则应列出至少前10名股东的持股情况。

（3）如前10名股东之间存在关联关系或属于《上市公司收购管理办法》规定的一致行动人，应予以说明。

（4）如果有战略投资者或一般法人因配售新股成为前10名股东，应予以注明，并披露约定持股期间的起止日期。

（5）以上列出的股东情况中应注明代表国家持有股份的单位或外资股东。

（6）前10名无限售流通股股东的持股情况。

在这里加以补充的是：股东总户数的数值变化可以反映报告期内股东数量的增减情况，还可以通过总股本与股东总户数的比值得出户均持股数，以判断股东的集中度如何，这对于研判主力的进出是有帮助的。而前10名流通股股东名单还可以帮助投资者了解所关注的公司是否受到机构投资者的青睐，机构投资者的持股增减变化过程更具参考价值。当然，我们一年只能获得4次上市公司的股东名单，而报告披露日和报告截止日有时滞，因此还要结合间隔期内成交量的变化情况进行综合研判。

3. 公司控股股东和实际控制人

持股超过50%的股东是名副其实的绝对控股股东，但各公司的第一大股东未必都持股超过50%，显然第一大股东并不意味着一定是绝对控股股东，但公司还是存在实际控制人的。信息披露规则要求披露公司的实际控制人情况，并以方框图及文字的形式披露公司与实际控制人之间的产权和控制关系。实际控制人应披露到自然人、国有资产管理部门，或者股东之间达成某种协议或安排的其他机构或自然人，包括以信托方式形成实际控制的情况。

提醒读者注意的是：公司实际控制人未必就是公司的第一大股东，要通过公司前几名大股东的持股数量综合判断。强制上市公司披露实际控制人便于投资者了解公司的产权关系。

（七）优先股相关情况

《优先股试点管理办法》（中国证券监督管理委员会第97号令）已经2013年12月9日中国证券监督管理委员会第16次主席办公会会议审议通过，于2014年3月21日公布，自公布之日起施行。《优先股试点管理办法》要求上市公司在年度报告中专门披露优先股相关信息。

（八）董事、监事、高级管理人员和员工情况

（1）公司应披露董事、监事和高级管理人员的情况，包括：

1）现任董事、监事、高级管理人员的姓名、性别、年龄、任期起止日期、年初和年末持有本公司股份、股票期权、被授予的限制性股票数量、年度内股份增减变动量及增减变动的原因。如为独立董事，需单独注明。

2）现任董事、监事、高级管理人员最近5年的主要工作经历、报酬、聘任变化情况。

（2）公司应披露核心技术团队或关键技术人员（非董事、监事、高级管理人员）等对公司核心竞争能力有重大影响的人员的变动情况，并说明变动对公司经营的影响及公司采取的应对措施。

（3）公司应披露员工情况，包括在职员工的数量、专业构成（如生产人员、销售人员、技术人员、财务人员、行政人员）、教育程度及公司需承担费用的离退休职工人数。对于劳务外包数量较大的，公司应披露劳务外包的工时总数和支付的报酬总额。

（九）公司治理

（1）公司应说明公司治理的实际状况与中国证监会发布的有关上市公司治理的规范性文件是否存在重大差异，如有重大差异，应说明具体情况及原因。

（2）公司应介绍报告期内召开的年度股东大会、临时股东大会、董事会的有关情况，包括会议届次、召开日期，并提供相关信息披露索引。

（3）公司应披露年度报告信息披露重大差错责任追究制度的建设情况。

（4）监事会在报告期内的监督活动中发现公司存在风险的，公司应当披露监事会就有关风险的简要意见、监事会会议召开时间、会议届次、参会监事以及在指定披露网站的披露索引及披露日期等信息；否则，公司应当披露监事会对报告期内的监督事项无异议。

（十）财务报告

财务报告是投资者分析上市公司经营情况的重要依据，中国证监会要求上市公司披露经具有证券审计资格的会计师事务所审计的财务报告正文、经审计的财务报表。

财务报表包括公司报告期末及其前一个年度末的比较式资产负债表、现金流量表、所有者权益（股东权益）变动表、该两年的年度比较式利润表及其附注。编制合并财务报表的公司，除提供合并财务报表外，还应提供母公司财务报表。

关于如何研读财务报表，在后面我们会专门介绍。

（十一）备查文件目录

备查文件是指上市公司所有公告的原件，在年度报告中要求提供目录备查，上市公司应当在办公场所置备上述文件的原件。当中国证监会、证券交易所要求提供时，或股东依据法规或公司章程要求查阅时，公司应及时提供。

二、产品分析

（一）产品的品牌

品牌是一个产品名称和商标的总称，它可以用来辨别卖者或卖者集团的货物或劳务，以便同竞争者的产品相区别。有些产品由于有很高的质量、优良的服务和广泛的宣传而成为家喻户晓、众口皆碑的名牌产品，这种优势意味着生产这些产品的公司具有销售优势，从而其利润额将会较快增长，公司股东的收益也会相应增加。

品牌具有创造市场、联合市场、巩固市场的功能。

（二）产品的市场份额

在产品价格确定的情况下，销售量的增加和产品需求的稳定性就显得非常重要，因为它们会直接影响到公司的利润和股东收益。产品的销售量一般和产品的知名度是一致的，但也有例外的情况，如由于市场管制、运输不便、产品价格过高以及产品的用途比较专一（如某些医药品）等原因，商品的销售量与其知名度之间也会出现不一致的现象。

此外，产品的市场份额和产品销售的绝对量一样，对公司的市场竞争能力具有重要的影响，有时甚至比绝对量更为重要。市场份额指某公司的销售量占整个市场的百分比。市场份额的扩大通常意味着收益的增长和竞争实力的加强。但有时市场份额的扩大也会导致经营成本的提高，从而部分抵消收益的增长。

（三）产品的营销模式

不同的产品有不同的营销模式，有的公司的产品依赖于几个主要客户，那么，主要客户的生产规模、发展趋势、市场竞争力、反向依赖程度以及和所投资公司的关系都必须纳入分析的范围。特别要注意的是，有的公司的主要客户就是母公司，母公司与子公司间的关联交易有操纵利润的嫌疑或可能；有的公司的产品是生活用品，其产品面对千家万户，营销网点的分布和营销方式对公司产品的销售量影响很大，在市场占有率方面和竞争对手的关系是此消彼长的。

(四) 产品市场的类型

公司产品的销售市场可划分为地区性、区域性、全国性和国际性市场四种。

(1) 地区性市场。有些公司的产品市场为地区性质的，如水、电、煤气等公用事业公司和一些规模较小的公司。

(2) 区域性市场。区域性市场是由几个不同的地区性市场组成的。因此，产品面向区域性市场的公司除了要受本地各种经济、非经济因素的影响，还要受到其他地区类似因素的影响和区域性市场内部同一行业公司相互竞争的挑战。

(3) 全国性市场。产品面向全国的大公司受全国经济形势的影响要比受区域性或地区性因素的影响更大。这类公司由于市场广大，因此利润较高，但面临的市场竞争、成本费用、消费偏好等方面的风险也比较大。

(4) 国际性市场。面向国际性市场的大公司或集团在经营活动中要遇到一系列国内公司所没有碰到过的问题。要面临汇率、市场竞争和政府管制甚至所在国法律上的风险。虽然这些国际性公司的利润要高于国内的同类公司，但其所面临的风险也比国内同类公司高。

(五) 产品的生命周期

产品的生命周期分为四个阶段：

(1) 产品介绍期。介绍期的主要特点是：消费者对新产品不太了解；产品的销售量增加缓慢；产品品种较少和市场竞争较小；公司利润很少，一般有亏损。

(2) 产品成长期。成长期的主要特点是：产品经介绍和宣传已为广大消费者所了解；产品的销售量开始逐渐增加，增长速度加快；新品种逐渐增加，市场竞争日趋加剧；利润逐渐增加。

(3) 产品成熟期。成熟期的主要特点是：市场销售量已达到饱和状态，市场份额已分配完毕；产品品种增多，质量提高，仿制品和替代品不断出现；市场竞争激烈；预期利润开始下降。

(4) 产品衰退期。衰退期的主要特点是：产品销售量由缓慢下降逐步过渡到迅速下降；消费者已在期待新产品；市场竞争较弱；许多公司开始转产；利润水平较低。

(六) 产品的竞争能力

(1) 成本优势：是指公司的产品依靠低成本获得高于同行业其他公司的盈利能力。

考察公司产品的技术水平主要关注以下四个方面：一是产品是否具有其他公司难以企及的技术水平，在该行业具有无可争辩的领先地位；二是是否具有专利保护其垄断地位，其他公司不能模仿和假冒；三是技术的盈利前景，技术的先进性应体现在盈利能力上，公司的技术产品若没有盈利前景，其股票就没有投资价值；四是产品市场的广度，公司的技术产品只有具有广阔的市场，才能形成大规模的盈利。

(2) 技术优势：是指公司拥有的比同行业其他竞争对手更强的技术实力及研究与开发新产品的能力。

公司的技术开发能力决定公司的发展潜力，股票价值取决于公司未来自由现金流的现值，而能改变公司未来状况的最重要因素就是技术。考察公司的技术开发能力应着重于：

1）公司的股东背景，新技术的开发往往要耗费大量的财力和物力，并且风险极大，如果有一个研究实力非常强大的股东提供支持，那么公司的技术开发能力将大为提高。

2）公司自身的技术开发能力，这主要考察公司的技术人员的构成、研发费用的投入等。

3）公司所拥有的专利技术和进入壁垒。

4）公司就其产品是否具备生产一代、储备一代、开发一代的能力。

(3) 质量优势：是指公司的产品以高于其他公司同类产品的质量赢得市场，从而取得竞争优势。在与竞争对手成本相等或成本近似的情况下，具有质量优势的公司往往在该行业中占据领先地位。

三、管理能力分析

(一) 管理阶层的能力分析

分析管理阶层的能力可以从以下几个方面进行：

(1) 管理阶层的学历。

(2) 管理阶层的从业经验。

(3) 管理阶层的背景。

(二) 管理阶层的勤勉尽责忠诚分析

对于这一方面的分析，因受可获得信息的局限而较为困难，我们仅根据经验和信息的可获得性，提供几点作为参考：

(1) 管理阶层是否有欺骗和损害股东利益的记录或嫌疑。

(2) 管理阶层之间是否有裙带关系。

(3) 管理阶层对新鲜事物的态度。

(4) 管理阶层是否脚踏实地埋头做主业。

(三) 公司的内在机制分析

公司的内在机制完善是保证公司健康运转的条件，在分析公司的内在机制时，主要考察两个方面：一是公司与大股东特别是第一大股东之间的关系。公司与股东间交易的定价原则是什么，表决时是否实行了关系人回避，是否有损其他股东的利益，资产交易是否有利于公司的长远发展，资产的盈利能力如何，是否有通过关联交易调节利润的嫌疑，大股东及其子公司是否占用了公司资产，是否实行了“三分开”，等等，都是投资者分析的重点。二是公司的内部治理机构是否完善。在这个方面要考察公司董事会、监事会和经理层之间是否存在相互制衡的关系，是否存在总经理或董事长“一言堂”的情况等。

(四) 公司从业人员的素质和创新能力

这包括公司从业人员的专业技术能力、对公司的忠诚度、责任感、团队合作精神和创新能力等。

四、公司盈利能力和公司成长性分析

(一) 公司盈利预测

对公司盈利进行预测，是判断公司估值水平及投资价值的重要基础。盈利预测主要包括：

（1）销售收入预测。

包括销售收入的历史数据和发展趋势、公司产品的需求变化、市场占有率和销售网络、主要产品的存货情况、销售收入的明细等方面。销售收入预测的准确性也是公司盈利预测中最为关键的因素。

（2）生产成本预测。

包括生产成本的结构、主要原材料的价格走势和每年所需原材料的总量、成本变动和销售情况变动、能否将上涨的成本转嫁给下游、毛利率的变化情况等。

（3）销售费用和管理费用预测。

包括销售费用和销售费用占销售收入的比例、管理费用的变化、新市场的拓展、每年的研究和开发费用占销售收入的比例等。

（4）财务费用预测。

主要根据运转资金的增减以及资产负债率情况，判断企业应采取的融资手段，当动用举债的方式时，具体来说就是分析长期贷款和短期贷款的增减。

（5）净利润预测。

包括主营业务利润、净利润、扣除非经常性损益的净利润，以及净利润占主营业务收入的比例等。

（二）公司经营战略分析

经营战略是公司面对激烈的市场变化与严峻挑战，为求得长期生存和不断发展而进行的总体性谋划。它是公司战略思想的集中体现，是公司经营范围的科学规定，同时又是制定规划的基础。

经营战略具有全局性、长远性和纲领性的特征，它从宏观上制定了公司的发展方向、成长速度及其实现方式。经营战略决策直接关系到公司的未来发展，其决策的对象是复杂的，所面临的问题常常是突发性的、难以预料的，因此，公司的决策层把握起来也是比较困难的，对于投资者以及分析人士来说主要是通过前面介绍的董事会报告来了解情况并加以分析。当然，如果能为上市公司的未来进行谋划，那就进入了决策顾问的角色。

（三）公司规模变动特征及扩张潜力分析

公司规模变动特征和扩张潜力一般与其所处的行业发展阶段、市场结构、经营战略密切相关，它是从微观方面具体考察公司的成长性。可以从以下几个方面进行分析：

（1）分析公司规模的扩张是由供给推动导致的还是由市场需求拉动导致的，是通过公司的产品创造市场需求还是通过生产产品去满足市场需求，是依靠技术进步还是依靠其他生产要素，等等，以此找出企业发展的内在规律。

（2）纵向比较公司历年的销售、利润、资产规模等数据，把握公司的发展趋势是加速发展、稳步扩张还是停滞不前。

（3）将公司销售、利润、资产规模等数据及其增长率与行业平均水平及其主要竞争对手的数据进行比较，了解其行业地位的变化。

（4）预测公司主要产品的市场前景及公司未来的市场份额，分析公司的投资项目，预计其销售和利润水平。

（5）分析公司的财务状况以及公司的投资和筹资潜力。

（6）公司是否有横向兼并同类企业或是收购上下游企业的愿望和能力。

投资大师费雪总结的成长股的15个特征为：

（1）这家公司的产品或服务有没有充分的市场潜力，至少几年内营业额能否大幅增长。

（2）为进一步提高总体销售水平，发现新的产品增长点，管理层是否决心继续开发新产品或新工艺。

（3）和公司的规模相比，这家公司的研发努力有多大效果。

（4）这家公司是否有高人一等的销售组织。

（5）这家公司的利润率是否足够高，这家公司做了什么事以维持或改善利润率。

（6）这家公司的劳资和人事关系是否很好。

（7）这家公司的高级主管之间关系是否融洽，公司管理阶层的深度如何。

（8）这家公司的成本分析和会计记录做得如何。

（9）这家公司是否在所处领域有独到之处。

（10）这家公司是否可以为投资者提供重要线索，以了解该公司相对于竞争者是不是很突出。

（11）这家公司是否有短期或长期的业绩展望。

（12）在可预见的未来，这家公司是否会大量发行股票，获取足够的资金以利公司发展，现有持股人的利益是否因预期中的成长而大幅受损。

（13）管理阶层是否只向投资人报喜不报忧。

（14）是否存在以下问题：当诸事顺畅时口若悬河、口沫横飞，当出现问题或令人失望的事情发生时，则三缄其口。

（15）这家公司管理阶层的诚信正直态度是否毋庸置疑。

第二节　公司财务分析

财务会计报告是上市公司年报的核心，包括审计报告及资产负债表、利润表、现金流量表、所有者权益变动表四大会计报表以及会计附注等内容。信息质量的高低是投资者能否从年报中发掘有价值线索的关键。审计报告是注册会计师就年报的编制是否规范、所提供的信息是否真实向投资者提供的一份专业报告。四大会计报表就上市公司的资产负债、盈利能力、现金流动、所有者权益变动情况向投资者提供了全面的信息。投资者在对以上几部分内容进行初步了解后，根据自身的需求就可大致地确定所读年报是否有进一步详尽、认真分析的必要，这样可以起到事半功倍的阅读效果。

一、财务报表分析

财务报表分析是指企图了解一家上市公司经营业绩和财务状况的真实面目，从晦涩的会计程序中将会计数据背后的经济含义挖掘出来，为投资者和债权人提供决策基础。由于会计系统只是有选择地反映经济活动，而且它对一项经济活动的确认会有一段时间的滞后，再加上会计准则自身的不完善性，以及管理者有选择会计方法的自由，因此财务报告不可避免地会有许多不恰当的地方。虽然审计可以在一定程度上改善这一状况，但审计师并不能绝对保证财务报表的真实性和恰当性，他们的工作只是为报表的使用者做出正确的决策提供一个合理的基础，所以即使是经过审计，并获得无保留意见审计报告的财务报表，也不能完全避免这种不恰当性。这使得财务报表分析变得尤为重要。

（一）上市公司财务分析的主要方法

一般来说，财务分析的方法主要有以下四种：

（1）比较分析法：是为了说明财务信息之间的数量关系与数量差异，为进一步的分析指明方向。这种比较可以是将实际与计划相比，可以是将本期与上期相比，也可以是与同行业的其他企业相比。针对具体的财务报表，重点是对本期数和上期数进行比较，异动较大的更要深入分析，并探寻是否有趋势性，找出相关因素。

（2）趋势分析法：是为了揭示财务状况和经营成果的变化及其原因、性质，以此帮助预测未来。用于进行趋势分析的数据既可以是绝对值，也可以是比率或百分比数据。

（3）因素分析法：是为了分析几个相关因素对某一财务指标的影响程度，一般要借助于比较分析法。

（4）比率分析法：是通过对财务比率的分析，了解企业的财务状况和经营成果，往往要借助于比较分析法和趋势分析法。

上述各方法有一定程度的重合。在实际工作中，比较分析法和比率分析法应用最广。关于比率分析法，我们在后面会做专门的介绍；关于比较分析法，我们也将再说明一二。单就上市公司的自身财务数据而言，应针对看重的经营指标进行同比和环比分析。同比指本年同期和上年同期比；环比一般是指本月和上月比，但碍于所获数据的限制，目前只能进行季度的环比分析。同比、环比数据提高固然可喜，但要看清提高的幅度，还要注意业绩是否出现拐点，投资者并不能从简单的比较分析法中就得出未来还会增长的结论，必须通过因素分析法来支撑比率分析法，进而得出趋势性的结论。

对上市公司进行财务分析的第一要义是“排雷”，排除那些资产不实、虚增利润、潜在经营风险等业绩地雷；然后才是挖掘“现金奶牛”和成长性公司。未经“排雷”过程的投资建议和决策都是有风险的。

案例分析

上市公司造假案例一：万福生科财务造假

中国证监会在2013年5月10日下午例行的新闻通气会上公布了万福生科的财务造假相关处罚结果：

万福生科方面，除公司被罚款30万元外，董事长龚永福被罚款30万元，并被终身市场禁入，同时被终身市场禁入的还有公司财务总监覃学军，目前两人已被移交公安机关追究刑事责任。公司其余19名高管也分别被处以5万～25万元不等的罚款。

作为万福生科保荐方的平安证券，被证监会认定为未履行尽职调查义务，发行保荐书存在虚假记载，因此被没收保荐业务收入2 555万元，并处以保荐业务收入两倍的罚款，金额合计7 665万元，并暂停其保荐资格3个月。此外，对负责万福生科项目的平安证券保荐代表人吴文浩、何涛，以及平安证券原总经理、分管投行副总经理、投行部负责人等当时保荐方的主要负责人，分别处以30万元罚款，并撤销其证券从业资格，其中，吴文浩、何涛还被终身市场禁入。

不仅如此，证监会还认定万福生科IPO会计师事务所——中磊会计师事务所审计程序缺失，审计报告存在虚假记载，按照《证券法》第223条的规定，没收中磊会计师事务所相关业务收入138万元，并处以业务收入两倍的罚款，同时撤销其证券从业许可。对于签字会计师王越、黄国华分别处以10万元、13万元罚款，终身市场禁入。

湖南博鳌律师事务所在为万福生科发行上市提供法律服务时，未依法履行检查和验证义务，未能勤勉尽责，出具的法律意见书存在虚假记载，违反了《证券法》等法律法规的相关规定，构成《证券法》第223条所述情形。根据《证券法》等法律法规的相关规定，证监会拟没收博鳌律师事务所业务收入70万元，并处以业务收入两倍的罚款，且12个月内不接受其出具的证券发行专项文件；拟对签字律师刘彦、胡筠给予警告，并分别处以10万元的罚款，并采取终身证券市场禁入措施。

在证监会公布相关处罚规定之前，平安证券发布公告称，将出资3亿元，设立万福生科虚假陈述事件投资者利益补偿专项基金，存续期为2个月。该补偿专项基金将由中国证券投资者保护基金有限责任公司担任基金管理人，负责基金的日常管理及运作。其中，基金的补偿采取“先偿后追”方式，即对符合补偿条件的投资者，先提前以基金支付补偿，再通过法律途径向万福生科事件的相关责任方追偿。

2013年5月10日晚间，万福生科还就相关事件发布了公告，公告显示，公司董事长龚永福出具了《关于虚假陈述民事赔偿有关事项的承诺》，表示支持平安证券推出对受损投资者的先行补偿方案，承认万福生科对事件负有直接责任，龚永福同时承诺将妻子杨荣华所持有的3 000万股万福生科股票质押，以保证赔付受损投资者。

公开资料显示，万福生科于2011年9月登陆深圳证券交易所创业板，一年之后的2012年9月19日被证监会立案调查。对于万福生科《首次公开发行股票并在创业板上市招股说明书》披露的2008—2010年财务数据存在虚假记载一事，证监会表示，经查，万福生科为了达到公开发行股票和上市的条件，根据董事长兼总经理龚永福的决策并经财务总监覃学军安排人员执行，万福生科2008—2010年分别虚增销售收入约12 000万元、15 000万元、19 000万元，分别虚增营业利润约2 851万元、3 857万元、4 590万元。对于万福生科2011年年度报告、2012年半年度报告存在虚假记载一事，证监会表示，经查，在上述财务数据中，其披露的2011年年报和2012年半年报分别虚增销售收入28 000万元和16 500万元，分别虚增营业利润6 635万元和3 435万元。

万福生科的财务造假分为上市前和上市后两个阶段，即上市前的利润表是假的，而资产负债表是真的；上市后则虚构了巨额的预付账款，而其银行存款仍是真实的。

万福生科的造假方式即企业根据真实的“投入产出比例”虚拟采购、生产和销售流程，炮制假购销合同、假入库单、假检验单、假生产通知单等。甚至公司从供应链数据造假入手，在ERP系统上自动生成虚假的财务数据。要不是当地证监局例行巡检时万福生科拿出三套财务账，引起了证监局的警觉并立案，真相还真不容易大白于天下。多年前的东方电子造假案为真金白银式财务造假的典型，其欺诈特点是并没有虚构资产，银行存款余额是真实的，这种财务造假不管是从利润表入手还是从资产负债表入手都很难发现，从物流、现金流、商流、税收或供应链角度也都很难发现。

因此，提醒投资者注意的是：对于上市公司任何的财务数据异常，都应找到合理的解释才可释怀，经“排雷”后才可审慎投资。

上市公司造假案例二：欣泰电气财务造假

2014年1月27日，在创业板上市的丹东欣泰电气股份有限公司（欣泰电气300372）被中国证监会查明，欣泰电气的《2013年年度报告》《2014年半年度报告》《2014年年度报告》存在虚假记载。2013年12月至2014年12月，欣泰电气在上市后继续通过外部借款或者伪造银行单据的方式，在年末、半年末等会计期末冲减应收款项，大部分在下一会计期初冲回，导致其披露的相关年度和半年度报告财务数据存在虚假记载。

另外，欣泰电气实际控制人温德乙以员工名义从公司借款供其个人使用，截至2014年12月31日，占用欣泰电气6 388万元。欣泰电气在《2014年年度报告》中未披露该关联交易事项，导致《2014年年度报告》存在重大遗漏。

2016年7月7日，证监会对欣泰电气开出《行政处罚决定书》及《市场禁入决定书》。证监会对包括公司董事长、总经理等在内的共计17名相关人员和公司本身予以行政处罚，共计罚款1 907万元。除对相关人员处以罚款外，对公司董事长温德乙、总会计师刘明胜采取终身证券市场禁入措施，两人终身不得从事证券业务或担任上市公司董事、监事、高级管理人员职务。

与此同时，证监会对于欣泰电气的保荐机构和相关保荐人的处罚也相继披露。2016年7月8日晚间，兴业证券（601377，SH）发布公告称，公司及欣泰电气保荐代表人兰翔、伍文祥收到证监会《行政处罚及市场禁入事先告知书》。证监会拟决定，对公司给予警告，没收保荐业务收入1 200万元，并处以2 400万元罚款；没收承销股票违法所得2 078万元，并处以60万元罚款；对兰翔、伍文祥给予警告，并分别处以30万元罚款，撤销其证券从业资格，并拟对兰翔、伍文祥分别采取10年证券市场禁入措施。兴业证券同时还披露了出资5.5亿元设立欣泰电气欺诈发行先行赔付专项基金的情况。根据公告，兴业证券本次赔付的对象为自虚假陈述实施日（即 2014 年 1 月 15 日）起至揭露日（即 2015 年 7 月 14 日）或更正日之前买入欣泰电气股票，且在揭露日或更正日及以后因卖出欣泰电气股票或者因持续持有欣泰电气股票，扣除市场风险因素所致损失后存在亏损的投资者。

此外，对相关中介机构的违法行为也已经展开调查，证监会表示已对兴华会计师事务所发送了《行政处罚事先告知书》，对东易律师事务所的调查还在进行中。同时，证监会将冻结或限制行政责任当事人的原始股份，并关注相关股东减持的合规性；加强对欣泰电气的监管，确保欣泰电气正常生产经营，对于其首发剩余资金采取专户监管等。

该公司于 2016 年 6 月 23 日收到深圳证券交易所关于公司股票终止上市的决定，自 2016 年 7 月 17 日起，公司股票交易进入退市整理期。退市整理期届满（30 个交易日）的次一交易日，深圳证券交易所对公司股票予以摘牌。

从上述两个造假案例的处罚来看，处罚力度明显在增强，两家公司都是通过财务造假在创业板上市，但万福生科躲过了退市的命运，而欣泰电气开了创业板公司退市的先河。

（二）资产负债表分析

资产负债表是反映上市公司会计期末全部资产、负债和所有者权益情况的报表。通过资产负债表，投资者能了解企业在报表日的财务状况、长短期的偿债能力、资产、负债、权益和结构等重要信息。资产表示公司所拥有的或所掌握的以及其他公司所欠的各种资源或财产；负债表示公司所应支付的所有债务；所有者权益表示公司的净值。资产、负债和所有者权益的关系用公式可表示为：资产＝负债＋所有者权益。

阅读资产负债表的主要目的是研究企业的资产和负债情况，而资产的质量是重中之重。资产分为流动资产和非流动资产，流动资产的变现能力至关重要，而非流动资产所能创造出的价值以及效率如何是研究的重点。分析资产负债表要剔除资产中的水分和潜在的减值风险，对负债则主要关注负债的性质和成本，以及偿债能力（在后面的财务指标分析中重点介绍）。

下面结合表 7-1 针对资产负债表中一些重要的科目做一些防范风险的介绍。

（1）应收账款。

应收账款是指公司在经营活动中应该收到但还未收到的款项，与应收账款对应的是应付账款。多数企业多多少少都会有一定的应收账款，在对应收账款的具体数额和增减情况进行分析时，还要看它和利润表中营业收入的匹配关系。

一般来说，公司存在三年以上的应收账款是一种极不正常的现象，这是因为在会计核算中设有“坏账准备”这一科目，在正常情况下，在三年的时间里公司已经将应收账款全部计提了坏账准备，因此它不会对所有者权益产生负面影响。但在我国，由于存在大量“三角债”，以及利用关联交易通过该科目进行利润操纵等情况，因此，当投资者发现某上市公司的资产额很高时，一定要分析该公司的应收账款项目是否存在三年以上的应收账款，同时要结合“坏账准备”科目，分析其是否存在资产不实、“潜亏挂账”现象。

针对突然增加的大量应收账款，虽然不涉及三年以上应收账款的问题，但也有虚增利润或者回款不畅导致利润缺少真金白银支持的可能。表 7－1 中 BSY 公司的应收账款数额高达 58.84 亿元，而对应的营业收入反而有所下降，这一点要引起投资者的重视，当然，也要结合其账龄情况加以具体分析。

总之，对于应收账款过高的公司还是要小心。而像欣泰电气为了粉饰过高的应收账款而造假的行为对于普通投资者而言是防不胜防的，所幸监管部门将其揪了出来。

（2）预付账款和预收账款。

预付账款（也称预付款项）和预收账款（也称预收款项）是用来核算企业间的购销业务的。这也是一种信用行为，对付款方而言在资产项下以预付账款记账；对收款方而言则在负债项下以预收账款记账。一旦接受预付款的一方经营恶化不能正常完成预订的业务，那么付款方的这笔货物也就难以取得，其科目所体现的资产也就不可能实现，从而出现资产流失的现象；而对于收款方而言，预收账款尽管是负债，但起码说明有业务可做，不愁生产出的产品没有人要。此外，预收账款是对应业务的定金部分，对应的业务金额要比预收账款多，具体是多少要查看该公司披露的重大合同事项。

而在万福生科财务造假案中异常放大的预付账款平衡了虚增收入的现金流入，保证了银行存款的真实。显然，预付账款造假要比预收账款造假容易得多。

（3）其他应收款。

主要核算企业发生的非购销活动的应收债权，如企业发生的各种应收的赔款、存出保证金、备用金以及应向职工收取的各种垫付款等。但在实际工作中，并非这么简单。例如，大股东或关联企业往往将占用的上市公司资金挂在其他应收款下，形成难以解释和收回的资产，这样就形成了虚增资产。因此，投资者应该注意到，当上市公司报表中的“其他应收款”数额异常大时，就应该加以警惕了。

（4）长期应收款。

根据 2014 年新企业会计准则的规定，由于分期收款销售商品的核算方法与以前的不同，企业应设置“长期应收款”科目。本科目核算企业融资租赁产生的应收款项和采用递延方式分期收款、实质上具有融资性质的销售商品和提供劳务等经营活动产生的应收款项。

表 7－1 中 BSY 公司的长期应收款数额高达 30.18 亿元，增幅非常明显，表明该公司通过融资租赁的形式销售商品来强势开拓市场。采取这种策略的公司首先是对对方的信用较为相信，其次自身现金充足或者具有可靠的融资手段。BSY 公司的主要客户是各地方政府，提供的商品和服务又是污水处理设备和技术，采用此种方式有一定的合理性，但关键是所服务的地方政府别出现债务危机。

（5）存货。

存货是指企业在生产经营过程中为销售或耗用而储备的各种资产，包括商品、产成品、半成品、在产品以及各种材料、燃料、包装物、低值易耗品等。就对上市公司的分析而言，大致可以将其存货分为三大类：原材料、半成品和产成品，尤其要区分原材料存货和产品存货，而区分这一点要借助于会计报表附注的说明。

一定的原材料储备是必要的，但储备数量过大将面临风险：原材料价格一旦走低，企业在成本控制上和对手竞争时就将处于劣势。产品存货过大一般是销售不畅所致，但有些行业有其特殊性，产品和商品还不能画等号。如白酒行业的基酒是产品但不是商品，其商品是在基酒的基础上勾兑而成的。而白酒的年份决定了白酒的品质及售价，因而基酒库存大就未必是坏事，尤其对于畅销的品牌酒而言。当然，反腐浪潮在一定程度上导致其终端白酒不畅销应另当别论。

表 7－1 中 BSY 公司的存货为 17.86 亿元，比上年增加了 5 亿多元，虽然占其营业收入的比例并不算高，但该公司的销售出现下滑而存货在增加总不是好事。

（6）固定资产和在建工程。

要研究上市公司的成长性，产能扩张也是必要的关注事项，在资产负债表中固定资产的增加是其表现形式，在建工程完成后会转入固定资产净额。因此，固定资产增加的幅度、在建工程和固定资产的比值都是应重点关注的数据。当然，对于产能扩张，要防备产能过剩，应根据上市公司的重大事件公告分析其具体扩张产能的市场潜力。

此外，在固定资产科目下不同类别的固定资产的折旧率也是关注的重点之一，加速折旧的企业的利润是扎实的，而慢速折旧的企业有虚增利润的嫌疑。

（7）长期股权投资。

长期股权投资是指通过投资取得被投资单位的股份。企业对其他单位的股权投资通常是长期持有，以期通过股权投资达到控制被投资单位或对被投资单位施加重大影响的目的，或者是为了与被投资单位建立密切关系，以分散经营风险，获得投资收益。长期股权投资的计量有成本法和权益法两种。

表 7－1 中 BSY 公司的长期股权投资高达 53.38 亿元，数额不低但当期增加幅度不大，而其利润表中投资收益为 2.72 亿元，其中联营企业和合营企业贡献的投资收益为 1.71 亿元，表明该公司通过直接投资和并购来扩大公司的经营业绩效果并不明显。

（8）金融资产和金融负债。

2018 年 1 月 1 日，我国开始施行新修订的《企业会计准则第 22 号——金融工具确认和计量》。新准则为了规范金融工具的确认和计量，对金融资产和金融负债加以明确，并规定企业应当对金融资产和金融负债分不同类别进行计量。

金融工具是指形成一方的金融资产并形成其他方的金融负债或权益工具的合同。

金融资产是指企业持有的现金、其他方的权益工具以及符合下列条件之一的资产：

1）从其他方收取现金或其他金融资产的合同权利。

2）在潜在有利条件下，与其他方交换金融资产或金融负债的合同权利。

3）将来须用或可用企业自身权益工具进行结算的非衍生工具合同，且企业根据该合同将收到可变数量的自身权益工具。

4）将来须用或可用企业自身权益工具进行结算的衍生工具合同，但以固定数量的自身权益工具交换固定金额的现金或其他金融资产的衍生工具合同除外。其中，企业自身权益工具不包括应当按照《企业会计准则第 37 号——金融工具列报》分类为权益工具的可回售工具或发行方仅在清算时才有义务向另一方按比例交付其净资产的金融工具，也不包括本身就要求在未来收取或交付企业自身权益工具的合同。

金融负债是指企业符合下列条件之一的负债：

1）向其他方交付现金或其他金融资产的合同义务。

2）在潜在不利条件下，与其他方交换金融资产或金融负债的合同义务。

3）将来须用或可用企业自身权益工具进行结算的非衍生工具合同，且企业根据该合同将交付可变数量的自身权益工具。

4）将来须用或可用企业自身权益工具进行结算的衍生工具合同，但以固定数量的自身权益工具交换固定金额的现金或其他金融资产的衍生工具合同除外。企业对全部现有同类别非衍生自身权益工具的持有方同比例发行配股权、期权或认股权证，使之有权按比例以固定金额的任何货币换取固定数量的该企业自身权益工具的，该类配股权、期权或认股权证应当分类为权益工具。其中，企业自身权益工具不包括应当按照《企业会计准则第37号——金融工具列报》分类为权益工具的可回售工具或发行方仅在清算时才有义务向另一方按比例交付其净资产的金融工具，也不包括本身就要求在未来收取或交付企业自身权益工具的合同。

此外，新准则对衍生工具、金融工具的确认和终止确认、金融资产和金融负债的分类、嵌入衍生工具、金融工具的重分类、金融工具的计量、金融工具的减值、利得和损失等内容都有明确具体的规定。

（9）商誉和商誉减值。

按照《企业会计准则第20号——企业合并》中的相关规定，在非同一控制下的企业合并中，购买方对合并成本大于合并中取得的被购买方可辨认净资产公允价值份额的差额，应当确认为商誉。

2018年11月16日，中国证监会发布《会计监管风险提示第8号——商誉减值》，从商誉减值的会计处理及信息披露、商誉减值事项的审计和与商誉减值事项相关的评估三方面，就常见问题和监管关注事项进行说明，明确对因企业合并所形成的商誉，不论是否存在减值迹象，都应当至少在每年度终了进行减值测试。该提示文件成为众多上市公司在2018年年报中大量进行商誉减值的导火索，截至2019年4月30日，A股上市公司共进行商誉减值1 658亿元，45家A股公司减值超10亿元。商誉减值成为从2018年年报中冲出来的“灰犀牛”。BSY公司虽没有在2018年年报中进行商誉减值，但其账面上8.07亿元的商誉也不是个小数目，对未来的业绩会造成潜在的影响。

商誉的多少反映上市公司并购时比照公允价值多支付了多少，并购进来的资产能否产生相应的溢价至关重要。一旦并购成功后发现被并购资产不值那么多钱，那么早减值还可以在未来轻装前进。而问题就回到了并购之初多支付那么多对价是不是审慎、无私的，至于引发群体事件并成为“灰犀牛”就是监管者该反思的事情了。

（10）长期待摊费用。

长期待摊费用是指企业已经支出，但摊销期限在1年以上的各项费用。长期待摊费用不能全部计入当年损益，应当在以后年度内分期摊销，具体包括开办费、固定资产修理支出、租入固定资产的改良支出及摊销期限在一年以上的其他待摊费用。根据2014年新会计准则的规定，开办费和修理费均一次性计入当期损益。其中开办费计入当期管理费用，修理费计入当期销售费用或管理费用（即修理费一律费用化）。在“长期待摊费用”科目下，企业应按费用的种类设置明细账，进行明细核算，并在会计报表附注中按照费用项目披露其摊余价值、摊销期限、摊销方式等。我们关注该科目的重点是提防一些不良企业利用长期待摊费用虚增利润，投资者对于突然放大的长期待摊费用更要小心。

（11）递延所得税资产和递延所得税负债。

递延所得税资产就是未来预计可以用来抵税的资产，它是根据可抵扣暂时性差异及适用税率计算出的影响未来期间应交所得税的金额。

递延所得税负债是由应纳税暂时性差异产生的，对于影响利润的暂时性差异，确认的递延所得税负债应该调整"所得税费用"。

表7-1中BSY公司的递延所得税资产为2.27亿元，而递延所得税负债仅为957万元，这对于该公司下一期的损益有积极影响。

表7-1 BSY公司2018年资产负债表（合并） 单位：万元

项目	期末余额	期初余额	项目	期末余额	期初余额
流动资产			流动负债		
货币资金	633 101	613 168	短期借款	412 547	392 500
结算备付金			向中央银行借款		
拆出资金			吸收存款及同业存放		
以公允价值计量且其变动计入当期损益的金融资产			以公允价值计量且其变动计入当期损益的金融负债		
衍生金融资产			衍生金融负债		
应收票据及应收账款	596 234	463 234	应付票据及应付账款	992 824	838 183
其中：应收票据	7 834	5 199	预收款项	65 159	44 657
应收账款	588 400	458 035	卖出回购金融资产款		
预付款项	118 043	70 274	应付手续费及佣金		
应收保费			应付职工薪酬	14 013	2 983
应收分保账款			应交税费	71 323	100 889
应收分保合同准备金			其他应付款	88 471	64 146
其他应收款	94 359	107 941	其中：应付利息	6 865	3 874
其中：应收利息	2 130	842	应付股利		66
应收股利		903	一年内到期的非流动负债	8 000	50
买入返售金融资产			其他流动负债	406 710	265 594
存货	178 559	128 464	流动负债合计	2 059 047	1 709 001
持有待售资产			非流动负债		
一年内到期的非流动资产			长期借款	804 403	367 779
其他流动资产	246 899	132 968	应付债券	480 588	481 042
流动资产合计	1 867 194	1 516 049	其中：优先股		
非流动资产			长期应付款	126 725	10 647
发放贷款和垫款			预计负债	6 119	

续表

项目	期末余额	期初余额	项目	期末余额	期初余额
持有至到期投资			递延收益	6 518	5 790
长期应收款	301 841	168 048	递延所得税负债	957	1 345
长期股权投资	533 834	501 010	非流动负债合计	1 425 310	866 602
投资性房地产			负债合计	3 484 357	2 575 603
固定资产	61 013	51 932	所有者权益		
在建工程	25 459	22 218	股本	315 051	313 929
生产性生物资产			资本公积	669 187	683 522
油气资产			减：库存股	4 719	9439
无形资产	2 629 146	2 075 593	其他综合收益	−8 933	5 119
开发支出	6 775	5 609	盈余公积	62 130	57 542
商誉	80 683	81 874	一般风险准备		
长期待摊费用	2 383	3 570	未分配利润	848 195	756 585
递延所得税资产	22 766	11804	归属于母公司所有者权益合计	1 880 910	1 807 257
其他非流动资产	137 922	125 988	少数股东权益	303 749	180 833
非流动资产合计	3 801 823	3 047 645	所有者权益合计	2 184 659	1 988 091
资产总计	5 669 017	4 563 694	负债和所有者权益总计	5 669 017	4 563 694

资料来源：BSY 公司 2018 年年报。

注：表中数据进行了四舍五入处理。余同。

（三）利润表分析

在财务报表中，公司的盈亏情况是通过利润表来反映的。利润表反映公司一定时期的经营成果和经营成果的分配关系。它展示公司的损益账目，反映公司在一定时期的业务经营状况，直接明了地揭示公司获取利润能力的大小、潜力以及经营趋势。利润表由四个主要部分构成。第一部分是营业收入；第二部分是与营业收入相关的生产性费用、销售费用和其他费用；第三部分是利润；第四部分是公司利润分配去向。

投资者在分析利润表时，应主要抓住以下两个方面：

1. 利润表结构分析

利润表是把上市公司在一定期间的营业收入与同一会计期间的营业费用进行配比，以得到该期间的净利润（或净亏损）情况。由此可知，该报表的重点是相关的收入指标和费用指标。“收入－费用＝利润”可以视作阅读这一报表的基本思路。

当投资者看到一份利润表时，会注意到以下几个会计指标，它们分别是：“营业总收入”“营业总成本”“营业利润”“利润总额”“净利润”。在这些指标中应重点关注营业总收入中的主营业务收入、营业利润中的主营业务利润以及净利润，尤其应关注主营业务利润与净利润的盈亏情况。许多投资者往往只关心净利润情况，认为净利润为正就代表公司盈利，于是高枕无忧。实际上，公司的长期发展动力来自其对自身主营业务的开拓与经营，从严格意义上说，主营业务亏损但净利润为正的公司比主营业务盈利但净利润为负的公司更危险。需要指出的是上市公司大多都要合并财务报表，在合并的利润表中，净利润并不都是上市公司股东的收益，应该减去相应的少数股东权益，归属于母公司所有者的净利润才是上市公司股东的净利润。如在表 7－2 中，净利润为 13.52 亿元，而归属于母公司所有者的净利润为 12.45 亿元，业绩和上年相比近乎腰斩。本书在用净利润计算相关指标时都意指用归属于母公司所有者的净利润来计算。

上市公司可以通过政府财政补贴、营业外收入尤其是变卖资产等手段，将当期利润总额和净利润做成盈利，可谁又敢保证下一年度还有政府财政补贴、营业外收入，以及还有资产可以变卖呢？因此，投资者更应该关注扣除非经常性损益后的净利润。

在分析上市公司的利润表时首要是判断利润的真实性，虚增利润和隐瞒利润都属于操纵利润的行为。上市公司虚增利润是为了在上市时股票卖个好价钱，但将来业绩“变脸”是早晚的事情。隐瞒利润要么是为了配合主力吃货；要么是为了使管理层轻松获得股权激励；要么是因为利润被大股东侵吞。当然，也有因股市市况不好，业绩好也不一定会得到市场的欢迎而故意隐瞒利润，等市况好时再释放利润的情况。除被侵吞的利润外，隐瞒的利润迟早是要释放出来的，同样是造假，隐瞒利润要好过虚增利润。

2. 通过分析关联交易判断上市公司利润的来源

上市公司为了向社会公众展现自己的经营业绩，抬高公司的股价，往往利用关联方之间的交易来调节其利润，主要分析方法有以下几种：

（1）增加收入、转嫁费用。

投资者在进行投资分析时，一定要分析其关联交易，特别是母子公司间是否存在着相互关联交易、转嫁费用的现象。所谓费用主要是指利润表中的“三费”，即销售费用、管理费用、财务费用。对于母子公司间存在关联交易的，一定要从上市公司的当年利润中剔除掉关联交易所虚增的利润。

（2）资产租赁。

由于上市公司大部分都是从母公司中剥离出来的，上市公司的大部分资产主要是从母公司处以租赁方式取得的，因而租赁资产的租赁数量、租赁方式和租赁价格就是上市公司与母公司之间可以随时调整利润的阀门。有的上市公司还可将从母公司租来的资产同时转租给母公司的其他子公司，以分别转移母公司与子公司的利润。

（3）委托投资或合作投资。

①委托投资：当上市公司接受一个周期长、风险大的项目时，可将某一部分现金转移给母公司，以母公司的名义进行投资，将其风险全部转嫁给母公司，却将投资收益确定为上市公司当年的利润。

②合作投资：上市公司要想配股，其净资产收益率要达到一定的标准，公司一旦发现其净资产收益率很难达到这个要求，便倒推出利润缺口，然后与母公司签订联合投资合同，投资回报按倒推出的利润缺口确定，其实这块利润是由母公司出的。

（4）资产转让置换。

一般来说上市公司通过与母公司进行资产转让置换，可以从根本上改变自身的经营状况，以便长期拥有“壳资源”所带来的再融资能力，对上市公司及其母公司来说这是一个双赢战略。通常上市公司购买母公司优质资产的款项挂往来账，不计利息或资金占用费，这样上市公司不仅获得了优质资产的经营收益，而且无须付出任何代价就把风险转嫁给了母公司。另外上市公司往往将不良资产和等额的债务剥离给母公司或母公司控制的子公司，以达到避免不良资产经营所产生的亏损或损失的目的。

表 7－2　BSY 公司 2018 年利润表（合并）　单位：万元

项　　目	本期发生额	上期发生额
一、营业总收入	1 151 781	1 376 729
其中：营业收入	1 151 781	1 376 729
利息收入		
已赚保费		
手续费及佣金收入		
二、营业总成本	1 020 512	1 111 600
其中：营业成本	808 390	977 975
利息支出		
手续费及佣金支出		
退保金		
赔付支出净额		
提取保险合同准备金净额		
保单红利支出		
分保费用		
税金及附加	6 531	5 272
销售费用	28 837	23 116
管理费用	50 405	30 530
研发费用	24 517	24 073
财务费用	66 960	36 340
其中：利息费用	73 031	46 340
利息收入	8 008	13 444
资产减值损失	34 872	14 294
加：其他收益	3 095	1 981
投资收益（损失以“一”号填列）	27 221	45 011
其中：对联营企业和合营企业的投资收益	17 138	16 756
公允价值变动收益（损失以“一”号填列）		
汇兑收益（损失以“一”号填列）		
资产处置收益（损失以“一”号填列）	120	1
三、营业利润（亏损以“一”号填列）	161 704	312 122
加：营业外收入	2 206	1 957
减：营业外支出	918	1 035
四、利润总额（亏损总额以“一”号填列）	162 992	313 043
减：所得税费用	27 839	53 907
五、净利润（净亏损以“一”号填列）	135 154	259 136
（一）持续经营净利润（净亏损以“一”号填列）	135 154	259 136
（二）终止经营净利润（净亏损以“一”号填列）		
归属于母公司所有者的净利润	124 452	250 938
少数股东损益	10 702	8 198
六、其他综合收益的税后净额	－14 052	－1 132
归属于母公司所有者的其他综合收益的税后净额	－14 052	－1 132

续表

项　目	本期发生额	上期发生额
（一）不能重分类进损益的其他综合收益		
1. 重新计量设定受益计划变动额		
2. 权益法下不能转损益的其他综合收益		
（二）将重分类进损益的其他综合收益	−14 052	−1 132
1. 权益法下可转损益的其他综合收益	−4 149	3 645
2. 可供出售金融资产公允价值变动损益	−10 664	−4 807
3. 持有至到期投资重分类为可供出售金融资产损益		
4. 现金流量套期损益的有效部分		
5. 外币财务报表折算差额	761	30
6. 其他		
归属于少数股东的其他综合收益的税后净额		
七、综合收益总额	121 102	258 005
归属于母公司所有者的综合收益总额	110 400	249 806
归属于少数股东的综合收益总额	10 702	8 198
八、每股收益		
（一）基本每股收益	0.40	0.80
（二）稀释每股收益	0.40	0.80

资料来源：BSY 公司 2018 年年报。

(四) 现金流量表分析

现金流量表是以现金为基础编制的财务状况变动表。它是反映公司在一定时期内的现金流入、流出及其净额的报表，主要说明公司本期现金来自何处、用往何方以及现金余额如何构成。

现金流量表是反映现金的来源及运用，以及不涉及现金的重大的投资活动和理财活动的财务报表。它包括三个部分：一是经营活动产生的现金流量，二是投资活动产生的现金流量，三是筹资活动产生的现金流量，如表 7－3 所示。

经营活动产生的现金流量是最重要的现金流量，经营活动产生的现金流量净额不仅仅要为正，而且最好是大于净利润，它直接反映公司赚取的是纸上富贵还是真金白银。销售商品、提供劳务收到的现金最好是大于等于营业总收入，这样不仅说明销售百分之百地转化为收入，而且超出的部分意味着清收了多少以前的应收账款。否则，说明公司销售回款不佳或者销售不畅，具体程度要对照资产负债表中的应收账款和存货的变化情况来分析。

表 7－3 中 BSY 公司 2018 年经营活动现金流入为 122.46 亿元，高于表 7－2 中 115.18 亿元的营业总收入，其差额大体同收到其他与经营活动有关的现金相当。其经营活动产生的现金流量净额为 13.05 亿元，和表 7－2 中归属于母公司所有者的净利润 12.45 亿元大体相当，表明该公司的净利润有真金白银的支持。

投资活动产生的现金流量净额、筹资活动产生的现金流量净额的正负并不重要，关键要看所投资项目的情况。现金流量净额是负值但投资的是好项目，那么这个流出就是好的。筹资活动分为股权融资、债权融资以及向银行借款，虽然都是现金流入，但还要看融资成本的高低和负债的比例。

表 7－3 中 BSY 公司 2018 年投资活动产生的现金流量净额为－79.84 亿元、筹资活动产生的现金流量净额为 68.09 亿元，加上经营活动产生的现金流量净额 13.05 亿元，使得该公司的货币资金还能略有增加。从上述三个现金流净额数据来看，大量对外投资是由其赊销污水处理设备等市政工程项目这一商业模式所决定的，但最好是通过自身经营活动产生的现金流量净额来支撑对外投资，靠筹资得来的钱去运转则要密切关注各类融资政策的变化，要提前预判，未雨绸缪。

表 7－3　BSY 公司 2018 年现金流量表（合并）　　单位：万元

项　目	本期发生额	上期发生额
一、经营活动产生的现金流量		
销售商品、提供劳务收到的现金	1 126 565	1 124 626
客户存款和同业存放款项净增加额		
向中央银行借款净增加额		
向其他金融机构拆入资金净增加额		
收到原保险合同保费取得的现金		
收到再保险业务现金净额		
保户储金及投资款净增加额		
处置以公允价值计量且其变动计入当期损益的金融资产净增加额		
收取利息、手续费及佣金的现金		
拆入资金净增加额		
回购业务资金净增加额		
收到的税费返还	2 851	977
收到其他与经营活动有关的现金	95 153	24 939
经营活动现金流入小计	1 224 569	1 150 542
购买商品、接受劳务支付的现金	846 427	687 358
客户贷款及垫款净增加额		
存放中央银行和同业款项净增加额		
支付原保险合同赔付款项的现金		
支付利息、手续费及佣金的现金		
支付保单红利的现金		
支付给职工以及为职工支付的现金	67 967	44 256
支付的各项税费	98 413	81 235
支付其他与经营活动有关的现金	81 270	86 299
经营活动现金流出小计	1 094 076	899 148
经营活动产生的现金流量净额	130 493	251 394
二、投资活动产生的现金流量		
收回投资收到的现金	37 881	43 496
取得投资收益收到的现金	11 323	9 176
处置固定资产、无形资产和其他长期资产收回的现金净额	335	4
处置子公司及其他营业单位收到的现金净额	4 704	12 167
收到其他与投资活动有关的现金	36 146	209 690
投资活动现金流入小计	90 388	274 534

续表

项　　目	本期发生额	上期发生额
购建固定资产、无形资产和其他长期资产支付的现金	654 769	1 001 941
投资支付的现金	102 360	263 824
质押贷款净增加额		
取得子公司及其他营业单位支付的现金净额		68 293
支付其他与投资活动有关的现金	131 617	47 097
投资活动现金流出小计	888 746	1 381 156
投资活动产生的现金流量净额	−798 358	−1 106 622
三、筹资活动产生的现金流量		
吸收投资收到的现金	121 421	76 325
其中：子公司吸收少数股东投资收到的现金	103 739	55 297
取得借款收到的现金	1 210 393	1 366 466
发行债券收到的现金		
收到其他与筹资活动有关的现金	116 413	149 600
筹资活动现金流入小计	1 448 226	1 592 391
偿还债务支付的现金	635 772	829 414
分配股利、利润或偿付利息支付的现金	100 418	48 938
其中：子公司支付给少数股东的股利、利润		
支付其他与筹资活动有关的现金	31 147	1 762
筹资活动现金流出小计	767 338	880 115
筹资活动产生的现金流量净额	680 888	712 276
四、汇率变动对现金及现金等价物的影响	892	−2 268
五、现金及现金等价物净增加额	13 915	−145 219
加：期初现金及现金等价物余额	610 639	755 857
六、期末现金及现金等价物余额	624 554	610 639

资料来源：BSY 公司 2018 年年报。

（五）所有者权益变动表介绍

所有者权益变动表（又称股东权益变动表）是指反映构成所有者权益的各组成部分当期的增减变动情况的报表。所有者权益变动表应当全面反映一定时期所有者权益变动的情况。

所有者权益变动表解释了在某一特定时间内股东权益因公司经营盈亏及分红扩股而发生的变化。它是说明管理阶层是否公平对待股东的最重要信息。所有者权益变动表包括在年度会计报表中，是资产负债表的附表。

所有者权益变动表至少应当单独列示反映下列信息的项目：

（1）净利润。

（2）直接计入所有者权益的利得和损失项目及其总额。

（3）会计政策变更和差错更正的累积影响金额。

（4）所有者投入资本和向所有者分配利润等。

（5）按照规定提取的盈余公积。

（6）实收资本（或股本）、资本公积、盈余公积、未分配利润的期初余额和期末余额及其调节情况。

在实际应用中，由于上市公司披露上一年年度报告的时间和报告截止期原本就有较大的时滞，所以对于投资者而言分析该公司的年度报告的时间就更晚。在这期间该上市公司也许已经实施上年度的分配方案，而其所引发的所有者权益变动却只能在下一报告期才会被披露出来。这样，在直接调用该上市公司年度报告中的每股数据时就会出现错误，因而必须将变化后的股本针对每股数据进行摊薄处理。

具体的做法是调用年度报告中经营业绩的原始数据除以变化后的总股本，如对每股收益的摊薄处理是调用年度报告中的归属于母公司所有者的净利润除以最新的总股本。尤其是在进行业绩排名分析时是对多个上市公司的每股数据进行比较分析，投资者必须养成摊薄处理的习惯。从大数法则的角度来看，统计的公司越多，就越容易遇到我们提到的上述情况。

二、财务指标分析

（一）公司偿债能力分析

1. 短期偿债能力分析

短期偿债能力是指公司偿付流动负债的能力。流动负债是一年内或超过一年的一个营业周期内需要偿付的债务。一般来说流动负债需以流动资产来偿付，通常需要以现金直接偿还。评价公司短期偿债能力的财务比率主要有流动比率、速动比率和现金比率。

（1）流动比率。

流动比率是公司流动资产与流动负债的比率。计算公式为：

$$流动比率=\frac{流动资产}{流动负债}$$

流动比率是衡量公司短期偿债能力的一个重要财务指标，这个比率越高，说明公司偿还流动负债的能力越强，流动负债得到偿还的保障越大，但是，过高的流动比率也可能意味着公司滞留在流动资产上的资金过多，会影响到公司的获利能力。根据经验，流动比率在2∶1左右比较合适。

（2）速动比率。

流动资产扣除存货后的余额为速动资产。速动资产与流动负债的比率为速动比率，也称酸性试验比率。其计算公式为：

$$速动比率=\frac{速动资产}{流动负债}=\frac{流动资产-存货}{流动负债}$$

用速动比率来判断公司的短期偿债能力比用流动比率更进了一步，因为它扣除了变现能力较差的存货。速动比率越高，说明公司的短期偿债能力越强。根据经验，一般认为速动比率为 1∶1 比较合适。

（3）现金比率。

现金比率是公司的现金类资产与流动负债的比率。其计算公式为：

$$现金比率=\frac{现金+现金等价物}{流动负债}$$

现金比率反映公司的直接支付能力，现金比率高，说明公司有较好的支付能力。但是，如果这个比率过高，则意味着公司拥有过多的获利能力较低的现金类资产，公司资产未能得到有效的运用。

2. 长期偿债能力分析

长期偿债能力是指公司偿还长期负债的能力。反映公司长期偿债能力的财务比率主要有资产负债率、股东权益比率以及利息保障倍数。

（1）资产负债率。

资产负债率是公司负债总额与资产总额的比率，也被称为负债比率或举债经营比率，它反映公司的资产总额中有多少是通过举债得到的。其计算公式为：

$$资产负债率=\frac{负债总额}{资产总额}$$

资产负债率反映公司偿还债务的综合能力，这个比率越高，公司偿还债务的能力就越差；反之，公司偿还债务的能力就越强。对于资产负债率，公司的债权人、股东和公司经营者往往从不同的角度进行评价。

至于资产负债率为多少才合理，并没有一个确定的标准，关键要看持续经营能力。一般而言，处于高速成长期的公司，其负债比率可能会高一些，但也未必就会得到银行的贷款支持，中小企业融资难是世界性的普遍现象。而在传统行业中银行业和航空业的资产负债率都相当高，这是由它们的行业属性所决定的，尤其是银行是以吸收存款、发放贷款为主要经营手段的，存款对于银行而言就是负债，资产负债率高是不可避免的，银行业要满足资本充足率 8%这个基本要求，足见其资产负债率在 90%以上。因此，资产负债率的高低还是在行业内进行横向比较才妥当。

（2）股东权益比率。

股东权益比率是股东权益总额与资产总额的比率，该比率反映公司资产中有多少是所有者投入的。其计算公式为：

$$股东权益比率=\frac{股东权益总额}{资产总额}$$

股东权益比率与资产负债率之和等于 1。因此，这两个比率是从不同的侧面来反映公司的长期财务状况的。

股东权益比率的倒数，称作权益乘数，即资产总额是股东权益总额的多少倍。该乘数越大，说明股东投入的资本在资产中所占的比重越小。其计算公式为：

$$权益乘数=\frac{资产总额}{股东权益总额}$$

（3）利息保障倍数。

利息保障倍数是指公司息税前利润（EBIT）与利息费用之比，又称已获利息倍数，用以衡量公司偿付借款利息的能力，即它是衡量公司支付负债利息能力的指标。利息保障倍数的计算公式为：

$$利息保障倍数=\frac{息税前利润}{利息费用}$$

公司生产经营所获得的息税前利润与利息费用之比即利息保障倍数越大，说明公司支付利息费用的能力越强。因此，债权人要分析利息保障倍数指标，以衡量债权的安全程度。

3. 影响公司偿债能力的其他因素

(1) 或有负债。

或有负债是公司在经济活动中有可能会发生的债务。或有负债不作为负债在资产负债表的负债类项目中进行反映,除了已贴现未到期的商业承兑汇票在资产负债表的附注中列示外,其他或有负债在会计报表中均未得到反映。这些或有负债在资产负债表编制日还不能确定未来的结果如何,但一旦将来成为公司现实的负债,就会对公司的财务状况产生重大影响,尤其是金额巨大的或有负债项目。

(2) 担保责任。

在经济活动中,公司可能会以本公司的资产为其他公司提供法律担保。这种担保责任在被担保人没有履行合同时,有可能会成为公司的负债,但是,这种担保责任在会计报表中并未得到反映,因此在进行财务分析时,必须考虑到公司是否有巨额的法律担保责任。

(3) 租赁活动。

公司在生产经营活动中,可以通过财产租赁的方式获得急需的设备。通常财产租赁有两种形式:融资租赁和经营租赁。采用融资租赁方式时,租入的固定资产作为公司的固定资产入账,租赁费用作为公司的长期负债入账,这在计算前面有关的财务比率中都已经计算在内。然而,采用经营租赁方式租入的资产,其租赁费用并未包含在负债之中,如果经营租赁的业务量较大、期限较长或者具有经常性,则其租金虽然不包含在负债之中,但对公司的偿债能力也会产生较大的影响。

(二) 公司营运能力分析

公司的营运能力反映了公司资金的周转状况,投资者对此进行分析,可以了解公司的营业状况及经营管理水平。公司的资金周转状况与供、产、销各个经营环节密切相关,在供、产、销各个经营环节中,销售有着特殊的意义。我们可以通过产品销售情况与公司资金占用量来分析公司的资金周转状况,评价公司的营运能力。

评价公司营运能力常用的财务比率有存货周转率、应收账款周转率、流动资产周转率、固定资产周转率、总资产周转率等。

1. 营运能力分析 1

(1) 存货周转率。

存货周转率也称存货利用率,是公司一定时期的销售成本与平均存货的比率。其计算公式为:

$$存货周转率=\frac{销售成本}{平均存货}$$

$$平均存货=\frac{期初存货余额+期末存货余额}{2}$$

存货周转率说明了一定时期内公司存货周转的次数,可以用来测定公司存货的变现速度,衡量公司的销售能力及存货是否过量。在正常情况下,如果公司经营顺利,存货周转率越高,说明存货周转得越快,公司的销售能力越强,在存货上占用的营运资金越少。但是,存货周转率过高,也可能说明公司在管理方面存在一些问题,如存货水平低,甚至经常缺货,或者采购过于频繁,批量太小等。存货周转率过低,常常意味着库存管理不力,销售状况不好,造成存货积压,说明公司在产品销售方面存在一定的问题,但也可能是公司调整了经营方针，因某种原因而增大库存的结果。

存货周转状况也可以用存货周转天数来表示。其计算公式为：

$$存货周转天数=\frac{360}{存货周转率}=\frac{平均存货\times 360}{销售成本}$$

（2）应收账款周转率。

应收账款周转率是公司一定时期的赊销收入净额与应收账款平均余额的比率，它反映了公司应收账款的周转速度。其计算公式为：

$$应收账款周转率=\frac{赊销收入净额}{应收账款平均余额}$$

$$应收账款平均余额=\frac{期初应收账款+期末应收账款}{2}$$

应收账款周转率是评价应收账款流动性大小的一个重要财务比率，它反映了公司在一个会计年度内应收账款的周转次数，可以用来分析公司应收账款的变现速度和管理效率。这一比率越高，说明公司催收账款的速度越快，可以减少坏账损失，而且资产的流动性强，公司的短期偿债能力也会增强。但是，如果应收账款周转率过高，可能是公司奉行了比较严格的信用政策、信用标准和付款条件过于苛刻的结果，当然，能这么做并且能做到说明公司产品是受市场欢迎的。这种情况与存货周转率偏低同时出现时，就会限制公司销售量的扩大，从而影响公司的盈利水平。如果公司的应收账款周转率低，说明公司催收账款的效率太低，或者信用政策十分宽松，这样会影响公司资金的利用率和资金的正常周转。

2. 营运能力分析 2

（1）流动资产周转率。

流动资产周转率是销售收入与流动资产平均余额的比率，它反映的是全部流动资产的利用效率。其计算公式为：

$$流动资产周转率=\frac{销售收入}{流动资产平均余额}$$

$$流动资产平均余额=\frac{期初流动资产+期末流动资产}{2}$$

流动资产周转率表明在一个会计年度内公司流动资产的周转次数，它反映了流动资产的周转速度。该指标越高，说明公司流动资产的利用率越高。但是，究竟流动资产周转率为多少才算好，并没有一个确定的标准。通常分析流动资产周转率应比较公司历年的数据并结合行业特点来进行。

（2）固定资产周转率。

固定资产周转率也称固定资产利用率，是公司销售收入与固定资产平均净值的比率。其计算公式为：

$$固定资产周转率=\frac{销售收入}{固定资产平均净值}$$

$$固定资产平均净值=\frac{期初固定资产净值+期末固定资产净值}{2}$$

这项比率主要用于分析公司对厂房、设备等固定资产的利用效率，该比率越高，说明固定资产的利用率越高，管理水平越好。如果固定资产周转率与同行业平均水平相比偏低，说明公司的生产效率较低，可能会影响公司的获利能力。

(3) 总资产周转率。

总资产周转率也称总资产利用率，是公司销售收入与资产平均总额的比率。其计算公式为：

$$总资产周转率=\frac{销售收入}{资产平均总额}$$

$$资产平均总额=\frac{期初资产总额+期末资产总额}{2}$$

总资产周转率可用来分析公司全部资产的使用效率。如果这个比率低，说明公司利用资产进行经营的效率较差，会影响公司的获利能力，公司应该采取措施提高销售收入或处置资产，以提高总资产利用率。当然，要尊重其所属行业的行业特性。

（三）公司获利能力分析

获利能力是指公司赚取利润的能力。获利能力分析是公司财务分析的重要组成部分，也是评价公司经营管理水平的重要依据。对公司获利能力进行分析，一般只分析公司正常经营活动的获利能力，不涉及非正常的经营活动。

评价公司获利能力的财务比率主要有毛利率、净利率、资产报酬率、股东权益报酬率、每股利润、每股现金流量、股利发放率等。

1. 获利能力分析 1

(1) 毛利率。

毛利率是毛利占营业收入的百分比。其计算公式为：

$$毛利率=\frac{营业收入-营业成本}{营业收入}\times 100\%$$

该项指标表示每一元营业收入扣除营业成本后，有多少钱可以用于各项期间费用和形成盈利。毛利率是企业净利率的最初基础。该指标能够反映企业的成本控制能力、主营业务的技术水平，同行业中毛利率高者在行业中的地位也高。此外，毛利率呈现周期性的波动，投资者可以画出不同时期毛利率的点阵图来观察行业的景气度。

(2) 净利率。

净利率是公司净利润与营业收入的比率。其计算公式为：

$$净利率=\frac{净利润}{营业收入}\times 100\%$$

净利率说明了公司净利润占营业收入的比例，它可以评价公司通过销售赚取利润的能力。净利率表明公司每一元营业收入可实现的净利润是多少。该比率越高，公司通过扩大销售获取收益的能力就越强。评价公司的净利率时，应比较公司历年的指标，从而判断公司净利率的变化趋势。但是，净利率受行业特点影响较大，因此，还应该结合不同行业的具体情况进行分析。

(3) 资产报酬率。

资产报酬率也称资产收益率、资产利润率或投资报酬率，是公司在一定时期内的净利润与资产平均总额的比率。其计算公式为：

$$资产报酬率=\frac{净利润}{资产平均总额}\times100\%$$

资产报酬率主要用来衡量公司利用资产获取利润的能力，它反映了公司总资产的利用效率。这一比率越高，说明公司的获利能力越强。

(4) 股东权益报酬率。

股东权益报酬率也称净资产收益率、净值报酬率或所有者权益报酬率，它是一定时期内公司的净利润与股东权益平均总额的比率。其计算公式为：

$$股东权益报酬率=\frac{净利润}{股东权益平均总额}\times100\%$$

$$股东权益平均总额=\frac{期初股东权益+期末股东权益}{2}$$

股东权益报酬率直接反映了公司股东获取投资报酬的高低。该比率越高，说明公司的获利能力越强，公司利用财务杠杆为股东赚取的利润越多。

☞扩展阅读

杜邦分析法

杜邦分析法以净资产收益率为核心财务指标，通过财务指标的内在联系，系统、综合地分析公司的盈利水平。它具有具体而鲜明的层次结构，是典型的利用财务指标之间的关系对公司财务进行综合分析的方法。这种分析方法最早由美国杜邦公司使用，故名杜邦分析法。杜邦分析法是一种用来评价公司的盈利能力和股东权益回报水平、从财务角度评价公司绩效的经典方法。其基本思想是将公司净资产收益率逐级分解为多项财务比率的乘积，这样有助于深入分析公司的经营业绩。其计算公式为：

$$\begin{aligned}净资产收益率&=\frac{净利润}{营业收入}\times\frac{营业收入}{总资产}\times\frac{总资产}{股东权益}\\&=净利率\times总资产周转率\times权益乘数\end{aligned}$$

2. 获利能力分析 2

(1) 每股利润。

每股利润也称每股收益或每股盈余，是分析股份公司税后利润的一个重要指标。我国《优先股试点管理办法》于 2014 年 3 月 21 日开始施行。每股利润的计算公式应考虑优先股的因素，每股利润是税后净利润扣除优先股股利后的余额除以发行在外的普通股平均股数。其计算公式为：

$$每股利润=\frac{净利润-优先股股利}{发行在外的普通股平均股数}$$

每股利润反映股份公司获利能力的大小。每股利润越高，说明公司的获利能力越强。

（2）每股现金流量。

每股现金流量是经营活动产生的现金净流量扣除优先股股利后的余额，除以发行在外的普通股平均股数。其计算公式为：

$$每股现金流量=\frac{经营活动产生的现金净流量-优先股股利}{发行在外的普通股平均股数}$$

每股现金流量越高，说明公司每股收益越能得到真金白银的支持，越有能力支付现金股利。这个指标比每股收益重要，分析时要注意二者的匹配关系。没有投资收益的公司的每股现金流量最好大于每股收益。

（3）股利发放率。

股利发放率也称股利支付率，是普通股每股股利与每股利润的比率。它表明上市公司的净收益中有多少用于股利的分派。其计算公式为：

$$股利发放率=\frac{每股股利}{每股利润}\times 100\%$$

股利发放率主要取决于公司的股利政策。一般而言，如果一个公司的现金量比较充裕，并且目前没有更好的投资项目，则可能倾向于发放现金股利；如果公司有投资项目，则可能会少发股利，而将资金用于投资。目前，在证监会强制分红这种“一刀切”的政策下，上市公司大多会提前公布股利分配政策，实际上具体的政策就是公布股利发放率。但提醒读者注意的是，若公司不盈利或者业绩下滑，股利政策再好也是枉然。

第三节　研究报告

一、研究报告概述

证券分析师群体主要分为“买方”分析师（buy-side analyst）与“卖方”分析师（sell-side analyst）两大类。

共同基金、养老基金及保险公司等投资机构通过投资证券获得资金增值回报，该类机构的分析师为本机构的投资组合提供分析报告，因而称其为“买方”分析师。

而投资银行（券商）通过股票承销（IPO 等）业务和经纪业务获得佣金收入，其分析师往往向投资者免费提供分析报告，通过吸引投资者购买其承销的股票或通过其所属的公司进行证券交易来提高公司的收入，因此该类分析师被称为“卖方”分析师。

（一）卖方和买方的差异

“买方”分析师通过协助提高本机构投资组合的收益率，降低投资组合的风险，从而获得奖励。

“卖方”分析师通过协助本公司提高股票承销的销售额以及股票经纪业务的成交额来获得奖励。

简单地讲，“买方”分析师的激励来自提高买入股票的质量，“卖方”分析师的激励来自提高股票交易的数量。相比之下，“买方”分析师更有动力去分析、挖掘公司股票的基本价值，向投资组合推荐价格被低估的股票，剔除价格被高估的股票；而“卖方”分析师受到本公司争取投资银行业务的压力，较易给出偏向公司客户的误导性分析报告。

（二）券商研究报告的评级说明

1. 投资建议的比较标准

以报告发布日后 6 个月内的市场表现为比较标准，即将报告发布日后 6 个月内的公司股价（或行业指数）的涨跌幅与同期的沪深 300 指数的涨跌幅相对比。

2. 投资建议的评级标准

投资评级分为股票投资评级和行业投资评级。

根据报告发布日后 6 个月内的公司股价（或行业指数）的涨跌幅相对同期的沪深 300 指数的涨跌幅（不同券商的评级标准不尽相同，要么是标的指数不同，要么是涨跌幅有所差异）的大小进行投资评级。

股票投资评级：

买入	相对沪深 300 指数的涨幅在 20%以上
增持	相对沪深 300 指数的涨幅介于 5%和 20%之间
持有	相对沪深 300 指数的涨幅介于−10%和 5%之间
卖出	相对沪深 300 指数的跌幅在 10%以上

行业投资评级：

强于大市	相对沪深 300 指数的涨幅在 10%以上
中性	相对沪深 300 指数的涨幅介于−10%和 10%之间
弱于大市	相对沪深 300 指数的跌幅在 10%以上

（三）报告的主要类型

报告的主要类型有晨会纪要、策略报告、宏观研究报告、行业报告、公司研究报告、调研报告、重要事项点评等。

晨会纪要是各券商为了更好地服务客户，在同业竞争中继续生存和发展，在每日开盘前以早晨开会纪要的形式相继推出的针对当天重要资讯的解读和分析报告，对当日的操作有一定的参考价值。

策略报告是操作策略报告的简称，推出时间比较固定，一般会有周策略、季度策略、半年策略及年度策略。

宏观研究报告是券商的宏观分析员针对宏观经济运行数据进行分析和预测的报告，主要随着经济运行情况发布或者在年初岁尾发布，也包括对公布之后的宏观政策（如各国的财政政策、货币政策等）的解读。

行业报告是由券商旗下的行业分析员完成的所负责行业的研究报告。“时势造英雄”，是行业的兴衰、冷暖造就了行业分析员。一般行业报告推出的时间相对集中，在月末、季度末和年末发布得较多，国外也有根据经济运行周期（复苏、过热、滞胀、衰退）来分类推出的。

公司研究报告是我们最关注和推荐的研究报告，行业研究员在研究所属行业的同时也要研究该行业内的重点公司。公司研究报告的推出时间不确定，主要受上市公司所属行业的特征以及公司出现的重大事项、各个研究员对公司研究的进度、是否经过实地调研等因素的影响。公司研究报告如果建立在实地调研的基础上，其准确度会更高。

分析师对上市公司研究的偏好有：

（1）高成长性的公司被较少的分析师覆盖。

（2）覆盖程度中等的上市公司盈利能力最强。

（3）大市值、低估值、低换手率的公司被充分覆盖。

（4）股价表现最好的公司被相对较少的分析师覆盖。

二、如何利用研究报告

（一）研究报告的影响力

在股票市场中，任何一个证券投资基金、资产管理公司、投资公司，保险公司、社保基金、合格境外机构投资者（QFII）等机构投资者都会接触到主流机构的研究报告，它们或将受到某篇研究报告的启发或提示，经过亲自调查核实后形成投资决策。在一定程度上，正是这些研究报告在引导着机构资金的流向。

（二）客观看待券商研究报告

券商研究报告不是“万能钥匙”。报告是在一个时点上完成的，是基于现在的客观环境和政策导向对未来的发展趋势进行估计和预测。准确地说，券商研究报告具有一定的时效性。若客观环境或者某一行业发生了突发事件，那么先前的预测就需要修正，在市场的变化中研究结果需要进行动态调整，我们经常看到研究机构对上市公司的投资评级进行调整就是基于上述原因。

此外，假设券商研究报告得出了锂电池行业将是2016年的投资机会的结论，那么该行业的投资机会不会从2016年1月1日一直贯穿至2016年12月31日，而是在此期间出现投资机会。如果投资者未能识别出机会的来临，在机会结束后才入市，那么也不能享受到投资收益。所以券商研究报告并不是万能的，它只是给投资者提供分析的方向，投资者可以把握机构研究的视野和思考的方向，通过二次研究来决定投资时机和投资对象。

（三）提防券商研究报告的陷阱

券商并不是单纯的一个研究机构，它最重要的角色是市场参与者，其研究报告除了为树立品牌服务之外，还要为其自营业务的获利服务。研究报告偶尔会带有一些感情色彩或者为了自身的利益而做出带有目的性的推荐，这会让盲目信奉券商研究报告的投资者的投资行为处在危险的境地中。所以在资本市场里，投资者不能一味地相信或者依靠别人，应在研读券商研究报告的基础上，结合宏观经济、行业特征，判断报告推论的合理性与逻辑性。

券商研究报告是投资者的工具，而不是投资者的结果，投资者要掌握券商研究报告中的研究方法、分析思路和角度，从而提高自己的投资分析能力和市场研判水平。对其推荐的股票，投资者应考察该类股票的历史走势以此寻求规律，并且要分析该上市公司的背景、主营业务、行业竞争力及未来可能的投资机会是否存在。

（四）有比较才有鉴别

投资者在研读券商研究报告时不能只看一家的观点，需要博采多家之所长。因为任何一个研究团队都不是完美无缺的，也不是面面俱到的，所以不同券商的研究报告或多或少都会有自身的特色。作为一个投资者，需要对自己的资金负责，了解多家券商的研究报告并不是仅仅看它们的不同观点，而是取其精髓，了解不同券商对市场进行分析的侧重面、角度和分析思路。俗话说“条条大路通罗马”，或许很多券商对市场的研判结果都是一样的，但是它们研判和分析的过程却是千差万别的。所以，研读多家券商的研究报告有助于投资者对市场做出全面和完整的分析，而不拘泥于一家券商的分析思路，能提高投资者做出正确投资决策的概率。

对于针对个股的研究报告，也要进行分析比较，多家机构推荐而股价没怎么上涨的股票应该是最值得关注的，但这种情况一般只会出现在股本超大的个股身上，这样的股票要获得超额的收益并不容易。逆向思维是很重要的，一个评级提高并且被给出买入评级的新面孔更值得关注，即使只有一家机构推荐，只要其分析很有逻辑性，股价在历史的底部，就应该给予足够的重视。前面提到的分析师的研究偏好问题，能够很好地解释这一点。

（五）看券商研究报告的升华

1. 学习数据挖掘和分析能力

券商的研究报告对于个人投资者来说，最值得汲取的一块就是数据的归类、整理、对比分析，个人投资者因为信息来源的缺失、数据整理能力的欠缺，不能像券商的研究员那样专门花时间来整理一些相关数据，尤其是行业方面的数据。这种不是针对某个上市公司而是关于整个行业的数据，券商没有任何造假的动力和可能，这些数据来源于公开信息或者是购买的数据库资料，投资者可以放心撷取。比如关于钢材、有色金属、航运、地产等行业，各大券商都有行业的周报，这对长期观察和跟踪这些行业的投资者是一个很好的信息来源。而学习个股研究方面的数据尤其是业绩预测数据的梳理、推理过程，是普通投资者快速提高分析能力的关键。

2. 看结果不如看逻辑

他山之石可以攻玉。借助外脑是必要的，但借助外脑的目的本身也隐含着一个学习提高的过程。之所以强调看券商研究报告的逻辑，是因为没有逻辑的结论是不可信的，投资者要为自己的投资行为负责；即使结论正确，只看结果不看逻辑也是提高不了分析能力的。此外，即使数据完全正确，但如果使用数据的逻辑出了问题，那么多精准的数据都不可能得出正确的结论。而如果券商研究员的逻辑是持续的，那么还有必要进行长期的跟踪，在加深对该分析员的信任的同时，不断地提高自身的分析能力。无论是宏观研究报告、策略报告、行业报告还是公司研究报告，投资者都要看其推理的逻辑性，尤其是关于个股的研究报告，不论研究员把公司吹得如何天花乱坠，都要落实在成长性上，在合理保守估值的前提下，其股价具备足够的安全边际才是果断出手的时机。

3. 从读研究报告到写研究报告

学习证券投资分析的学生或许有志于成为一名证券投资分析师，但罗马不是一天建成的，更不是通过本门课程的学习取得了优秀的成绩就可以成为分析师。除了参加必要的资格考试外，修炼内功是必不可少的，先从会看研究报告开始，到会写公告点评、研究简报，日积月累到会写策略报告或其他研究报告。也许有人会问，前面介绍了券商的行业研究员都是具有相关专业背景的人，研究完行业再研究行业内的公司，那么金融或者经济专业的毕业生如何成为研究员呢？当然，这些专业的毕业生更适合做策略研究，但金融行业也是一个很重要的行业，金融专业的毕业生可以成为金融相关行业的研究员。而更为重要的是，作为一个投资者，能够达到会写研究报告的水平，投资起来也会得心应手一些。

本章小结

在本章中我们从上市公司的年度报告格式入手，介绍了上市公司分析的主要信息来源，以及哪些信息在基本分析和财务分析中更加重要；讲述了公司产品分析、管理能力分析、盈利能力分析和成长性分析的要点；着重介绍了资产负债表、利润表和现金流量表；强调了财务报表附注对阅读财务报表的帮助作用，以及上市公司财务造假的主要手段；重点讲解了主要财务指标；补充介绍了费雪总结的成长股的15个特征；最后讲述了券商研究报告的作者、类型和利用等内容。

关键术语

公司分析	年度报告	上市公司	定期报告	营业收入
净资产收益率	董事会报告	财务报告	重要事项	关联交易
资产负债表	现金流量表	股东权益	利润表	市场占有率
毛利率	预付账款	流动资产	应收账款	利润操纵
预收账款	其他应收款	固定资产	长期股权投资	投资收益
金融资产	商誉减值	营业成本	经营性现金流量	流动比率
速动比率	权益乘数	利息保障倍数	担保责任	资产周转率
净利率	杜邦分析法	研究报告	“卖方”分析师	逻辑性

习题

一、单项选择题

1. 根据经验，流动比率一般应不低于（　　）。

A. 2　　B. 1.5　　C. 3　　D. 1

2. 根据经验，速动比率一般应不低于（　　）。

A. 2　　B. 1.5　　C. 3　　D. 1

3. 提防大股东占用上市公司的资金，在进行财务报表分析时最应该关注哪项数据？（　　）

A. 应收账款　　B. 其他应收款　　C. 应收票据　　D. 长期应收款

4. 股东权益报酬率是反映公司（　　）的指标。

A. 短期偿债能力　　B. 长期偿债能力　　C. 营运能力　　D. 获利能力

5. 在资产负债表中下面哪项属于负债？（　　）

A. 预付账款　　B. 长期股权投资　　C. 存货　　D. 预收账款

6. 在资产负债表中下面哪项大幅增加意味产能扩张？（　　）

A. 流动资产　　B. 存货　　C. 固定资产　　D. 无形资产

7. 在现金流量表中哪项数据必须为正且越多越好？（　　）

A. 经营活动产生的现金流量　　　　B. 投资活动产生的现金流量

C. 筹资活动产生的现金流量

8. 在年度报告的哪部分中可获得关于公司未来发展计划的信息？（　　）

A. 财务报告　　B. 重要事项　　C. 董事会报告　　D. 公司治理

9. 在财务分析中通过财务数据异动进行分析是以什么分析方法为基础的？（　　）

A. 比率分析　　B. 趋势分析　　C. 比较分析　　D. 因素分析

二、多项选择题

1. 下列指标中反映公司偿债能力的有（　　）。

A. 流动比率　　B. 速动比率　　C. 总资产周转率

D. 现金比率　　E. 股东权益比率

2. 下列指标中反映公司营运能力的有（　　）。

A. 应收账款周转率　　B. 净资产收益率　　C. 存货周转率

D. 固定资产周转率　　E. 总资产周转率

3. 下列上市公司报告中哪些属于定期报告？（　　）

A. 年度报告　　B. 半年报告　　C. 季度报告　　D. 临时公告

4. 下列选项中正确的产品生命周期划分及排序为（　　）。

A. 介绍期　　B. 研发期　　C. 衰退期　　D. 成长期

E. 成熟期

5. 下列收入中属于非经常性损益的项目是（　　）。

A. 营业收入　　B. 变卖资产收入　　C. 补贴收入　　D. 营业外收入

三、思考题

1. 通过本章的学习，你认为在进行公司分析时需要注意哪几个方面？

2. 看了券商研究报告，请问券商估值的理论基础是本教材第二章的哪部分内容？

3. 你认为商誉减值这个“灰犀牛”还会来吗？

第八章

证券投资组合理论

⊙本章要点⊙

1. 了解证券组合的含义，证券组合管理的意义、特点和基本步骤，以及马科维茨、夏普、罗斯等人对于现代证券组合理论的主要贡献；

2. 掌握单个证券和证券组合的收益与风险的度量，两种证券的组合线及最优证券组合；

3. 清楚证券组合的可行域和有效边界的一般图形，投资者的无差异曲线的含义、作用和特点；

4. 掌握资本市场线和证券市场线的定义、图形及其经济意义，清楚β系数的含义和应用；

5. 了解资本资产定价模型的假设条件，以及套利定价理论的基本原理；

6. 了解证券组合业绩评估原则，詹森指数、特雷诺指数和夏普指数的定义、作用及应用；

7. 掌握证券投资基金的概念、特点与分类；

8. 清楚契约型基金与公司型基金的概念与区别；

9. 掌握 ETF 与分级基金的概念。

【导入案例】

“8·16”光大证券乌龙指事件

2013 年 8 月 16 日 11 时 5 分，上证指数突然出现大幅拉升，工商银行、中石化等多只权重股瞬间集体涨停。而就在广大投资者犹豫是否跟进买入时，11 时 15 分上证指数又开始第二次上升。这个异常现象导致市场产生各种猜测，其中便有消息称此事与光大证券乌龙指有关。当天中午，光大证券董事会秘书梅键表示该传闻纯属子虚乌有，可是 14 时 25

分，光大证券便发布公告，承认套利系统出现问题。据悉，当日光大证券自营的策略操作系统出现错误。11 时 2 分，第三次 180ETF 套利下单时，交易员发现有 24 只个股申报不成功，就想使用“重下”的新功能，于是程序员在旁边指导着操作了一番，没想到这个功能没有实盘验证过，程序把买入 24 只成分股写成了买入 24 组 180ETF 成分股，结果生成了巨量订单。在 11 时 5 分 8 秒之后的 2 秒内，重复生成了 26 082 笔预期外的巨量市价委托订单，并直接发送到交易所，累计申报买入 234 亿元，实际成交 72.7 亿元。而在发布公告之前，光大证券及其全资子公司光大期货便将 18.5 亿元股票转化为 ETF 卖出，并卖空 7 130 手股指期货合约，对冲股票买入风险。当天下午 15 时整，上海证券交易所官方微博宣布“已达成交易将进入正常清算交收环节”。这意味着此次乌龙指事件造成的后果已成定局，随后证监会介入调查。

最终，证监会将此事件定性为内幕交易。证监会称，光大证券异常交易事件虽然是由证券经营机构交易系统设计缺陷导致的，但是，这一事件暴露了光大证券在内部控制、风险管理、合规经营等方面存在很大问题。事件发生后，光大证券及该事件相关人员在考虑对冲风险、调剂头寸，降低可能产生的结算风险时，采取了错误的处理方案，构成内幕交易、信息误导、违反证券公司内控管理规定等多项违法违规行为。证监会披露了调查和处理结果，没收光大证券违法所得8 721.43万元，并处以 5 倍罚款，罚没款金额总计 5.23 亿元。对 4 名责任者分别给予警告、罚款 60 万元并采取终身的证券市场禁入措施，宣布 4 名责任者为期货市场禁止进入者。

光大证券乌龙指事件是机构投资者在近年兴起的量化交易中出现程序错误所导致的结果，量化交易属量化分析法的应用环节，本章和后面的第九章构成了量化分析法的骨干，主要研究组合构造与优化、策略制定、绩效评估、风险计量与风险管理等投资相关问题，是继传统的基本分析法和技术分析法之后发展起来的一种重要的证券投资分析方法，为越来越多的机构投资者尤其是证券投资基金所采用。光大证券乌龙指事件中的相关知识在本章和第九章都有具体介绍。

第一节　证券组合管理概念

证券组合管理理论最早由美国著名经济学家哈里·马科维茨（Harry Markowitz）于 1952 年系统地提出。由于马科维茨在这一领域的杰出贡献，他在 1990 年被授予诺贝尔经济学奖。在此之前，偶尔也有人在论文中提出过组合的概念，但经济学家和投资管理者一般仅致力于对个别投资对象的研究和管理。自此以后，经济学家们一直在利用数量化方法不断丰富和完善证券组合管理的理论和实际投资管理方法，并使之成为投资学中的主流理论之一。

一、证券组合的含义和类型

“组合”一词的英文为 portfolio，该词源于拉丁语中的 portafoglio，由 portare 和 foglio 两部分组成，前者意为“携带”，后者意为“纸张”。在古罗马时期，portafoglio 就是指装有国家重要文件的公文包。投资学中的组合一词通常是指个人或机构投资者所拥有的各种资产的总称。如果没有特别的说明，证券组合是指个人或机构投资者所持有的各种有价证券的总称，通常包括各种类型的债券、股票及存款单等。

证券组合按不同的投资目标可以分为避税型、收入型、增长型、收入和增长混合型、货币市场型、国际型及指数化型等。

避税型证券组合通常投资于免税债券。

收入型证券组合追求基本收益（即利息、股息收益）的最大化。能够带来基本收益的证券有附息债券、优先股及一些避税债券。

增长型证券组合以资本升值（即未来价格上升带来的价差收益）为目标。投资于此类证券组合的投资者往往愿意通过延迟获得基本收益来求得未来收益的增长。这类投资者很少会购买分红的普通股，投资风险较大。

收入和增长混合型证券组合试图在基本收入与资本升值之间达到某种均衡，因此也称为均衡组合。二者的均衡可以通过两种组合方式获得：一种是使组合中的收入型证券和增长型证券达到均衡；另一种是选择那些既能带来收益，又具有增长潜力的证券进行组合。

货币市场型证券组合是由各种货币市场工具构成的，如国库券、高信用等级的商业票据等，安全性很强。

国际型证券组合投资于海外不同国家，代表着组合管理的时代潮流。实证研究结果表明，这种证券组合的业绩总体上强于只在本土投资的组合。

指数化型证券组合模拟某种市场指数。信奉有效市场理论的机构投资者通常会倾向于这种组合，以求获得市场平均的收益水平。根据模拟指数的不同，指数化型证券组合可以分为两类：一类是模拟内涵广大的市场指数；另一类是模拟某种专业化的指数，如道琼斯公用事业平均指数。

二、证券组合管理的意义和特点

证券组合管理的意义在于采用适当的方法，选择多种证券作为投资对象，以达到在一定预期收益的前提下投资风险最小化或在控制风险的前提下投资收益最大化的目标，避免投资过程的随意性。因此，证券组合管理带来了一次投资管理理念上的革命。

证券组合管理的特点主要表现在两个方面：

1. 投资的分散性

证券组合理论认为，证券组合的风险随着组合所包含证券数量的增加而降低。只要证券收益之间不是完全正相关，分散化就可以有效地降低非系统性风险，使证券组合的投资风险趋于市场平均风险水平。因此，组合管理强调构成组合的证券应多元化。

2. 风险与收益的匹配性

证券组合理论认为，投资收益（return）是对承担风险（risk）的补偿。承担的风险越大，收益就越高；承担的风险越小，收益就越低。因此，组合管理强调投资的收益目标应与风险的承受能力相适应。

三、证券组合管理的方法和步骤

（一）证券组合管理的方法

根据组合管理者对市场效率的不同看法，其采用的管理方法可大致分为被动管理

(passive management)和主动管理(active management)两种类型。

所谓被动管理方法，指长期稳定地持有模拟市场指数的证券组合以获得市场平均收益的管理方法。采用此种方法的管理者认为，证券市场是有效市场，凡是能够影响证券价格的信息均已在当前证券价格中得到反映。也就是说，证券价格的未来变化是无法估计的，以至任何企图预测市场行情或挖掘定价错误的证券并借此频繁调整持有证券的行为无助于提高期望收益(也称预期收益)，而只会浪费大量的经纪佣金和精力。因此，他们坚持"买入并长期持有"的投资策略。但这并不意味着他们无视投资风险而随便选择某些证券进行长期投资。恰恰相反，正是由于承认存在投资风险并认为组合投资能够有效降低公司的个别风险，所以他们通常购买分散化程度较高的投资组合，如市场指数基金或类似的证券组合。

所谓主动管理方法，指经常预测市场行情或寻找定价错误的证券，并借此频繁调整证券组合以获得尽可能高的收益的管理方法。采用此种方法的管理者认为，市场不总是有效的，加工和分析某些信息可以预测市场行情趋势和发现定价过高或过低的证券，进而对买卖证券的时机和种类做出选择，以实现尽可能高的收益。

(二) 证券组合管理的基本步骤

证券组合管理的目标是实现投资收益的最大化，也就是使组合的风险和收益特征能够给投资者带来最大的满足。具体而言，就是使投资者在获得一定收益的同时承担最低的风险，或在投资者可接受的风险水平之内使其获得最大的收益。显然，实现这种目标需要对组合进行有效和科学的管理。证券组合管理通常包括以下几个基本步骤：

1. 确定证券投资政策

证券投资政策是投资者为实现投资目标应遵循的基本方针和基本准则，包括确定投资目标、投资规模和投资对象三个方面的内容以及应采取的投资策略和措施等。投资目标是指投资者在承担一定风险的前提下期望获得的投资收益率。由于证券投资属于风险投资，而且风险和收益之间呈现出一种正相关关系，所以证券组合管理者如果把只能赚钱不能赔钱定为证券投资的目标，就是不客观的。客观和合适的投资目标应该是在盈利的同时也承担可能发生的亏损。因此，投资目标的确定应包括风险和收益两项内容。投资规模是指用于证券投资的资金数量。投资对象是指证券组合管理者准备投资的证券品种，它是根据投资目标确定的。确定证券投资政策是证券组合管理的第一步，它反映了证券组合管理者的投资风格，并最终反映在投资组合所包含的金融资产类型的特征上。

2. 进行证券投资分析

证券投资分析是证券组合管理的第二步，是指对证券组合管理第一步所确定的金融资产类型中的个别证券或证券组合的具体特征进行考察分析。这种考察分析的一个目的是明确这些证券的价格形成机制和影响证券价格波动的诸因素及其作用机制，另一个目的是发现那些价格偏离价值的证券。

3. 构建证券投资组合

构建证券投资组合是证券组合管理的第三步，主要是确定具体的证券投资品种和在各证券上的投资比例。在构建证券投资组合时，投资者需要注意个别证券选择、投资时机选择和多元化三个问题。个别证券选择主要是预测个别证券的价格走势及其波动情况；投资时机选择涉及预测和比较各种不同类型证券的价格走势和波动情况(例如，预测普通股相对于公司债券等固定收益证券的价格波动)；多元化则是指在一定的现实条件下，组建一个在一定收益条件下风险最小的投资组合。

4. 投资组合的修正

投资组合的修正作为证券组合管理的第四步，实际上是定期重温前三步的过程。随着时间的推移，过去构建的证券组合对投资者来说可能已经不再是最优组合了，这可能是因为投资者改变了对风险和回报的态度，也可能是因为其预测发生了变化。作为对这种变化的一种反映，投资者可能会对现有的组合进行必要的调整，以确定一个新的最优组合。然而，进行任何调整都将支付交易成本，因此，投资者应该对证券组合在某种范围内进行个别调整，使得在剔除交易成本后，在总体上能够最大限度地改善现有证券组合的风险回报特性。

5. 投资组合业绩评估

证券组合管理的第五步是通过定期对投资组合进行业绩评估来评价投资的表现。业绩评估不仅是证券组合管理过程的最后一个步骤，也可以看成是一个连续操作过程的组成部分。说得更具体一点，可以把它看成证券组合管理过程中的一种反馈与控制机制。由于投资者在投资过程中获得收益的同时，还将承担相应的风险，获得较高收益可能是建立在承担较高风险的基础上，因此，在对证券投资组合业绩进行评估时，不能仅仅比较投资活动所获得的收益，而是应该综合衡量投资收益和所承担的风险情况。

四、现代证券组合理论体系的形成与发展

(一) 现代证券组合理论的产生

1952 年，哈里·马科维茨发表了一篇题为《证券组合选择》的论文。① 这篇著名的论文标志着现代证券组合理论的开端。马科维茨考虑的问题是单期投资问题：投资者在某个时间（称为期初）用一笔自有资金购买一组证券并持有一段时期（称为持有期），在持有期结束时（称为期末），投资者出售他在期初购买的证券并将收入用于消费或再投资。马科维茨在考虑这一问题时，第一次对证券投资中的风险因素进行了正规阐述。他注意到一个典型的投资者不仅希望收益高，而且希望收益尽可能确定。这意味着投资者在寻求“预期收益最大化”的同时也追求“收益的不确定性最小”，投资者在期初进行决策时必然力求使这两个相互制约的目标达到某种平衡。马科维茨分别用期望收益率和收益率的方差来衡量投资的预期收益水平和不确定性（风险）②，通过建立均值-方差模型（mean-variance model）来阐述如何全盘考虑上述两个目标，从而进行决策。推导出的结果是，投资者应该通过同时购买多种证券而不是一种证券进行分散化投资。

(二) 现代证券组合理论的发展

在投资者只关注期望收益率（expected rate of return）和收益率的方差（variance）的假设前提下，马科维茨提供的方法是完全精确的。然而这种方法所面临的最大问题是其计算量太大，特别是在大规模的市场存在着上千种证券的情况下。当时，即使是借助于计算

---

① Harry M. Markowitz, “Portfolio Selection”, *The Journal of Finance*, Vol. 7, No. 1 (March, 1952), pp. 77 - 91.

② 我们在这里视不确定性与风险两个经济范畴是等同的。虽然奈特（Knight, 1921）曾区分风险与不确定性的含义，但在金融理论中，一般视这两个概念是等同的（Hirshleifer and Riley, 1995）。

机也难以实现，更无法满足实际市场在时间上近乎苛刻的要求。这严重阻碍了马科维茨方法在实际中的应用。1963 年，马科维茨的学生威廉·夏普（William Sharp）提出了一种简化的计算方法，这一方法通过建立“单因素模型”来实现。后来在此基础上又发展出了“多因素模型”，希望对实际有更精确的近似。这一简化形式使得将证券组合理论应用于实际市场成为可能。特别是 20 世纪 70 年代计算机的发展和普及以及软件的成套化和市场化，极大地促进了现代证券组合理论在实际中的应用。当今，多因素模型已被广泛应用在证券组合中普通股之间的投资分配上；而马科维茨模型则被广泛应用在不同类型证券之间的投资分配上，如债券、股票、风险资产和不动产等。

早在证券组合理论广泛传播之前，威廉·夏普、约翰·林特纳（John Lintner）和简·莫辛（Jan Mossin）三人便几乎同时独立地提出了以下问题：“假定每个投资者都使用证券组合理论来经营他们的投资，这将会对证券定价产生怎样的影响?”他们在回答这一问题时，分别于 1964 年、1965 年和 1966 年提出了著名的资本资产定价模型（CAPM）。[①] 这一模型在金融领域盛行了十多年。1977 年，理查德·罗尔（Richard Roll）对这一模型提出了批评，认为该模型永远无法用经验事实来检验。与此同时，斯蒂芬·罗斯（Stephen Ross）突破性地发展了资本资产定价模型，提出了套利定价理论（APT）。这一理论认为，只要任何一个投资者都不能通过套利（arbitrage）获得收益，那么期望收益率一定与风险相联系。这一理论只需要较少的假定。罗尔和罗斯在 1984 年认为这一理论至少在原则上是可以检验的。

第二节 证券组合分析

一、单个证券的收益与风险

（一）收益及其度量

任何一项投资的结果都可用收益率来衡量，通常收益率的计算公式为：

$$收益率=\frac{收入-支出}{支出}\times 100\%$$

投资期限一般用年来表示；如果期限不是整数，则转换为年。

在股票投资中，投资收益等于期内股票红利收益和价差收益之和，其收益率 r 的计算公式为：

$$r=\frac{红利+期末市价总值-期初市价总值}{期初市价总值}\times 100\%$$

在通常情况下，收益率受许多不确定因素的影响，因而是一个随机变量（random variable）。我们可假定收益率服从某种概率分布（probability distribution），即已知每一收益率出现的概率，用表 8-1 列示如下：

---

① 1990 年，夏普由于对这一领域的杰出贡献，与马科维茨共同获得了诺贝尔经济学奖。

表 8-1　不同收益率对应的概率

收益率（%）	r_1	r_2	r_3	r_4	…	r_n
概率	P_1	P_2	P_3	P_4	…	P_n

数学中求期望收益率或收益率平均数的公式如下：

$$E(r)=\sum_{i=1}^{n} r_i P_i$$

例 8-1

假定证券 A 的收益率的概率分布如下表所示：

收益率（%）	−40	−10	0	15	30	40	50
概率	0.03	0.07	0.30	0.10	0.05	0.20	0.25

那么，该证券的期望收益率为：

$$\begin{aligned}E(r)&=[(-0.40)\times 0.03+(-0.10)\times 0.07+0\times 0.30+0.15\times 0.10\\&\quad+0.30\times 0.05+0.40\times 0.20+0.50\times 0.25]\times 100\%\\&=21.6\%\end{aligned}$$

在实际中，我们经常使用历史数据来估计期望收益率。假设证券的月或年实际收益率为 r_t（$t=1, 2, \cdots, n$），那么估计期望收益率（$\bar{r}$）的计算公式为：

$$\bar{r}=\frac{1}{n}\sum_{t=1}^{n} r_t$$

（二）风险及其度量

如果投资者以期望收益率为依据进行决策，那么他必须意识到他正冒着得不到期望收益率的风险。实际收益率与期望收益率会有偏差，期望收益率是使可能的实际值与预测值的平均偏差达到最小（最优）的点估计值。可能收益率越分散，它们与期望收益率的偏离程度就越大，投资者承担的风险也就越大。因此，风险的大小由未来的可能收益率与期望收益率的偏离程度（dispersion）来反映。在数学上，这种偏离程度由收益率的方差来度量。如果偏离程度用 $[r_i-E(r)]^2$ 来度量，则平均偏离程度被称为方差，记为 σ^2。其平方根称为标准差（standard deviation），记为 σ。

$$\sigma^2(r)=\sum_{i=1}^{n}[r_i-E(r)]^2 P_i$$

式中：P_i——可能收益率发生的概率；

σ——标准差。

例 8-2

假定证券 A 的收益率的概率分布如下表所示：

收益率（%）	−2	−1	1	3
概率	0.20	0.30	0.10	0.40

那么，该证券的期望收益率 $E(r)$ 为：

$$
\begin{aligned}
E(r) &= [(-0.02)\times 0.20+(-0.01)\times 0.30+0.01\times 0.10 \\
&\quad +0.03\times 0.40]\times 100\% \\
&= 0.6\%
\end{aligned}
$$

该证券的方差为：

$$
\begin{aligned}
\sigma^2(r) &= (-0.02-0.006)^2\times 0.20+(-0.01-0.006)^2\times 0.30 \\
&\quad +(0.01-0.006)^2\times 0.10+(0.03-0.006)^2\times 0.40 \\
&= 0.000\,444
\end{aligned}
$$

同样，在实际中，我们也可使用历史数据来估计方差：假设证券的月或年实际收益率为 r_t（$t=1, 2, \cdots, n$），那么估计方差（σ^2）的计算公式为：

$$\sigma^2=\frac{1}{n-1}\sum_{t=1}^{n}(r_t-\bar{r})^2$$

当 n 较大时，也可使用下述公式估计方差：

$$\sigma^2=\frac{1}{n}\sum_{t=1}^{n}(r_t-\bar{r})^2$$

二、证券组合的收益和风险

我们用期望收益率和方差来计量单一证券的收益率和风险。一个证券组合由一定数量的单一证券构成，每一只证券都占有一定的比例，我们也可将证券组合视为一只证券，那么证券组合的收益率和风险也可用期望收益率和方差来计量。不过，证券组合的期望收益率和方差可以通过由构成其的单一证券的期望收益率和方差来表达。以下讨论两种证券的组合。

（一）两种证券构成的证券组合的收益和风险

设有两种证券 A 和 B，某投资者将一笔资金以 x_A 的比例投资于证券 A，以 x_B 的比例投资于证券 B，且 $x_A+x_B=1$，我们称该投资者拥有一个证券组合 P。如果到期时，证券 A 的收益率为 r_A，证券 B 的收益率为 r_B，则证券组合 P 的收益率为：

$$r_P=x_Ar_A+x_Br_B$$

证券组合中的权数可以为负，比如 $x_A<0$，则表示该组合卖空了证券 A，并用所得的资金连同自有资金买入证券 B，因为 $x_A+x_B=1$，故有 $x_B=1-x_A>1$。

投资者在进行投资决策时并不知道 r_A 和 r_B 的确切值，因而，r_A、r_B 应为随机变量，对其分布的简化描述是它们的期望值和方差。证券组合 P 的期望收益率 $E(r_P)$ 和收益率的方差 σ_P^2 分别为：

$$E(r_P)=x_AE(r_A)+x_BE(r_B) \tag{8.1}$$

$$\sigma_P^2=x_A^2\sigma_A^2+x_B^2\sigma_B^2+2x_Ax_B\sigma_A\sigma_B\rho_{AB} \tag{8.2}$$

式中：ρ_{AB}——相关系数（correlation coefficient）；

$\sigma_A\sigma_B\rho_{AB}$——协方差（covariance），记为 $\mathrm{Cov}(A, B)$。

☞**例 8－3**

已知证券组合 P 由证券 A 和证券 B 构成，证券 A 和证券 B 的期望收益率、标准差以及相关系数如下表所示：

证券名称	期望收益率	标准差	相关系数	投资比重
A	10%	6%	0.12	30%
B	5%	2%		70%

那么，证券组合 P 的期望收益为：

$$E(r_P)=(0.1\times 0.3+0.05\times 0.7)\times 100\%=0.065\times 100\%=6.5\%$$

证券组合 P 的收益率的方差为：

$$\sigma_P^2=0.3^2\times 0.06^2+0.7^2\times 0.02^2+2\times 0.3\times 0.7\times 0.06\times 0.02\times 0.12$$
$$=0.000\,580\,48$$

选择不同的组合权数，可以得到包含证券 A 和证券 B 的不同的证券组合，从而得到不同的期望收益率和方差。投资者可以根据自己对期望收益率和方差（风险）的偏好，选择自己最满意的证券组合。

（二）多种证券构成的证券组合的收益和风险

在这里我们将对两种证券的组合的讨论拓展到任意多种证券的情形。设有 N 种证券，记作 A_1，A_2，A_3，…，A_N，证券组合 $P=(x_1, x_2, x_3, \cdots, x_N)$ 表示将资金分别以权数 x_1，x_2，x_3，…，x_N 投资到证券 A_1，A_2，A_3，…，A_N 上。如果允许卖空(short selling or short sales)，则权数可以为负，负的权数表示卖空的相应证券占总资金的比例。正如两种证券的投资组合情形一样，证券组合的收益率等于各种证券的收益率的加权平均（weighted average）。即：设 A_i 的收益率为 r_i（$i=1, 2, \cdots, N$），则证券组合 $P=(x_1, x_2, x_3, \cdots, x_N)$ 的收益率为：

$$r_P=x_1r_1+x_2r_2+\cdots+x_Nr_N=\sum_{i=1}^{N}x_ir_i$$

推导可得证券组合 P 的期望收益率和方差分别为：

$$E(r_P)=\sum_{i=1}^{N}x_iE(r_i) \tag{8.3}$$

$$\sigma_P^2=\sum_{i=1}^{N}\sum_{j=1}^{N}x_ix_j\mathrm{Cov}(x_i,x_j)$$
$$=\sum_{i=1}^{N}\sum_{j=1}^{N}x_ix_j\sigma_i\sigma_j\rho_{ij} \tag{8.4}$$

式中：σ_P^2——证券组合 P 的方差；

ρ_{ij}——r_i 与 r_j 的相关系数（$i, j=1, 2, \cdots, N$）。

由公式（8.3）和（8.4）可知，要估计 $E(r_P)$ 和 σ_P^2，当证券种类非常多时，计算量十分庞大，在计算机技术尚不发达的 20 世纪 50 年代，证券组合理论不可能运用于大规模市场，只有在不同种类的资产如股票、债券、银行存单之间分配资金时，才可能运用这一理论。20 世纪 60 年代后，马科维茨的学生威廉·夏普提出了指数模型以简化计算。随着计算机技术的发展，已开发出计算 $E(r_P)$ 和 σ_P^2 的计算机应用软件，如 Matlab、SPSS 和 EViews 等，大大方便了投资者。

三、证券组合的可行域和有效边界

(一) 证券组合的可行域

1. 两种证券构成的证券组合的可行域

如果用前述两个数字特征——期望收益率和标准差来描述一种证券，那么任意一种证券都可用以期望收益率为纵坐标和以标准差为横坐标的坐标系中的一点来表示，相应地，任何一个证券组合也都可以由组合的期望收益率和标准差确定出坐标系中的一点，这一点将随着组合的权数的变化而变化，其轨迹将是经过 A 点和 B 点的一条连续曲线，这条曲线被称为证券 A 和证券 B 的组合线。可见组合线实际上在期望收益率和标准差的坐标系中描述了证券 A 和证券 B 所有可能的组合。

根据公式（8.1）和（8.2）及 $x_A+x_B=1$，证券 A、B 的证券组合 P 的组合线由下述方程所确定：

$$E(r_P)=x_AE(r_A)+(1-x_A)E(r_B) \tag{8.5}$$

$$\sigma_P^2=x_A^2\sigma_A^2+(1-x_A)^2\sigma_B^2+2x_A(1-x_A)\sigma_A\sigma_B\rho_{AB} \tag{8.6}$$

给定证券 A、B 的期望收益率和方差，证券 A 与证券 B 的不同关联性将决定 A、B 的不同形状的组合线。

(1) 完全正相关下的组合线。

在完全正相关情形下，$\rho_{AB}=1$，根据公式（8.5）和（8.6）有：

$$E(r_P)=x_AE(r_A)+(1-x_A)E(r_B)$$

$$\sigma_P=|x_A\sigma_A+(1-x_A)\sigma_B| \tag{8.7}$$

假定不允许卖空，即 $0\leqslant x_A,x_B\leqslant 1$，则：

$$E(r_P)=x_AE(r_A)+(1-x_A)E(r_B)$$

$$\sigma_P=x_A\sigma_A+(1-x_A)\sigma_B \tag{8.8}$$

因为 $E(r_P)$ 与 x_A 是线性关系，而 σ_P 与 x_A 是线性关系，所以 σ_P 与 $E(r_P)$ 之间也是线性关系。

因此，由证券 A 与证券 B 构成的组合线是连接 A、B 这两点的直线（见图 8-1）。

(2) 完全负相关下的组合线。

在完全负相关情形下，$\rho_{AB}=-1$，根据公式（8.5）和（8.6）有：

$$E(r_P)=x_AE(r_A)+(1-x_A)E(r_B)$$

$$\sigma_P^2=x_A^2\sigma_A^2+(1-x_A)^2\sigma_B^2-2x_A(1-x_A)\sigma_A\sigma_B\rho_{AB}$$

$$\sigma_P=|x_A\sigma_A-(1-x_A)\sigma_B| \tag{8.9}$$

这时，σ_P 与 $E(r_P)$ 是分段线性关系，其组合线如图 8-2 所示。

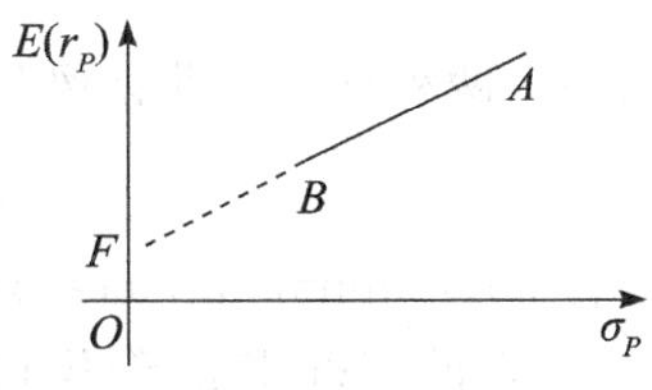

图 8-1 $\rho_{AB}=1$ 时的组合线

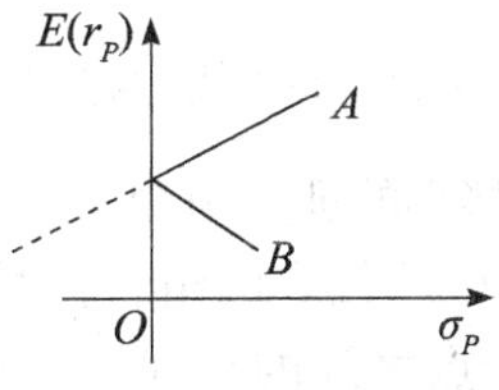

图 8-2 $\rho_{AB}=-1$ 时的组合线

从图 8-2 可以看出，在完全负相关情形下，按适当比例买入证券 A 和证券 B 可以形成一个无风险组合，得到一个稳定的收益率。这个适当比例通过令公式 (8.9) 中的 $\sigma_P=0$ 可得：

$$x_A=\frac{\sigma_B}{\sigma_A+\sigma_B},\ x_B=\frac{\sigma_A}{\sigma_A+\sigma_B}$$

因为 x_A 和 x_B 均大于 0，所以必须同时买入证券 A 和 B，这一点很容易理解，因为证券 A 和 B 完全负相关，二者完全反向变化，因而同时买入两种证券可抵消风险。所能得到的无风险收益率为：

$$E(r_P)=\frac{\sigma_B E(r_A)+\sigma_A E(r_B)}{\sigma_B+\sigma_A}$$

(3) 不相关情形下的组合线。

当证券 A 与证券 B 的收益率不相关时，$\rho_{AB}=0$，根据公式 (8.5) 和 (8.6) 有：

$$E(r_P)=x_A E(r_A)+(1-x_A)E(r_B)$$

$$\sigma_P^2=x_A^2\sigma_A^2+(1-x_A)^2\sigma_B^2 \qquad (8.10)$$

这两个公式所确定的 σ_P 与 $E(r_P)$ 的关系曲线是一条经过 A 点和 B 点的双曲线，如图 8-3所示。

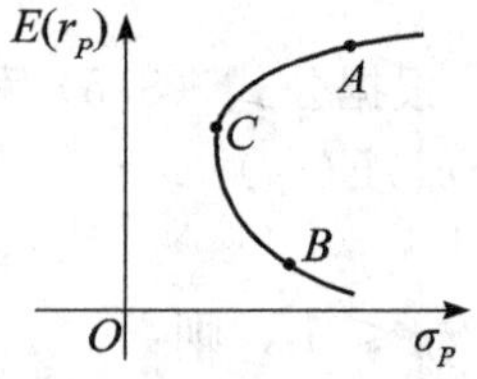

图 8-3 $\rho_{AB}=0$ 时的组合线

为了得到方差最小的证券组合，对公式 (8.10) 求极小值：

$$\frac{d\sigma^2}{dx_A}=2x_A\sigma_A^2-2(1-x_A)\sigma_B^2$$

令 $\frac{d\sigma^2}{dx_A}=0$，解出 x_A：

$$x_A=\frac{\sigma_B^2}{\sigma_A^2+\sigma_B^2}$$

同理有：

$$x_B=\frac{\sigma_A^2}{\sigma_A^2+\sigma_B^2}$$

显然有 $0\leqslant x_A$，$x_B\leqslant 1$。分别以 x_A 和 x_B 的比例买入证券 A 和证券 B，可获得最小方差 $\frac{\sigma_A^2\sigma_B^2}{\sigma_A^2+\sigma_B^2}<\min(\sigma_A^2,\ \sigma_B^2)$，即可以通过按适当比例买入两种证券，获得风险比这两种证券中任何一种的风险都小的证券组合。

在图 8-3 中，C 点代表的组合为最小方差组合 (minimum-variance portfolio)。组合线上介于 A 点与 B 点之间的点代表的组合由同时买入证券 A 和证券 B 构成，越靠近 A 点，买入 A 越多，买入 B 越少。而 A 点的东北部曲线上的点代表的组合由卖空 B、买入

A 形成，越向东北部移动，组合中卖空 B 越多；反之，B 点的东南部曲线上的点代表的组合由卖空 A、买入 B 形成，越向东南部移动，组合中卖空 A 越多。

（4）组合线的一般情形。

现在讨论一般情形。在不完全相关的情形下，由于 $0<\rho_{AB}<1$，公式（8.5）和（8.6）不会有任何简化，公式（8.5）和（8.6）在一般情形下所确定的曲线是一条双曲线。相关系数决定了组合线在 A 点与 B 点之间的弯曲程度，随着 ρ_{AB} 的增大，弯曲程度将降低。当 $\rho_{AB}=1$时，弯曲程度最小，呈直线；当 $\rho_{AB}=-1$ 时，弯曲程度最大，呈折线；不相关是一种中间状态，比完全正相关弯曲程度大，比完全负相关弯曲程度小。如图 8－4 所示。

从组合线的形状来看，相关系数越小，在不卖空的情况下，证券组合的风险就越小，特别是在完全负相关的情形下，可获得无风险组合。在不相关的情形下，虽然得不到一个无风险组合，但可得到一个组合，其风险小于 A、B 中任何一种单一证券的风险。当 A 与 B 的收益率不完全负相关时，组合线在 A 点、B 点之间比不相关时更弯曲，因而能找到一些组合（不卖空）使得风险小于 A 和 B 的风险，比如图 8－4 中 $\rho_{AB}=-0.5$ 的情形。但在图中 $\rho_{AB}=0.5$ 时，则得不到一个不卖空的组合使得风险小于单一证券的风险。可见在不卖空的情形下，组合降低风险的程度由证券间的关联程度决定。

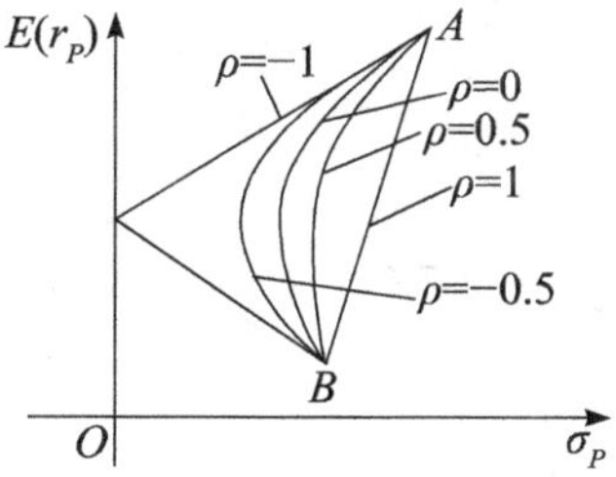

图 8－4　相关系数不同的证券组合

2. 多种证券构成的证券组合的可行域

在允许卖空的情况下，如果只考虑投资于两种证券 A 和 B，投资者可以在组合线上找到自己满意的任意位置，即组合线上的组合均是可行的（合法的）。如果不允许卖空，则投资者只能在组合线上介于 A 点、B 点之间（包括 A 点和 B 点）获得一个组合，因而投资组合的可行域就是组合线上的 AB 曲线段。现在假设可供选择的证券有三种——A、B 和 C，这时，可能的投资组合便不再局限于一条曲线，而是坐标系中的一个区域，如图 8－5所示。在不允许卖空的情况下，A、B、C 三种证券所能得到的所有合法组合都将落入并填满坐标系中组合线 AB、BC、AC 所围成的区域，该区域称为不允许卖空时证券 A、B 和 C 的证券组合可行域（feasible region）。每一个合法的组合称为一个可行组合。为什么说图 8－5 的区域中的组合都是可行组合呢？区域内的每一点都可以通过三种证券的组合得到，比如区域内的 F 点可以通过证券 C 与某个 A 和 B 的组合 D 的再组合得到。

如果允许卖空，三种证券构成的证券组合的可行域不再是如图 8－5 所示的有限区域，而是包含该有限区域的一个无限区域（见图 8－6）。

一般而言，当由多种证券（不少于三种证券）构造证券组合时，组合的可行域是所有合法证券组合构成的 E-σ 坐标系中的一个区域，其形状如图 8－7 和图 8－8 所示。

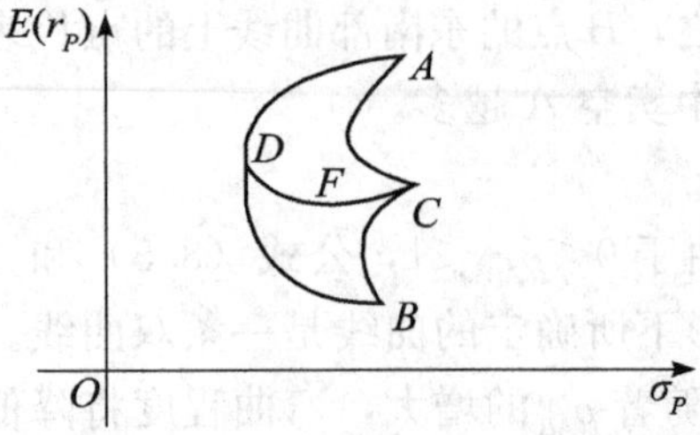

图 8-5　不允许卖空时三种证券构成的证券组合的可行域

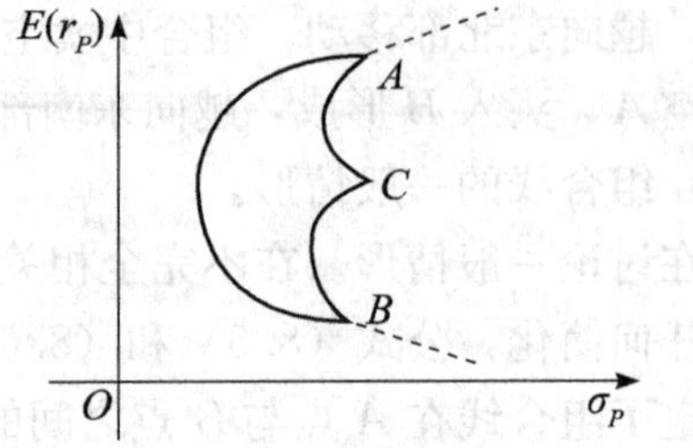

图 8-6　允许卖空时三种证券构成的证券组合的可行域

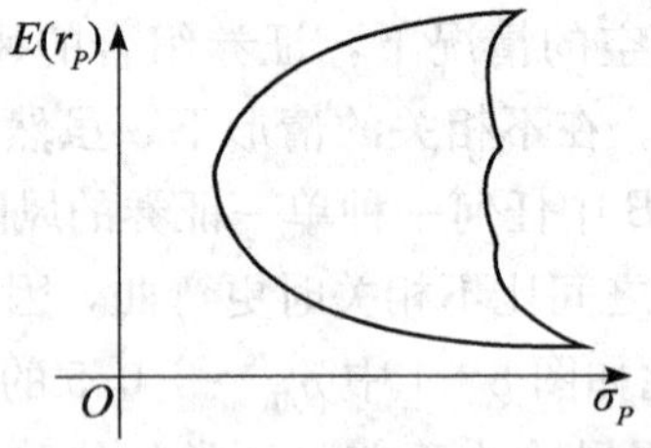

图 8-7　不允许卖空时证券组合的可行域

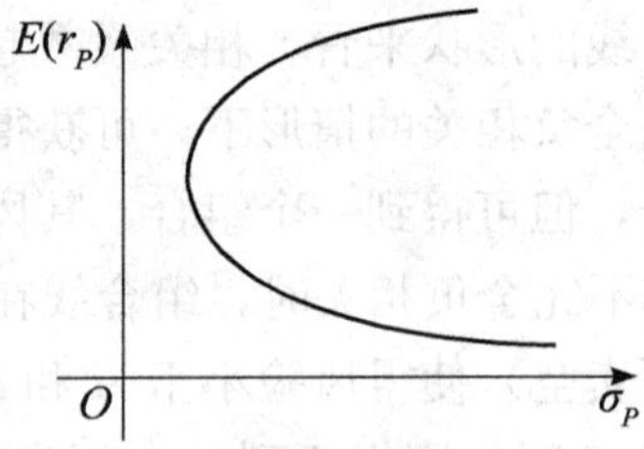

图 8-8　允许卖空时证券组合的可行域

由于求解可行域的公式具有如下形式：

$$\begin{cases} E(r_P)=\sum\limits_{i=1}^{n}x_iE(r_i) \\ \sigma_P=\sum\limits_{i=1}^{n}x_i^2\sigma_i^2+\sum\limits_{1\leqslant i<j\leqslant n}x_ix_j\sigma_i\sigma_j\rho_{ij} \\ \sum\limits_{i=1}^{n}x_i=1 \end{cases}$$

因此，可行域的形状不仅依赖于可供选择的单只证券的特征 $E(r_i)$ 和 σ_i 以及证券收益率之间的相互关系 ρ_{ij}，还依赖于投资组合中的权数。

可行域有一个共同的特点：左边缘必然向外凸或呈线性，也就是说不会出现凹陷。图8-9中左边缘自 W 点到 V 点之间出现凹陷。由于 W、V 是可行的，W 与 V 的组合也是可行的，因而 W、V 的组合线或者是连接 W 点、V 点的直线段，或者是向外弯曲的曲线，而图8-9中 W、V 的组合作为一个可行组合却落在图中区域的右面，因而该区域不可能是一个可行域。

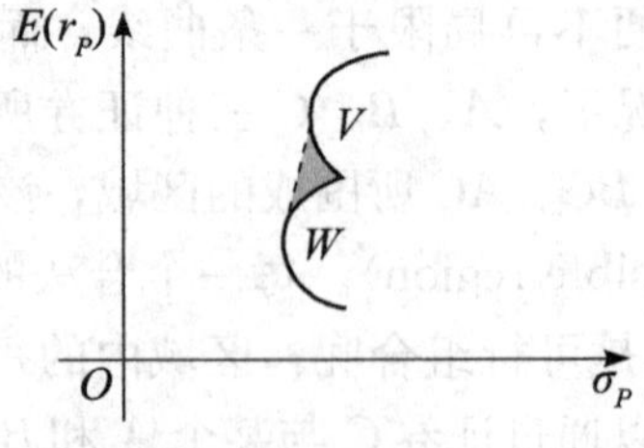

图 8-9　可行域的左边缘特性——外凸或呈线性

（二）证券组合的有效边界

证券组合的可行域表示了所有可能的证券组合，它为投资者提供了一切可行的组合投资机会，投资者需要做的是在其中选择自己最满意的证券组合进行投资。不同的投资者对期望收益率和风险的偏好有所区别，因而他们所选择的最优组合将有所不同。但投资者的偏好具有某种共性，在这个共性下，某些证券组合将被所有投资者视为差的，因为按照偏好的共性，总存在比它更好的证券组合，这样就需要把公认为差的证券组合剔除掉。

大量事实表明，投资者普遍喜欢期望收益率而厌恶风险，因而人们在进行投资决策时希望期望收益率越大越好，风险越小越好。这种态度反映在证券组合的选择上可由下述规则来描述：

（1）如果两个证券组合具有相同的收益率方差和不同的期望收益率，即 $\sigma_A^2=\sigma_B^2$，而 $E(r_A)\neq E(r_B)$，且 $E(r_A)>E(r_B)$，那么投资者选择期望收益率较高的组合，即 A。

（2）如果两个证券组合具有相同的期望收益率和不同的收益率方差，即 $E(r_A)=E(r_B)$，而 $\sigma_A^2\neq\sigma_B^2$，且 $\sigma_A^2<\sigma_B^2$，那么投资者选择收益率方差较小的组合，即 A。

我们称这种选择原则为投资者的共同偏好规则。

人们在所有可行的投资组合中进行选择，如果证券组合的特征由期望收益率和收益率方差来表示，则投资者需要在 E-σ 坐标系的可行域中寻找最好的点，但不可能在可行域中找到一点被所有投资者都认为是最好的。按照投资者的共同偏好规则，可以排除那些被所有投资者都认为差的组合，我们把排除后余下的这些组合称为有效证券组合（efficient portfolio，简称有效组合）。根据有效证券组合的定义，有效组合不止一个。在可行域的图形中，如图 8－10 中的实线部分，是可行域的上边界部分，我们称它为有效边界（efficient frontier）。在有效边界上的不同组合，比如 B 和 C，按投资者的共同偏好规则不能区分好与差。因此有效组合相当于有可能被某位投资者选作最优组合的候选组合，不同投资者可以在有效边界上获得任一位置。作为一个理性的且厌恶风险的投资者，他不会选择有效边界以外的点。此外，A 点是一个特殊的位置，它是上边界和下边界的交汇点，这一点所代表的组合在所有可行组合中方差最小，因而被称作最小方差组合。

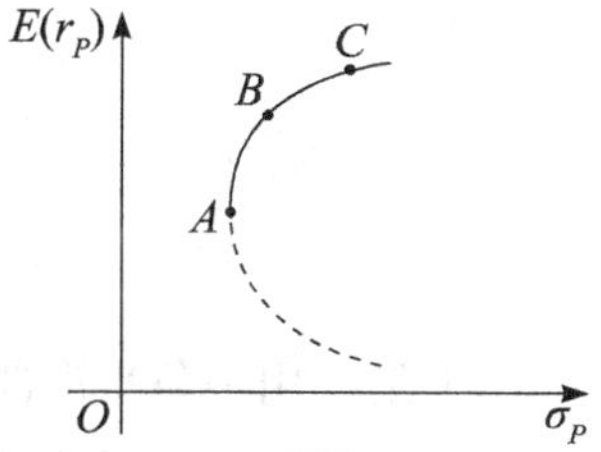

图 8－10　有效边界

四、最优证券组合

（一）投资者的个人偏好与无差异曲线

按照投资者的共同偏好规则，有些证券组合之间不能区分好与差，其根源在于投资者个人除遵循投资者的共同偏好规则外，还有其特殊的偏好。那些不能被投资者的共同偏好规则区分的组合，不同投资者可能对其得出完全不同的比较结果。投资者的共同偏好规则不能区分的是这样的两个证券组合 A 和 B：$\sigma_B^2>\sigma_A^2$ 且 $E(r_B)<E(r_A)$。

如图 8－11 所示，证券组合 A 虽然比证券组合 B 承担更大的风险，但它同时带来更高的期望收益率，这种期望收益率的增量可被认为是对增加的风险的补偿。由于不同投资者对期望收益率和风险的偏好不同，当风险从 σ_B^2 增加到 σ_A^2 时，期望收益率将得到补偿 $[E(r_A)-E(r_B)]$。这是否满足投资者个人的风险补偿要求因人而异，从而投资者将按照各自不同的偏好对两个组合得出不同的比较结果。

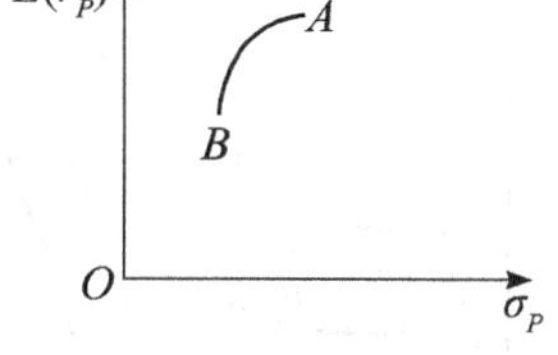

图 8－11　投资者的共同偏好规则不能区分的组合

投资者甲（中庸）认为，增加的期望收益率恰好能补偿增加的风险，所以 A 与 B 两个证券组合带来的满意程度相同，证券组合 A 与证券组合 B 无差异。投资者乙（保守）认为，增加的期望收益率不足以补偿增加的风险，所以证券组合 B 更令其满意。投资者丙（进取）认为，增加的期望收益率超过对增加的风险的补偿，所以证券组合 A 更令其满意。在同样的风险状态下，投资者要求得到的期望收益率补偿越高，说明其对风险越厌恶。

上述三位投资者中乙最厌恶风险（风险规避，risk averse），最保守；甲次之；丙的风险厌恶程度最低，最具冒险精神。

对于一个特定的投资者，任意给定一个证券组合，根据他对风险的态度，可以得到一系列满意程度相同（无差异）的证券组合，这些组合恰好在 E-σ 坐标系上形成一条曲线，我们将这条曲线视为该投资者的一条无差异曲线。比如某个投资者认为，尽管图 8-12 中的证券组合 A、B、C、D、E、F 的期望收益率与风险各异，但是它们给他带来的满足程度相同，因此这六个证券组合是无差异的，选择哪一个进行投资都可以。

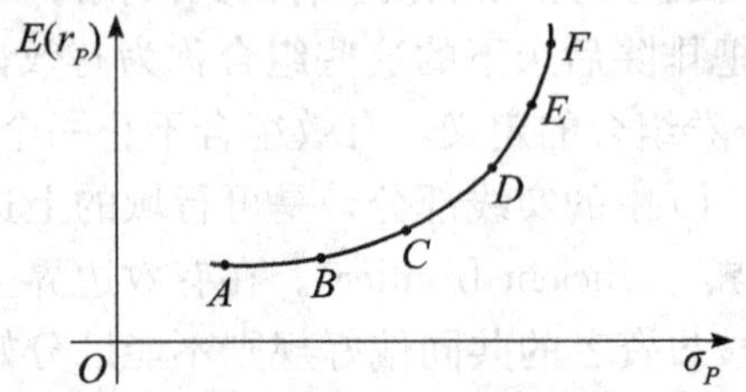

图 8-12　满意程度相同的证券或组合

于是，用一条平滑曲线将证券组合 A、B、C、D、E、F 连接起来，就可将其近似看作一条无差异曲线。当这样的组合很多时，它们在平面上便形成严格意义上的无差异曲线。

偏好不同的投资者，其无差异曲线的形状也不同。尽管如此，对于追求收益又厌恶风险的投资者而言，其无差异曲线都具有如下六个特点：

（1）无差异曲线是由左至右向上弯曲的曲线。

（2）每个投资者的无差异曲线形成遍布整个平面又互不相交的曲线簇。

（3）同一条无差异曲线上的组合给投资者带来的满意程度相同。

（4）不同无差异曲线上的组合给投资者带来的满意程度不同。

（5）无差异曲线的位置越高，其上的投资组合给投资者带来的满意程度就越高。

（6）无差异曲线向上弯曲程度的大小反映投资者承受风险能力的强弱。

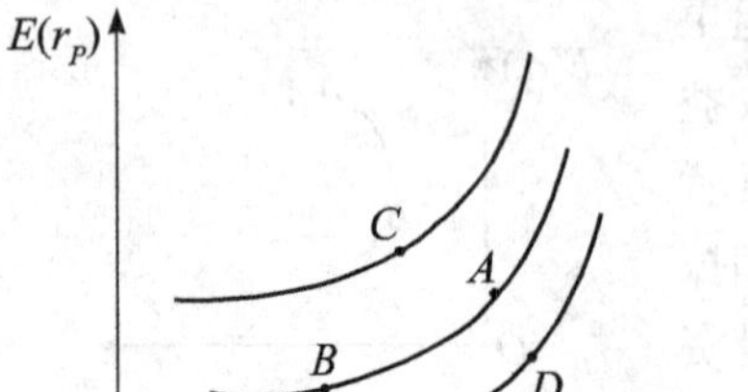

图 8-13　投资者的无差异曲线

如图 8-13 所示，某投资者认为经过 A 点的那一条无差异曲线上的所有证券组合带给他的满意程度均相同，因而组合 B 与组合 A 无差异；组合 C 比组合 A、B、D 所在的无差异曲线上的任何组合都好，因为组合 C 所在的无差异曲线的位置高于组合 A、B、D 所在的无差异曲线。

图 8-14 是几个具有不同偏好的投资者的无差异曲线。图 8-14（a）的投资者对风险毫不在意，只关心期

望收益率；图 8－14（b）的投资者只关心风险，风险越小越好，对期望收益率毫不在意；图 8－14（c）和图 8－14（d）表明投资者一般的风险态度，图 8－14（c）的投资者比图 8－14（d）的投资者相对保守一些，在相同的风险状态下，前者对风险的增加要求更多的风险补偿，反映在无差异曲线上，前者的无差异曲线更陡峭一些。

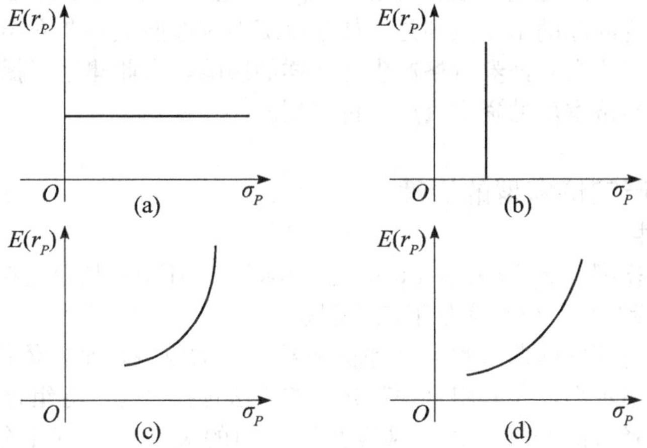

图 8－14　不同投资者的风险偏好

（二）最优证券组合的选择

投资者的共同偏好规则可以确定哪些组合是有效的（即投资价值相对较高），哪些组合是无效的（即投资价值相对较低）。特定投资者可以在有效组合中选择自己最满意的组合，这种选择依赖于他的偏好。投资者的偏好通过无差异曲线来反映。无差异曲线的位置越靠上，其满意程度越高，因而投资者需要在有效边界上找到一个具有下述特征的有效组合：相对于其他有效组合，该组合所在的无差异曲线的位置最高。这样的有效组合便是他最满意的有效组合，而它恰恰是无差异曲线簇与有效边界的切点所表示的组合。

如图 8－15 所示，投资者按照他的无差异曲线簇将选择有效边界上 B 点所代表的证券组合作为他的最优组合，因为 B 点使其在所有有效组合中获得的满意程度最高，其他有效边界上的点都落在 B 点下方的无差异曲线上。不同投资者按照其无差异曲线簇可获得各自的最优证券组合，只关心风险的投资者将选取最小方差组合作为最优组合。

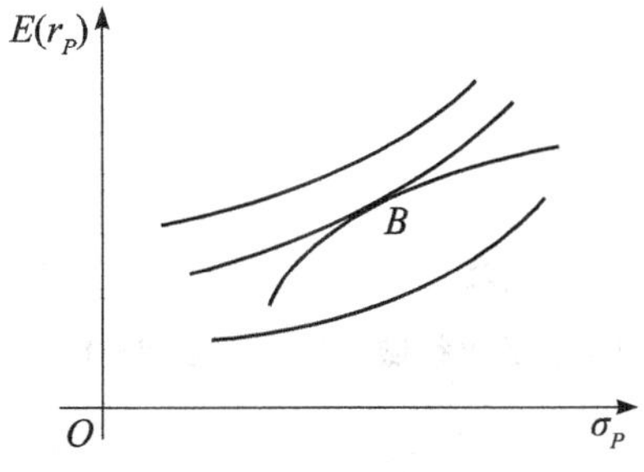

图 8－15　投资者的最优证券组合

第三节　资本资产定价模型

在前一节中，研究问题的出发点是投资者应该怎样选择适合自己偏好的最优证券组合。在本节中，研究问题的出发点则是，如果投资者都按照上一节介绍的方法去选择投资组合，则这种集体行为会对证券价格产生什么样的影响，由此建立了揭示均衡状态下证券的收益风险关系的经济本质的资本资产定价模型。

一、资本资产定价模型的原理

(一) 假设条件

资本资产定价模型（capital asset pricing model，CAPM）是建立在若干假设条件的基础上的。[①] 这些假设条件可概括为如下三个假设。

假设一：投资者都依据期望收益率评价证券组合的收益水平，依据方差（或标准差）评价证券组合的风险水平，并采用上一节介绍的方法选择最优证券组合。

假设二：投资者对证券的收益、风险及证券间的关联性具有完全相同的预期（homogenous expectations）。

假设三：资本市场没有摩擦。所谓摩擦，是指市场对资本和信息自由流动的阻碍。因此，该假设意味着：在分析问题的过程中，不考虑交易成本和对红利、股息及资本利得的征税，信息在市场中自由流动，任何证券的交易单位都是无限可分的（infinitely divisible），市场上只有一个无风险借贷利率，市场对借贷和卖空没有限制。

在上述假设中，第一个假设和第二个假设是对投资者的规范，第三个假设是对现实市场的简化。

(二) 资本市场线

1. 无风险证券对有效边界的影响

在上述假设条件下，投资者面对的市场是一个存在无风险证券（riskless security）的市场，并依照马科维茨理论构建最优证券组合。因此，投资者在 E-σ 坐标系上面对的证券组合可行域及有效边界不再纯粹地由风险证券构成，而是包含了无风险证券的具有如图 8-16 和图8-17所示的几何形状的可行域及有效边界。

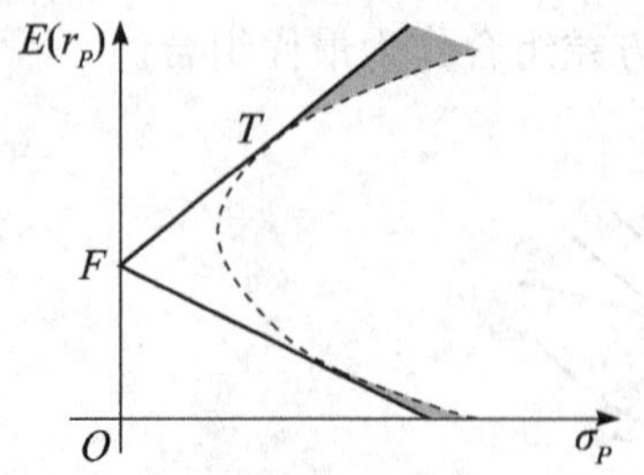

图 8-16　存在无风险证券时组合的可行域

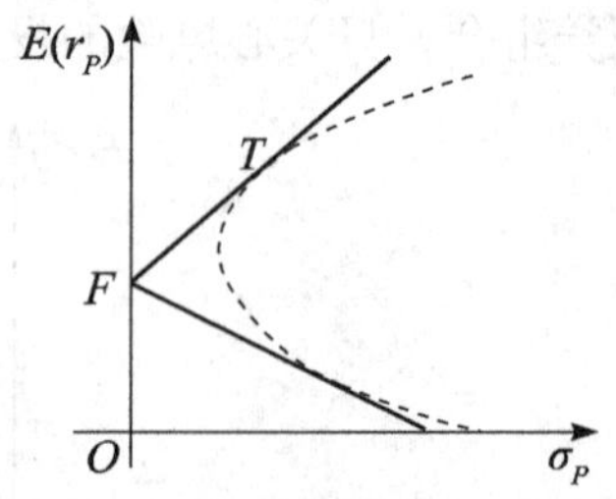

图 8-17　存在无风险证券时的有效边界

① CAPM由威廉·夏普发展起来，见 William F. Sharpe，"Capital Asset Prices：A Theory of Market Equilibrium under Conditions of Risk"，*Journal of Finance*（1964），pp. 425－442。

在图 8－16 中，由无风险证券 F 出发并与原有风险证券组合可行域的上下边界相切的两条射线所夹角形成的无限区域（阴影部分），便是在现有假设条件下所有证券组合形成的可行域。

在图 8－17 中，由无风险证券 F 出发并与原有风险证券组合可行域的有效边界相切的射线 FT，便是在现有假设条件下所有证券组合形成的可行域的有效边界。

在现有假设条件下，证券组合的可行域及有效边界之所以具有如图 8－16 和图 8－17 所示的几何特征，即现有证券组合可行域较原有风险证券组合可行域之所以扩大并具有直线边界，主要基于如下两个方面的原因：一方面，投资者通过将无风险证券 F 与每个可行的风险证券组合再组合的方式增加了证券组合的种类，从而使得原有的风险证券组合的可行域得以扩大。新的可行域既含有无风险证券，又含有原有风险证券组合，同时也含有因无风险证券 F 与原有风险证券组合再组合而产生的新型证券组合。另一方面，当无风险证券 F 与任意风险证券或组合 P 进行组合时，其组合线恰好是一条由无风险证券 F 出发并经过风险证券或组合 P 的射线 FP（如图 8－18 所示），从而无风险证券 F 与切点证券组合 T 进行组合的组合线便是射线 FT，FT 成为新可行域的上部边界——有效边界。

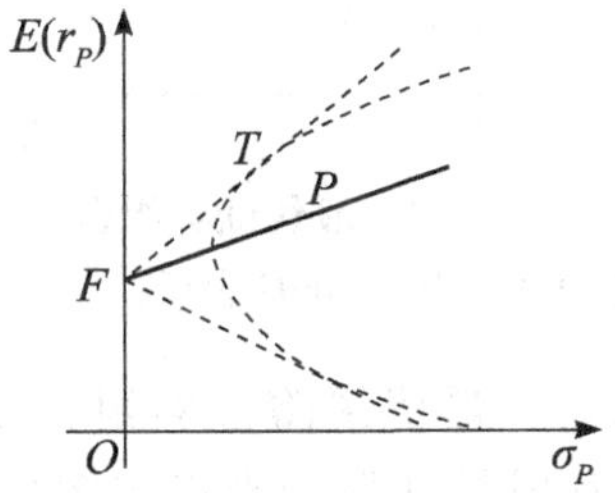

图 8－18 无风险证券与风险证券的组合线

2. 切点证券组合 T 的经济意义

有效边界 FT 上的切点证券组合 T 具有三个重要的特征：其一，T 是有效组合中唯一一个不含无风险证券而仅由风险证券构成的组合；其二，有效边界 FT 上的任意证券组合，即有效组合，均可视为无风险证券 F 与 T 的再组合；其三，切点证券组合 T 完全由市场确定，与投资者的偏好无关。正是这三个重要特征决定了切点证券组合 T 在资本资产定价模型中占有核心地位。为此，下面的内容将重点分析切点证券组合 T 的经济意义。

首先，所有投资者拥有完全相同的有效边界。由于一个证券或组合在 $E-\sigma$ 坐标系上的位置完全由该证券或组合的期望收益率和标准差确定，并假定所有投资者对证券的收益、风险及证券间的关联性具有完全相同的预期，因此，同一个证券或组合在 $E-\sigma$ 坐标系上的位置对不同的投资者来说是完全相同的。由此可见，所有投资者在 $E-\sigma$ 坐标系上面对完全相同的证券组合可行域，进而面对完全相同的有效边界。也就是说，所有投资者拥有同一个证券组合的可行域和有效边界（如图 8－19 所示）。

其次，投资者对依据自己的风险偏好选择的最优证券组合 P' 进行投资，其风险投资部分均可视为对 T 的投资（如图 8－19 所示），即每个投资者按照各自的偏好购买各种证券，其最终结果是每个投资者手中持有的全部风险证券所形成的风险证券组合在结构上恰好与切点证券组合 T 相同。这是因为最优证券组合 P' 恰好位于 F 与 T 的组合线上，可视

为无风险证券 F 与切点证券组合 T 的再组合。如果所选择的最优组合位于 F 与 T 之间，表明他同时买入无风险证券 F 和切点证券组合 T；如果所选择的最优组合位于 T 的右侧，表明他将卖空无风险证券 F，并将获得的资金与原有资金一起全部投资于切点证券组合 T。无论如何，每一个投资者的最优证券组合中所包含的对风险证券的投资部分，都可在形式上归结为对同一个风险证券组合——切点证券组合 T 的投资。这就意味着，如果把投资者对自己所选择的最优证券组合的投资分为无风险投资和风险投资两部分，那么风险投资部分所形成的证券组合的结构与切点证券组合 T 的结构完全相同，所不同的仅是，具有不同偏好的投资者的风险投资金额（即对切点证券组合的投资资金规模）占全部投资金额的比例不同。正因为如此，T 为最优风险证券组合或最优风险组合（optimal risky portfolio）。

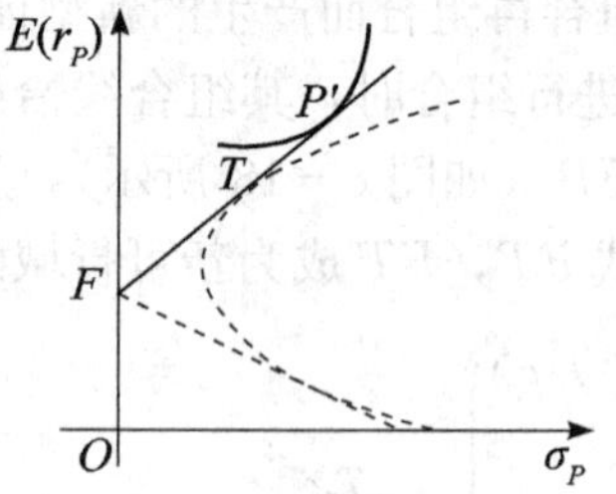

图 8-19　最优证券组合 P'

注：在有些教材中，最优证券组合直接用字母 P 表示。

最后，当市场处于均衡状态时，最优风险证券组合 T 就等于市场组合。所谓市场组合，是指由风险证券构成，并且其成员证券的投资比例与整个市场上风险证券的相对市值比例一致的证券组合。一般用 M 表示市场组合。根据定义，如果市场上共有 n 种风险证券正在流通，分别记为证券 1，证券 2，…，证券 n，那么市场组合 M 包含了这 n 种风险证券，且风险证券 i 在市场组合 M 中的投资比例 x_i 为：

$$x_i = \frac{P_i Q_i}{\sum_{k=1}^{n} P_k Q_k}$$

式中：P_i——证券 i 的市场价格；

Q_i——证券 i 的流通股数。

由此可见，市场组合 M 是对整个市场的定量描述，代表整个市场。而在均衡状态下，最优风险组合 T 之所以等于市场组合 M，完全是依据下述两个事实：一方面，每个投资者手中持有的风险证券均以最优风险证券组合 T 的形式存在，所不同的仅是各自在 T 上投放的资金比例不同而已。当视全体投资者为一个整体时，每个投资者手中持有的最优风险证券组合 T 在形式上合并成一个整体组合。这个整体组合在结构上与最优风险证券组合 T 相同，但在规模上等于全体投资者所持有的风险证券的总和。另一方面，在均衡状态下，投资者手中持有的风险证券必然是市场上正在流通的风险证券；反之亦然。此时，无论是从资金规模上看还是从结构上看，全体投资者所持有的风险证券的总和都是市场上流通的全部风险证券的总和。这就意味着，全体投资者作为一个整体，其所持有的风险证券的总和所形成的整体组合在规模和结构上恰好等于市场组合 M。综合以上两个方面的分析，在均衡状态下，最优风险证券组合 T 就等于市场组合 M。

3. 资本市场线方程

通过上面的讨论，我们知道：在资本资产定价模型的假设下，当市场达到均衡时，市场组合 M 成为一个有效组合；所有有效组合都可视为无风险证券 F 与市场组合 M 的再组合。

在 $E-\sigma$ 坐标系上，所有有效组合刚好构成连接无风险资产 F 与市场组合 M 的射线 FM，这条射线被称为资本市场线（capital market line）（如图 8－20 所示）。

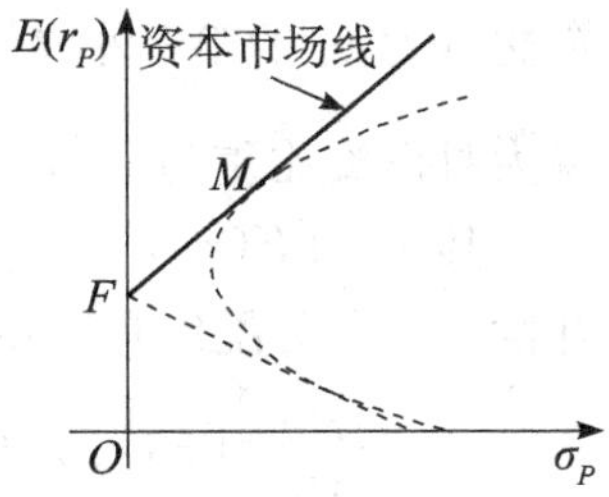

图 8－20　资本市场线

资本市场线揭示了有效组合的收益和风险之间的均衡关系，这种均衡关系可以用资本市场线的方程来描述：

$$E(r_P)=r_F+\frac{E(r_M)-r_F}{\sigma_M}\sigma_P \tag{8.11}$$

式中：$E(r_P)$、σ_P——有效组合 P 的期望收益率、标准差；

$E(r_M)$、σ_M——市场组合 M 的期望收益率、标准差；

r_F——无风险证券收益率，即无风险利率。

4. 资本市场线的经济意义

资本市场线方程对有效组合的期望收益率和风险之间的关系提供了十分完整的阐述。有效组合的期望收益率由两部分构成：一部分是无风险利率（risk free rate）r_F，它是由时间创造的，是对放弃即期消费的补偿；另一部分则是 $\frac{E(r_M)-r_F}{\sigma_M}\sigma_P$，是对承担风险 σ_P 的补偿，通常称为风险溢价（risk premium），与承担的风险 σ_P 的大小成正比。其中系数 $\frac{E(r_M)-r_F}{\sigma_M}$ 代表了对单位风险的补偿，通常称为风险的价格。

（三）证券市场线

1. 证券市场线方程

资本市场线只揭示了有效组合的收益风险均衡关系，而没有给出任意证券或组合的收益风险关系。下面，我们首先建立任意单个证券的收益风险关系，之后将其推广到任意证券组合。

由资本市场线所反映的关系可以看出，在均衡状态下，市场对有效组合的风险（标准差）提供补偿。而有效组合的风险（标准差）由构成该有效组合的各种成员证券的风险共同合成，因而市场对有效组合的风险补偿可视为市场对各种成员证券的风险补偿的总和，或者说市场对有效组合的风险补偿可以按一定的比例分配给各种成员证券。当然，应按各种成员证券对有效组合风险的贡献大小来分配。不难理解，实现这种分配就意味着在各种证券的收益、风险之间建立了某种关系。

为实现这种分配，首先要知道各种成员证券对有效组合风险的贡献大小。鉴于市场组合 M 也是有效组合，因此将市场组合 M 作为研究对象，分析 M 中各种成员证券对市场组合风险的贡献大小，之后再按照贡献大小把市场组合的风险补偿分配到各种成员证券上。

为能够分辨各种成员证券对市场组合风险的贡献大小，我们自然要对衡量市场组合风险水平的指数——方差 σ_M^2 进行考察。在数学上容易证明，市场组合 M 的方差 σ_M^2 可分解为：

$$\sigma_M^2=x_1\sigma_{1M}+x_2\sigma_{2M}+\cdots+x_i\sigma_{iM} \tag{8.12}$$

式中：x_i——第 i 种成员证券在市场组合 M 中的投资比例；

σ_{iM}——第 i 种成员证券与市场组合 M 之间的协方差。

首先，把市场组合的方差改写成公式（8.12）的形式，就使我们能够清晰地从中分离出单个成员证券对市场组合风险的贡献大小。因为公式（8.12）中的 $x_i\sigma_{iM}$ 可被视为对投资比重为 x_i 的第 i 种成员证券对市场组合 M 的风险贡献大小的绝对度量，因而 $\frac{x_i\sigma_{iM}}{\sigma_M^2}$ 便被视为对投资比重为 x_i 的第 i 种成员证券对市场组合 M 的风险贡献大小的相对度量。

其次，$[E(r_M)-r_F]$ 可被视为市场对市场组合 M 的风险补偿，也相当于对方差 σ_M^2 的补偿，于是分配给具有单位资金规模的证券 i 的补偿按其对 σ_M^2 做出的相对贡献应为：

$$\frac{x_i\sigma_{iM}}{\sigma_M^2}[E(r_M)-r_F]$$

最后，具有单位资金规模的证券的补偿又等于 $[E(r_i)-r_F]$，其中 $E(r_i)$ 表示证券 i 的期望收益率。于是有：

$$E(r_i)-r_F=[E(r_M)-r_F]\frac{\sigma_{iM}}{\sigma_M^2}$$

记 $\beta_i=\frac{\sigma_{iM}}{\sigma_M^2}$，则上述公式可改写成：

$$E(r_i)=r_F+[E(r_M)-r_F]\beta_i \tag{8.13}$$

上式表明，单个证券的期望收益率与其对市场组合方差的贡献率 β_i 之间存在着线性关系，而不像有效组合那样与标准差（总风险）有线性关系。因此从定价角度考虑，单个证券的风险用 β_i 来测定更为合理。β_i 有一个特殊的名称——证券 i 的 β（贝塔）系数。它是测量系统性风险的工具。

对任何一个证券组合 P，设其投资于各种证券的比例分别为 x_1，x_2，…，x_n，则有：

$$\begin{aligned}E(r_P)&=x_1E(r_1)+x_2E(r_2)+\cdots+x_nE(r_n)\\&=x_1\{r_F+[E(r_M)-r_F]\beta_1\}+x_2\{r_F+[E(r_M)-r_F]\beta_2\}\\&\quad+\cdots+x_n\{r_F+[E(r_M)-r_F]\beta_n\}\end{aligned}$$

令 $\beta_P=x_1\beta_1+x_2\beta_2+\cdots+x_n\beta_n$，称为证券组合 P 的 β 系数，于是上述等式被改写为：

$$E(r_P)=r_F+[E(r_M)-r_F]\beta_P \tag{8.14}$$

显然，公式（8.13）与公式（8.14）具有相同的形式。可见，无论是对于单个证券还是对于证券组合，均可将其 β 系数作为对风险的合理测定，其期望收益率与由 β 系数测定的系统性风险之间存在线性关系。这个关系在以 $E(r_P)$ 为纵坐标、以 β_P 为横坐标的坐标系中由一条直线代表，这条直线被称为证券市场线（security market line）（如图 8-21 所示）。

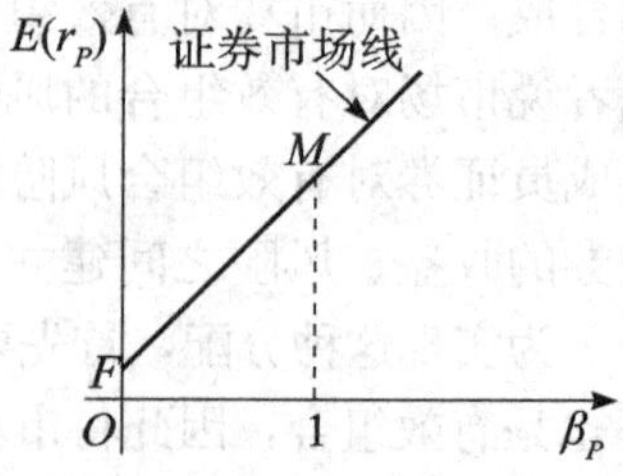

图 8-21　证券市场线

当 P 为市场组合 M 时，$\beta_P=1$，因此，证券市场线经过点 $[1, E(r_M)]$；当 P 为无风险证券时，β 系数为 0，期望收益率为无风险利率 r_F，因此证券市场线亦经过点 $[0, E(r_F)]$。

2. 证券市场线的经济意义

证券市场线公式（8.14）对任意证券或组合的期望收益率和风险之间的关系提供了十

分完整的阐述。任意证券或组合的期望收益率由两部分构成：一部分是无风险利率 r_F，它是由时间创造的，是对放弃即期消费的补偿；另一部分则是 $[E(r_P)-r_F]\beta_P$，是对承担风险的补偿，通常称为风险溢价，与承担的风险 β_P 的大小成正比。其中 $[E(r_P)-r_F]$ 代表了对单位风险的补偿，通常称为风险的价格。

（四）β 系数的含义及其应用

总风险中的一部分可以称为证券的系统性风险，系统性风险捕获了单一证券（或证券组合）对整个市场变动的反应。这种单一证券（或证券组合）对市场变动的相对波动性或敏感性能够通过历史记录估算出来，其结果就是 β。通过以上描述我们大致可以猜出 β 代表了证券与整个市场组合之间的一种趋势关系。但这依然不够，我们仍需要更专业地学习和了解 β。

1. β 系数的含义

（1）β 系数反映了证券或组合对市场组合方差的贡献率。从公式（8.12）可以看出，市场组合方差是市场中每一证券（或组合）与市场组合协方差的加权平均值，加权值是单一证券（或组合）的投资比例，因此 β_P 可以作为对单一证券（组合）的风险测定。

（2）β 系数反映了证券或组合的收益水平对市场平均收益水平变化的敏感性。公式（8.14）可以改写为：

$$E(r_P)=r_F+\beta_P E(r_M)-r_F\beta_P$$

上式可以改写为类似其他教材中提到的证券或组合的特征线：

$$r_P=\alpha_P+\beta_P r_M+\varepsilon_P$$

从该式可以看出，证券或组合的收益与市场指数的收益线性相关，β 系数为直线的斜率，反映了证券或组合的收益水平对市场平均收益水平变化的敏感性。β 系数的绝对值越大，表明证券或组合对市场指数的敏感性越强。

（3）β 系数是衡量证券或组合承担的系统性风险水平的指数。按照特征线方程，证券或组合的风险为：

$$\sigma_P^2=\beta_P^2\sigma_M^2+\varepsilon_P^2$$

很明显，证券或组合的风险分为两部分：$\beta_P^2\sigma_M^2$ 为系统性风险（systematic risk），ε_P^2 为非系统性风险（nonsystematic risk）。因此，β 系数可以用来衡量证券或组合承担的系统性风险的大小。

2. β 系数的应用

β 系数被广泛应用于证券分析、投资决策和风险控制，主要有以下几个方面的应用：

（1）证券的选择。证券选择的一个重要环节是证券估值。下面提到的资本资产定价模型的应用就涉及利用 β 系数这一重要参数进行估值。另外，当市场处于牛市或熊市时，投资者对证券的选择通常有不同的要求。一般而言，当市场处于牛市时，在估值优势相差不大的情况下，投资者会选择 β 系数较大的股票，以期获得较高的收益；反之，当市场处于熊市时，投资者会选择 β 系数较小的股票，以减少股票下跌的损失。

（2）风险控制。由于 β 系数是对证券或组合系统性风险的度量，因此，风险控制部门或投资者通常会利用 β 系数对证券投资进行风险控制，控制 β 系数过高的证券投资比例。另外，针对衍生证券的对冲交易，通常会利用 β 系数控制对冲的衍生证券头寸。本教材在金融工程部分提到的股指期货的套期保值就使用到β系数。

(3) 证券组合业绩评估。评价组合业绩是基于风险调整后的收益进行考量，即既要考虑组合收益的高低，也要考虑组合所承担风险的大小。本章第五节采用的诸多业绩评估指数都使用到了β系数。

二、资本资产定价模型的应用

资本资产定价模型主要应用于资产估值、资源配置以及资金成本预算等方面。在这里，简要介绍资本资产定价模型在资产估值和资源配置两个方面的应用。

(一) 资产估值

在资产估值方面资本资产定价模型主要被用来判断证券是否被市场错误定价。

根据资本资产定价模型，每一证券的期望收益率应等于无风险利率加上该证券由β系数测定的风险溢价：

$$E(r_i)=r_F+[E(r_M)-r_F]\beta_i$$

一方面，当我们获得市场组合的期望收益率的估计和该证券的风险β_i的估计时，我们就能计算市场均衡状态下证券i的期望收益率$E(r_i)$；另一方面，市场对证券在未来所产生的收入流（股息加期末价格）有一个期望值，这个期望值与证券i的期初市场价格和其期望收益率$E(r_i)$之间有如下关系：

$$E(r_i)=\frac{E(\text{股息}+\text{期末价格})}{\text{期初价格}}-1$$

在均衡状态下，上述两个$E(r_i)$应有相同的值。因此，均衡的期初价格应定为：

$$\text{均衡的期初价格}=\frac{E(\text{股息}+\text{期末价格})}{1+E(r_i)} \tag{8.15}$$

于是，我们可以对现行的实际市场价格与均衡的期初价格进行比较。两者不等，则说明市场价格被误定，被误定的价格应该有回归的要求。利用这一点，我们便可获得超额收益（excess return）。具体来讲，当实际价格低于均衡价格时，说明该证券是廉价证券，我们应该购买该证券；相反，我们则应卖出该证券，而用资金转向购买其他廉价证券。

当把公式（8.15）中的期末价格视作未来现金流的贴现值时，公式（8.15）同样可以用来判断证券市场价格是否被误定。

例 8－4

A 公司今年每股股息为 0.5 元，预期今后每股股息将以每年 10%的速度稳定增长。当前的无风险利率为 0.03，市场组合的风险溢价为 0.08，A 公司股票的β值为 1.5。那么，A 公司股票当前的合理价格P_0是多少？

首先，根据股票现金流估价模型中的不变增长模型，得出 A 公司股票当前的合理价格P_0为：

$$P_0=\frac{0.5}{k-0.10}$$

式中：k——必要收益率（或风险调整贴现率）。

其次，根据证券市场线有：

$$
\begin{aligned}
k &= r_F + [E(r_M) - r_F]\beta_P \\
&= 0.03 + 0.08 \times 1.5 \\
&= 0.15
\end{aligned}
$$

最后，得出 A 公司股票当前的合理价格：

$$P_0 = 0.5 \div (k - 0.10) = 0.5 \div (0.15 - 0.10) = 10(\text{元})$$

（二）资源配置

资本资产定价模型在资源配置方面的一项重要应用是，投资者可以根据对市场走势的预测来选择具有不同 β 系数的证券或组合以获得较高收益或规避市场风险（market risk）。

证券市场线表明，β 系数反映证券或组合对市场变化的敏感性，因此，当有很大把握预测牛市到来时，应选择那些高 β 系数的证券或组合。这些高 β 系数的证券或组合将成倍地放大市场收益率，带来较高的收益。相反，在熊市到来之际，应选择那些低 β 系数的证券或组合，以减少因市场下跌而造成的损失。

三、资本资产定价模型的有效性

资本资产定价模型表明：β 系数作为衡量系统性风险的指标，与收益水平是正相关的，即风险越大，收益就越高。由于资本资产定价模型是建立在对现实市场简化的基础上的，因而现实市场中的 β 系数与收益是否具有正相关关系，是否还有更合理的度量工具用以解释不同证券的收益差别，就是所谓的资本资产定价模型的有效性问题。

最近几十年来，资本资产定价模型的有效性一直是广泛争论的焦点。最初的测试表明，β 系数与收益呈正相关关系，因而用 β 系数度量风险具有合理性，纵使存在其他度量风险的工具（如方差能解释实际收益的差别）。然而，1977 年，理查德·罗尔指出，由于测试时使用的是市场组合的替代品，对资本资产定价模型的所有测试都只能表明该模型实用性的强弱，而不能说明该模型本身有效与否。1977 年以来，许多研究或支持或否定资本资产定价模型。这些检验试图验证资本资产定价模型的应用而非作为其方法论基础的风险与收益的线性关系。遗憾的是，还没有人能给出一个确定无疑的检验。大多数检验遭到了严厉的批评，面临着与识别“真正的”市场组合一样的问题。

第四节　套利定价理论

套利定价理论（arbitrage pricing theory，APT）由罗斯于 20 世纪 70 年代中期建立，是描述资产合理定价但又有别于 CAPM 的均衡模型。[①] 简单地讲，它解决了这样一个问题：如果所有证券的收益都受到某个共同因素的影响，那么在均衡市场状态下，导致各种

① Stephen A. Ross, “The Arbitrage Theory of Capital Asset Pricing”, *Journal of Economic Theory* (1976), pp. 343 - 362.

证券具有不同收益的原因是什么？套利定价理论从而揭示了均衡价格形成的套利驱动机制和均衡价格的决定因素。

一、套利定价理论的基本原理

（一）假设条件

与资本资产定价模型相比，建立套利定价理论的假设条件较少，可概括为三个基本假设。

假设一：投资者是追求收益的，同时也是厌恶风险的。

假设二：所有证券的收益都受到一个共同因素 F 的影响，并且证券的收益率具有如下的构成形式：

$$r_i = a_i + b_iF_1 + \varepsilon_i \tag{8.16}$$

式中：r_i——证券 i 的实际收益率；

a_i——因素指标 F_1 为 0 时证券 i 的收益率；

b_i——因素指标 F_1 的系数，反映证券 i 的收益率 r_i 对因素指标 F_1 变动的敏感性，也称灵敏度系数；

F_1——影响证券的那个共同因素 F 的指标值；

ε_i——证券 i 的收益率 r_i 的残差项。

假设三：投资者能够发现市场上是否存在套利机会，并利用该机会进行套利。

上述三个假设各有各的功能。第一个是对投资者偏好的规范；第二个是对收益生成机制的量化描述；第三个是对投资者处理问题能力的要求。需要指出的是，依据证券组合收益率的计算公式和上述第二个假设中的公式（8.16），任何一个由 N 种证券按比重 x_1，x_2，…，x_N 构成的组合 P，其收益的生成都具有公式（8.16）所描述的形式，即为：

$$r_P = \alpha_P + b_PF_1 + \varepsilon_P \tag{8.17}$$

式中：r_P——证券组合 P 的实际收益率；

α_P——因素指标 F_1 为 0 时证券组合 P 的收益率；

b_P——因素指标 F_1 的系数，$b_P = x_1b_1 + x_2b_2 + \cdots + x_Nb_N$，反映证券组合 P 的收益率 r_P 对因素指标 F_1 变动的敏感性，也称灵敏度系数；

F_1——影响证券组合 P 的那个共同因素 F 的指标值；

ε_P——证券组合 P 的收益率 r_P 的残差项，$\varepsilon_P = x_1\varepsilon_1 + x_2\varepsilon_2 + \cdots + x_N\varepsilon_N$。

（二）套利机会与套利组合

通俗地讲，套利是指人们不需要追加投资就可获得收益的买卖行为。从经济学的角度讲，套利是指人们利用同一资产在不同市场间定价的不一致，通过资金的转移而实现无风险收益的行为。比如，如果你发现某种邮票在上海的卖价为 1 000 元，而在深圳的买价为 1 200元，那么你会在上海以 1 000 元买下该邮票，而后在深圳以 1 200 元卖给他人，从而赚取一定的收益。这种行为就是套利，这种机会就是套利机会。在套利定价理论中，套利机会被套利组合所描述。所谓套利组合，是指满足下述三个条件的证券组合：

（1）该组合中各种证券的权数满足 $w_1 + w_2 + \cdots + w_N = 0$。

（2）该组合的因素灵敏度系数为零，即 $w_1b_1 + w_2b_2 + \cdots + w_Nb_N = 0$。其中，$b_i$ 表示证

券 i 的因素灵敏度系数。

(3) 该组合具有正的期望收益率，即 $w_1E(r_1)+w_2E(r_2)+\cdots+w_NE(r_N)>0$。其中，$E(r_i)$ 表示证券 i 的期望收益率。

套利组合的特征表明，投资者如果能发现套利组合并持有它，那么他就可以进行不需要追加投资就可获得收益的套利交易，即投资者是通过持有套利组合的方式来进行套利的。所以套利定价理论认为，如果市场上不存在（即找不到）套利组合，那么市场就不存在套利机会。

例 8-5

假定市场上有三种证券，每个投资者都认为它们满足单因素模型，且具有如下表所示的期望收益率和因素灵敏度：

证券	F_1 (%)	b_i
1	15	0.9
2	21	3.0
3	12	1.8

这些期望收益率和因素灵敏度是否表示一种均衡状态？如果不是，证券的价格和期望收益率将发生什么变化来达到均衡？

首先，我们看看这个证券组合是否存在套利机会。根据套利组合定义的三个条件，一个套利证券组合（w_1，w_2，w_3）应该符合：

$$\begin{cases}w_1+w_2+w_3=0\\0.9w_1+3.0w_2+1.8w_3=0\\0.15w_1+0.21w_2+0.12w_3>0\end{cases}$$

显然，满足这个方程的解有无穷多个，任取其中一个解，如：

$$(w_1,\ w_2,\ w_3)=(0.1,\ 0.075,\ -0.175)$$

这就是一个套利证券组合。这个套利证券组合能获得的期望收益率是：

$$\begin{aligned}&(0.15w_1+0.21w_2+0.12w_3)\times100\%\\&=(0.15\times0.1+0.21\times0.075-0.12\times0.175)\times100\%\\&\approx0.98\%\end{aligned}$$

对于任何只关心更高回报率而忽略非因素风险的投资者，这种套利证券组合是相当具有吸引力的。它不需要成本，没有因素风险，却具有正的期望收益率。

当我们仔细研究上述套利问题时可以发现，如果没有其他限制，无限制地卖空证券 3 可以获得更高的期望收益率。事实上，将方程组的 w_3 作为参数，对前两个方程求解：

$$\begin{cases}w_1+w_2=-w_3\\0.9w_1+3.0w_2=-1.8w_3\end{cases}$$

用消元法解得：

$$w_1=-\frac{4}{7}w_3,\quad w_2=-\frac{3}{7}w_3$$

因此，只要满足下式，就可以获得正的期望收益率：

$$0.15w_1+0.21w_2+0.12w_3=\left(-0.15\times\frac{4}{7}-0.21\times\frac{3}{7}+0.12\right)w_3$$

$$=-\frac{0.39}{7}w_3>0$$

很明显，只要 $w_3<0$，该条件就能得到满足。当取 $w_3=-2$ 时，$w_1=8/7$、$w_2=6/7$，代入上式可知，该套利证券组合的期望收益率是 11.14%；而当取 $w_3=-10$ 时，$w_1=40/7$、$w_2=30/7$，该套利证券组合的期望收益率则高达 55.71%。

从以上分析可以看出，当 $w_3=-2$ 时，意味着套利者需要借入市值为 2 倍投资资本的证券 3 并进行卖空，再用卖空资金按照 $w_1=8/7$、$w_2=6/7$ 的比例分别买入证券 1 和证券 2，这样就构成了一个套利组合。同样，当 $w_3=-10$ 时，按照相应的方法进行操作。

为了加深对套利组合经济意义的理解，这里假设原有组合投资资本为 14 万元，当 $w_3=-2$ 时，构建套利组合就需要借入 28 万元证券 3 并卖空，用该资金分别买入市值为 16（$=8/7\times14$）万元的证券 1 和市值为 12（$=6/7\times14$）万元的证券 2，从而构建一个新的套利组合。这一组合在没有增加自有资产投入的情况下就使得原有组合获得增量收益。

如果不能卖空，情况就会不同，这时对 w_3 就会有所限制。如果原有组合中投资者持有证券 3 的比例是 40%，则在进行套利操作时，投资者最多可以将手中的证券 3 全部卖出，因此可以使期望收益率提高最多的组合是：

$$w_1=-\frac{4}{7}w_3=\frac{4}{7}\times0.4\approx0.23$$

$$w_2=-\frac{3}{7}w_3=\frac{3}{7}\times0.4=0.17$$

$$w_3\approx-0.4$$

也就是新的组合中不再持有证券 3，增加持有证券 1 和证券 2，比例分别为 23%和 17%。进行上述操作后，新的期望收益率是：

$$(0.15w_1+0.21w_2+0.12w_3)\times100\%$$

$$=\left(-0.15\times\frac{4}{7}-0.21\times\frac{3}{7}+0.12\right)w_3\times100\%=\frac{0.39}{7}\times0.4\times100\%$$

$$\approx2.23\%$$

（三）套利定价模型

套利定价理论认为，当市场上存在套利机会时，投资者会不断地进行套利交易，从而不断推动证券的价格向套利机会消失的方向变动，直到套利机会消失为止，此时证券的价格即为均衡价格，市场也就进入均衡状态。此时，证券或组合的期望收益率具有下述构成形式：

$$E(r_i)=\lambda_0+b_i\lambda_1 \tag{8.18}$$

式中：$E(r_i)$ ——证券 i 的期望收益率；

λ_0——与证券和因素 F 无关的常数；

λ_1——对因素 F 具有单位敏感性的因素风险溢价。

上式通常称为套利定价模型。

套利定价模型表明，在市场均衡状态下，证券或组合的期望收益率完全由它所承担的因素风险决定；承担相同因素风险的证券或证券组合都应该具有相同的期望收益率；期望收益率与因素风险的关系可由期望收益率的因素敏感性的线性函数反映。

公式（8.18）是在假定市场上所有证券仅受到一个共同因素影响的前提条件下得出的。事实上，在多因素共同影响所有证券的情况下，套利定价模型也是成立的，其一般表现形式为：

$$E(r_i)=\lambda_0+b_{i1}\lambda_1+b_{i2}\lambda_2+\cdots+b_{ik}\lambda_k+\cdots+b_{iN}\lambda_N \tag{8.19}$$

式中：$E(r_i)$ ——证券 i 的期望收益率；

λ_0——与证券和因素 F 无关的常数；

b_{ik}——证券 i 对第 k 个影响因素的灵敏度系数；

λ_k——对因素 F_k 具有单位敏感性的因素风险溢价。

二、套利定价模型的应用

套利定价模型在实践中的应用一般有两个方面：

（1）事先仅猜测某些因素可能是证券收益的影响因素，但并不确定在这些因素中，哪些因素对证券收益有广泛而特定的影响，哪些因素没有。于是可以运用统计分析模型对证券的历史数据进行分析，以分离出那些统计上显著影响证券收益的主要因素。

（2）明确确定某些因素与证券收益有关，于是可以对证券的历史数据进行回归以获得相应的灵敏度系数，再运用公式（8.19）预测证券的收益。

下面是一个例子。

☞例 8－6

罗尔与罗斯利用套利定价模型对美国股票市场上市股票的影响因素进行了实证分析，使用的数据是纽约股票交易所上市股票的日收益率数据，样本区间为1962年7月5日至1972年12月31日。实证结果发现，下述四个宏观经济变量影响证券收益：工业产值指数、未预期到的通货膨胀率、投机级债券与高等级债券的收益率差额、长期政府债券与短期政府债券的收益率差额。

假定通过回归分析得知某个证券 A 对上述四个因素的灵敏度系数依次为：$b_1=1.2$、$b_2=-0.6$、$b_3=0.4$、$b_4=0.8$。已知无风险利率为5%；工业产值增长从预期的4%升至6%；通货膨胀率预期为3%，实际为−1%；投机级债券与高等级债券的收益率差额为3%；长、短期政府债券的收益率差额为−2%。那么，根据公式（8.19），证券 A 的期望收益率为：

$$0.05+1.2\times2\%-0.6\times(-4\%)+0.4\times3\%+0.8\times(-2\%)=9.4\%$$

在上述计算中，公式（8.19）中的 λ_0 被视为无风险利率5%。

第五节　证券组合的业绩评估

一、业绩评估的原则

评价证券组合的运行状况是组合管理者经常要面临的问题。习惯上，评价组合管理业绩的标准很简单，仅是比较不同组合之间收益水平的高低，收益水平越高的组合越是优秀的组合。然而，一方面，收益水平较高不仅仅与管理者的技能有关，还可能与当时市场整体向上运行的环境有关，因而在后一种情况发生时就不能排除组合管理者无视风险盲目做出决策却偶获成功的可能性；另一方面，如果实现的组合收益水平达到或超过组合管理者在投资期初所设定的收益目标，即使实现的收益水平较低，但管理者胸有成竹，自然也是无可厚非的。正因为如此，评价组合业绩应本着“既要考虑组合收益的高低，也要考虑组合所承担风险的大小”的基本原则。资本资产定价模型为组合业绩评估者提供了实现这一基本原则的多种途径。譬如，可以考察组合已实现的收益水平是否高于与其所承担的风险水平相匹配的收益水平，也可以考察组合承受单位风险所获得的收益水平的高低。高者则优，低者则劣。这就是所谓的评价组合业绩的风险调整法。下面将要介绍的三种指数就是基于风险调整法思想而建立的专门用于评价证券组合优劣的工具。

二、业绩评估指数

（一）詹森指数

詹森指数是 1969 年由詹森（Jensen）提出的，它以证券市场线为基准，认为指数值实际上就是证券组合的实际平均收益率与由证券市场线所给出的该证券组合的期望收益率之间的差，即：

$$J_P = r_P - \{r_F + [E(r_M) - r_F]\beta_P\}$$

式中：J_P——詹森指数；

r_P——证券组合 P 的实际平均收益率；

r_F——考察期内的无风险收益率；

β_P——组合的系统性风险。

可见，詹森指数就是证券组合所获得的收益高于市场收益所带来的风险溢价，风险由 β 系数测定。直观上看，詹森指数值代表证券组合与证券市场线之间的落差（如图 8－22 所示）。如果证券组合的詹森指数为正，则其位于证券市场线的上方，绩效好；如果证券组合的詹森指数为负，则其位于证券市场线的下方，绩效不好。

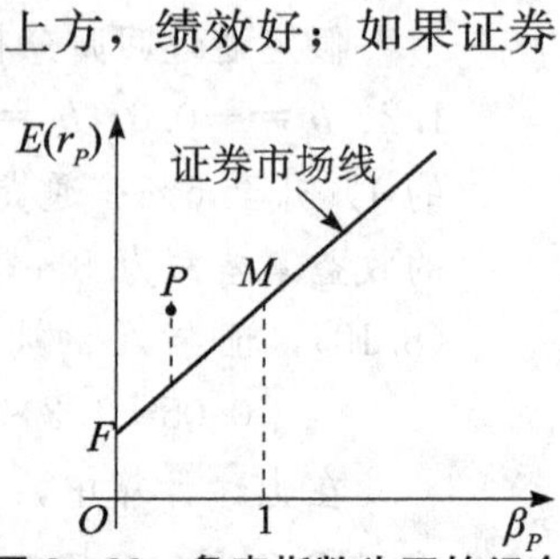

图 8－22　詹森指数为正的组合

（二）特雷诺指数

特雷诺指数是 1965 年由特雷诺（Treynor）提出的，它用获利机会来评价绩效。该指数值由每单位风险获取的风险溢价来计算，风险仍然由 β 系数测定，即：

$$T_P = \frac{r_P - r_F}{\beta_P}$$

式中：T_P——特雷诺指数；

r_P——证券组合 P 的实际平均收益率；

r_F——无风险收益率；

β_P——组合的系统性风险。

在图形上，一个证券组合的特雷诺指数是连接证券组合与无风险证券的直线的斜率（如图 8－23 所示）。当这一斜率大于证券市场线的斜率（$T_P>T_M$）时，组合的绩效好于市场平均绩效，此时组合位于证券市场线上方；相反，当这一斜率小于证券市场线的斜率（$T_P<T_M$）时，组合的绩效不如市场平均绩效好，此时组合位于证券市场线下方。

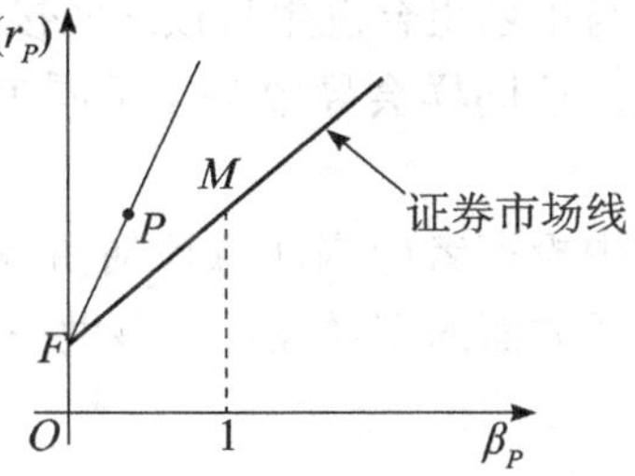

图 8－23　组合绩效好于市场平均绩效的情形（$T_P>T_M$）

（三）夏普指数

夏普指数是 1966 年由夏普提出的，它以资本市场线为基准，认为指数值等于证券组合的风险溢价除以标准差，即：

$$S_P=\frac{r_P-r_F}{\sigma_P}$$

式中：S_P——夏普指数；

r_P——证券组合 P 的实际平均收益率；

r_F——考察期内的无风险收益率；

σ_P——组合的标准差。

为便于比较，通常夏普指数以年或年化数据进行计算，这时标准差也要进行相应的年化处理：

$$\sigma_{年}=\sigma_{周}\times\sqrt{52}$$

式中：$\sigma_{年}$——年化标准差；

$\sigma_{周}$——以周为周期计算的标准差。

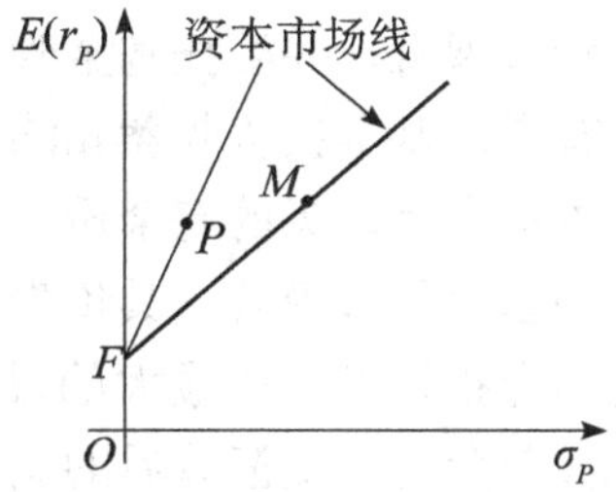

图 8－24　组合绩效好于市场平均绩效的情形（$S_P>S_M$）

在图 8－24 中，夏普指数是连接证券组合与无风险证券的直线的斜率。将某一证券组合的夏普指数与资本市场线的斜率即市场组合的夏普指数相比，一个高的夏普指数表明该管理者经营得比市场好，而一个低的夏普指数表明该管理者经营得比市场差。前者的组合位于资本市场线上方，后者的组合则位于资本市场线下方。位于资本市场线上的组合的夏普指数与市场组合的夏普指数相等，表明管理具有中等绩效。

三、业绩评估应注意的问题

使用詹森指数、特雷诺指数以及夏普指数评价组合业绩固然有其合理性，但也不能忽视这些评价方法的不足。其不足主要表现在三个方面：

第一，三种指数均以资本资产定价模型为基础，后者隐含与现实环境相差较大的理论假设，可能导致评估结果失真。

第二，三种指数中都含有用于测度风险的指标，而计算这些风险指标有赖于样本的选择。这可能导致基于不同的样本选择所得到的评估结果不同，也不具有可比性。

第三，三种指数的计算均与市场组合发生直接或间接关系，而现实中用于替代市场组合的证券价格指数具有多样性。这同样会导致基于不同市场指数所得到的评估结果不同，也不具有可比性。

正因为如此，在实际应用中投资者应当注意评估指数在理论假设方面存在的局限性、在组合风险估值和市场指数选择方面的多样性，并多做一些研究，在实践中不断摸索，以获得更为科学的评估结果。

第六节　证券投资基金与组合理论*

一、证券投资基金概述

(一) 证券投资基金的概念

证券投资基金简称基金 (fund)，是指通过发售基金份额，将众多投资者的资金集中起来，形成独立财产，由基金托管人托管，由基金管理人管理，以投资组合的方式进行证券投资的一种利益共享、风险共担的集合投资方式（见图 8-25)。

证券投资基金通过发行基金份额的方式募集资金，个人投资者或机构投资者通过购买一定数量的基金份额参与基金投资。基金所募集的资金在法律上具有独立性，由选定的基金托管人保管，并委托基金管理人进行股票、债券等分散化组合投资。基金投资者是基金的所有者。基金投资收益扣除由基金承担的费用后的盈余全部归基金投资者所有，并依据各个投资者所购买的基金份额的多少在投资者之间进行分配。基金管理人是基金产品的募集者和基金的管理者，其负责按照基金合同的约定实施基金资产运作，在控制风险的基础上为基金投资者争取最大的投资收益。基金份额持有人购买基金产品而享有基金财产收益、参与分配基金清算后的剩余财产等。基金托管人负责基金财产保管、基金资产清算、会计复核及基金投资运作的监督等。

每只基金都会订立基金合同，基金管理人、基金托管人和基金投资者的权利与义务在基金合同中有详细约定。基金公司在发售基金份额时都会向投资者提供一份招募说明书。有关基金运作的各个方面，如基金的投资目标与理念、投资范围与对象、投资策略与限制、基金的发售与买卖、基金费用与收益分配等，都会在招募说明书中详细说明。基金合

* 本节为选修内容。

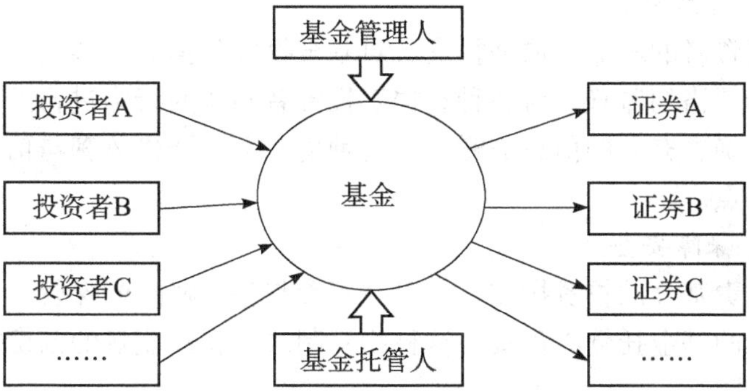

图 8-25 证券投资基金概念图示

同与招募说明书是基金设立的两个重要法律文件。

与直接投资于股票或债券不同，证券投资基金是一种间接投资工具。一方面，证券投资基金以股票、债券等金融证券为投资对象；另一方面，基金投资者通过购买基金份额的方式间接进行证券投资。

世界上不同国家和地区对证券投资基金的称谓有所不同。在英国（证券投资基金的发源地）和中国香港地区，证券投资基金被称为单位信托基金（unit trust）；在美国，证券投资基金一般被称为共同基金（mutual fund）；在欧洲一些国家被称为集合投资基金（collective investment fund）或集合投资计划；在日本和中国台湾地区则被称为证券投资信托基金（securities investment trust）。

（二）证券投资基金的特点

1. 集合理财、专业管理

基金将众多投资者的资金集中起来，委托基金管理人进行共同投资，表现出一种集合理财的特点。通过汇集众多投资者的资金，积少成多，有利于发挥资金的规模优势，降低投资成本。基金由基金管理人进行投资管理和运作。基金管理人一般拥有大量的专业投资研究人员和强大的信息网络，能够更好地对证券市场进行全方位的动态跟踪与深入分析。将资金交给基金管理人管理，使中小投资者也能享受到专业化的投资管理服务。

2. 组合投资、分散风险

为降低投资风险，一些国家的法律通常规定基金必须以组合投资的方式进行投资运作，从而使“组合投资、分散风险”成为基金的一大特色。中小投资者由于资金量小，一般无法通过购买数量众多的股票分散投资风险。基金通常会购买几十种甚至上百种股票，投资者购买基金就相当于用很少的资金购买了一篮子股票。在多数情况下，某些股票价格下跌造成的损失可以用其他股票价格上涨产生的盈利来弥补，因此可以充分享受到组合投资、分散风险的好处。

3. 利益共享、风险共担

证券投资基金实行利益共享、风险共担的原则。基金投资者是基金的所有者。基金投资收益扣除由基金承担的费用后的盈余全部归基金投资者所有，并依据各投资者所持有的基金份额比例进行分配。为基金提供服务的基金托管人、基金管理人只能按规定分别收取一定比例的托管费、管理费，并不参与基金收益的分配。

4. 严格监管、信息透明

为切实保护投资者的利益，增强投资者对基金投资的信心，各国（地区）基金监管机构都对基金业实行严格的监管，对各种有损于投资者利益的行为进行严厉的打击，并强制基金进行及时、准确、充分的信息披露。在这种情况下，严格监管与信息透明也就成为基金的另一个显著特点。

5. 独立托管、保障安全

基金管理人负责基金的投资操作，本身并不参与基金财产的保管，基金财产的保管由独立于基金管理人的基金托管人负责，这种相互制约、相互监督的制衡机制为投资者的利益提供了重要的保障。

二、证券投资基金分类

构成证券投资基金的要素有多种，因此可以依据不同的标准对基金进行分类。

（一）按法律形式划分的投资基金

不同的国家（地区）具有不同的法律环境，基金能够采用的法律形式也会有所不同。依据法律形式的不同，基金可分为契约型基金与公司型基金。目前，我国的基金全部为契约型基金，而美国的绝大多数基金则是公司型基金。法律形式的不同赋予了基金不同的法律地位，基金投资者所受到的法律保护也因此有所不同。

1. 契约型基金

契约型基金是依据基金合同而设立的一类基金。基金合同是规定基金当事人之间权利和义务的基本法律文件。在我国，契约型基金依据基金管理人、基金托管人之间所签署的基金合同设立；基金投资者自取得基金份额后即成为基金份额持有人和基金合同的当事人，依法享受权利并承担义务。

2. 公司型基金

公司型基金按照公司法（或商法）的规定是具有独立法人地位，并以营利为目的的证券投资基金或类似法人机构。公司型基金依据基金公司章程设立，基金投资者是基金公司的股东，享有股东权利，按所持有的股份承担有限责任，分享投资收益。公司型基金设有董事会，代表投资者的利益行使职权。虽然公司型基金在形式上类似于一般股份公司，但不同于一般股份公司的是，它委托基金管理公司作为专业的财务顾问来经营与管理基金资产。

3. 契约型基金与公司型基金的区别

（1）法律主体资格不同。

契约型基金不具有法人资格；公司型基金具有法人资格。

（2）投资者的地位不同。

契约型基金依据基金合同成立。基金投资者尽管也可以通过持有人大会表达意见，但与公司型基金的股东大会相比，契约型基金持有人大会赋予基金持有者的权利相对较少。

（3）基金营运依据不同。

契约型基金依据基金合同营运基金；公司型基金依据基金公司章程营运基金。

公司型基金的优点是法律关系明确清晰，监督约束机制较为完善；但契约型基金在设立上更为简单易行。二者之间的区别主要表现为法律形式不同，并无优劣之分。

（二）按运作方式划分的投资基金

依据运作方式的不同，可以将契约型基金分为封闭式基金与开放式基金。

1. 封闭式基金

封闭式基金（closed-end fund）是指基金份额在基金合同期（也称封闭期）内固定不变，在完成募集后，基金份额可以在依法设立的证券交易所上市交易，但基金份额持有人不得申请赎回。投资者买卖封闭式基金份额只能委托证券公司在证券交易所按市价买卖，交易在投资者之间完成。其具有股权性、债权性及监督性的特点。

2. 开放式基金

开放式基金（open-end fund）份额不固定，投资者可以按照基金管理人确定的时间和地点向基金管理人或其销售代理人提出申购、赎回的申请，交易在投资者与基金管理人之间完成。流动性风险是开放式基金的主要风险之一，为此强调流动性管理。在投资策略中，应保持一定的持仓结构或流动性较强的资产。开放式基金具有股权性、存款性及灵活性的特点。值得注意的是，这里所说的开放式基金特指传统的开放式基金，不包括交易型开放式指数基金和上市开放式基金等新型开放式基金。

2001 年以前，我国的公募基金主要以传统封闭式基金为主，但彼时震荡低迷的熊市环境让传统封闭式基金的流动性不强，缺乏申赎灵活度的缺点开始显现，基金公司在新产品发行上也陷入被动。为了契合投资者的需求，2000 年 10 月，中国证监会发布并实施了《开放式证券投资基金试点办法》，开放式基金应运而生。时隔一年，国内第一只开放式基金华安创新基金成立，同为开放式基金的南方稳健、华夏成长也相继成立。2002 年，开放式基金在细分投资类型上再度扩容，债券基金顺势推出。2003 年，开放式基金中又增加了货币基金、保本基金和指数基金。截至 2013 年末，开放式基金的数量已经超过传统封闭式基金，在此期间，分级基金、QDII 基金、商品类基金、ETF、短期理财债券基金相继问世。而在近两年中，围绕大类资产配置的创新产品公募 FOF 和养老目标基金也加快推出。中国证券投资基金业协会公布的数据显示，截至 2019 年 2 月底，我国封闭式基金的总规模为 9 540.08 亿元，开放式基金的总规模达到 13.33 万亿元。

3. 封闭式基金与开放式基金的区别

两者主要有以下不同：

（1）期限不同。封闭式基金一般有一个固定的存续期；而开放式基金一般是无期限的。《中华人民共和国证券投资基金法》规定，封闭式基金的存续期应在 5 年以上，封闭式基金期满后可以通过一定的法定程序延期。目前，我国封闭式基金的存续期大多在 15 年左右。

（2）份额限制不同。封闭式基金的基金份额是固定的，在封闭期限内未经法定程序认可不能增减；开放式基金规模不固定，投资者可随时提出申购或赎回申请，基金份额会随之增加或减少。

（3）交易场所不同。封闭式基金份额固定，在完成募集后，基金份额在证券交易所上市交易。投资者买卖封闭式基金份额，只能委托证券公司在证券交易所按市价买卖，交易在投资者之间完成。开放式基金份额不固定，投资者可以按照基金管理人确定的时间和地点向基金管理人或其销售代理人提出申购、赎回申请，交易在投资者与基金管理人之间完成。

（4）价格形成方式不同。封闭式基金的交易价格主要受二级市场供求关系的影响。当需求旺盛时，封闭式基金二级市场的交易价格会超过基金份额净值而出现溢价交易现象；反之，当需求低迷时，交易价格会低于基金份额净值而出现折价交易现象。开放式基金的买卖价格以基金份额净值为基础，不受市场供求关系的影响。

（5）激励约束机制与投资策略不同。封闭式基金份额固定，即使基金表现好，其扩展能力也受到较大的限制。即使表现不尽如人意，由于投资者无法赎回投资，基金经理也不会在经营与流动性管理上面临直接的压力。与此不同，如果开放式基金的业绩表现好，就会吸引到新的投资，基金管理人的管理费收入也会随之增加；如果基金表现差，开放式基金则面临来自投资者要求赎回投资的压力。因此，与封闭式基金相比，一般开放式基金向基金管理人提供了更好的激励约束机制。

但从另一方面看，由于开放式基金的份额不固定，投资操作常常会受到不可预测的资金流入、流出的影响与干扰，特别是为满足基金赎回的需要，开放式基金必须保留一定的现金资产，并高度重视基金资产的流动性，这在一定程度上会给基金的长期经营业绩带来不利影响。相对而言，由于封闭式基金份额固定，没有赎回压力，基金投资管理人员完全可以根据预先设定的投资计划进行长期投资和全额投资，并将基金资产投资于流动性相对较弱的证券，这在一定程度上有利于基金长期业绩的提高。

（三）按投资对象划分的投资基金

依据投资对象的不同，可以将基金分为股票基金、债券基金、货币市场基金、混合基金等。

1. 股票基金

股票基金（equity fund）是指以股票为主要投资对象的基金。股票基金在各类基金中历史最为悠久，也是各国（地区）广泛采用的一种基金类型。根据中国证监会发布的《证券投资基金运作管理办法》的分类标准，基金资产 60%以上投资于股票的，为股票基金。

2. 债券基金

债券基金（bond fund）主要以债券为投资对象。根据中国证监会对基金类别的分类标准，基金资产 80%以上投资于债券的，为债券基金。债券基金具有低风险且收益稳定的特点，利息收入是其主要的收益来源。

3. 货币市场基金

货币市场基金（money market fund）以货币市场短期有价证券为投资对象。根据中国证监会对基金类别的分类标准，基金资产仅投资于货币市场工具的，为货币市场基金。货币市场工具包括国库券、商业票据、银行定期存单、政府短期债券等短期有价证券。

4. 混合基金

混合基金（hybrid fund）同时以股票、债券等为投资对象，以期通过在不同资产类别上的投资实现收益与风险之间的平衡。根据中国证监会对基金类别的分类标准，投资于股票、债券和货币市场工具，但股票投资和债券投资的比例不符合股票基金、债券基金规定的，为混合基金。

依据投资对象对基金进行分类，简单明确，对投资者具有直接的参考价值。截至 2019 年底，我国证券投资公募基金市场规模达 148 081 亿元，较 2018 年底增加 17 734 亿元，全年增幅为 14%。值得注意的是，非货币理财规模在 2016—2018 年基本持平，但 2019 年非货币理财规模大幅增加 25 203 亿元，达 73 921 亿元。

（四）按投资目标划分的投资基金

根据投资目标的不同，可以将基金分为增长型/成长型基金、收入型基金和平衡型基金。

1. 增长型/成长型基金

增长型/成长型基金（growth fund）是指以追求最大资本增值为基本目标、较少考虑当期股利收入的基金，主要以具有良好增长潜力的股票（例如，资本和收益的增长均高于平均速度的公司股票）为投资对象。

2. 收入型基金

收入型基金（income fund）是指以追求稳定的经常性收入为基本目标的基金，主要以大盘蓝筹股、公司债、政府债券等稳定收益证券为投资对象。收入型基金资产成长的潜力较小，损失本金的风险也相对较低，一般可分为固定收入型基金和权益收入型基金。

3. 平衡型基金

平衡型基金（balanced fund）是既注重资本增值又注重当期收入的一类基金，通常是把资金分散投资于股票和债券，以实现资金安全性和盈利性的统一。

一般而言，增长型基金的风险大、收益高；收入型基金的风险小、收益低；平衡型基金的风险、收益则介于增长型基金与收入型基金之间。根据投资目标的不同，既有以追求资本增值为基本目标的增长型基金，也有以获取稳定的经常性收入为基本目标的收入型基金和兼具增长与收入双重目标的平衡型基金。不同的投资目标决定了基金的基本投向与基本的投资策略，以适应不同投资者的投资需要。

（五）按投资理念划分的投资基金

依据投资理念的不同，可以将基金分为主动型基金与被动型（或指数型）基金。

主动型基金是一类力图取得超越基准组合的表现的基金。与主动型基金不同，被动型基金并不主动寻求取得超越市场的表现，而是试图复制指数的表现。被动型基金一般选取特定的指数作为跟踪的对象，因此通常又被称为指数型基金（index fund）。指数型基金是按照某种指数构成的标准购买该指数包含的证券市场中的全部或者一部分证券的基金，其目的在于达到与基础指数同样的收益水平。如后面介绍的交易型开放式指数基金就是基金市场上最重要的指数型基金。

（六）按募集方式划分的投资基金

根据募集方式的不同，可以将基金分为公募基金（public fund）和私募基金（private fund）。公募基金是指可以面向社会公众公开发售的一类基金。私募基金则是只能采取非公开方式，面向特定投资者募集发售的基金。

公募基金主要具有如下特征：可以面向社会公众公开发售基金份额和进行宣传推广，基金募集对象不固定；投资金额要求低，适于中小投资者参与；必须遵守基金法律和法规的约束，并接受监管部门的严格监管。

与公募基金相比，私募基金不能进行公开的发售和宣传推广，投资金额要求高，投资者的资格和人数常常受到严格的限制。如美国相关法律要求，私募基金的投资者人数不得超过 100 人，每个投资者的净资产必须在 100 万美元以上。与公募基金必须遵守基金法律和法规的约束并接受监管部门的严格监管相比，私募基金在运作上具有较大的灵活性，所受到的限制和约束也较少。它既可以投资于衍生金融产品以进行买空卖空交易，也可以进行汇率、商品期货投机交易等。私募基金的投资风险较高，主要以具有较强风险承受能力的富裕阶层为目标客户。作为资本市场的重要参与者，根据私募基金的内涵，它又可分为对冲基金、私募股权基金和创业投资基金（风险投资基金）三种。

根据中国证券投资基金业协会公布的数据，截至2019年底，私募基金管理规模达13.74万亿元，同比增长7.52%。私募股权基金和创业投资基金仍是私募基金增长的主力，且势头依然强劲，其管理规模从2018年底的8.60万亿元增至2019年11月的9.71万亿元，增长了1.11万亿元；其规模约占私募基金总规模的70%；私募股权基金、创业投资基金的管理人达14 880家，管理产品达36 243只。

（七）按基金的资金来源和用途划分的投资基金

根据基金的资金来源和用途的不同，可以将基金分为在岸基金和离岸基金。

在岸基金（onshore fund）是指在本国募集资金并投资于本国证券市场的证券投资基金。由于在岸基金的投资者、基金组织、基金管理人、基金托管人及其他当事人和基金的投资市场均在本国境内，所以基金的监管部门比较容易运用本国法律法规及相关技术手段对证券投资基金的投资运作行为进行监管。

离岸基金（offshore fund）是指一国的证券投资基金组织在他国发售证券投资基金份额，并将募集的资金投资于本国或第三国证券市场的证券投资基金。

（八）特殊类型基金

1. 系列基金

系列基金又称伞形基金（umbrella fund），是指多只基金共用一个基金合同，子基金独立运作，子基金之间可以进行相互转换的一种基金结构形式。

2. 基金中基金

基金中基金（fund of fund，FOF）是一种专门投资于其他投资基金的基金。基金中基金并不直接投资于股票或债券，其投资范围仅限于其他基金，通过持有其他证券投资基金而间接持有股票、债券等证券资产，它是结合了基金产品创新和销售渠道创新的基金新品种。

一方面，基金中基金将多只基金捆绑在一起，投资基金中基金等于同时投资多只基金，但比分别投资的成本大大降低了；另一方面，与基金超市和基金捆绑销售等纯销售计划不同的是，基金中基金完全采用基金的法律形式，按照基金的运作模式进行操作。基金中基金包含对基金市场的长期投资策略，与其他基金一样，是一种可长期投资的金融工具。

我国在2016年9月11日公布了《公开募集证券投资基金运作指引第2号——基金中基金指引》，公募基金中基金开始进入实质性操作阶段。

2017年对公募基金行业影响最深远的事件无疑是流动性新规的发布。2017年3月31日，《公开募集开放式证券投资基金流动性风险管理规定（征求意见稿）》出炉，5个月后，中国证监会于2017年8月31日正式发布流动性新规《公开募集开放式证券投资基金流动性风险管理规定》，并宣布自2017年10月1日起施行。流动性新规从内部控制、产品设计、投资交易、申赎管理、信息披露等多个方面对公募基金进行了规范，并且对货币基金进行了特别规定。相比3月发布的征求意见稿，流动性新规主要的变动大多集中在货币基金上。由于货币基金当时已经成为基金市场的发展主力，规模占到整体的58%，在规模迅速扩张的背景下，如何防止发生系统性风险成为监管工作的重中之重。具体而言，流动性新规意味着货币基金被设置了规模“天花板”，更直指规模超 1 万亿元的天弘余额宝货币基金。因此，余额宝之后的连番限额正是当年流动性新规对货币基金严格监管的最具代表性的写照。而监管层最新对货币基金发布的十多项监管指令，亦足见监管层对货币基金风险管理问题重视程度之高。2017 年 9 月 8 日，证监会公布首批公募 FOF 名单，华夏基金、南方基金等 6 家公司旗下均有基金获准发行。至此，公募基金正式步入 FOF 时代。2019 年 6 月上旬，证券基金机构监管部向基金公司及托管人下发《基金中基金（FOF）审核指引》更新版，对比 2017 年的文件，新的审核指引新增了“可投资香港互认基金份额”“投资于货币基金的比例不得超过基金资产的 15%”等内容。

2019 年底，公募基金中基金规模合计为 370 亿元，数量达到 83 只。

3. 保本基金

保本基金（guaranteed fund）是指通过采用投资组合保险技术，保证投资者在投资到期时至少能够获得投资本金或一定回报的证券投资基金。保本基金的投资目标是在锁定下跌风险的同时力争有机会获得潜在的高回报。目前，我国已有多只保本基金。

4. 交易型开放式指数基金（ETF）与 ETF 联接基金

交易型开放式指数基金通常又称交易所交易基金（exchange traded fund，ETF），是一种在交易所上市交易的、基金份额可变的一种开放式基金（ETF 交易模式见图8-26）。ETF 最早产生于加拿大，但其发展与成熟主要是在美国。ETF 一般采用被动式投资策略跟踪某一标的市场指数，因此具有指数型基金的特点。

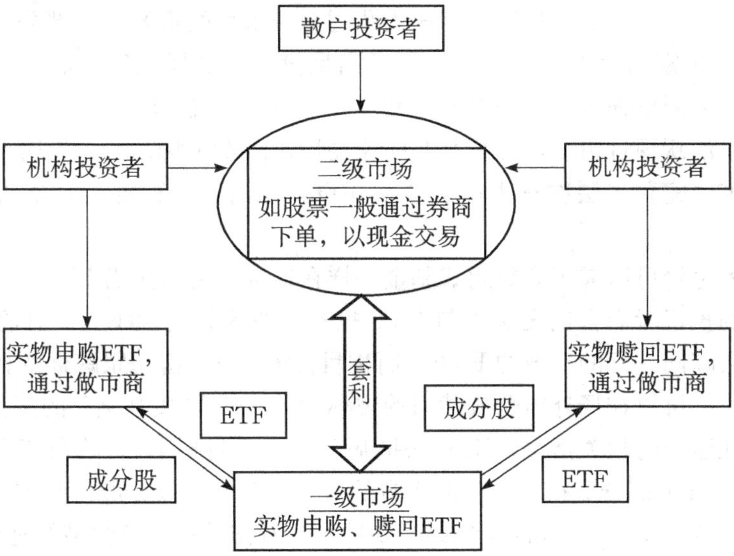

图 8-26　ETF 交易模式图

ETF 结合了封闭式基金与开放式基金的运作特点。投资者既可以像封闭式基金那样在证券交易所二级市场买卖，又可以像开放式基金那样申购、赎回。不同的是，它的申购是用一篮子股票换取 ETF 份额，赎回则是换回一篮子股票而不是现金。这种交易制度使该类基金存在一级和二级市场之间的套利机制，可有效防止类似封闭式基金的大幅折价。

1990年，加拿大多伦多证券交易所（TSE）推出了世界上第一只ETF——指数参与份额（TIP）。1993年，美国的第一只ETF——标准普尔存托凭证（SPDR）诞生，其后ETF在美国开始获得迅速发展。根据美国投资公司协会的数据，美国的ETF规模从1999年末的340亿美元增长至2019年底的超过4万亿美元，增长了116倍多。虽然从存量上看ETF占比尚不足20%，但从增量上看，ETF已超越共同基金，成为股票基金规模增长的最重要动力。

近年来，ETF作为融合多种产品优势的金融工具，在全球范围内发展势头迅猛，遍布世界各大证券市场。据统计，截至2019年底，全球挂牌交易的ETF资产规模突破6万亿美元，已成为美国、欧洲及亚太地区证券市场的重要推动力量，受到个人与机构投资者的广泛青睐。

ETF遍布世界各大证券市场，是近30年来发展最为迅速的金融产品之一，帮助大众更加方便地进行投资。例如，沪深300ETF帮助投资者以100元就可以买到300只股票的组合，而不必动用大量资金亲自构造沪深300指数组合；恒生H股ETF帮助投资者用A股账户就可以投资于香港股市；大宗商品ETF更是帮投资者投资于大宗商品，而不用在自家后院堆上满满的金属与原油。

2004年12月，华夏上证50ETF的设立标志着我国内地ETF产品的正式推出。此后，经过15年的探索与实践，我国市场上陆续出现了跨市场ETF、跨境ETF、债券ETF、黄金ETF、商品期货ETF等多个品种，投资范围的拓展及投资策略的丰富持续推动着ETF的发展。[①] 从2015年首只ETF期权——上证50ETF期权的上市，到2019年底沪深300ETF期权的推出，ETF期权已逐步成为我国金融市场的重要组成部分（详见第九章）。ETF期权品种的丰富和发展，一方面有利于满足投资者的风险管理需求，完善资本市场风险管理体系，从而增强市场的内在稳定性，吸引长期资金入市，提高资本市场的韧性；另一方面有助于活跃现货市场，提高股票的流动性，激发市场活力。同时，衍生品市场的发展还有利于推动完善多层次资本市场体系建设，是落实全面深化资本市场改革的重要举措。

普通投资者尽管可以像买卖封闭式基金一样在证券交易所买卖ETF，但对未参与股票二级市场交易的投资者而言仍无法参与ETF投资。在这种情况下，一种将其绝大部分基金财产投资于跟踪同一标的指数的ETF（简称目标ETF）、密切跟踪标的指数表现、采用开放式运作方式、可以在场外申购或赎回的被称为“ETF联接基金”的基金应运而生。

根据中国证监会的相关指引，ETF联接基金投资于目标ETF的资产不得低于基金资产净值的90%，其余部分应投资于标的指数的成分股和备选成分股以及中国证监会规定的其他证券品种。从性质上看，可以将ETF联接基金看作是一种指数型的基金中基金。

2019年成为中国ETF问世15年来成立数量最多、募集规模最大的一年：共成立90只新产品，募集金额共计1 754.37亿元。截至2019年底，资产管理规模为5 981亿元，

① 2009年8月，首批联接基金交银施罗德上证180公司治理ETF联接基金和华安上证180ETF联接基金成立。2012年4月，嘉实基金管理公司发行的嘉实沪深300ETF是一只跨市场ETF，采用实物申赎的跨市场运作模式。2013年3月，景顺长城基金发行沪深300等权重ETF，这是我国首只跨市场等权重ETF。

同比增长59%，其中七成的规模增长来源于新发产品引流。总体来说，我国ETF虽然起步较晚，但展现出了旺盛的生命力，已成为A股市场不可或缺的工具型产品，并逐步迈入发展的春天，在多个方面均发挥着积极作用。作为居民理财和资本市场的重要工具之一，ETF也开始成为建立“规范、透明、开放、有活力、有韧性”的资本市场、促进实体经济转型发展、助力养老资产保值增值的生力军，为资本市场、实体经济和居民生活高质量发展贡献重要力量。相比美国，中国的ETF市场规模较小。不过，越来越多的机构认为，我国ETF市场成长潜力巨大，且随着合格境外机构投资者限额的取消，外资有望加速在境外发行挂钩中国债券和A股的ETF，同时外资也有望加速布局已在上海证券交易所、深圳证券交易所上市的股债ETF。

5. QDII基金

QDII是qualified domestic institutional investor（合格境内机构投资者）的首字母缩写。QDII基金是指在一国境内设立，经该国有关部门批准从事境外证券市场的股票、债券等有价证券投资的基金。它分散了单一国家市场特有的风险，为国内投资者参与国际市场投资提供了便利。但是，QDII基金的投资风险依然不容忽视：除系统性风险、非系统性风险、操作风险之外，我们也需要注意汇率风险、QDII基金管理者海外市场管理经验相对不足所带来的风险；在国际市场将会面临国别风险、新兴市场风险等特别投资风险；此外，还有QDII基金的流动性风险等。

2007年中国证监会公布《合格境内机构投资者境外证券投资管理试行办法》和《中国证券监督管理委员会关于实施〈合格境内机构投资者境外证券投资管理试行办法〉有关问题的通知》，并自同年7月5日起施行，从而推出了我国首批QDII基金。该办法对QDII准入条件、产品设计、资金募集、境外投资顾问、资产托管、投资运作、信息披露等做出了原则性规定；该通知则对该办法的有关内容及其实施做出了详尽规定。申请QDII资格的基金公司净资产不少于2亿元人民币；经营证券投资基金管理业务达2年以上；在最近一个季度末资产管理规模不少于200亿元人民币或等值外汇资产。申请QDII资格的证券公司净资本不低于8亿元人民币；净资本与净资产比例不低于70%；经营集合资产管理计划业务达1年以上；在最近一个季度末资产管理规模不少于20亿元人民币或等值外汇资产。2007年9月12日，南方全球精选配置证券投资基金发行，成为国内首只股票型QDII基金。

2019年，我国QDII基金不仅整体业绩向好——146只QDII基金中有143只实现正收益，而且投资范围也得到进一步拓展——跟踪日本市场指数的ETF成立，首只专门投资越南市场的基金获批，对标印度等新兴国家和地区的产品也在申报中。Wind数据显示，易方达标普信息科技人民币全年获得了48%的回报，居QDII基金产品第一位；汇添富全球消费人民币、华夏移动互联人民币分别获得了47%和44.78%的回报，分列第二、第三位。另外，除了5只全年收益超过40%的基金外，还有25只基金获得了30%以上的回报。投资标的为全球消费、科技互联网和生物医疗的QDII基金排名居前。

6. QFII基金

QFII是qualified foreign institutional investor（合格境外机构投资者）的首字母缩写。在QFII制度下，合格境外机构投资者将被允许把一定额度的外汇资金汇入并兑换为当地货币，通过被严格监督管理的专门账户投资当地证券市场，包括股息及买卖价差等在内的各种资本所得经审核后可转换为外汇汇出，实际上就是对外资有限度地开放本国证券市场。对我国而言，QFII 基金是指合格境外机构投资者通过成立基金的方式，将本币兑换成人民币，投资于 A 股，在退出时，将投资所得的资本利得和分红收益从人民币兑换成本币转回所在国的投资方式。

QFII 基金和 QDII 基金主要存在以下几个方面的区别：

（1）参与对象不一样。

QFII 基金的参与对象是合格境外机构投资者；QDII 基金的参与对象是合格境内机构投资者。

（2）投资范围不一样。

QFII 基金是合格境外机构投资者投资于国内证监会认可的投资品种，如股票、债券等；QDII 基金是合格境内机构投资者投资于国际市场。两者的投资范围完全不一致。

（3）结算方式不一样。

QFII 基金是将外币兑换成人民币，以人民币计价，QDII 基金是将人民币兑换成外币，以外币计价，例如投资美国股市的是以美元计价，投资欧洲股市的是以欧元计价。

（4）法律法规不一样。

在投资的过程中，QFII 基金受到国内相关法律条款的监管，QDII 基金受到投资地区的相关法律条款的监管。

另外，RQFII（RMB qualified foreign institutional investor）是指人民币合格境外机构投资者。RQFII 可将批准额度内的外汇结汇投资于境内的证券市场。对 RQFII 放开股市投资，是从侧面加速人民币的国际化。2019 年 9 月 16 日，国家外汇管理局宣布，经国务院批准，决定取消 QFII/RQFII 额度限制。同时，RQFII 试点国家和地区限制也一并取消。

7. 分级基金

分级基金又称结构型基金、杠杆型基金或可分离交易基金，是指在一只基金内部通过结构化的设计或安排，将普通基金份额拆分为具有不同预期收益与风险的两类（级）或多类（级）份额并可分离上市交易的一种基金产品。分级基金起源于 20 世纪 80 年代的海外，90 年代后发展迅速。

2007 年 6 月，我国首只结构化分级基金国投瑞银瑞福获批。截至 2016 年底，我国市场上共有分级基金 148 只。2009 年 5 月和 9 月，长盛基金和国投瑞银公司各发行了一只分级基金，分别是长盛同庆和国投瑞银瑞和 300。从 2010 年开始，基金设计逐渐改进，主要体现在利益分配原则的简单化和投资管理的指数化上。随后，基金公司在行业分级和主题分级方面进行了扩展。2011—2012 年，市场处于熊市，分级基金发展缓慢，数量大概在 18 只左右，以宽指基金为主。2013 年之后市场逐渐转暖，分级基金也从那时开始快速扩张。从 2014 年开始的大牛市让分级基金的投资者大量增加，实现了规模的跨越式增长。

但是，市场是牛熊交替的，随着之后市场的快速下跌，大量分级 B 基金出现夭折，给投资者带来的损失超过 50%。2016 年 11 月，沪、深交易所发布《分级基金业务管理指引》，规定分级基金的投资门槛提高至 30 万元，且投资者需要去营业部柜台面签，从而使大部分散户从分级基金交易中退场。2018 年 4 月中国人民银行、中国银保监会、中国证监会、国家外汇管理局联合发布的《关于规范金融机构资产管理业务的指导意见》指出“公募产品和开放式私募产品不得进行份额分级”。根据监管部门的要求，分级基金需要在2020年底之前“取消分级运作机制”。对于市场上存在的100多只分级基金来说，转型和整改时间日渐紧迫，这也意味着分级基金将退出历史舞台。

三、证券投资基金业绩评估

（一）基金评价的目的与意义

概括而言，基金评价就是依据科学的方法，通过对基金业绩的衡量，对基金经理或基金公司的投资能力做出评价，目的就是要将具有优秀投资能力的基金经理（基金管理人）甄别出来。基金评价有狭义与广义之分，狭义的基金评价只涉及对基金产品本身表现的评价，而广义的基金评价则会包括对基金公司的评价。本章内容仅限于狭义的基金评价。

狭义的基金评价涉及业绩衡量、业绩评价与业绩归因分析三个方面。业绩衡量（performance measurement）侧重于回答“是什么”的问题，业绩评价（performance evaluation）侧重于回答业绩“好坏”的问题，而业绩归因分析（performance attribution analysis）则侧重于探寻业绩“好坏的原因”。

从应用的角度看，对投资者而言，基金评价可以为投资者提供选择基金的依据，帮助投资者监测基金的表现；对基金管理公司而言，基金评价不但可以帮助其了解竞争对手、促进市场营销，而且为其进行投资监控、改善投资表现提供了重要的反馈机制；对投资顾问而言，基金评价更成为其进行基金分析、推荐基金的有力武器；对基金监管机构而言，规范基金评价业务，对维护市场的公平竞争、保护投资者的利益具有重要的意义。

（二）风险调整绩效衡量方法

现代投资理论的研究表明，风险的大小在决定组合的表现上具有基础性的作用，这样直接以收益率的高低进行绩效的衡量就存在很大的问题。表现好的基金可能是所承担的风险较大使然，并不表明基金经理在投资上有较高的投资技巧；而表现差的基金可能是风险较小的基金，也并不必然表明基金经理的投资技巧不尽如人意。风险调整绩效衡量指标的基本思路就是通过对收益加以风险调整，得到一个可以同时对收益与风险加以考虑的综合指标，以期能够排除风险因素对绩效评价的不利影响。

在上一节证券组合的业绩评估中，我们已经了解了建立在CAPM之上的三大经典业绩评估指数：詹森指数、特雷诺指数和夏普指数。这些方法同样也为有效衡量基金的业绩表现提供了重要的途径，这里不再重复介绍。在此基础上，基于对风险的不同计量或调整方式的不同，其他一些风险调整绩效衡量方法也相继被提了出来，并在实践中得到了广泛的应用。

1. 信息比率

信息比率（information ratio，IR）以马科维茨的均值-方差模型为基础，用来衡量超额风险带来的超额收益，比率高说明超额收益高。它表示单位主动风险所带来的超额收益。其计算公式如下：

$$IR=\frac{\overline{D}_P}{\sigma_{D_P}}$$

式中：$D_P=R_P-R_b$——基金与基准组合的差异收益率；

$\overline{D}_P=\overline{R}_P-\overline{R}$——差异收益率的均值;

$\sigma_{D_P}=\sqrt{\frac{\sum_{t=1}^{T}(D_{Pt}-\overline{D}_P)^2}{T-1}}$——差异收益率的标准差。

基金收益率相对于基准组合收益率的差异收益率的均值，反映了基金收益率相对于基准组合收益率的表现。基金收益率与基准组合收益率之间的差异收益率的标准差，通常被称为“跟踪误差”，反映了积极管理的风险。信息比率越大，说明基金经理单位跟踪误差所获得的超额收益越高。因此，信息比率较大的基金的表现要好于信息比率较小的基金。

2. M^2 测度

尽管可以根据夏普指数的大小对组合绩效的优劣加以排序，但夏普指数本身的数值却难以解释。为此，诺贝尔经济学奖获得者弗兰科·莫迪利亚尼与其孙女利娅·莫迪利亚尼(Franco Modigliani & Leah Modigliani，1997) 提出了一个赋予夏普指数以数值化解释的指标，即 M^2 测度的指标：

$$M^2=\overline{R}_{P^*}-\overline{R}_M=S_P\sigma_M+R_f-\overline{R}_M=\frac{\sigma_P}{\sigma_M}(\overline{R}_P-R_f)-\overline{R}_M+R_f$$

式中：M^2——测度；

$\overline{R}_P$、$\overline{R}_{P^*}$——基金 P 分别在 σ_P、σ_M 水平下的平均收益率；

$\overline{R}_M$——市场组合 M 在 σ_M 水平下的平均收益率；

S_P——夏普指数；

σ_P、σ_M——基金 P、市场组合 M 的标准差；

R_f——无风险收益率。

图 8-27 是 M^2 测度的图示。

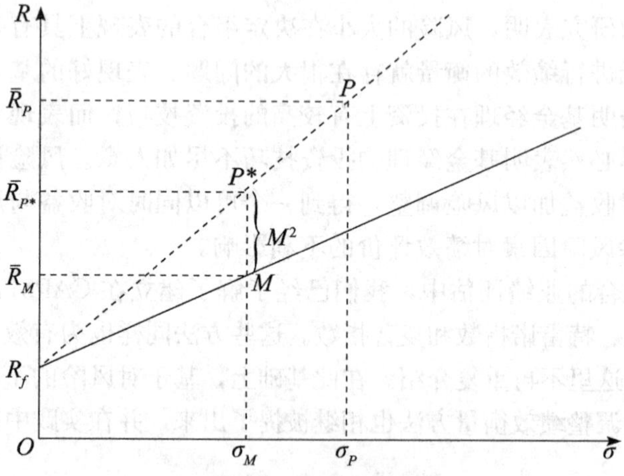

图 8-27　M^2 测度的图示

这一方法的基本思想就是通过无风险利率下的借贷，将被评价组合（基金）的标准差调整到与基准指数相同的水平，进而对基金相对于基准指数的表现做出考察。由于 M^2 测度实际上表现为两个收益率之差，因此也就比夏普指数更容易为人们所理解与接受。不过，M^2 测度与夏普指数对基金业绩的排序是一致的。

(三) 我国对证券投资基金评价的相关规定

2009年11月6日，中国证监会颁布《证券投资基金评价业务管理暂行办法》。该办法所称基金评价业务，包括基金评价机构及其评价人员对基金的投资收益和风险或基金管理人的管理能力开展评级、评奖、单一指标排名或中国证监会认定的其他评价活动。该办法规定，基金评价机构应当加入中国证券业协会，并具有健全的组织架构和完善的内部控制制度；有足够熟悉基金及其评价业务的专业人员；有完善、系统的评价标准、方法以及严谨的业务规范。基金评价人员应当具备基金从业资格，只有被一家基金评价机构聘用后，方可从事基金评价业务，且基金评价人员不得同时在两个以上的基金评价机构执业。

基金评价方法应当基于机构自己的研究成果，不得侵犯其他基金评价机构的有关知识产权。对基金进行评价应当至少考虑下列内容：

(1) 基金招募说明书和基金合同约定的投资方向、投资范围、投资方法和业绩比较基准等。

(2) 基金的风险收益特征。

(3) 基金投资决策系统及交易系统的有效性和一贯性。

对基金管理人进行评价应当至少考虑下列内容：

(1) 基金管理公司及其人员的合规性。

(2) 基金管理公司的治理结构。

(3) 股东、高级管理人员、基金经理的稳定性。

(4) 投资管理和研究能力。

(5) 信息披露和风险控制能力。

任何机构从事基金评价业务并以公开形式发布评价结果的，不得有下列行为：

(1) 对不同分类的基金进行合并评价。

(2) 对同一分类中包含基金少于10只的基金进行评级或单一指标排名。

(3) 对基金合同生效不足6个月的基金（货币市场基金除外）进行评奖或单一指标排名。

(4) 对基金（货币市场基金除外）、基金管理人评级的评级期间少于36个月。

(5) 对基金、基金管理人评级的更新间隔少于3个月。

(6) 对基金、基金管理人评奖的评奖期间少于12个月。

(7) 对基金、基金管理人单一指标排名（包括具有点击排序功能的网站或咨询系统数据列示）的排名期间少于3个月。

(8) 对基金、基金管理人单一指标排名的更新间隔少于1个月。

(9) 对特定客户资产管理计划进行评价。

本章小结

本章阐述了证券投资组合的基本理论。从第一节证券组合管理的基本概念出发，第二节介绍了单个证券和证券组合的收益与风险，并以此为评价标准，着重讨论了根据两种证券的组合线、证券组合的可行域和有效边界以及投资者的无差异曲线如何确定最优证券组合。从资本资产定价模型的三个基本假设出发，第三节着重分析了资本市场线、证券市场线及资本资产定价模型的应用与有效性。关于β的争论，已成为理论界和投资实践界关注的焦点。第四节主要介绍了套利定价理论，它是描述资产合理定价但又有别于CAPM的均衡模型。它揭示了均衡价格形成的套利驱动机制和均衡价格的决定因素。这一理论认为，只要任何一个投资者都不能通过套利获得收益，期望收益率就一定与风险相联系。第五节介绍的三种指数——詹森指数、特雷诺指数和夏普指数就是基于风险调整法思想而建立的专门用于评价证券组合优劣的工具。第六节着重区分了不同基金的特点并简单介绍了证券投资基金的业绩评估。

关键术语

组合	分散性/分散化	非系统性风险	被动管理	主动管理
期望收益	基金	方差	均值-方差模型	资本资产定价模型
偏离程度	套利定价理论	标准差	相关系数	协方差
偏好	可行域	有效边界	最小方差组合	风险厌恶/风险规避
无差异曲线	资本市场线	无风险证券	最优风险组合	风险溢价
证券市场线	总风险	贝塔	系统性风险	超额收益
市场风险	封闭式基金	开放式基金	QDII基金	指数型基金
QFII基金	交易型开放式指数基金/交易所交易基金（ETF）			

习题

一、单项选择题

1. 在完全正相关的条件下，由证券A与证券B构成的组合线是连接这两点的(　　)。

A. 直线　B. 向左弯曲的曲线　C. 折线　D. 向右弯曲的曲线

2. 证券A和证券B完全正相关，其中证券A的期望收益率为20%，证券B的期望收益率为5%。如果投资证券A和证券B的比例分别为70%和30%，则证券组合的期望收益率为(　　)。

A. 5%　B. 20%　C. 15.5%　D. 11.5%

3. 一个只关心风险的投资者将选取具有(　　)的组合作为最优组合。

A. 最小方差　B. 最大方差　C. 最大收益率　D. 最小收益率

4. 关于β系数，下列说法错误的是(　　)。

A. β系数是由时间创造的

B. β系数是衡量证券承担系统性风险水平的指数

C. β系数的绝对值越小，表明证券承担的系统性风险越小

D. β系数反映证券或组合的收益水平对市场平均收益水平变化的敏感性

5. 提出套利定价理论的是(　　)。

A. 夏普　B. 特雷诺　C. 理查德·罗尔　D. 斯蒂芬·罗斯

6. 关于最优证券组合，下列说法正确的是(　　)。

A. 最优证券组合是收益最大的组合
B. 最优证券组合是效率最高的组合
C. 最优证券组合是无差异曲线与有效边界的交点所表示的组合
D. 相较于其他有效组合，最优证券组合所在的无差异曲线的位置最高

7. 有效组合的期望收益率与标准差之间存在着一种简单的线性关系，它由（　　）提供完整描述。
A. 一组证券所对应的有效边界　　B. 证券特征线
C. 资本市场线　　D. 证券市场线

8. 证券投资基金中的（　　）基金，在完成募集后，基金份额可以在证券交易所上市。
A. 封闭式　　B. 开放式　　C. 公司型　　D. 契约型

9. 证券组合所获得的高于市场的那部分风险溢价是（　　）。
A. 詹森指数　　B. 夏普指数　　C. 特雷诺指数　　D. 久期

10. 资本资产定价模型表明：β系数越高，则（　　）。
A. 风险越小，收益越小　　B. 风险越大，收益越小
C. 风险越小，收益越大　　D. 风险越大，收益越大

11. 在我国金融市场中，关于 QDII 基金与 QFII 基金说法正确的是（　　）。
A. QDII 基金境外设立，投资于境内
B. QFII 基金境内设立，投资于境外
C. QDII 基金境内设立，投资于境外
D. QFII 基金境外设立，投资于境外

12. 各类基金的收益由高到低的排序一般依次是（　　）。
A. 股票基金、债券基金、混合基金、货币市场基金
B. 股票基金、混合基金、债券基金、货币市场基金
C. 混合基金、股票基金、债券基金、货币市场基金
D. 混合基金、股票基金、货币市场基金、债券基金

二、多项选择题

1. 关于β系数，下列说法正确的是（　　）。
A. β系数是衡量证券承担非系统性风险水平的指数
B. β系数反映了证券或组合的收益水平对市场平均收益水平变化的敏感性
C. β系数的绝对值越大，表明证券承担的系统性风险越大
D. β系数的绝对值越大，表明证券承担的系统性风险越小

2. 追求市场平均收益水平的机构投资者会选择（　　）。
A. 市场指数基金　　B. 指数化型证券组合
C. 主动管理方法　　D. 被动管理方法

3. 下列关于最优证券组合，说法正确的是（　　）。
A. 最优证券组合是能给投资者带来最高收益的组合

B. 最优证券组合肯定在有效边界上

C. 最优证券组合所在的无差异曲线的位置最高

D. 最优证券组合是无差异曲线簇与有效边界的切点所表示的组合

4. 在证券组合理论中，投资者的共同偏好规则是指(　　)。

A. 投资者总是选择期望收益率高的组合

B. 投资者总是选择期望收益率、收益率方差小的组合

C. 如果两个证券组合具有相同的期望收益率和不同的收益率方差，那么投资者会选择收益率方差较小的组合

D. 如果两个证券组合具有不同的期望收益率和相同的收益率方差，那么投资者会选择期望收益率较高的组合

三、判断题

1. 使用詹森指数、特雷诺指数以及夏普指数评价组合的业绩时，需要考虑计算指数的样本选择。(　)

2. 资本市场线揭示了有效组合的收益和风险之间的均衡关系。(　)

3. 如果证券组合的詹森指数为负，则其位于证券市场线的上方，绩效不好。(　　)

4. 资本资产定价模型认为，只要任何一个投资者都不能通过套利获得收益，期望收益率就一定与风险相联系。(　)

5. 评价组合业绩需要遵循的基本原则是考虑组合所承担风险的大小。(　)

四、计算题

假设市场上仅有两种风险证券 A 和 B 及无风险证券 F。在均衡状态下，证券 A、B 的期望收益率和标准差分别为 $E(A)=18\%$，$\sigma_A=6\%$，$E(B)=22\%$，$\sigma_B=8\%$。试据此确定无风险利率 r_F。

五、简答题

1. 资本资产定价模型的三个假设及其含义是什么?

2. 试述证券市场线如何描述证券及证券组合的期望收益率与风险之间的关系。

六、案例分析题

套利定价理论的运用

从 20 世纪 70 年代初开始，套利定价理论就已经给研究者和职业投资者提供了一个直观且灵活的体制，使他们能够借此解决重要的投资管理问题。资本资产定价模型对于投资偏好和市场投资组合所起的特定作用都有严格的特定假设。与此相对，套利定价理论具有相对较弱的假设。由于它重点考察系统性风险的各种来源，所以作为一种更好地解释投资结果、更有效控制组合投资风险的工具，套利定价理论引起了广泛的关注。

尽管套利定价理论具有很多吸引人的特性，但它还是没有被投资团体广泛应用，原因主要是该理论有明显缺陷：缺少关于多重要素的明确说明，而这些要素会系统性地影响证券收益及与每个要素相联系的长期收益。无论正确与否，资本资产定价模型明确提出了一种证券的各种市场组合的协方差是在多种投资组合条件下投资风险的唯一来源。而套利定价理论却对影响证券风险和收益的系统性要素不予任何说明。投资者在确定这些要素时自

然会抵制这种理论。

极少数投资者在实践中运用套利定价理论来管理资产。其中最突出的是罗尔 & 罗斯资产管理公司（R&R 公司），由于史蒂芬·罗斯先生本身是套利定价理论的发明者，故对 R&R 公司怎样将理论付诸实践进行简要回顾还是很让人感兴趣的。

R&R 公司开始便阐述了与资本市场普遍相关的风险的系统性来源，并且确定了显著影响普通股收益的五个要素：（1）经济周期；（2）利率；（3）投资信心；（4）短期通货膨胀；（5）长期通货膨胀预期。R&R 公司又通过指定一些可计量的宏观经济变量作为上述要素的代表而将其量化。例如，经济周期要素被工业产值指数的实际（经过通货膨胀调整）百分比变化所代表，而短期通货膨胀被每月消费物价指数的百分比变化所代表。

现在来看一下委托人的标准。一个美国股票投资者会选择市场指数如标准普尔 500 股票指数作为基准。R&R 公司的典型做法就是设计更多有效的投资组合，使其收益以一个预先设计好的（合理的）量超过基准的预期收益，而保持一个相似的标准差。公司运用了组合最优化技术，这种技术通过将组合的标准差控制在基准的标准差附近的方式来组合证券，将非要素风险降到最低水平，并且强调组合中的股票相对于其他股票要有低的市盈率和正的近期收益，而且以诱人的风险收益率增加对风险要素的风险暴露，尽量减少证券买卖（来控制交易成本）。上述过程每个月都要重复进行，以确保具有与基准期相一致的正确投资组合。

R&R 公司的方法是一种精确策划、高度量化的方法。对预期要素收益和风险从不只是进行定性的判断。对与证券要素和要素敏感性相关的历史数据进行手工处理，以便确定要获得的投资组合。这种方法在未来与过去情况相一致时是行之有效的。但当过去的数据与未来的价值没有什么稳定关系时，其结果就相当令人失望。

尽管没有争取到很大的美国国内客户，R&R 公司在 1986 年组建时仍然引起了相当多的机构投资者的兴趣。公司已经吸收了一些在国外运用其技术的国外合伙人。R&R 公司在将理论性投资理念转变为实际投资产出方面给我们提供了一个生动的案例。

资料来源：戈登·J. 亚历山大，威廉·F. 夏普，杰弗里·V. 贝利．投资学基础：第三版．北京：中国人民大学出版社，2015.

案例分析：

1. 套利定价理论主要测定哪种风险？

2. CAPM 与 APT 的区别有哪些？

3. R&R 公司方法的核心技术有哪些？

第九章

风险管理

⊙本章要点⊙

1. 深刻理解套期保值和套利的原理；
2. 了解期权合约的主要类型；
3. 学会如何运用期货合约、套利、期权合约等交易方式进行风险管理。

【导入案例】

深南电对赌原油期权

自 2008 年下半年以来，中国企业频频出现因参与海外“套期保值”而产生巨额亏损的案例。先是中信泰富在外汇品种上巨亏 180 亿港元；然后又爆出深南电在原油上产生巨亏；紧接着中国航空、东方航空分别发布公告，称在原油“套期保值”上巨亏 34 亿元人民币和 62 亿元人民币。

2008 年初，国际原油价格节节攀升，并于当年 7 月创出历史高点 147 美元/桶，随后连续数月急跌，到 2009 年 2 月纽约商品交易所的轻质原油期货价格不足其最高价 147 美元/桶的零头。如果说中国航空、东方航空针对原油进行套期保值而出现巨亏是输在当国际油价大涨时，慌不择路地进行套期保值，选择时机不对，误判了形势，没有想到国际油价会跌到只剩下最高价一个零头的 42 美元/桶的价位上，且没有在真正的期货市场进行套期保值，从而在知道错了的情况下也无法改变方向，那么深南电就是自作聪明，意在投机却进入了高盛设下的口袋阵中。深南电与高盛签下的是对赌性质的期权互换合约，具体条款如下：

(1) 第一份确认书：有效期为2008年3月3日至2008年12月31日。当浮动价（每个决定期限内纽约商品交易所当月轻质原油期货合约收市结算价的算术平均数）高于63.5美元/桶时，公司每月可获30万美元（=20万桶×1.5美元/桶）的收益；当浮动价低于63.5美元/桶、高于62美元/桶时，公司每月可获（浮动价−62美元/桶）×20万桶的收益；当浮动价低于62美元/桶时，公司每月需向杰润公司（高盛子公司）支付与（62美元/桶−浮动价）×40万桶等额的美元。

(2) 第二份确认书：有效期为2009年1月1日至2010年10月31日，也由三个期权合约构成，杰润公司在2008年12月30日18时前，有是否执行的选择权。当浮动价高于66.5美元/桶时，公司每月可获34万美元（=20万桶×1.7美元/桶）的收益；当浮动价高于64.8美元/桶、低于66.5美元/桶时，公司每月可获（浮动价−64.8美元/桶）×20万桶的收益；当浮动价低于64.5美元/桶时，公司每月需要向杰润公司支付与（64.5美元/桶−浮动价）×40万桶等额的美元。

深南电与高盛一共签了上述两份协议。第一份协议很简单，就是如果石油价格高于62美元/桶，深南电获利；反之，高盛获利。对深南电来说，盈利最多不超过300万美元；对高盛来说，盈利最多可达数千万美元。这可以理解为深南电每月送给高盛一个看跌期权，作为对价，高盛每月需要送给深南电一个看涨期权。这实际上就是一份期权互换协议。

第二份协议就完全不一样了。这份协议规定高盛有权在2008年12月30日决定是否激活同第一份协议类似的另外一份期权互换合约。这份期权互换同第一份期权互换从表面上看基本类似，但对于深南电而言是被动的，没有选择余地。高盛则可以根据市场价格的波动情况，选择是否激活第二份协议中的期权互换。显然只有当石油价格在2008年12月30日那天对高盛有利时，高盛才会激活这份互换协议，从市场的真实走势上来看，高盛选择行权绝对有利，而对深南电而言将只有巨亏梦魇在等着它。

在第一份协议中，深南电最多有可能获得300万美元的利润，深南电的最大损失为400万美元；而在第二份协议中，深南电没有盈利的可能，按石油价格在2009年初42美元/桶来计，深南电一个月的损失就将高达880万美元，最大损失按20个月计算可以达到1.7亿美元。

对高盛来说，这两笔合约交易最多亏损300万美元，最多可以盈利上亿美元，对风险有完全的控制；对深南电来说，最多盈利300万美元，最大亏损上亿美元，对风险没有任何的控制。所幸的是在2008年12月，上市公司深南电与高盛的全资子公司杰润公司的石油衍生品协议戏剧性地提前终止，但这个教训依然是深刻的。

从中国航空、东方航空到深南电，它们在市场经济的大潮中，都有着风险控制的懵懂觉醒，混淆了套期保值和风险对冲的概念；对于风险管理工具还一知半解；对于风险转嫁需要对手这个基本常识还不是很清楚；在蝇头小利面前将风险意识抛之脑后，在这些情况下，弄巧成拙演变成巨亏就不是危言耸听。本章力图通过对风险管理原理和风险管理工具的介绍，在加深人们对风险管理重要性的认识的同时，指出风险管理工具的局限性。就出发点而言，为了保险而选择风险管理工具是在管理风险，以获利为目的而选择风险工具就是投机。

第一节 期货合约在风险管理中的应用

随着现代商品经济的发展和社会劳动生产力的极大提高，国际贸易普遍开展，世界市场逐步形成，市场供求状况的变化更为复杂，仅有一次性地反映市场供求预期变化的远期合约交易价格已经不能适应现代商品经济的发展，而要求有能够连续地反映潜在供求状况变化过程的价格，以便广大生产经营者能够及时调整商品生产，以及回避由于价格的不利变动而产生的价格风险，使整个社会生产过程顺利地进行，在这种情况下，期货交易就产生了。

最初的期货交易源于16世纪的日本大阪，在日本的大米市场得到了发展。直到19世纪，期货交易仍是日本独有，后来渐渐被全世界效仿。

1848年美国芝加哥的82位商人为了降低粮食交易风险，发起组建了芝加哥期货交易所（CBOT）。CBOT的成立标志着期货交易的正式开始。1865年，CBOT推出了标准化合约并实行了保证金制度；1882年，CBOT开始允许以对冲方式免除履约责任；1925年，芝加哥期货交易所结算公司（BOTCC）成立，同时规定芝加哥期货交易所的所有交易都要进入结算公司结算。至此，真正现代意义上的期货交易开始形成。

从1848年到20世纪70年代，期货市场的交易品种主要是商品期货，它们可以分为以小麦、玉米、大豆等为代表的农产品期货，以铜、铝、锡、银等为代表的金属期货，以及以原油、汽油、丙烷等为代表的能源期货三大类型。

20世纪70年代，利率、股票和股票指数、外汇等金融期货相继推出，而美国长期国债期货期权合约于1982年10月1日在CBOT的上市又为其他商品期货和金融期货交易开辟了一片新天地。

一、期货的套期保值概述

（一）套期保值的基本概念与原理

1. 期货交易者

根据参与期货交易的目的来划分，期货市场上的参与者基本上可分为两种人，即套期保值者和投机者。

（1）套期保值者。

这种人从事期货交易的目的是利用期货市场进行现货的保值交易，以减少价格波动带来的风险，确保生产和经营的正常利润。做这种套期保值的人一般是生产经营者、贸易者、实际的需求者。没有他们的存在，投机者也无机可投。

（2）投机者。

投机者参加期货交易的目的与套期保值者相反，它们愿意承担价格波动的风险。其目的是希望以少量的资金来博取较多的利润。期货交易的投机方式可以说是五花八门，多种多样，其做法远比套期保值复杂得多。在期货市场上，如果没有投机者的参与，该市场的套期保值和价格发现这两大功能就不能实现。投机者参加交易可增加市场的流动性，起到“润滑剂”的作用。

2. 套期保值的前提

从套期保值者的定义我们不难看出，所谓套期保值是指把期货市场当作转移现货价格风险的场所，将期货合约作为将来在现货市场上买卖商品的临时替代物，对准备以后售出商品或将来需要买进商品的价格进行保值的交易活动。

套期保值的目的是针对由于时间差而造成的不确定性进行保值，保值的核心不是追求利润最大化而是锁定利润，不论未来现货的价格是上涨还是下跌，通过套期保值卖者能够锁定利润，买者能够控制成本。而能够成功进行保值的前提一定是当前期货市场提供了可以锁定利润或有利于成本控制的合适的交易价格。

在本章导入案例中，中国航空、东方航空是具备套期保值者资格并有套期保值需求的，但当时的原油期货市场价格对原油需求者而言已经不具备保值的意义，且其采取的方式也不是在期货市场上进行，而是找了几个确定的对手对赌。

3. 套期保值原理

套期保值之所以能够规避价格风险，是因为同品种的期货价格走势与现货价格走势一致（如图9-1所示）；随着到期日的临近，期货价格和现货价格相互靠拢并趋于一致（如图9-2所示）。现货市场与期货市场尽管是两个不同的市场，但引起同一商品期货价格、现货价格变动的因素基本是相同的。在一般情况下，当特定因素引起期货市场价格上涨或下跌时，对现货市场会产生相同的影响。虽然两者的变动幅度不一定相同，但变动方向是一致的。

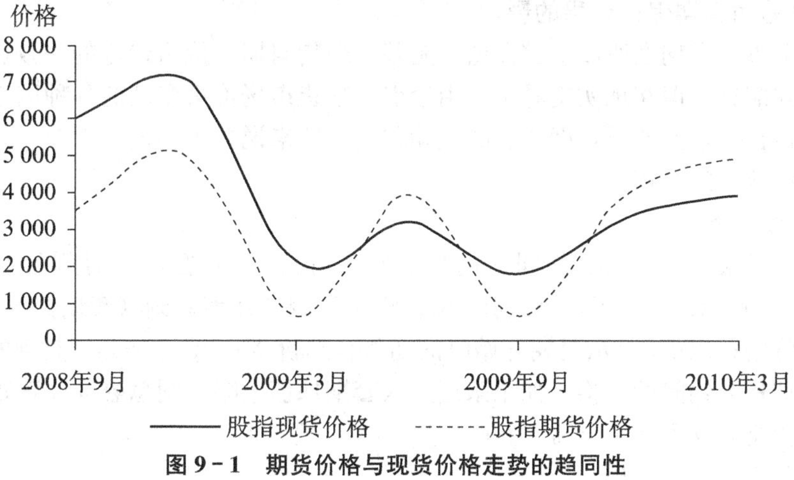

图9-1 期货价格与现货价格走势的趋同性

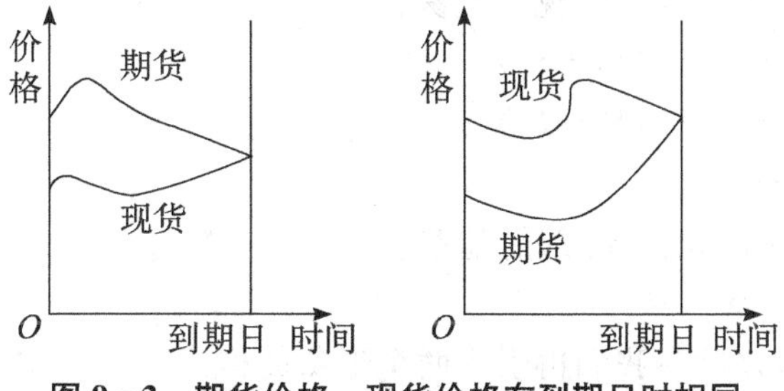

图9-2 期货价格、现货价格在到期日时相同

这样，未来需要现货的买者（或提供现货的卖者）认为当前期货市场价格合适，提前在期货市场买进（或卖出）相应数量的期货合约。如果期货市场走势和其在期货市场开仓的方向相同（买了涨；卖了跌），那么他可以通过期货市场的获利来对其现货保值；即便期货市场走势和其在期货市场开仓的方向相反造成亏损，由于期货价格、现货价格走势的一致性，对买家而言在期货上亏了，他也可以在现货市场上买到更便宜的现货；对卖家而言，由于价格上涨而在期货上亏损了，他也可以在现货市场上以比他在期货市场上的卖出价格更高的现货价格卖出现货，以达到保值的目的。

如：一个农场主在春季播种了大豆，预计能生产出1 000吨的大豆，他对于每吨大豆的成本是清楚的，但他担心在他生产出大豆后现货市场价格比他生产大豆的成本还低，而目前期货市场的大豆价格能保证他有一定的利润，那么他会在期货市场卖出数量与他的大豆产量相对应的期货合约。如果到时价格上涨甚至超过他在期货市场的卖出价格，他可以通过现货价格来弥补期货的损失；如果到时价格下跌，他可以通过在期货市场的获利来弥补现货的价格损失。

在这里需特别提醒的是，真正意义上的套期保值是先期货后现货的同方向操作行为，而绝非方向相反的操作，如果是方向相反的操作，那么只能称其为对冲的投机行为。由于金融期货的引入，很多人混淆了套期保值和对冲、套利的概念。换句话说，套期保值是对冲的特例，是一种特定的对冲交易，切不可明明是投机对冲而滥用套期保值来“掩耳盗铃”。

（二）基差对套期保值效果的影响

从理论上讲，套期之所以能够保值，是基于现货与期货价格走势的一致性，且其价格差异收敛于到期日。但在现实交易中，由于引起现货市场价格变动的各种因素对期货市场价格的影响存在一定的差异，即两者的变动程度一般来说并不相同，因此，基差的变化决定了套期保值效果的好坏。

1. 基差的概念

基差指的是某一特定地点的同一商品的现货价格（S）在同一时刻与期货合约价格（F）之间的差额，即（$S-F$）。分别以 S_0、S_t 表示资产在零时刻（套期保值开始时）和 t 时刻的现货价格；以 F_0 表示套期开始时的期货合约价格；以 F_t 表示 t 时刻的期货合约价格，即平仓期货合约时的价格。如果采用买入套期保值策略，则总盈亏计算如下：

$$现货交易盈亏=S_t-S_0$$

$$期货交易盈亏=F_t-F_0$$

$$\begin{aligned}总盈亏&=期货交易盈亏-现货交易盈亏\\&=(F_t-F_0)-(S_t-S_0)\\&=(S_0-F_0)-(S_t-F_t)\\&=B_0-B_t\end{aligned}\tag{9.1}$$

式中，B_0、B_t 分别是零时刻、t 时刻的基差。

2. 升水和贴水

在明确了什么是基差后，我们再引入两个形象的概念——升水和贴水。当现货的价格低于期货的价格时，基差为负数，远期期货的价格高于近期期货的价格，这种情况叫期货升水，也称现货贴水，远期期货价格超出近期期货价格的部分，称期货升水率；如果远期期货的价格低于近期期货的价格、现货的价格高于期货的价格，则基差为正数，这种情况称为期货贴水，也称现货升水，远期期货价格低于近期期货价格的部分，称期货贴水率。

3. 套期保值效果的影响

期货套期保值的盈亏取决于基差的变动。如果基差保持不变，则现货市场的盈亏正好与期货市场的盈亏相抵，总盈亏为零，套期保值目标实现。如果套期保值结束时的基差与套期保值开始时的基差不相等，则套期保值会出现一定的亏损或盈利。从公式（9.1）可以看出，当采用买入套期保值时，如果 $B_0>B_t$，则套期保值会出现盈利。

由于基差变化幅度要远小于价格变动幅度，因此套期保值实际上是以较小的基差风险代替较大的价格风险。对于准备进行实物交割的套期保值者而言，他既不知道未来的价格朝哪个方向变化，更不可能知道未来某一时点的基差大小，但他清楚期货的原理即交割日期货价格和现货价格相同，也即公式（9.1）中的 B_t 为 0，是否可以进行套期保值就看 B_0 的数值。当期货升水时基差为负，适合卖出者做卖出套期保值；当期货贴水时基差为正，适合买入者做买入套期保值。也就是说，当前的基差情况就可以让真正的套期保值者决定是否适合进行套期保值。

二、套利概述

（一）套利的基本概念及原理

1. 套利的定义和种类

套利又称价差交易，是指人们利用市场上两个相同或相关资产暂时出现不合理价差的关系，同时分别买进或卖出这两个相同或相关资产，待这种不合理的价差缩小或消失后，再进行相反方向的操作，从相对价差变动中赚取价差收益的交易行为。大体来说，期货的套利主要分为四种：期现套利、跨期套利、跨品种套利和跨市场套利。

2. 期现套利和套期保值的区别

套利手段中的期现套利与套期保值在操作方法上非常类似，但是两者却有本质的不同：套期保值的目的在于把现货市场的价格风险转移到期货市场上，以回避现货市场的价格风险；期现套利的目的却是从期货和现货两个市场间出现的暂时的、不合理的价格差异中获利。切不可将套期保值等同于期现套利。

3. 套利的原理

套利的经济学原理是一价定律，即如果两个资产是相同的，则它们的市场价格就应该相等。一旦存在两个价格，就出现了套利机会，投资者可以买入低价资产同时卖出高价资产赚取价差。也就是说，套利是利用不同市场之间的不合理价格差异来谋取低风险利润的一种交易方式。

在两个资产之间进行套利交易的前提条件是：两个资产的价格差或比率存在一个合理的区间，如果两个价格的运动偏离这个区间，它们迟早会重新回到合理的对比关系上。

在进行套利交易时，交易者注意的是合约价格间的相互变动关系，而不是绝对价格水平。如果价差的变动方向与当初的预测一致，交易者即可从两合约价格间的相互变动中获利。因此，套利最终获利的关键在于两个不同时点的价差变动。对于交易者来说，理解套利交易原理和掌握一些交易技巧是非常必要的。

套利的基本原理和实现的前提条件说明了为什么在定义中提到“暂时出现不合理价差”和“相同或相关资产”两个关键词。暂时出现不合理价差为套利提供利润空间；相同或相关资产能够在套利后使暂时出现的不合理价差趋向合理，实现利润。如果不是相同或相关资产，则两者之间的价差走势无法预期，套利自然就无法实现。

（二）套利的基本原则

当套利区间被确立，而当前的状态及环境又显示出套利机会时，就可以进行套利操作了。一般而言，要遵循下述基本原则。

第一，买卖方向对应的原则。即在建立买仓的同时也建立卖仓，不能只建立买仓或只建立卖仓。

第二，买卖数量相等原则。在建立一定数量买仓的同时也要建立同等数量的卖仓。否则，多空数量的不匹配将会使头寸裸露，即出现净多头或净空头的现象，从而面临较大风险。

第三，同时建仓的原则。一般来说，多空头寸的建立要在同一时间进行。鉴于期货价格是波动的，交易机会稍纵即逝，如果不能在某一时刻同时建仓，其价差有可能变得不利于套利，从而失去套利机会。

第四，同时对冲原则。套利头寸经过一段时间的波动之后达到了一定的预期利润目标，需要通过对冲来了结利润，之所以对冲操作要同时进行，是因为如果对冲不及时，很可能使长时间取得的价差利润在顷刻之间消失。

第五，合约相关性原则。套利一般要在两个相关性较强的合约间进行，而不是所有的品种（或合约）之间都可以套利。这是因为，只有合约的相关性较强，其价差才会出现回归，即价差扩大（或缩小）到一定的程度后又会恢复到原有的平衡水平，这样才有套利的基础。否则，在两个没有相关性的合约上进行套利与分别在两个不同的合约上进行单向投机就没有什么区别。

（三）套利交易对期货市场的作用

套利交易在本质上仍是一种投机形式，但与纯粹的投机交易相比，套利的盈利与亏损没有那么大，所以套利交易是一种风险与获利能力都相对较小的投机交易。由于这种投机的着眼点是价差，因而对期货市场的正常运行起到了非常有益的作用。

首先，套利交易有助于价格发现功能的发挥。这是由于套利交易的参与者关注的重点不是期货或现货价格的高低和趋势变化，他们只关注两者之间的价差。当发现不正常的价差关系时，套利者会积极入市套利，价差越大，套利的积极性就越高，套利的人就越多。这种行为客观上促使被扭曲的价格趋势重新回归到合理水平，起到了纠偏效果，有利于市场形成公平的价格。

其次，套利行为有助于市场流动性的提高。套利交易增加了期货市场的交易量，提高了期货交易的活跃程度。其中，期现套利不仅增加了期货市场的交易量，而且增加了现货市场的交易量；而跨期套利可以活跃远期合约的交易。这对于排除或减弱市场垄断力量、保证交易者的正常进出和套期保值操作的顺利实施起到了良好的作用。

最后，套利行为有助于抑制过度投机。操纵市场、进行过度投机的交易者往往利用各种手段将价格拉抬或打压到不合理的水平以从中获利。如果市场有大量的套利者存在，则过度投机行为会被有效抑制。

套利的诸多好处使之在市场中占有特殊而重要的地位。从国外成熟市场的经验来看，套利是大型基金和投资机构参与期货市场和期权市场的一种主要的投资方式。随着国内期货市场逐步走向规范，交易规模逐步扩大，以及投资者的投资水平逐步提高，套利交易将会不断发展并走向成熟。

（四）套利的风险

套利交易的优点不言而喻，能够为投资者提供稳健的收益，同时也容易让投资者陷入一个误区：套利是无风险的。而实际上，套利交易也存在风险。在现实中也存在因套利交易而产生破产危机的案例。1998 年 9 月，美国大型对冲基金公司——长期资本管理公司（LTCM）的破产危机就是一例。该公司在俄罗斯和拉丁美洲市场的套利出现巨额亏损，自身 48 亿美元的资本损失殆尽。此事件影响面极大，为避免影响美国的整个金融体系，美国联邦储备系统理事会被迫出面解救该公司，协调 15 家欧美大银行共同注资 37 亿美元给 LTCM 解困。同时，为降低冲击，欧美先后下调利率，同时各国加速规范对冲基金和衍生金融产品。因此，注重套利行为的风险防范是非常重要的。一般而言，套利面临的风险有下述几种。

1. 政策风险

政策风险包括国家法律、行业管理政策和交易所交易制度等变更使投资者在套利交易中面临的风险。

2. 市场风险

市场风险包括价差的逆向运行、利率和汇率的波动等产生的风险。以汇率的波动给跨市场套利带来的风险为例，汇率波动有时会使亏损的一边因汇率因素而亏损得更多，而使盈利一边的盈利因货币的贬值而缩水。例如，在进行跨市场套利时，在伦敦那边是盈利的，而在国内这边却是亏损的，在不考虑汇率问题时总体上可能是盈利的；但如果当时英镑或者美元贬值，而人民币是升值的，那么伦敦以英镑或美元计价的盈利就会减少，以人民币计价的亏损将会放大，最后已经建立的跨市场套利头寸会面临巨大的风险。

3. 操作风险

最理想的套利是在买入（卖出）一种资产的同时卖出（买入）另一种资产。但在跨市场套利交易中，由于不同市场存在交易时差，因而套利建仓和套利对冲无法完全同步，使套利者面临风险。例如国内金属市场和伦敦金属交易所之间就存在这样的时间差异。在市场出现剧烈波动的情况下，因某一市场休市无法建仓或者来不及对冲市场波动而带来的风险，足以让套利操作功亏一篑。

4. 资金风险

当交易所、期货经纪公司为控制可能出现的市场风险而提高保证金比例时，双向持仓的套利账户如果得不到相关政策的保护和照顾，同时持仓数量较大，可能就要被迫减持头寸，最终会影响套利交易的投资收益。资金风险的规避需要一个动态资金管理模型来管理资金，动态调整持仓比例，以达到在控制资金风险的情况下获得最大资金使用效率的目的。

鉴于套利存在上述风险，我们认为同一品种、同一币种下的期现套利相对安全可靠。

三、风险对冲

（一）对冲交易

对冲交易是一种理念。作为一种交易方式，对冲交易遵循“市场中性”原则，把一个具体的头寸视为金融向量，向量的方向为敞口，通过使用方向不同的金融工具来做敞口的管理，通常是通过配对头寸来拟合敞口（套利）以实现风险敞口管理下的绝对收益。它以寻找市场或商品间效率落差所形成的套利空间为主，通过两个或两个以上的交易，利用对冲机制规避风险，使市场风险最小化。

对冲交易是一种低风险、中高收益的交易方式。作为一种理念，对冲交易中的“对冲”本身就包含化解风险的思想，因而基于这种思想而进行的化解风险的操作都可以称为对冲交易。但需要指出的是，期货的套期保值看似也属于对冲交易，但为了使“对冲”这个概念更纯正，更准确地说，期货的套期保值是对冲交易的特例。市场的所有参与者为了化解风险都有资格选择对冲交易，但套期保值者必须是以现货为生存条件在期货市场规避现货市场价格风险的人。因此，用对冲交易来替换套期保值这个概念是不严肃的。

（二）期货市场的对冲交易

在市场经济中，可以做“对冲”的交易品种有很多，如外汇对冲、期权对冲，但最适宜的还是期货交易。首先是因为期货交易采用保证金制度，同样规模的交易，只需投入较少的资金，这样同时做两笔交易成本增加得不多。其次是因为期货可以买空卖空，合约平仓的虚盘对冲和实物交割的实盘对冲都可以做，完成交易的条件比较灵活，所以对冲交易也是在金融期货这种金融衍生工具诞生以后才得以较快发展的。

期货市场的对冲交易大致有四种：

1. 期货和现货的对冲交易

此种交易是指同时在期货市场和现货市场上进行数量相当、方向相反的交易，这是期货对冲交易的最基本的形式，即期现套利。这种交易与其他几种对冲交易有明显的区别。首先，这种对冲交易不仅在期货市场上进行，而且同时在现货市场上进行，而其他对冲交易都是期货交易。其次，这种对冲交易主要是为了回避现货市场上由价格变化带来的风险，而放弃价格变化可能产生的收益，这可以理解为套期保值。

其他几种对冲交易是为了从价格的变化中投机套利，一般被称为套期图利。当然，期货与现货的对冲也不仅仅限于套期保值，当期货与现货的价格相差太大或太小时也存在套期图利的可能。只是由于在期现套利这种对冲交易中要进行现货交易，成本较单纯做期货交易高，且要求具备做现货交易的一些条件，因此一般是套期保值者采用此种方式。

2. 跨期套利的对冲交易

此种交易是指交割月份不同的同一期货品种的对冲交易，因为价格是随着时间而变化的，同一期货品种在不同的交割月份因价格不同而形成价差，这种价差也是变化的。除去相对固定的商品储存费用，这种价差取决于供求关系的变化。通过买入在某一月份交割的期货品种，卖出在另一月份交割的期货品种，到一定时点再分别平仓或交割，因价差的变化，两笔方向相反的交易盈亏相抵后可能会产生收益。这种对冲交易简称跨期套利。

3. 跨市场套利的对冲交易

此种交易是指不同期货市场的同一期货品种的对冲交易。因为地域和制度环境不同，同一期货品种在不同市场的同一时间的价格很可能是不一样的，并且是在不断变化的。这样在一个市场做多头买进，同时在另一个市场做空头卖出，经过一段时间同时平仓或交割，就完成了在不同市场的对冲交易。这种对冲交易简称跨市场套利。

4. 跨品种套利的对冲交易

这种交易是指不同的期货品种的对冲交易。这种对冲交易的前提是不同的期货品种之间存在某种关联性，如两种商品是上下游产品，或可以相互替代等。品种虽然不同，但反映的市场供求关系具有同一性。在此前提下，买进某一期货品种，卖出另一期货品种，在同一时间再分别平仓或交割来完成对冲交易。这种对冲交易简称跨品种套利。

第二节　股指期货和风险管理

股票指数期货（简称股指期货）是指以股票价格指数为标的物的金融期货合约。在具体交易时，股票指数期货合约的价值是用指数的点数乘以事先规定的单位金额来加以计算的，如标准普尔指数规定每点代表 500 美元，香港恒生指数规定每点代表 50 港元，中国沪深 300 指数规定每点代表 300 元人民币。

股票指数期货交易的实质是投资者将其对整个股票市场价格指数的预期风险转移至期货市场的过程，其风险是通过对股市走势持不同判断的投资者的买卖操作来相互抵消的。它与股票期货交易一样都属于期货交易，只是股票指数期货交易的对象是股票指数，以股票指数的变动为标准，以现金结算，交易双方都不必拥有现实的股票，买卖的只是股票指数期货合约，而且在任何时候都可以买进卖出。

一、股指期货概述

股指期货是由商品期货发展而来，基于商品期货原理，将具体的某一股票指数作为投资标的而设计的标准化合约。它属于金融衍生工具，但它和商品期货一样也应该具备期货的风险规避功能。

（一）商品期货和股指期货的不同

1. 交割方式不同

商品期货的交割方式是实物交割，投资者认为实物交割不利时可以选择平仓了结；而股指期货到期交割时是现金交割，平仓和交割都以现金结算。

2. 套利成本不同

商品的现货价格与期货交割价格有时会出现背离，现货价格可能会低于期货交割价格。这是因为套利的成本比较大，以实物交割方式进行套利时，除了要考虑现货品质须符合期货合约的标准要求外，还要考虑为了收购现货而进行交割所涉及的收购成本、运输成本、仓储成本和损耗等因素。

另外，商品期货的持仓数量可能已经远远超过市场上可以交割的数量，要么是因为尽管目前现货存量仍然充裕，但是大部分库存都被消费企业购入，为了保证生产计划的完成，消费企业不会由于原料价格上涨而将其卖出，要么是因为天气、运输条件等短期因素而造成可交割数量不足，这两种因素都可能导致对即将交割合约的逼仓行为。所谓逼仓，是对于套利者而非套期保值者而言的一种逼迫式操作手法，是指尽管在期货市场就开仓价格相对于现货价格而言选择实物交割有利，投资者却无法进行实物交割，只能最终对冲平仓。

股指期货的现货供应与套利机制就稳定得多，我国股指期货的现货是沪深300指数的所有成分股或者沪深300指数本身。现货的供应量就是沪深300指数的总流通市值，供应量非常充裕。同时，股指期货的套利成本就是成分股股票和股指期货的交易成本，除非国家调整印花税，否则不会有大的变动。因此，股指现货对股指期货价格的牵制作用较为明显，股指期货预期效应的溢价即远月期货合约的升水幅度则相对较弱，股指期货不存在商品期货那样由于短期供应短缺而导致逼仓行为的条件，平仓与否都是以现金结算。

3. 套期保值者不同

商品期货市场的套期保值者从事期货交易的目的是利用期货市场进行现货的保值交易，以减少价格波动带来的风险，确保生产和经营的正常利润。若没有他们的存在，期货市场将失去存在的意义。

而在股指期货市场上真正意义的套期保值者并不存在，沪深300指数基金勉强符合套期保值者的身份，但它并不是股票现货市场的现货提供者，顶多算是现货市场的需求者。若它在股指期货市场以套期保值者的身份出现，它只能做多头。如果它去做空头，它的身份就演变为一个投机者。

(二) 用股指期货对冲风险

我们在证券投资组合理论中讲到通过组合投资可以规避个股风险，最后只剩下系统性风险，而系统性风险是通过引入股指期货这样的金融工具来对冲规避的。然而，系统性风险的引爆是需要一个日积月累的过程的，或者由突发性事件诱导所致，因而系统性风险不是随时都会引爆的。此外，我们在前面也已经指出股票市场不存在严格意义上的套期保值者，因此我们在这里探讨用股指期货避险时，不能用套期保值的概念来说明，用更大的对冲交易的概念更加合适，这也符合金融衍生工具催生了对冲交易这个金融历史轨迹。

事实上不论保值也好，对冲也罢，何时采取行动与投资者对后市系统性风险的判断有关。因此，尽管保值交易是厌恶风险、拒绝投机的交易行为，但实质上投资者何时通过股指期货进行保值仍然具有投机的属性，除非投资者在买股票的同时就在股指期货市场沽空。正像我们在前面介绍的对冲交易一样，投资者将股指期货作为风险管理工具进行风险敞口管理，只有他认为风险很大而无法控制时才会使用股指期货，而不是经常使用股指期货；经常进行股指期货交易无疑是在做价差投机生意。

1. 动态控制风险

正因为可以利用股指期货交易进行价差投机，一些拥有庞大资金的交易专家在进行避险交易时，通常喜欢采用动态的避险策略而不会在一个价位上将风险全部锁定。比如，某基金相信行情已处于相对高位，决定建立一个避险仓位，但规模只相当于基金持股市值的40%。如果行情随后的确下跌，持仓中的40%将得到保护；如果行情上涨，还有60%的持股可以增加收益。当行情再次下跌3%时，基金将进一步卖出相当于持股净值20%的期货合约，这时避险的头寸已增至60%。如果行情继续下跌6%，那么基金会对剩余的40%也进行避险操作。反之，在结束风险对冲时也应当采用动态策略。至于一次性对所有持股进行保值避险，只有在判断基本面严重恶化、股市大跌的可能性非常大时才会考虑这样操作，然而，该基金如果真能看得那么清楚，对股票的现货头寸也应该加以清理，这已经谈不上是进行套期保值，只是在对冲风险。

2. 选择合适的避险工具

除股指期货外，就与股市相关的避险工具来说，还可以选择股指期权、股票期货、股票期权等。不同的避险工具有不同的优势和劣势，不能一概而论。即便是最终选择股指期货作为对冲工具，也会面临选择合适品种的问题。比如美国就有许多标的指数推出了股指期货，如道琼斯工业平均指数期货、纳斯达克100指数期货、标准普尔500股指期货。在一般情况下，交易者应当选择与股票资产高度相关的指数期货作为对冲标的。

当然，目前的中国股市仅有三种股指期货，即上证50股指期货、中证500股指期货和沪深300股指期货，投资者的选择余地较小。

3. 利用股指期货进行的对冲交易的种类

利用股指期货进行的对冲交易基本上有两种：卖出对冲和购入对冲。

(1) 卖出对冲是用来补偿未来股票组合市值下跌损失的一种对冲交易。在这类对冲下，对冲者出售期货合约，这样做便可固定未来现金售价及把价格风险从持有股票组合者身上转移到期货合约买家身上。进行卖出对冲交易的情况之一是投资者预期股票市场将会下跌，但投资者却不能出售手上持有的股票，这样他们便可卖空股指期货来补偿持有股票现货的预期损失。

(2) 购入对冲是用来补偿未来购买的股票组合价格变动损失的一种对冲交易。在这类对冲下，对冲者购入期货合约。例如基金经理预测市场将会上升，于是他希望购入股票，但若用于购入股票的资金未能及时到位，他便可以利用股指期货保证金交易以小博大的原理而用少量的资金购入股指期货，当有足够资金时便出售该期货并购入股票，股指期货所得会抵消以较高价钱购入股票的成本。

☞案例分析

股指期货在2015年股灾中肆虐

始自2014年7月22日的杠杆牛市，在证监会清查场外配资中于2015年6月中旬转而形成股灾。中国金融期货交易所（简称中金所）官方微博2015年7月3日称，自2015年6月15日以来，三大股指期货合约日均成交量为324.65万手，较上半月增长24%；现货价格与期货价格的基差及其波动加大；以程序化交易为代表的量化交易已占到总交易量的50%以上，对股指期货带来一定的影响；尽管国内不存在国外现货市场上所谓的“裸卖空”，但这些已反映出短线投机气氛加剧。

为抑制短线过度交易，中金所决定对沪深300股指期货等三大股指期货合约按照报单委托量差异化收取交易费用，拟于2015年8月1日前实施。同时，对各合约交易量、持仓量前50名的客户进行重点排查，防范和打击蓄意做空行为。

伴随着股票指数暴跌，股指期货市场频频出现巨大卖盘，三大股指期货特别是IC1507（2015年7月交割的中证500股指期货合约）频触跌停板。股指期货市场被认为是股票价格发现者，对股价有引导作用，可以带动股市杀跌，股指期货市场的恶意做空或是这一次股灾的元凶。恶意做空的演进路径可以归结为：IC1507率先砸盘，直接带动中证500成分股跌停，引发场外融资盘和场内两融的融资盘被迫平仓，公募基金也遭到赎回。因为涨跌停板的限制，先跌停的股票卖不出去，只能卖出尚未跌停的股票，从而引发A股市场股票的大面积跌停。

股指期货市场的做空不乏两类：一是因卖不出股票而进行的风险对冲做空，二是投机做空。不可否认，由于市场剧烈动荡，一些基金和融资盘通过做空股指期货以对冲正股风险，高位套牢者在持有股票的同时卖出股指期货，这样就可以减少账面的亏损。但是，股指期货市场的巨大卖盘、三大股指期货尤其是IC1507频频跌停已经不能用对冲来解释了，必然存在一种甚至多种势力的恶意做空。

我国目前有三大股指期货：上证50（IH）股指期货、中证500（IC）股指期货和沪深300（IF）股指期货。其中，上证50（IH）股指期货、中证500（IC）股指期货都是2015年4月16日上市的，上证50指数的成分股选取了沪深300指数的成分股中市值最大的50只股票，即上证50指数的成分股完全包含于沪深300指数的成分股之中，中证500指数的成分股和沪深300指数的成分股没有任何交集。

上证50指数的成分股为超大市值股票，平均市值超过1 000亿元。中证500指数的成分股市值分布的核心区间为100亿～300亿元，主要为中等市值股票。沪深300指数的成分股主要为中大市值股票。简言之，平均市值排序如下：上证50的成分股＞沪深300的成分股＞中证500的成分股。由于中证500的市场规模最小且其中的成分股估值偏高，因此空方对它发力最容易。同时中证500股指期货主力合约综合反映的是小市值公司的整体状况，最能体现市场估值水平的高低，再加上股指期货只要10%的保证金就可交易，将股指期货打到跌停获利不菲而后再用盈利继续做空股指期货，四两拨千斤地就把市场打趴下了，中证500股指期货成为下跌重灾区也就不足为奇了。

诚然，股指期货只是风险对冲工具，但为什么在股灾中扮演了恶魔的角色，这是我们要反思的。无论是商品期货交易还是股指期货交易，都是零和游戏，也就是说，你要想通过期货来赚钱，就要有对手赔钱，当大家都看空的时候你要卖出股指期货，就得有人愿意购买你的卖出合约，当无人购买的时候就没有成交，股指期货会持续低卖直至跌停，这叫“看到做不到”。当市场分歧大的时候期货市场的成交量才会增大，对多空对峙来说最重要的不是当天的成交量，而是主力合约的未平仓合约数量。在此次股灾中，如果政府不救市，市场就不会有分歧，当做空股指期货的空头卖出股指期货合约时，就无人做对手，股指期货只能无量跌停，这样空头尤其是后加入的空头们实际上是“看到赚不到”的。示范效应显然会动摇市场的持股信心，股票现货市场在杠杆资金被强行平仓的压制下一再千股跌停就不可避免了，反过来股指现货的大跌又助长了股指期货市场的空头气焰。

此外，股指期货是T+0交易而股票是T+1交易，投资者一天里在股指期货交易上做错了马上就可以止损，也可以反复地进行交易；而在股票市场买错了股票，当天是不能卖的，涨跌停板的限制使得当股票跌停的时候可以卖的股票也卖不出去，风险不能在一天内释放出去，恐慌情绪也容易蔓延。显然，我们在股票市场仍实行T+1交易制度的背景下推出股指期货还是早了点，2015年4月16日中证500（IC）股指期货就为空头及时提供了“轻型核武器”。股指期货为市场提供了风险对冲工具，但不能完全对冲风险，中小投资者更是连对冲风险的资格都没有。就市场的公平性而言，个股的风险释放工具（股票期权）应该向所有的市场参与者提供，以免堆积市场的系统性风险。本章的下一节将介绍期权。

补充知识

裸卖空（naked short selling）是指投资者没有借入股票而直接在市场上卖出根本不存在的股票，在股价进一步下跌时再买回股票获得利润的投资手法。这种“先行卖空”的机制在国内被完全禁止，但在美国起初并不违法。先前，美国证券监管机构也很少对这类交易施以严格监管，甚至一些裸卖空者在超出T+3结算日还未能买入股票交付其裸卖空的买者时，仍能继续交易一段时间。滥用裸卖空并对股价进行操纵的行为容易造成股市价格剧烈波动，极易引发市场的系统性风险，因此在2008年美国次贷危机时裸卖空被禁止。

未平仓合约（open interest）是指在期货或期权市场，在市场结束一天的交易时，未被“结束掉”的单边买或卖的合约数量。一张期货合约被“结束掉”，可以是因为合约到期、完成商品交割，也可以是因为以反向的操作结束责任，这被称为平仓或对冲锁仓。那种未到期、未平仓、未对冲的合约，就是未平仓合约。交易所的清算机构对未平仓合约每天都予以清算，保证金不足的，会被要求追加保证金。未平仓合约是分析期货及期权市场的重要参考数据之一，未平仓合约持有者将面临市场隔夜风险，未平仓也体现了他们对市场走势的判断和态度。

二、股指期货套利的基本原理与方式

股指期货套利是指利用股指期货、股指现货两个市场或股指期货不同合约之间的价差变化，在相关市场或相关合约间进行方向相反的交易，以期利用价差的有利变化而获利的交易行为。

股指期货的套利有三种类型：一是在期货和现货之间套利，称为期现套利（arbitrage）；二是在不同的期货合约之间进行价差套利（spread trading），其又可以细分为市场内价差套利（intra-market spread）、市场间价差套利（inter-market spread）和跨品种价差套利（inter-commodity spread）；三是 Alpha 套利。

（一）期现套利

期现套利是根据股指现货与股指期货之间价差的波动进行套利。首先明确股指期货与股指现货之间的关系。如果想在未来某一时间拥有一定数量的某种股票，有两种方案可以选择：一是融资买入股票，然后持有到期，其成本是买入股票的费用即股票价格 S 与持有成本（忽略手续费）；二是买入基于这种股票的期货合约，并到期交割，其成本是买入期货合约的费用即期货合约价值 F。投资者利用这两种方案到指定的时间点都可以拥有相同数量的同种股票，即到期时拥有的股票价值是相同的，这就要求这两种方案的最初投资成本是相同的，否则就会出现明显的套利机会。

根据上述原理，在忽略手续费等交易成本的前提下，可以得到股指期货合约的理论价格：

$$F=S\mathrm{e}^{(r-q)(T-t)} \tag{9.2}$$

式中：F——股指期货的价格；

S——股指现货的价格；

e——以连续复利方式计算资金成本和收益；

r——无风险利率；

q——持有期股指现货的成分股红利率（可由原始红利调整得到）；

$T-t$——从 t 时刻到 T 时刻的持有期。

从股指期货的定价模型可以看出，股指期货理论价格的决定主要取决于以下四个因素：股指现货的价格、构成指数的成分股股息收益、利率水平、距离合约到期的时间。

公式右边实际上体现了持有成本，当不存在套利机会时，就应该等于股指期货合约的价格，也就是应该有上述公式成立；否则就可以进行套利，获取无风险利润。

若 $F>S\mathrm{e}^{(r-q)(T-t)}$，期货价格被高估，交易者可以通过卖出股指期货合约、买入对应的股指现货进行套利，这种策略被称为正向套利。

若 $F<S\mathrm{e}^{(r-q)(T-t)}$，期货价格被低估，交易者可以通过买入股指期货合约、卖出对应的股指现货进行套利，这种策略被称为反向套利。

期现套利的实施一般分为以下几个步骤：

（1）估算股指期货合约的无套利区间的上下边界。所谓无套利区间是指在考虑交易成本后，将股指期货理论价格分别上移和下移所形成的一个区间。在这个区间中，套利交易不但得不到利润，反而会导致亏损。这里的交易成本包括借贷利率差、买卖手续费及股票市场冲击成本等。

（2）判断是否存在套利机会。只有当实际的股指期货价格高于上移界限时，正向套利才能获利。反之，只有当实际的股指期货价格低于下移界限时，反向套利才能获利。

（3）确定交易规模。交易规模的确定应考虑预期的获利水平和交易规模的大小对市场的影响。此外，还应考虑融资和融券的可能性，如果没有融资和融券，则反向基差套利（买入期货、卖空现货）就难以实施。

(4) 同时进行股指期货合约和股票交易。尽量挑选权重较大的股票、调整 β 值，以减少模拟误差。

(5) 了结套利头寸。有三种了结头寸的方式可供选择。其一，持有头寸到交割时间。其二，交割到期前了结。其三，将套期头寸展期到下一个最近交割的期货合约。

(二) 价差套利

1. 市场内价差套利

市场内价差套利是指在同一个交易所内针对同一品种但不同交割月份的期货合约进行套利，所以又被称为跨期套利。比如在表 9-1 中，在 4 月 7 日，5 月份期货合约比 4 月份期货合约低 135 点，若交易员认为价差太大，则买进 5 月份期货合约，同时卖出 4 月份期货合约。到了 4 月 26 日，价差缩小到 125 点。交易员在两边均进行反向平仓，结束套利，在不考虑交易成本的情况下，该交易员获得了 10 点的盈利。

表 9-1　恒生现货指数、期货指数的收盘情况

	现货指数收盘	4 月份期货合约收盘	5 月份期货合约收盘
4 月 7 日	16 471.78	16 545	16 410
4 月 26 日	16 672.66	16 678	16 553

跨期套利按操作方向的不同可分为牛市套利（多头套利）和熊市套利（空头套利）。进行牛市套利的投资者看多近期股市。因此，进行牛市套利的投资者会买入近期股指期货，卖出远期股指期货。反之，进行熊市套利的投资者看空股市。投资者将卖出近期股指期货，同时买入远期股指期货。

2. 市场间价差套利

市场间价差套利是指针对在不同交易所上市的同一品种、同一交割月份的合约进行价差套利。最典型的是日经 225 指数，它们同时在日本、新加坡和美国进行期货交易。

3. 跨品种价差套利

跨品种价差套利是指对两个具有相同交割月份的股指期货进行价差套利。当然，这两个指数间必须有一定的相关性，并且相关性越大越好。这两个股指期货可以在同一交易所交易，也可以在不同的交易所交易。目前，已经上市的关于中国概念的股指期货有四种，分别是美国芝加哥期权交易所的中国股指期货、中国香港以恒生中国企业指数为标的的期货以及新加坡新华富时中国 50 股指期货、中国的沪深 300 股指期货。这些指数都具有中国概念，在政策等其他条件许可的条件下对这些股指期货进行跨品种价差套利是可行的。

(三) Alpha 套利

Alpha 套利策略希望持有的股票（组合）具有正的超额收益，又称绝对收益策略。Alpha 套利策略并不依靠对股票或大盘的趋势的判断，而是研究股票（组合）相对于指数的投资价值，这也是很多对冲基金惯用的投资策略。当投资者针对事件选股并实施 Alpha 套利时，该策略又被称为事件套利。投资者针对市场中的一些事件，如成分股特别是权重大的股票停牌、除权、涨跌停板、分红、摘牌、股本变动、停市、股改、成分股调整、并购重组等事件，利用金融模型分析事件的影响方向及力度，寻找套利机会。例如，针对股票分红，由于分红期间股票通常会有正的超额收益，可以在股票分红期间持有该股票，同时卖出股指期货合约，这就构成一个 Alpha 套利策略。

第三节 期权合约在风险管理中的应用

期权交易的产生源于资产价格的多变性，期权是规避价格波动风险的手段，也是利用价格波动进行投机的工具。人们进行商品期权交易已有几百年的历史，最早的金融期权交易产生于 20 世纪 80 年代，在短短的 30 多年时间里，得到了迅猛的发展。

期权交易就性质而言，已不是证券商品的直接交易，而是某种权利的转移，这种权利可与金融期货合约相分离而独立交易，人们通过对行情的预测来操作期权以赚取一定的收益。同时，期权又为人们提供了控制投资风险、锁定交易成本的避险工具。因此，期权理论已成为证券投资理论体系中极为重要的组成部分。目前，金融期权交易已覆盖利率、外汇、股票等各种基础资产，形成了全球庞大的交易网络。

一、期权合约概述

（一）期权合约的基本概念及特征

期权合约（option contract）赋予合约购买者在约定期限内或特定的日期，按预定的价格（即协定价格）购买或出售一定数量的某种资产或金融指标的权利，合约购买者有权选择不执行合约，因此，期权交易也被称为选择权交易。

期权交易的主要特征在于它仅仅是买卖权利的交换。期权的买方在支付了期权费后，就获得了期权合约所赋予的权利。买方可以选择行使权利，但并没有必须履行该期权合约的义务。期权的卖方在收取期权费后就承担着在规定时间内履行该期权合约的义务。即当期权的买方选择行使权利时，卖方必须无条件履行合约规定的义务，而没有选择的权利。

（二）期权与期货的异同

期权合约同期货合约一样，都是在二级市场上由市场参与者签发并交易的衍生金融工具。期权的英文“option”具有选择的意思，所谓的选择是指在执行和不执行之间“选择一个有利于自己的行动”。

两者的区别在于合约的执行。期货合约的执行对卖方和买方都是强制性的，无论有利还是不利，都必须执行。期权合约的执行则只对卖方是强制性的，对买方不具有强制性。这是因为，期权合约的购买者在期权交易中，除购买了在约定时间内按约定价格购买一定数量基础金融工具的权利，还购买了在不利市场情况下不执行合约的权利。

由此可知，当市场的波动有利于购买者的时候，期权合约和期货合约的购买者都有权利获得有利带来的好处，两者之间没有区别。而当市场的波动不利于购买者的时候，两者出现了区别。期权合约的购买者没有义务承担不利带来的损失，而期货合约的购买者有义务承担不利带来的损失。

（三）期权的内在价值与时间价值

1. 内在价值

期权的内在价值也称履约价值，是期权合约本身所具有的价值，也就是期权的买方如果立即执行该期权所能获得的收益。一种期权有无内在价值以及内在价值的大小取决于该期权的协定价格与其标的物的市场价格之间的关系。根据协定价格与标的物的市场价格的关系，可将期权分为实值期权、虚值期权和平价期权三种类型。

对看涨期权而言，若市场价格高于协定价格，期权的买方执行期权将有利可图，此时为实值期权；若市场价格低于协定价格，期权的买方将放弃执行期权，为虚值期权。对看跌期权而言，市场价格低于协定价格为实值期权，市场价格高于协定价格为虚值期权。若市场价格等于协定价格，则看涨期权和看跌期权均为平价期权。

从理论上说，实值期权的内在价值为正，虚值期权的内在价值为负，平价期权的内在价值为零。但实际上，无论是看涨期权还是看跌期权，也无论期权标的物的市场价格处于什么水平，期权的内在价值都必须大于或等于零，而不可能为负值。这是因为期权合约赋予买方执行期权与否的选择权，而没有规定相应的义务，当期权的内在价值为负时，买方可以选择放弃期权。

2. 时间价值

期权的时间价值也称外在价值，是指期权的买方购买期权时，实际支付的价格超过该期权内在价值的那部分价值。在现实的期权交易中，各种期权通常都是以高于内在价值的价格买卖的，即使是平价期权或虚值期权，也会以大于零的价格成交。期权的买方之所以愿意支付额外的费用，是因为希望随着时间的推移和标的物市场价格的变动，该期权的内在价值得以增加，使虚值期权或平价期权变为实值期权，或使实值期权的内在价值进一步提高。

期权的时间价值不易直接计算，一般以期权的实际价格减去内在价值求得。

（四）影响期权价格的主要因素

期权价格由内在价值和时间价值构成，因而凡是影响内在价值和时间价值的因素，就是影响期权价格的因素。

1. 协定价格与市场价格

协定价格与市场价格是影响期权价格最主要的因素。这两种价格的关系决定了期权内在价值与时间价值的大小。一般而言，协定价格与市场价格间的差距越大，时间价值就越小；反之，时间价值就越大。

2. 权利期间

权利期间是指期权剩余的有效时间，即期权成交日至期权到期日的时间。在其他条件不变的情况下，权利期间越长，期权价格就越高；反之，期权价格就越低。

3. 利率

利率尤其是短期利率的变动会影响期权的价格。利率变动对期权价格的影响是复杂的。一方面，利率变化会引起期权标的物市场价格的变化，从而引发期权内在价值的变化。另一方面，利率变化会使期权价格的机会成本发生变化，引起期权供求关系的变化，从而从不同角度对期权价格产生影响。

4. 标的物价格的波动性

在通常情况下，标的物价格的波动性越大，期权价格就越高；标的物价格的波动性越小，期权价格就越低。

5. 标的资产的收益

标的资产的收益将影响标的资产的价格。在协定价格一定时，标的资产的价格必然影响期权的内在价值，从而影响期权的价格。由于标的资产分红付息等将使标的资产的价格下降，而协定价格并不进行相应调整，因此，在期权有效期内标的资产产生收益将使看涨期权价格下降、看跌期权价格上升。

（五）期权合约的主要类型

期权合约可以有多种分类原则。根据期权合约所规定的主要条款的不同，可以把期权合约归为多种不同的类型。这里只介绍三种分类。

1. 按照选择权性质的不同划分

（1）看涨期权：又称买入期权、买权，它赋予合约购买者按约定的价格（即协定价格）在约定的未来某日期购买一定数量基础金融工具的权利。看涨期权是一种买的权利，买方只有在判断后市看涨时才会买进看涨期权。这是因为他们买进这种期权后，可在日后市场价格果真上涨时仍以较低的协定价格买入基础金融工具，从而避免市场价格上涨所带来的损失。对于套利者而言，买进这种期权后，也可以从市场价格上涨中赚取价差收益。

（2）看跌期权：又称卖出期权、卖权，它赋予合约购买者按约定的价格（即协定价格）在约定的未来某日期出售一定数量基础金融工具的权利。看跌期权是一种卖的权利，卖方只有在判断后市看跌时才会卖出看跌期权。这是因为他们买进这种期权后，可在日后市场价格果真下跌时仍以较高的协定价格卖出基础金融工具，从而避免市场价格下跌所带来的损失。对于套利者而言，买进这种期权后，也可以从市场价格下跌中赚取价差收益。

2. 按照合约所规定的履约时间的不同划分

（1）欧式期权：是指购买者只能在期权到期日行使其权利，既不能提前也不能推后。若提前，期权出售者可拒绝履约；若推后，则期权作废。

（2）美式期权：是指购买者可以在期权到期日行使其权利，也可以在到期日前任何一个营业日行使其权利。当然，如果超过到期日，美式期权也同样会作废。

目前在世界主要的金融期权市场上，美式期权的交易量远远大于欧式期权的交易量，不过在理论分析中，欧式期权比美式期权更为方便，也更容易被理解。

3. 按照基础资产性质的不同划分

（1）股权类期权：股权类期权包括三种类型，即股票期权、股票组合期权、股票指数期权。

股票期权：是指买方交付了期权费后，即取得在合约规定的到期日或到期日前按照协定价格买进或卖出一定数量相关股票的权利。

股票组合期权：是指以一篮子股票为基础资产的期权，比较具有代表性的品种是交易所交易基金的期权。

股票指数期权：是指以股票指数为基础资产，买方在支付了期权费后，即取得在合约有效期限内或到期时以协定指数与市场实际指数进行盈亏结算的权利。

（2）利率期权：是指买方在支付了期权费后，即取得在合约有效期内或到期时以一定的利率（价格）买入或卖出一定面额的利率工具的权利。利率期权合约通常以政府短期和中长期债券、欧洲美元债券、大面额可转让存单等利率工具为基础资产。

(3) 外汇期权：又称外币期权，是一种选择权契约，赋予契约购买方在契约到期日或期满前以预先确定的价格买进或卖出一定数量某种外汇资产的权利。外汇期权合约主要以美元、欧元、日元、英镑、瑞士法郎、加拿大元及澳大利亚元等为基础资产。

(4) 金融期货合约期权：是以一种金融期货合约为交易对象的选择权，它赋予其持有者在规定的时间内以协定价格买卖特定金融期货合约的权利。

(5) 互换期权：是以金融互换合约为交易对象的选择权，它赋予其持有者在规定的时间内以规定条件与交易对手进行互换交易的权利。

二、期权合约在风险管理中的具体应用

(一) 期权合约买卖双方的盈亏分析

表 9-2 为期权合约的买方和卖方在价格变动中的盈亏情况。

表 9-2 期权合约买卖双方的盈亏情况表

种类	价格变动	买方盈亏情况	卖方盈亏情况
看涨期权	价格上涨	行权，收益无限大	损失无限大
	价格下跌	不行权，损失期权费	收益期权费
看跌期权	价格上涨	不行权，损失期权费	收益期权费
	价格下跌	行权，收益很大	损失很大

从表 9-2 中可以总结出以下几点：

第一，在看涨期权中，买方的损失是有限的，最多不超过购买合约时付出的期权费；而收益是无限的，因为资产价格的上涨是无限的。但是对于卖方来说，收益是有限的，最多为买方付出的期权费；而损失从理论上讲是无限的，所承担的风险非常大。因此，通常看涨期权的价格较高。

第二，在看跌期权中，由于价格下跌是有限的，最低为零，因此，看跌期权的卖方损失很大但收益却是有限的。

第三，期权合约的卖方所能得到的最高收益为买方支付的期权费，因此，期权合约的卖方所希望的是价格走势对买方不利，从而放弃执行合约。

第四，如果预期市场价格上涨，投资者有两种方式进行投资：一是买进看涨期权；二是卖出看跌期权。这两种方式在风险和盈利方面是有区别的。前者是先投资，而且锁定了买入价，预期收益高但成本也高；后者是先收入，以对方放弃行权赚取期权费为目的，承担的风险和获取的收益都有限。如果预期市场价格下跌，操作与预期市场价格上涨时相反。投资者应根据自身状况进行选择。

(二) 利用期权合约进行风险管理

期权合约在风险管理中的基本作用是套期保值，在很大程度上与期货合约相同。具体来说，一方面，可以通过锁定买入价格，消除价格上涨的风险，实现货币购买力的保值；另一方面，可以通过锁定卖出价格，消除价格下跌的风险，实现资产的保值。

1. 期权合约与期货合约在风险管理中的区别

（1）期货合约的收支平衡点较期权合约要低。这是因为期权合约的交易预先支付了期权合约的价格。价格必须向有利的方向运动并到达一定程度之后，才能抵消预先支付的成本，使期权合约的支付达到收支平衡。对期货合约来说，由于期货合约本身不需单独付费购买，因此价格只要向有利的方向运动，无论运动多少，期货合约的交易都能盈利。

（2）用期权合约进行对冲的方式比期货合约多。这主要是因为期权合约的基本交易种类比期货合约多。一般来说，凡是可以做期货交易的金融资产都可做期权交易，但是做期权交易的金融资产大多都不能做期货交易。即只有以金融期货合约为标的物的金融期权交易，而没有以金融期权合约为标的物的金融期货交易。

（3）交易权利与义务的对称性不同。期货交易双方的权利和义务对称，即对任何一方而言，既要履行权利也要承担义务。而期权交易双方的权利和义务存在明显的不对称性，期权的购买者只有权利而不承担义务，而期权的出售者只承担义务却不拥有权利。

（4）避险的作用与效果不同。利用期货进行避险，在避免因价格发生不利变动而造成损失的同时，也放弃了因价格发生有利变动而可能获得的利益。利用期权进行避险则不同，若价格发生不利变动，交易者可通过放弃行权来避免损失；若价格发生有利变动，交易者可通过行权来获得利益。因此，通过期权进行避险，既可避免因价格发生不利变动而造成的损失，又可在价格发生有利变动的情况下获得收益。但在实践中，期权交易真正做到既保值又获利并非易事。

2. 利用期权合约规避价格上升的风险

利用期权合约是为了避险或投机，以下通过举例说明在价格上升的情况下，如何利用期权合约规避风险。

假设某基金经理将在未来收到一笔资金，可以用来进行投资。但基金经理担心未来价格上涨而失去投资机会，但目前又没有资金用以买入投资产品，为了规避价格上升的风险，基金经理准备利用期权来锁定购买价格。此时，该基金经理可以做出以下选择：

（1）选择买入看涨期权。如果价格上涨，执行期权合约，低价买入，高价卖出，赚取价差；如果价格下跌，不执行期权合约，损失仅限于买入期权合约的期权费。选择买入看涨期权的不利之处在于期权的买入成本比较高。

（2）选择卖出看跌期权。如果价格上涨，基金经理可以立即获得货币收入，即期权费；如果价格下跌，该合约将被执行，基金经理不得不在现货价格已经下降得很低的情况下，按较高的执行价格买入。如果基金经理当初是以锁定价格为目的的，这并没有违背当初按合约执行价格买入资产的初衷。

假设基金经理选择了买入B公司股票看涨期权的策略。6月1日，该股票的市场价格为每股50英镑，B公司股票7月底可执行的看涨期权合约有5种，这5种期权合约的价格和相应的执行价格如表9-3所示。

表9-3　5种期权合约的价格及执行价格一览表　　单位：英镑

执行价格	40	45	50	55	60
合约报价	3	2	1	0.6	0.4

从表 9-3 中可以看出，看涨期权合约的执行价格越是高于其市场价格，期权合约的价格就越低。因此，执行价格就越低，执行合约的成本就越高，合约执行的可能性就越小。

假定为降低期权交易成本，该基金经理选择了执行价格为每股 55 英镑的买入期权合约，期权合约报价 0.6 英镑是期权费。由于每份股票期权合约的标准量为 1 000 股，因此，这份期权合约的期权费为 600（=0.6×1 000）英镑。

7 月基金经理收到现金，7 月底 B 公司股票价格上涨到每股 65 英镑，于是基金经理要求执行合约。按每股 55 英镑的价格买入 1 000 股 B 公司股票，总支出为 55 000 英镑。随即按每股 65 英镑的价格卖出，总收入 65 000 英镑。扣除期权费，基金经理的净盈利为 9 400英镑。

3. 利用期权合约规避价格下跌的风险

下面用股票指数期权来举例说明在价格下跌的情况下，如何进行避险。

某基金经理管理市场价值为 7 500 万美元的指数基金，该指数基金是模仿标准普尔(S&P) 500 而设立的。当预计市场价格会下跌的时候，如果是普通的投资人，可以卖出手中的头寸。但由于涉及的资金额较大，如果卖出，会使市场价格下降的幅度更大，从而使自己的基金的市场价值进一步贬值。因此，对大额资金投资来说，有时候明知道价格要下跌也不能卖出。为抵御市场价格下跌造成基金资产贬值的风险，基金经理决定利用股票指数期权进行避险。当前的指数水平为 672，他希望把指数锁定在 677 的水平。为此既可以选择卖出看涨期权，也可以选择买入看跌期权。

(1) 选择卖出看涨期权。如果基金经理选择卖出看涨期权，将先获得出售期权合约的收入，如果指数下跌，期权合约的买方就会放弃执行合约，从而期权合约的出售价将成为基金经理的盈利。这些盈利可以弥补部分或全部因指数下跌而造成的基金资产的损失。如果指数上涨，基金资产将升值，加上出售期权合约的收入，同样可以弥补部分或全部由于出售看涨期权而发生的亏损。

假设基金经理选择以 5 美元的单位价格出售执行价格为 510 的指数合约，10 000 万美元的指数基金在指数为 500 的水平上相当于 200 000（=100 000 000÷500）个指数单位。由于指数合约的乘数为 100，因此，该基金经理决定出售 2 000 份合约，合约出售的总收入为 1 000 000（=5×100×2 000）美元。

如果指数下跌，对方放弃执行合约，1 000 000 美元便是这位基金经理在期权交易中的盈利。如果指数上涨，由于买方手中有指数基金头寸，在现金价差交割的方式下，合约的执行将导致基金头寸因价格上升而升值的货币价值量被转移到期权合约买方的账户中。但是，指数基金的价值保持在基金经理愿意接受的 510 的指数水平之上。原本因指数上涨可以赚钱，但为了规避风险，本该获利的收益转移到了期权合约买方的手中。

(2) 选择买入看跌期权。假如基金经理买入看跌期权，如果指数下跌，执行期权合约，执行价格与实际指数之差可以帮他赚回购买期权合约的投资成本，甚至带来盈利。如果指数上涨，则放弃行使权利，此时最大的损失是期权费，而指数上涨引起的基金资产的升值可以弥补部分或全部期权交易的损失。

4. 期权合约为投资者提供了观察市场的新角度

期权的价格和成交量往往蕴含了大量重要信息，投资者可以从中获得市场对相关标的证券未来波动或走势的预期信息。例如，通过看跌/看涨期权比（即看跌期权与看涨期权成交量之比）可以判断当前市场的多空力量情况，并据此制定相应的标的证券买卖策略。再如，芝加哥期权交易所推出的波动率指数因为能够反映市场对于后市波动程度的看法，是常被用来判断市场多空情况的逆势指标。

三、我国期权市场的发展

目前，我国的商品期权有：郑州商品交易所的白糖期权、甲醇期权、PTA 期权、棉花期权、菜粕期权；大连商品交易所的玉米期权、豆粕期权、铁矿石期权、液化石油气期权；上海期货交易所的铜期权、天然橡胶期权、黄金期权；等等。此外，我国的香港期货交易所有美元兑人民币期权。

我国的股票指数期权有：上海证券交易所的上证 50ETF 期权、沪深 300ETF 期权；深圳证券交易所的沪深 300ETF 期权；中金所的沪深 300 指数期权等。下面重点介绍这几种指数期权的发展。

上海证券交易所于 2015 年 2 月 9 日正式上市交易上证 50ETF 期权，实现了场内股票期权“零”的突破，开启了中国股票市场的期权时代。近五年来上证 50ETF 期权运行平稳，定价合理，风控措施有效，投资者参与理性，交易和持仓规模稳步增长，市场功能逐步发挥，为投资者提供了新的风险管理工具，受到了市场的广泛认可，开始成为我国金融市场的重要组成部分。

上海证券交易所和中证指数公司于 2016 年 11 月 4 日发布公告，将于 2016 年 11 月 28 日正式发布上证 50ETF 波动率指数（简称中国波指，指数代码为 000188）。波动率指数不仅可以监测市场变化和投资者的情绪，还可为资产管理机构和其他投资者提供管理风险的重要工具。

上证 50ETF 期权的交易策略多样，如方向性策略（买入认购或认沽）、常用策略（备兑开仓、保险、跨式）以及各种组合策略（领口、垂直价差、日历价差、蝶式等），还可利用 Delta 中性对冲策略（构建 Delta 等于或近似等于 0 的期权和标的物的组合）仅通过预判标的波动率的变化而不管涨跌方向来获利。利用期权和其他金融工具的组合策略可以实现投资的“精确制导”，获取稳定的投资收益。

利用上证 50ETF 期权的特殊性质，还可以进行投资套利和产品设计。如在临近行权日卖出深度虚值期权以在期权市场套利，捕捉上证 50 股指期货和上证 50ETF 期权间的价差机会进行多市场套利，通过在债券、指数产品和期权之间的合理配置来设计具有稳定收益的金融产品。

2019 年 12 月 23 日，沪深 300 指数衍生出的三大期权品种同日上市。具体来看，上海证券交易所上市交易的是沪深 300ETF 期权，标的为华泰柏瑞沪深 300ETF（代码为 510300）；深圳证券交易所上市交易的也是沪深 300ETF 期权，标的为嘉实沪深 300ETF（代码为 159919）；中金所上市交易的则是沪深 300 股指期权，这是我国资本市场首个指数期权产品。随着沪深 300ETF 期权的上市，深圳证券交易所迎来了首个场内衍生品，这对深圳证券交易所来说意义尤其深远。对上海证券交易所来说，沪深 300ETF 期权同样意义非凡，这是继 2015 年 2 月 9 日上证 50ETF 期权推出后上市的第二只 ETF 期权产品，也是上海证券交易所首只跨市场ETF期权产品，标志着我国金融期权市场进入多标的运行新阶段。而中金所力推我国首只股指期权——沪深300股指期权，对于健全资本市场基础制度和完善产品布局也具有深远意义。相信随着更多期权产品上市交易，将会出现更多的套利机会，相应的产品设计也将会更加丰富。

目前在场内交易的几个期权品种对个人投资者而言是有很高门槛的，上海证券交易所提出了投资者适当性标准，个人投资者参与期权交易，应当符合下列条件：

（1）申请开户时托管在其委托的期权经营机构的证券市值与资金账户可用余额（不含通过融资融券交易融入的证券和资金）合计不低于人民币50万元。

（2）指定交易在证券公司开展6个月以上并具备融资融券业务参与资格或者金融期货交易经历；或者在期货公司开户6个月以上并具有金融期货交易经历。

个人投资者参与期权交易，应当通过期权经营机构组织的期权投资者适当性综合评估。

显然，推出普通个人投资者可参与的股票期权，真正让普通投资者对冲手中股票的风险或者为手中持有的股票加一个保险，还有一段路要走；而期权在股票市场的保险功能能否得到重视也是我国资本市场是否成熟的标志之一。

第四节　风险管理VaR方法

一、VaR方法的历史演变

在通常情况下，人们将风险定义为未来净收益的不确定性。这种不确定性常以不同的形式表现出来。最早度量市场风险的方法是名义值方法，即人们可能损失掉市场交易活动中资产组合的全部价值。显然，损失资产组合的全部价值仅仅是市场风险的极端情况，在大多数情况下只会损失资产组合的部分价值。因此，名义值方法是对资产组合市场风险的一个粗略估计，对风险的度量没有指导意义。为了比较精确地度量风险，后来引入了敏感性和波动性方法。

敏感性方法是测量市场因子一个单位的不利变化可能引起的投资组合的损失。波动性方法是用市场风险因子的变化所导致的资产组合收益的波动程度来度量资产组合的市场风险。这两种方法都是利用统计学原理对历史数据进行分析，对风险的度量有指导意义。

以上三种方法从不同的角度度量了投资组合风险的大小，在一定的历史阶段发挥了很大的作用。但它们自身都存在很大的局限性。进入20世纪70年代以来，金融市场的波动日趋频繁，风险逐渐加大，风险管理也变得越来越重要。特别是布雷顿森林体系崩溃后，在浮动汇率体制下，汇率、利率等金融产品价格的变动日益趋向频繁和无序。与此同时，金融创新的发展、金融自由化的加剧、金融衍生工具的泛滥使金融市场的波动更加剧烈。此时，最初的三种风险测量方法已经无法满足日趋复杂的金融市场要求。在这个大背景下，VaR方法就应运而生了。

简单地说，VaR方法就是使用合理的金融理论和数据统计理论，定量地对给定资产所面临的市场风险做出全面的度量。VaR模型来自两种金融理论的融合：一是资产定价和资产敏感性分析方法；二是对风险因素的统计分析。事实上，VaR 方法是由最初的名义值方法、敏感性方法、波动性方法演变而来的。

VaR 方法描述市场在正常情况下可能出现的最大损失，但意想不到的突发事件所造成的巨额损失是 VaR 方法很难测量到的。因此，人们提出压力测试或情景分析方法，以测试在极端市场情况下投资资产的最大潜在损失。

二、VaR 计算的基本原理及计算方法

（一）VaR 计算的基本原理

VaR（Value at Risk）字面的含义为处在风险中的价值，也常常被称为在险价值。具体含义是指市场处于正常波动的状态下，对应于给定的置信水平，投资组合或资产组合在未来特定的一段时间内所遭受的最大潜在损失。

VaR 定义的数学表达式为：

$$\text{Prob}(\Delta P > \text{VaR}) = 1 - c$$

式中：ΔP——证券组合在持有期内的损失；

VaR——在置信水平 c 下处在风险中的价值。

定义中包含了两个基本因素：未来一定时期和给定的置信度。前者可以是 1 天、2 天、1 周或 1 月等，后者是概率条件。例如：时间为 1 天，置信水平为 95%，所持股票组合的 VaR＝10 000 元，这说明，有 95%的把握明天该股票组合的最大损失不会超过10 000元，或者是明天该股票组合的最大损失超过 10 000 元的可能性只有 5%。

VaR 方法的最大优点就是提供了一个统一的方法来测量风险，把风险管理中所涉及的主要方面——投资组合价值的潜在损失用货币单位来表达，简单直观地描述了投资者在未来某一给定时期内所面临的市场风险。这一优点使得没有任何技术色彩、没有任何专业背景的投资者和管理者都可以通过 VaR 值对金融风险进行评判。

VaR 方法可以事前计算风险，不像以往的风险管理方法都是在事后衡量风险的大小。同时 VaR 方法不仅能计算单个金融工具的风险，而且能计算由多个金融工具组成的投资组合的风险，这是传统金融风险管理方法所不能比拟的。

VaR 方法在度量金融风险、确定内部资本需求、设定风险限额、进行业绩评估和金融监管等方面都有着广泛的应用，目前已经成为金融风险度量特别是市场风险度量的主流方法。

（二）VaR 的主要计算方法

VaR 的计算方法基本上可以划分为两类：第一类是局部估值法（local-valuation method），包括德尔塔-正态分布法；第二类是完全估值法（full-valuation method），包括历史模拟法和蒙特卡罗模拟法。各种计算方法均有其优缺点，因为在不同的假设下，使用不同的参数设定及不同的衡量模型会产生不同的效果。因此，在计算 VaR 时，不应局限于任何一种计算方法，应该依照其特性选择适当的参数及模型来估计在险价值。

1. 德尔塔-正态分布法

该方法简化了计算量，但是无法处理实际数据中的厚尾现象，具有局部测量性等不足。由于 VaR 方法试图在左尾处捕捉投资组合的收益情况，因而尾部粗大，特别麻烦，在这种情况下，基于正态分布的模型将会低估异常值的比例，从而存在一定的误差。另外基于

时间变动和权重分布，又有样本变异法、风险矩阵法和GARCH估计法来估计德尔塔值。

2. 历史模拟法

历史模拟法假定投资组合的回报分布是独立同分布，市场因子的未来波动和历史波动完全一样，其核心在于根据市场因子的历史样本变化模拟证券组合的未来损益分布，利用分位数求得相应置信水平的VaR。

历史模拟法的优点在于方法简单、直观、易于操作，不需对回报率分布形式做出假设，可以解决比如回报率分布厚尾或不对称等问题，同时避免了因为参数估计或选择模型而引起的误差。但是，历史模拟法的缺点也是显而易见的。首先，它假定市场因子的未来变化与历史变化完全一样，这与实际金融市场的变化是不一致的。其次，历史模拟法需要大量的历史数据，通常认为，历史模拟法需要的样本数据不能少于1 500个。最后，历史模拟法的计算量非常大，对计算能力要求比较高。

3. 蒙特卡罗模拟法

历史模拟法是基于市场价格的历史实际价格变化得到组合损益的n个可能结果，从而在观测到的损益分布的基础上通过分位数计算VaR。蒙特卡罗模拟法的VaR计算原理与此类似，不同之处在于市场价格的变化不是来自历史观测值，而是通过随机数模拟得到的。其基本思路是重复模拟金融变量的随机过程，使模拟值包括大部分的可能情况，这样通过模拟就可以得到组合价值的整体分布情况，在此基础上就可以求出VaR。

蒙特卡罗模拟法的操作主要包括三个步骤：

(1) 选择适合的模型来描述资产价格的随机过程。比如，对于股价或汇率的随机过程，多以几何布朗运动模型来描述。

(2) 依随机过程模拟虚拟的资产价格途径。

(3) 综合模拟结果，构建资产报酬分布，并以此计算投资组合的VaR。

蒙特卡罗模拟法的优点在于不受金融工具复杂性、金融时间序列的非线性、厚尾性等问题的限制，能较好地处理非线性问题，且估算精度好，特别是随着计算机软硬件技术的飞速发展，该方法越来越成为计算VaR的主流方法。

但这种方法也存在不足之处：需要繁杂的计算机技术和大量的复杂抽样，既昂贵又费时；对于代表价格变动的随机模型，若是选择不当，会产生模型选择误差；模拟选择的样本数必须足够大，估计出的分布才能与真实的分布接近。

三、VaR方法的应用

相对于以往的风险度量方法，VaR方法的全面性、简明性、实用性决定了其在金融风险管理中有着广泛的应用基础，主要表现在风险管理与控制、资产配置与投资决策、业绩评估和金融监管等方面。

(一) 风险管理与控制

目前已有超过1 000家银行、保险公司、投资基金、养老基金等金融机构及非金融公司采用VaR方法作为金融衍生工具风险管理的手段。

利用VaR方法进行营运资金的管理，制定投资策略，通过对所持有资产风险值的评估和计量，及时调整投资组合，可以分散和规避风险，提高资产的运营质量和运营效率。

以摩根士丹利公司为例，该公司利用各种各样的风险规避方法来管理它的头寸，包括风险暴露头寸分散化、对相关证券和金融工具的买卖以及金融衍生产品的运用。该公司在全球范围内按交易部门和产品单位来管理与整个公司交易活动有关的市场风险。利用 VaR 方法进行风险控制，可以使每个交易成员或交易单位都明确地知道他们所从事的金融交易的风险，并可设置各自的 VaR 限额，防止过度投机行为的出现。

（二）资产配置与投资决策

投资者在投资中非常关心的一个问题是如何在投资组合品种上实现最优化资产配置。1952 年，哈里·马科维茨建立了均值-方差证券组合模型的基本框架，提出了如何解决投资决策中的最优化投资配置问题。在模型中，方差作为对风险的度量，其最小化被用来确定最优化的投资比例。VaR 与方差直接相关，它作为风险限额指标实质上对方差附加了一种限制。因此，VaR 约束下的马科维茨均值-方差模型的最优化投资决策问题自然就被人们加以利用。

此外，VaR 方法是机构投资者进行投资决策的有力分析工具。机构投资者应用 VaR 方法，在投资过程中对投资对象进行风险测量，将计算出的风险的大小与自身对风险的承受能力加以比较，以此来决定投资额和投资策略，从而减少投资的盲目性，减少因投资决策失误而带来的风险。

（三）业绩评估

在金融投资中，高收益总是伴随着高风险。交易员可能不惜冒巨大的风险去追逐高额利润。金融机构出于稳健经营的需要，必须对交易员可能的过度投机行为进行限制。因此，有必要运用适当的业绩评估来规避风险。通常采用的业绩评估指标是经风险调整后的资本收益（RAROC）。

$$\text{RAROC}=\frac{\text{收益}}{\text{VaR 值}}$$

假设交易员从事过度投机行为，则虽然利润高，但 VaR 值也较大，因而其总的业绩评估就不高。

（四）金融监管

VaR 方法用于金融监管的典型例子是巴塞尔委员会关于资本充足率的规定。巴塞尔委员会在 1996 年的《资本协议市场风险补充规定》中指出，在计算市场风险时，可以采用经过监管部门审查的内部 VaR 模型来确定市场风险。

此外，1994 年负责制定会计准则的美国财务会计准则委员会（FASB）制定的《关于衍生金融工具和金融工具公允价值的披露》（SFAS119）也鼓励及时计算并披露 VaR 值等风险的量化信息。美国证券交易委员会（SEC）1997 年 1 月规定，上市公司必须及时披露关于其金融衍生工具交易风险的量化信息，VaR 方法是可以采用的三种方法之一。

尽管利用 VaR 方法进行风险管理得到了广泛的认同，但是 VaR 方法也存在缺陷，主要体现在下述几个方面：

第一，VaR 方法对历史数据的依赖性较大，并且对数据要求严格，对于一些无法获得准确数据的风险如流动性风险、操作风险等的度量，VaR 方法难以得到运用。

第二，VaR 方法在计算时往往假定资产组合的数值服从正态分布，对于小概率事件的防范不够，尤其是在统计可能存在厚尾现象时，计算的准确性较低。

第三，从技术角度讲，VaR 值表明的是一定置信度内的最大损失，但并不能绝对排除高于 VaR 值的损失发生的可能性。这种情况一旦发生，给经营单位带来的后果就是灾难性的。

在金融风险管理中，VaR 方法并不能涵盖一切，仍需综合使用各种其他的定量、定性分析方法。

补充知识

对冲基金

对冲基金也称避险基金或套利基金，是指金融期货和金融期权等金融衍生工具与金融组织结合后以高风险投机为手段并以营利为目的的金融基金。它是投资基金的一种形式，属于免责市场（exempt market）产品。对冲基金意为“风险对冲过的基金”，虽然名为基金，但实际上其投资理念与互惠基金的安全、收益、增值的投资理念有本质区别。

对冲基金采用各种交易手段（如卖空、杠杆操作、程序交易、互换交易、套利交易等）进行对冲、换位、套头、套期来赚取巨额利润。这些概念已经超出了传统的防止风险、保障收益的操作范畴。加之发起和设立对冲基金的法律门槛远低于互惠基金，其风险进一步加大。为了保护投资者，北美的证券管理机构将对冲基金列入高风险投资品种行列，严格限制普通投资者介入，如规定每个对冲基金的投资者应少于 100 人，最低投资额为 100 万美元等。

经过几十年的演变，对冲基金已失去其初始的风险对冲的内涵，成为一种新的投资模式的代名词，即基于最新的投资理论和极其复杂的金融市场操作技巧，充分利用各种金融衍生产品的杠杆效应，承担高风险，追求高收益的投资模式。

量子基金

量子基金是全球著名的大规模对冲基金，是美国金融家乔治·索罗斯旗下经营的五个对冲基金之一。其前身是双鹰基金，由创始人乔治·索罗斯及另一位对冲基金名家吉姆·罗杰斯创建于 1969 年，开始时资产只有 400 万美元。量子基金是高风险基金，主要在世界范围内投资于股票、债券、外汇和商品。量子基金没有在美国证券交易委员会登记注册，而是在库拉索离岸注册。它主要采取私募方式筹集资金。索罗斯为之取名“量子”，是源于索罗斯所赞赏的德国物理学家、量子力学的创始人海森堡提出的“测不准定理”。索罗斯认为，就像微粒子的物理量子不可能具有确定数值一样，证券市场也经常处于一种不确定状态，很难去精确度量和估计，因此，更有进行风险对冲的必要。

20 世纪 90 年代初，量子基金出手狙击英镑，令英镑退出欧洲货币汇率体系，索罗斯被金融界称为“令英格兰银行破产的人”，他自己进账 10 亿美元。后来他又对墨西哥比索发起攻击，使墨西哥外汇储备竟然一时告罄，墨西哥比索和股市崩溃，量子基金大获其利。再后来，就是著名的东南亚金融危机，索罗斯指挥操控，对泰国、马来西亚的货币进行大规模连环做空，东南亚几乎成为索罗斯的“提款机”。索罗斯也就此被称为“金融大鳄”。马来西亚时任总理马哈蒂尔斥责索罗斯的手“沾着东南亚国家的血”，而索罗斯回敬说他只是依“市场规则”行事。他甚至“冷酷”地提示：那些金融体系本身存在巨大致命漏洞的国家都应反省“漏洞的由来”，抱怨市场于事无补。

本章小结

在本章我们重点介绍了如何通过期货市场转移现货价格风险的套期保值功能，以及套利者如何实现资本市场的价格发现功能；详细介绍了如何通过股指期货规避股票市场的系统性风险，并通过介绍对冲交易和套期保值的联系与区别，强调了两个概念不可相互替代，同时指出在股指期货市场上并不存在严格的套期保值者；我们还介绍了期权交易如何规避各种风险，以及其和期货交易的主要异同，指出区分各种期权合约对买者和卖者的利益保障程度的不同也非常重要。

此外，我们也介绍了 VaR 方法。相对于以往的风险度量方法，VaR 方法的全面性、简明性、实用性决定了其在金融风险管理中有着广泛的应用基础，主要表现在风险管理与控制、资产配置与投资决策、业绩评估和金融监管等方面。

关键术语

风险管理	套期保值	基差	实物交割	升水	贴水
套利交易	对冲基金	股指期货	看涨期权	看跌期权	VaR
压力测试	置信水平	业绩评估	资产配置		

习题

一、单项选择题

1. 关于基差，以下说法不正确的是（　　）。

A. 期货保值的盈亏取决于基差的变动

B. 当基差变小时，有利于卖出套期保值

C. 如果基差保持不变，则套期保值目标实现

D. 基差指的是某一特定地点的同一商品的现货价格在同一时刻与期货合约价格之间的差额

2. 关于套利，以下说法正确的是（　　）。

A. 套利的最终盈亏取决于两个不同时点的价格变化

B. 套利获得利润的关键是价差的变动

C. 套利和期货投机是截然不同的交易方式

D. 套利属于单向投机

3. (　　) 是指根据股指现货与股指期货之间价差的波动进行套利。

A. 市场内价差套利　　B. 市场间价差套利

C. 期现套利　　D. 跨品种价差套利

4. (　　) 是使用合理的金融理论和数理统计理论，定量地对给定资产所面临的市场风险做出全面的度量。

A. 名义值方法　　B. 敏感性方法　　C. 波动性方法　　D. VaR 方法

5. 在德尔塔-正态分布法中，VaR 取决于两个重要的参数，即(　　)。

A. 持有期和标准差　　B. 持有期和置信度

C. 标准差和置信度　　D. 标准差和期望收益率

6. 在利用 (　　) 计算 VaR 时，其市场价格的变化是通过随机数模拟得到的。

A. 局部估值法　　B. 德尔塔-正态分布法

C. 历史模拟法　　D. 蒙特卡罗模拟法

7. 套利是针对 (　　) 进行交易的。

A. 基差　　B. 价差　　C. 方差　　D. 标准差

8. 买入看涨期权的最大损失是 (　　)。

A. 期权费　　B. 无穷大

C. 零　　D. 标的资产的市场价格

9. 下列关于看涨期权和看跌期权的说法，正确的是 (　　)。

A. 若预期某种标的资产的未来价格会下跌，应该购买其看涨期权

B. 若看涨期权的执行价格高于当前标的资产的价格应当选择执行该看涨期权

C. 看跌期权持有者可以在期权执行价格高于当前标的资产的价格时执行期权，获得一定收益

D. 看涨期权和看跌期权的区别在于期权到期日不同

10. 买卖双方在交易所签订的在将来的某一确定时间按确定的价格购买或者出售某金融工具的标准化协议是 (　　)。

A. 金融期权合约　　B. 金融互换合约

C. 金融远期合约　　D. 金融期货合约

二、多项选择题

1. (　　) 是指现货商因担心价格上涨而在期货市场上买入期货，目的是锁定买入价格，免受价格上涨的风险。

A. 买入套期保值　　B. 多头套期保值

C. 卖出套期保值　　D. 空头套期保值

2. 关于套利交易，以下说法正确的有(　　)。

A. 套利行为有利于市场流动性的提高

B. 套利交易有利于被扭曲的价格关系恢复到正常水平

C. 价差越大，套利的积极性就越高，套利的人也就越多

D. 国际上绝大多数交易所都对自己可以控制的套利交易采取鼓励和优惠政策

3. VaR 方法在使用过程中应当关注的问题有（　　）。

A. VaR 没有给出最坏背景下的损失　　B. VaR 的度量结果存在误差

C. 头寸变化会造成风险失真　　D. VaR 限额是动态的

4. VaR 方法来自（　　）的融合。

A. 资产波动性分析方法　　B. 资产定价和资产敏感性分析方法

C. 对风险因素的统计分析　　D. 对风险因素的定性分析

5. 根据 VaR 方法，“时间为 1 天，置信水平为 95%，所持股票组合的 VaR＝1 000 元”的含义是（　　）。

A. 当天该股票组合的最大损失超过 1 000 元的概率为 95%

B. 有 95%的把握明天该股票组合的最大损失不会超过 1 000 元

C. 明天该股票组合的最大损失超过 1 000 元的可能性有 90%

D. 明天该股票组合的最大损失超过 1 000 元的可能性只有 5%

6. 股指期货购入对冲交易的主要情况有（　　）。

A. 机构大户手中持有大量股票，但看空后市

B. 大股东长期持股

C. 交易者在股票或股指期权上持有空头看涨期权

D. 机构投资者现在拥有大量资金，计划按现行价格买进一组股票

三、判断题

1. 套期保值效果的好坏取决于基差的变化。（　　）

2. 套期保值要求开始时在现货市场和期货市场上建立数量相等的反向头寸，即在一个市场进行一定数量多头操作的同时在另一个市场建立同等数量的空头，结束时则不做要求。（　　）

3. 套利的经济学原理是一价定律，即如果两个资产是相同的，则它们的市场价格就应该相等，一旦存在两个价格，就出现了套利机会。（　　）

4. 套期保值是以规避现货风险为目的的期货交易行为。（　　）

5. 套利的潜在利润基于价格的上涨或下跌。（　　）

6. 套利是期货投资的特殊方式，具有较高的交易风险，从而很难获得稳定的交易收入。（　　）

7. VaR 方法在风险测量、金融监管等领域获得了广泛应用，成为金融风险测度的主流方法。（　　）

8. 通过对每个交易员、交易单位和整个机构设置 VaR 限额，可以使每个交易员、交易单位和整个金融机构都确切地知道他们所进行的金融交易有多大风险，有效防止过度投机行为的出现。（　　）

9. 对冲交易者就是在进行套期保值。（　　）

四、案例分析题

股指期货的期现套利交易

股指期货的指数价格可由无套利模型决定，一旦市场价格偏离了这个理论价格的某个

区间（即考虑交易成本时的无套利区间），投资者就可以在期货市场与现货市场上通过低买高卖获得利润，这就是股指期货的期现套利，即在股票市场和股指期货市场中，当股票指数价格的不一致达到一定程度时，投资者就可能通过在两个市场同时交易而获得利润。

假设 9 月 1 日沪深 300 指数为 3 500 点，而当年 10 月到期的股指期货合约的价格为 3 600点（被高估），那么套利者可以借款 108 万元（借款年利率为 6%），在买入与沪深 300 指数对应的一篮子股票（假设与股票指数对应的成分股在套利期间不分红）的同时，以 3 600 点的价格开仓卖出 1 张该股指期货合约（合约乘数为 300 元/点）。当该股指期货合约到期时，假设沪深 300 指数为 3 580 点，则该套利者在股票市场可获利 2.47［＝108×(3 580÷3 500)－108］万元。由于股指期货合约到期时是按交割结算价来结算的，其价格也近似于 3 580 点，因此卖空 1 张股指期货合约将获利 6 000［＝(3 600－3 580)×300］元。2 个月期的借款利息为 1.08（＝2×108×6%÷12）万元。这样该套利者通过期现套利交易可以获利 1.99（＝2.47＋0.6－1.08）万元。

期现套利对于股指期货市场非常重要。一方面，套利行为有助于股指期货市场流动性的提高，套利行为的存在不仅增加了股指期货市场的交易量，而且增加了股票市场的交易量。市场流动性的提高有利于投资者的正常交易和套期保值操作的顺利实施。另一方面，正是因为股指期货市场和股票市场之间可以套利，股指期货的价格才不会脱离股票指数的现货价格而出现离谱的水平。期限套利使股指价格更合理，更能反映股票市场的走势。

案例分析：

1. 请根据案例分析上述套利属于哪一类型的套利。
2. 请根据案例分析套利和套期保值的区别。
3. 请根据案例分析为什么会存在套利机会。
4. 请根据案例分析大量的套利交易会对市场产生什么影响。

第十章

证券分析师的职业规范

⊙本章要点⊙

1. 熟悉证券分析师的含义与职能；
2. 了解证券分析师的自律组织；
3. 熟悉我国证券分析师的职业规范。

【导入案例】

证券分析师的行为及其市场影响

证券分析师是证券市场上代表有效定价不容忽视的重要理性力量，其发布的信息对证券市场的价格及投资者的决策行为有较大的影响。因此，保持证券分析师研究市场的客观性、独立性与公正性对维护市场效率、维护投资者的利益有重大意义。

然而在现实中，证券分析师的行为不可避免地会受到公司及客户利益以及自身能力和心理条件的约束与影响，从而引起虚假陈述、操纵市场等案件频繁发生。例如，2014 年 6 月 6 日，一条微信引爆了中信证券分析师张明芳的朋友圈和多个微信群。她在这条微信中称，丽珠集团将于 2014 年 6 月 10 日公布管理层限制性股票十期权方案。当日，丽珠集团股价上涨 2.81%。2014 年 6 月 8 日，丽珠集团果然发布公告称，公司正在筹划股权激励计划相关事项，张明芳的这条微信因此涉嫌重大内幕信息泄露。证监会对上述事件立案调查，一年后认定张明芳泄露内幕信息，对其罚款 20 万元。一同被罚的还有时任丽珠集团董事会秘书李如才，罚款金额为 10 万元。在张明芳事件发生后，券商也纷纷加强了信息推送的规范，有的研究所还专门就此制定了规则。

2016 年 12 月 30 日，证监会在例行发布会上通报了 2016 年的行政处罚情况：全年证监会共对 183 起案件做出处罚，做出行政处罚决定书 218 份，较上年增长 21%；罚没款共计 42.83 亿元，较上年增长 288%；对 38 人实施市场禁入，较上年增长 81%。行政处罚决定数量、罚没款金额均创历史新高，市场禁入人数也达到历史峰值。除信息披露违法、内幕交易、操纵市场等传统案件外，还显著提高了对中介机构未勤勉尽责、编造传播虚假信息等违法行为的处罚追责力度，推进了私募基金行业和股转系统领域的执法。

既然证券分析师会对整个市场的配置效率及价格运动产生影响，那么他们是否遵守职业道德、遵守职业纪律和严格执行法律法规就对证券市场的健康运行起着非常重要的作用。本章主要介绍证券分析师的职业规范。

第一节　证券分析师的含义与职能

证券分析师是一个要求从业者具备高智慧、具有高挑战的职业，从业者需要调动全部智慧、独立思考，为投资者提供价值投资策略或建议。因此，它需要证券分析师不但具有理论根基、实践经验和实战能力，同时还需要具有强烈的敬业精神和责任感。证券分析师到底有哪些主要职能？其职业规范又是什么呢？

一、什么是证券分析师

（一）资本市场发达国家证券分析师的内涵

在英国、美国、日本等资本市场发达的国家，证券分析师一般是指在较宽泛的意义上参与证券投资决策过程的相关专业人员。具体而言，证券分析师不仅包括基于企业调研进行单个证券分析评价的分析师，还包括从事证券组合运用和管理的投资组合管理人、基金管理人及提供投资建议的投资顾问，甚至包括经济学家、企业战略分析师等一系列广泛的职业人。

（二）我国证券分析师与证券投资顾问的内涵

1. 证券分析师

证券分析师是指那些具有证券投资咨询执业资格，并在中国证券业协会注册登记的发布证券研究报告的人员，主要针对专业投资者（基金、资产管理机构、公司的投资顾问团队等）提供投资咨询、财务顾问、决策依据等服务。

2. 证券投资顾问

证券投资顾问是指向客户提供证券投资顾问服务的人员，应当具有证券投资咨询执业资格，并在中国证券业协会注册登记为证券投资顾问。证券投资顾问不得同时注册证券分析师。虽然两者都具有证券投资咨询执业资格，但从事的证券咨询业务形式不同。

（三）发布证券研究报告和提供证券投资顾问服务的区别与联系

证券投资顾问服务和证券研究报告都为投资者提供证券价值分析意见或证券投资建议，但是两者有着明显的区别。主要体现在以下几个方面。

1. 立场不同

证券分析师是站在独立、客观的立场上，对证券及与证券相关的产品价值进行研究分析，并撰写和发布研究报告。而证券投资顾问是基于特定客户的立场，遵循忠实客户利益的原则，向客户提供适当的证券投资建议。

2. 服务方式和内容不同

证券分析师撰写的研究报告提供证券估值等研究成果，关注证券定价，不关注买卖时机选择等具体的操作性投资建议。证券投资顾问在了解客户的基础上，依据合同约定，向特定客户提供适当的、有针对性的操作性投资建议，关注品种选择、组合管理建议以及买卖时机等。

3. 服务的对象不同

证券分析师一般服务于基金、合格境外机构投资者等能够理解研究报告和有效处理有关信息的专业投资者。证券投资顾问一般服务于普通投资者，针对客户的类型、风险偏好等提供适当的服务。

4. 市场影响有所不同

证券投资顾问服务与特定客户的证券投资及其利益密切相关，但通常不会显著影响证券定价。证券研究报告向多个机构客户同时发布，对证券价格可能产生较大的影响。

同时，两种业务形式又有密切的联系。在服务流程上，证券研究报告一般是证券投资顾问服务的重要基础，证券投资顾问团队依据证券研究报告以及其他公开的证券信息，整合形成有针对性的投资顾问建议，再按照协议约定向客户提供。

二、证券分析师的主要职能

证券分析师的主要职能包括以下四个方面：

第一，利用各种有效信息，对证券市场或个别证券的未来走势进行分析预测，对投资证券的可行性进行分析评判。

第二，为投资者的投资决策过程提供分析、预测、建议等服务，传授投资技巧，倡导投资理念，引导投资者进行理性投资。

第三，为涉及上市公司收购、兼并、重组等方面的业务提供财务顾问服务。

第四，为主管部门、地方政府等的决策提供依据。

第二节　国际上主要的证券分析师自律组织

在世界各国，证券分析师一般都有自律组织。这些组织基本上都不以营利为目的，属于自发组织的非营利性团体。会员可以是个人会员，也可以是由个人会员隶属的团体、公司构成的法人会员。会员从组织中享受各种便利和服务，并服从组织规定的职业道德纲领等自律规则。自律组织的成立在提高证券分析师的职业水准和树立证券分析师良好的社会形象方面具有非常重要的作用。

一、注册国际投资分析师协会

(一) 注册国际投资分析师协会构成

注册国际投资分析师协会（Association of Certified International Investment Analysts，ACIIA）于2000年6月正式成立，注册地在英国。会员共四类：联盟会员、合同会员、融资会员和联系会员。其中，联盟会员（3个）为拉丁美洲金融分析师和投资管理协会联盟、欧洲金融分析师联合会、亚洲证券与投资联合会；合同会员、融资会员和联系会员分别来自23个国家或地区。中国证券业协会于2001年11月正式成为ACIIA的会员，并当选为该组织的理事会理事。

ACIIA的主要宗旨是建立国际性的职称评估计划，推出投资分析师国际水平考试，并颁发注册国际投资分析师（certified international investment analyst，CIIA）资格。CIIA资格是全球投资分析领域最具国际影响力的专业资格之一，由ACIIA统一管理。

（二）CIIA考试内容

CIIA考试由国际通用知识考试和国家知识考试两个部分组成。其中，国际通用知识考试分为基础考试和最终资格考试两级。其宗旨在于考核国际范围内通用的金融和投资知识与技能，因而考试内容是全球统一的。内容涉及经济学、企业财务、财务会计、财务报表分析、股票定价与分析、固定收益证券定价与分析、金融衍生工具定价与分析及投资组合管理等领域。国家知识考试由本国/地区相关协会组织，内容主要包括当地的法律法规、金融政策、会计制度、职业道德和执业准则等。

自2001年CIIA考试正式推出以来，截至2019年底，全球共有CIIA持证人约9 700人，其中接近一半的持证人分布在日本和中国的各大金融机构，亚洲已成为CIIA在全球发展中的最重要的区域。随着各个区域和国家/地区协会的推广，CIIA资格将会吸引更多的专业人员参加考试，并扩大其在国际范围内的影响，构建全球范围的CIIA体系。

（三）CIIA考试的基本规则

第一，CIIA考试分为由当地成员组织主办的国家知识考试（法规、伦理或行业准则、会计、市场结构等）和国际通用知识考试，考试时间分别为3小时和15小时。

第二，国际通用知识考试答卷由经过成员组织提名的专家们严格挑选和过滤，以此避免对某成员组织的依赖。

第三，国际通用知识考试包括9小时的基础考试和6小时的最终资格考试。其中，基础考试采用瑞士金融分析师协会所编的教材，其考试课程及内容认可有效期限为5年；出于对成员组织本地考试机构的尊敬，成员组织所在国家或地区的教育系统如通过评议，考生可免除基础考试，直接参加最终资格考试。

第四，国际通用知识考试以世界主要语言进行，避免考生在语言上的障碍。

第五，通过最终资格考试且具有3年以上金融分析、基金管理或其他投资领域工作经验的考生将被授予CIIA资格，并颁发由ACIIA主席及其下属的国际考试委员会主席与考生所在国家或地区证券分析师协会主席共同签署并采用统一文字（英文）格式的CIIA文凭；CIIA资格被授予后，只要保持成员组织所在国家或地区协会的会员资格，CIIA资格就将永远被保留。

第六，CIIA考试每年举行两次，时间一般定于3月和9月。

（四）CIIA考试在中国的进展

我国已于2004年2月12日通过《关于推广注册国际投资分析师水平考试的议案》，同意在国内水平考试的平台上引进注册国际投资分析师水平考试，并将其作为高级证券分析师水平的衡量标准。同时，在中国证券业协会的积极努力下，ACIIA 于 2005 年 2 月认可通过中国证券业协会从业人员资格考试全部五门考试的人员，可免试 CIIA 的基础考试，而直接报名参加其最终资格考试。2005 年 3 月，中国证券业协会会长办公会决定于 2006 年 3 月在中国举办首次 CIIA 考试。CIIA 考试作为国际认可的金融投资领域的专业资格考试，被中国证券业协会认定为中国证券业投资分析领域最高级别的考试，中国考区由中国证券业协会主办，每年 3 月和 9 月在北京、上海、深圳、西安和成都五个城市同时举办两次考试。

2013 年 6 月，中国证券业协会副会长林义相接替 ACIIA 前主席日本人藤原清人，当选注册国际投资分析师协会的新一任主席，这是中国人首次在重要的全球性金融投资分析组织中出任最高职务。

截至 2018 年 6 月，超过 1 300 人获得注册国际投资分析师协会和中国证券业协会联合颁发的 CIIA 资格证书。

二、亚洲的证券分析师组织

亚洲证券与投资联合会（Asian Securities and Investments Federation，ASIF）由亚洲证券分析师联合会（Asian Securities Analysts Federation Inc.，ASAF）更名而来。它是亚太地区非官方的证券分析师行业交流与合作组织。ASAF 的前身是成立于 1979 年 11 月的亚洲证券分析师委员会（Asian Securities Analysts Council，ASAC）。随着亚洲证券市场的发展，各地相继成立了证券分析师协会。ASIF 的发起者为澳大利亚、日本、韩国三国以及中国香港地区的证券分析师协会，宗旨是通过亚太地区证券分析师协会之间的交流与合作，促进证券分析行业的发展，提高亚太地区投资机构的效益。其注册地在澳大利亚，秘书处设在日本东京，最高决策机构是会员大会，在会员大会闭会期间由执行委员会行使权力。执行委员会下设教育委员会、公共关系委员会（原名为出版委员会）和倡议委员会。

目前，ASIF 的正式会员单位有 14 个，分别来自中国、澳大利亚、日本、韩国、新西兰、印度尼西亚、新加坡、马来西亚、泰国、印度、伊朗、菲律宾 12 国以及中国香港和中国台湾地区。

三、特许金融分析师协会

（一）特许金融分析师协会概况

特许金融分析师协会（Chartered Financial Analyst Institute，CFA 协会）是一家全球性非营利专业机构，负责在全世界管理 CFA 课程与考试项目，并为投资业制定自愿的、以道德为基础的专业的业绩报告准则。其宗旨是建立、维持最高的职业水平和诚信标准，以促进全球投资者的利益。协会的所有活动都体现了其核心理念，即卓越的专业素质、诚信、团体与合作的力量以及志愿服务。CFA 协会的前身是投资管理与研究协会（Association for Investment Management and Research，AIMR）。AIMR 是北美的证券分析师组织，也是原先世界上影响最广的分析师团队。它由原来的地区性证券分析师公会即金融分析师联盟与特许金融分析师学院于 1990 年合并而成，总部设在美国。

截至 2018 年底，在全球超过 140 个国家和地区共有超过 150 000 位 CFA 持证人。其会员主要是证券分析员、货币基金经理、投资顾问以及其他参与投资决策的专业人员，发展至今 CFA 协会已成为世界上最权威的金融投资研究组织。

自 1962 年成立以来，CFA 协会已培养了许多活跃于金融行业前沿的高水平专业人士。CFA 持证人遍布全球，服务于众多企业。随着中国经济步入“新常态”，金融行业在中国经济发展中将扮演越来越重要的角色。因此，投资管理行业需要更多专业的金融人才。而 CFA 协会在中国的快速发展也反映了市场的这一需求。2015 年，超过 36 000 名候选人参加 CFA 考试，使中国成为亚太地区第一大市场，排名全球第二，仅次于美国。在中国过去的十年增长中，复合年均增长率（CAGR）为 20%，CFA 持证人增长率则达到 26%。2015 年 10 月，CFA 协会正式在北京开设了中国办事处，印证了 CFA 协会对不断增多的会员和准会员做好本地化服务的承诺。在中国拥有最多 CFA 持证人的雇主包括普华永道会计师事务所、中国银行、中国工商银行、中国国际金融有限公司、汇丰银行、中国中信集团、法国巴黎银行、瑞银集团、德勤会计师事务所、安永会计师事务所、中国平安保险、招商局集团、国泰君安证券股份有限公司等。

截至 2018 年底，中国的 CFA 持证人有 5 982 名，大部分分布在北京、上海、广州等一线城市。其中，上海有 CFA 持证人 2 346 名，北京有 CFA 持证人 1 758 名。

（二）CFA 课程与考试

CFA 协会主办的 CFA 课程与考试被认为是全球投资专业里最为严格的考试。CFA 课程设立于 1962 年，在投资知识、专业标准及道德操守方面制定了全球准则。要获得 CFA 证书需要通过三个级别的考试。考试内容包括职业道德准则、定量分析、经济学、财务报表分析、公司金融、证券市场分析、股票投资分析、金融衍生产品分析、基金管理学、基金回报计算与统计 11 项，覆盖了金融行业的各个方面。其中，CFA 一级要求掌握财务分析、宏观/微观经济学及定量分析的基本理论。CFA 二级要求运用所学到的金融理论，比较并推荐最合理的金融工具。CFA 三级要求深刻理解基金管理理论并通过案例分析做出投资决策。

CFA 证书由 CFA 协会授予，其获得者可以是直接参与投资决策过程的各类人员，如基金经理、投资组合经理、财务分析师、策略师、经济学家、数量分析师等，同时还需要具备 3 年相关工作经验。此外，CFA 协会还有继续教育计划，以保证 CFA 证书获得者不断学习，吸收最新的金融知识。

《金融时报》杂志于 2006 年将 CFA 专业资格比喻成投资专才的“黄金标准”；而在国内，CFA 考试也广为人知，《人民日报》曾多次提倡考取 CFA 证书，并将其视为十大含金量最高的证书之一。CFA 协会公布的数据显示，2019 年 6 月全球 CFA 考试注册人数创纪录地达到了 25 万，同比增长 11%，再创历史新高。而中国的报考人数已跃居全球首位，超过 10 万人，同比增长超过 50%。显然，中国已经成为 CFA 考试全球第一大市场，国内从业者对 CFA 资格认证有充分的信心，同时近年来多个省份、城市的人才奖励政策中也加入了对 CFA 的要求，也有更多的公司增设了对 CFA 考试费和培训费的报销政策。这对于要报考 CFA 考试的考生来说是一大利好。

（三）CFA 的职业道德标准

获得 CFA 证书的人员必须加入 CFA 协会，并且每年 CFA 协会会员及考生都会签署一份职业行为操守声明，被要求严格遵守职业道德标准。该标准提倡投资界中的诚信、专业能力和尊严，所有会员均须信守该标准，CFA会员因此赢得了全球投资界的高度尊重。如有会员违反CFA职业道德标准，将会受到纪律处分。

四、其他证券分析师组织

（一）欧洲的证券分析师组织

欧洲金融分析师联合会（European Federation of Financial Analysts Societies，EFFAS）成立于1962年，总部位于德国的法兰克福，由19个国家的协会组成，分别为：奥地利、乌克兰、比利时、芬兰、俄罗斯、瑞士、法国、瑞典、德国、西班牙、匈牙利、葡萄牙、波兰、爱尔兰、意大利、挪威、卢森堡、荷兰、希腊。会员人数目前超过14 000人。

（二）拉丁美洲的证券分析师组织

拉丁美洲金融分析师和投资管理协会联盟（Latin American Federation of Associations of Financial Analysts and Investment Management）的前身为拉丁美洲证券分析师公会，于1998年召开成立大会。拉丁美洲金融分析师和投资管理协会联盟以巴西的协会为中线，包含墨西哥、阿根廷的协会。

五、各国投资联合会国际协会及其《国际伦理纲领、职业行为标准》

1998年，各国投资联合会国际协会（International Council Investment Associations，ICIA）通过了《国际伦理纲领、职业行为标准》。这个标准具有指导性质，没有强制性约束，为各分析师协会制定自己的职业行为伦理提供参考。

制定《国际伦理纲领、职业行为标准》的目的是增强全世界范围内投资分析师的可信任度。投资分析师应认识到自身职业的责任以及目标，通过自身的具体行为，推动投资分析师行为标准向更高方向发展。ICIA制定的这个行为标准近年来被很多国家接受和采纳。

（一）投资分析师的总体要求

《国际伦理纲领、职业行为标准》从总体上对投资分析师提出了三大基本要求。

第一，诚实、正直、公平。

第二，以谨慎认真的态度，从道德标准出发进行各种行为，包括对待公众、自己的客户、潜在的客户、雇主、雇员以及其他投资分析师等。

第三，努力保持和提高自己的职业水平与竞争力，掌握和应用所有本职业所适用的法律、法规和政府规章制度，包括《国际伦理纲领、职业行为标准》以及本国的准则。

（二）投资分析师道德规范三大原则

1. 公平对待已有客户和潜在客户原则

公平对待已有客户和潜在客户原则是指投资分析师在进行投资推荐、更改原有投资建议、采取投资行为三种情况下，在公平对待已有客户和潜在客户方面负有持续责任。

2. 独立性和客观性原则

独立性和客观性原则是指投资分析师在进行投资推荐或采取投资行为时，应该合理谨慎地运用判断力来达到与维持独立性和客观性。

3. 信托责任原则

信托责任原则是指在处理客户关系时，投资分析师应合理谨慎地决定信托责任，并在实际工作中对客户承担这些责任。

（三）投资分析师职业行为操作规则

1. 投资推荐及操作应当适宜

投资分析师在进行投资推荐前应当对客户的状况（投资经验、投资目标）进行合理调查，并在必要时更新这些信息。在进行投资推荐或投资操作时，应根据客户的情况和需求、投资品种和投资组合的基本特征，提出正确的、适宜的投资建议。

2. 进行合理的分析和表述

第一，投资推荐或操作应以合理性为基础，并在合理的研究和调查后进行。第二，在进行投资推荐或操作后应保留相应的记录。第三，在发布投资建议时，应努力避免材料的不正确表述。第四，在发布投资信息时，应判断哪些相关因素需要保留或排除。第五，在进行投资推荐时，要分清事实与观点之间的区别。

3. 进行信息披露

投资分析师应将证券的选择和组合的建立等投资过程的基本格式和原理以及这些过程中的变化因素向客户进行披露。在进行投资推荐后还应向客户提示证券的基础特征和附带的风险。

4. 保存客户机密、资金以及证券

投资分析师在投资分析师所组成的圈子里要注意对自己的客户信息进行保密。另外要保护好为投资者所代理的资金和证券。

（四）投资分析师的执业纪律

1. 禁止不正确的表述

投资分析师不应当做出相关服务项目、个人资格、执业证明、投资成绩等方面的不正确表述；禁止做出关于投资回报方面的任何保证或担保；如果投资分析师想通过自己或者所在公司在投资方面的成绩来向客户或潜在客户推销业务，必须保证取得这些成绩信息的正确性与公平性。

2. 进行利益冲突的披露

投资分析师应将自身所持有的证券或者投资品种向客户进行披露。为避免做出不公正和主观的推荐，投资分析师应说明自己所持有的证券是否与向客户推荐的品种存在利益冲突。

3. 为客户或雇主代理的交易具有优先权

为避免因为个人交易而对客户或者雇主的利益产生不利影响，投资分析师为客户或雇主代理的证券或投资交易应当优先于自身所持有的相同证券。

4. 不得自行交易

在客户不知情或没有与客户达成一致意见的情况下，投资分析师不能自行对客户的账户进行交易。

5. 禁止利用非公开信息

投资分析师不应对没有最终发布或者不正确的信息进行传播，也不能根据这些信息进行交易。即使投资分析师通过特别渠道或者机密渠道获得了正确的非公开信息，也不应当传播这些信息或者根据这些信息进行操作。

6. 禁止剽窃

投资分析师不应当在没有通知作者本人或者注明文章出处的情况下，复制或者应用原有文章的格式和内容。投资分析师可以在不通知作者本人的情况下，引用文章中的财务或者统计数据等事实信息。

（五）投资分析师的责任

投资分析师负有监督、审计以及影响其他人行为的责任，制止各种违反法律、法规、规章制度或者职业道德标准的行为。另外，投资分析师负有告知雇主有关国际和国内职业道德标准的责任，以避免不必要的制裁和冲突。

第三节　我国证券分析师的职业规范

一、职业道德的十六字原则

证券投资咨询行业从业人员在执业过程中应遵守十六字原则：独立诚信、谨慎客观、勤勉尽职、公正公平。

（一）独立诚信原则

独立诚信原则是指执业者应当诚实守信，高度珍惜证券分析师的职业信誉。在执业过程中保持中立身份，坚持独立判断原则，不得利用自己的身份、地位和执业过程中所掌握的内幕信息为自己或他人谋取私利，不得对客户或投资者提供存在重大遗漏、虚假信息和误导性陈述的投资分析、预测或建议。

（二）谨慎客观原则

谨慎客观原则是指执业者应当依据公开披露的信息资料和其他合法获得的信息，进行科学的分析研究，审慎、客观地提出投资分析、预测和建议，不得断章取义或篡改有关信息资料，以及因主观好恶而影响投资分析、预测或建议。

（三）勤勉尽职原则

勤勉尽职原则是指执业者应当本着对客户与投资者高度负责的精神执业，对与投资分析、预测及咨询服务相关的一切问题进行尽可能全面、详尽、深入的调查研究，采取必要的措施避免遗漏与失误，切实履行应尽的职业责任，向投资者或客户提供规范的专业意见。

（四）公正公平原则

公正公平原则是指执业者提出的建议和结论不得违背社会公众的利益，并对其提出的建议、结论及推理过程的公正公平性负责，不得在同一时点就同一问题向不同投资者或委托单位提供存在相反意见与矛盾的投资分析、预测或建议。

依据《证券法》的规定，2009 年 1 月 19 日中国证券业协会公布的《证券业从业人员执业行为准则》对证券投资咨询机构、财务顾问机构、证券资信评级机构的从业人员规定了特定禁止行为。包括：接受他人委托从事证券投资；与委托人约定分享证券投资收益，分担证券投资损失，或者向委托人承诺证券投资收益；依据虚假信息、内幕信息或者市场传言撰写和发布分析报告或评级报告；中国证监会、中国证券业协会禁止的其他行为。

2000年中国证券业协会证券分析师专业委员会制定了《中国证券分析师职业道德守则》，对证券分析师职业道德标准和行为方式进行了细化，建立了证券分析师职业道德的原则和纪律。2005年，政府监管部门以及行业自律组织对证券投资咨询行业以及证券分析师的行为做了更加严格的规范和管理，并出台和修订了一系列法律、规章制度，修订了《中国证券分析师职业道德守则》，并将其更名为《中国证券业协会证券分析师职业道德守则》。2005年9月出台的《中国证券业协会证券分析师职业道德守则》结合我国证券分析师发展的现实状况，对2000年的《中国证券分析师职业道德守则》进行了大幅修改，并对很多原则性的规定进行了细化。2011年1月，证券分析师与证券投资顾问被正式划分为两类具有证券投资咨询执业资格的人员，有关部门将分别制定两类人员的职业道德准则。在此之前，原适用于证券分析师的职业道德准则对证券投资顾问同样具有执业约束力。2012年6月19日，为加强证券分析师自律管理，落实《发布证券研究报告暂行规定》的有关要求，中国证券业协会制定并发布了《证券分析师执业行为准则》，自2012年9月1日起施行。2005年发布的《中国证券业协会证券分析师职业道德守则》同时废止。

2017年6月6日，中国证监会公布了《证券公司和证券投资基金管理公司合规管理办法》，与此相配套，中国证券业协会于2017年9月8日发布了《证券公司合规管理实施指引》，两者都自2017年10月1日起施行。该办法明晰了全员合规要求，厘清了证券基金经营机构的董事会、高级管理人员、下属各单位负责人等各方主体的合规管理责任。该指引进一步细化了相关各方的合规管理职责，特别明确了证券公司下属各单位（包括部门、分支机构及子公司）负责人是本单位合规运营的第一责任人，对其合规管理职责的规定更为具体和细化。

2019年10月8日，中国证券业协会发布《证券分析师参加外部评选规范》，意在进一步规范证券分析师参加各类外部评选活动，加强证券公司对证券分析师的廉洁从业管理和声誉风险管理，促进形成客观、公正的外部评选机制。该规范详细列举了证券分析师参加评选的具体要求、受限条件以及证券公司应承担的责任，明确不得以任何形式拉选票，评选结果不得作为对证券分析师薪酬激励的依据。对于违反规定的行为，该规范也列示了明确的惩罚措施。

二、证券分析师的职业责任

证券分析师的职业责任如下：

第一，证券分析师应珍视其职业称号和职业名誉，不得做出有损于证券分析师职业形象的行为。

第二，证券分析师应敬业勤业，努力钻研业务，掌握执业所具备的相关知识和服务技能，并充分运用自己的专业知识和技能，努力完成客户委托事项，不断提高执业水平，维护客户与社会公众的利益。

第三，证券分析师明知客户或投资者的要求或委托的事项违背了法律、法规或证券分析师执业范围的，应予以拒绝，且如实告知客户或投资者并提出改正建议。

第四，证券分析师对机构客户和个人客户提供服务时，应当遵守公正、公平原则。但证券分析师可以依据客户的具体财务状况、投资经验、投资目的提出适合不同客户需求的特定建议。

第五，证券分析师应在投资分析、预测或建议的表述中将客观事实与主观判断严格区分开，并就主观判断的内容做出明确提示。

第六，证券分析师应妥善保管投资分析、预测、建议中所使用和依据的原始信息资料或工作底稿以备查证。

第七，证券分析师应积极参与投资者教育活动。

三、证券分析师执业纪律

证券分析师必须以真实姓名执业。证券分析师的执业活动应当接受所在执业机构的管理，在执业过程中充分尊重和维护所在执业机构的合法利益。证券分析师应主动、明确地对客户或者投资者进行客观的风险揭示，不得故意对可能出现的风险做不恰当的表述或虚假承诺。证券分析师应对执业过程中所获得的未公开重要信息及客户的商业秘密履行保密义务，不得依据未公开信息撰写分析报告，不得将未公开信息泄露、传递、暗示给他人或据以建议客户或其他投资者买卖证券。证券分析师在执业过程中遇到客户利益与自身利益、客户利益与所在执业机构利益、自身利益与所在执业机构利益存在冲突时，应主动向所在执业机构和客户申明，在必要时证券分析师或证券分析师所在执业机构需进行执业回避。证券分析师在执业过程中，不得私下接受有利害关系的客户、机构、个人馈赠的财物。证券分析师应相互尊重，团结协作，共同维护和增进行业声誉。证券分析师不得在公众场合及媒体上发表贬低、诋毁、损害同行声誉的言论。证券分析师不得以不正当手段与同行争揽业务。证券分析师不得兼营或兼任与其执业内容有利害关系的其他业务或职务，不得以任何形式同时在两家或两家以上的机构执业。证券分析师及其执业机构不得在公共场合及媒体对其自身能力进行过度或不实的宣传，更不能捏造事实招揽业务。证券分析师及其执业机构不得进行含有歧义和误导内容的宣传，或可能会使公众对证券分析师产生不合理期望的宣传。证券分析师不得以客户利益为由做出有损社会公众利益的行为。证券分析师应充分尊重他人的知识产权，严正维护自身的知识产权，在研究和出版活动中不应有抄袭他人著作、论文研究成果的行为。证券分析师在研究过程中应尽可能熟悉与了解已有的研究成果，充分尊重他人的研究成果，在研究报告中引用他人研究成果时应当注明出处。

四、证券投资咨询业务操作规则

证券投资咨询业务操作规则应遵循以下八个文件的规定。

（一）《证券法》

1999 年颁布的《证券法》对投资咨询机构及其业务人员的行为做出了相应的规定。

2019 年 12 月 28 日，第十三届全国人大常委会第十五次会议审议通过了修订后的《证券法》，新《证券法》自 2020 年 3 月 1 日起施行。新《证券法》做出了一系列新的制度改革，其中主要以全面推行证券发行注册制度（即“注册制”）为核心，并配套完善了与其密切相关的信息披露和投资者保护等制度，从投资者保护的角度对投资咨询机构及其业务人员的行为做出了相应的规定和强化。

（二）《证券、期货投资咨询管理暂行办法》

《证券、期货投资咨询管理暂行办法》明确对证券投资咨询机构和证券投资咨询从业人员实行从业资格审批制度和年检制度，并对从业条件和要求、行为规范、业务管理、责任承担等方面做出了明文规定。其中，第二十条及第二十二条分别规定：

"证券、期货投资咨询机构及其投资咨询人员，应当完整、客观、准确地运用有关信息、资料向投资人或者客户提供投资分析、预测和建议，不得断章取义地引用或者篡改有关信息、资料；引用有关信息、资料时，应当注明出处和著作权人。"

"证券、期货投资咨询人员在报刊、电台、电视台或者其他传播媒体上发表投资咨询文章、报告或者意见时，必须注明所在证券、期货投资咨询机构的名称和个人真实姓名，并对投资风险作充分说明。证券、期货投资咨询机构向投资人或者客户提供的证券、期货投资咨询传真件必须注明机构名称、地址、联系电话和联系人姓名。"

（三）《关于规范面向公众开展的证券投资咨询业务行为若干问题的通知》

为了防止证券投资咨询机构及其执业人员在业务活动中因利益冲突而可能导致的欺诈客户、操纵市场、误导投资者等违法行为的发生，更好地保护投资者的合法权益，2001年，中国证监会根据《证券法》和《证券、期货投资咨询管理暂行办法》的有关规定，针对面向社会公众开展的证券投资咨询业务活动发布通知，即《关于规范面向公众开展的证券投资咨询业务行为若干问题的通知》。其核心内容是执业回避、执业披露和执业隔离，规范方式是事前预防与事后查处相结合。该通知明确指出，投资者或者客户因证券投资咨询机构、证券投资咨询执业人员的执业活动违法或者犯罪而遭受损失的，可依法提起民事诉讼，请求损害赔偿。

（四）《证券公司内部控制指引》

2003年发布的《证券公司内部控制指引》对"研究咨询业务内部控制"规定证券公司应以重点防范传播虚假信息、误导投资者、无资格执业、违规执业以及利益冲突等风险为目标，提出了建立证券公司研究咨询业务的有效内控机制的要求。

（五）《会员制证券投资咨询业务管理暂行规定》

该规定对开展会员制业务及其流程、监管措施做出了明确规定，并根据国家有关法律法规及行业自律规则，要求证券投资咨询公司和证券投资咨询人员开展会员制证券投资咨询业务时不得从事下列活动。

（1）通过参与卫星电视等公共媒体栏目，在注册地及分支机构所在地之外招收异地会员。

（2）出租、出借公司及执业人员的资格证书，或以租赁、承包方式开展会员制业务。

（3）以"黑马推荐"等方式明示或暗示投资者一定获得投资收益，或以"免费增股"等营销方式招揽业务。

（4）以夸大、虚报荐股业绩等方式（包括以推荐的个股市场表现代替推荐的证券组合的市场表现），进行不实、诱导性的广告宣传及营销活动，或传播其他虚假、片面和误导性的信息。

（5）直接代客操作，或与客户约定分享投资收益或者分担投资损失。

（6）买卖本机构提供服务的上市公司股票。

（7）与关联机构及其人员、有关利害关系人达成一致行动，操纵证券价格。

（8）在做出评价、预测和荐股之前，为自己或关联方进行交易提供相关信息。

（9）为自己、关联方及特定客户的利益，做出有损其他客户和投资者利益的推荐。

（10）与相关媒体、通讯服务机构及其他合作方进行咨询服务收入分成。

（11）通过未报备的电话、邮箱、传真、短信平台及网址提供咨询服务。

（12）通过未报备的银行存款账户向客户收取、存放咨询服务收入。

（13）其他违反相关法规要求、有损客户合法利益的行为。

（六）《证券公司投资银行类业务内部控制指引》

2018年3月，证监会发布《证券公司投资银行类业务内部控制指引》，指引意在指导证券公司建立健全投资银行类业务内部控制，完善自我约束机制，提高风险防范能力。指引从内部控制组织体系、内部控制保障、主要控制内容、项目管理和工作底稿、特殊规定、资产证券化业务内部控制要求等几个方面对证券公司的内部控制做出了规定。

（七）《证券基金经营机构使用香港机构证券投资咨询服务暂行规定》

2018年6月27日，中国证监会公布了《证券基金经营机构使用香港机构证券投资咨询服务暂行规定》（以下简称《暂行规定》），自2018年7月1日起施行。此举旨在规范港股通下内地证券基金经营机构使用香港机构证券投资咨询服务有关行为，保护投资者合法权益。

《暂行规定》主要包括三个方面的内容：一是业务模式。允许具备相关业务资格的内地证券公司或者其子公司将香港机构发布的就港股通股票提供投资分析意见的证券研究报告转发给客户；允许内地证券基金经营机构委托香港机构，为证券基金经营机构管理的参与港股通的证券投资基金，提供关于港股通股票的投资建议服务。二是参与机构资质和应当承担的责任。从业务牌照和从业经验等方面明确参与机构的资质，相应规定其义务和责任。三是监管机制。内地机构违反《暂行规定》的，中国证监会依法对有关机构及负有责任的人员采取行政监管措施或者进行行政处罚；香港机构违反《暂行规定》的，中国证监会与香港证监会通过跨境监管合作机制，依法对有关机构及负有责任的人员进行调查处理。

（八）《证券投资咨询机构执业规范（试行）》

2019年6月3日，中国证券业协会发布了经中国证券业协会第六届理事会第十次会议审议通过的《证券投资咨询机构执业规范（试行）》，自发布之日起实施。《证券投资咨询机构执业规范（试行）》共分为五章。第一章为总则。第二章为执业要求，对证券投资咨询机构开展投资顾问业务提出了具体规范要求，并提出应在可能存在利益冲突的业务之间建立业务隔离制度。第三章为合规管理。第四章为自律管理，规定中国证券业协会应加强对证券投资咨询机构及其从业人员的自律管理，并根据公司合规管理情况组织开展执业检查，对违反规定的机构和人员实行自律惩戒措施。第五章为附则，明确了解释权和实施日期。

本章小结

本章围绕证券分析师的含义和职能展开，介绍了世界上主要的证券分析师自律组织和我国的相关组织。主要介绍了注册国际投资分析师协会、亚洲证券与投资联合会、特许金融分析师协会、欧洲金融分析师联合会及拉丁美洲金融分析师和投资管理协会联盟。中国证券业协会于 2001 年 11 月正式加入注册国际投资分析师协会，并当选为该组织的理事会理事。另外，本章还介绍了世界及我国针对证券分析师这一职业制定的相应的职业道德、职业责任及执业纪律；并重点介绍了特许金融分析师协会主办的特许金融分析师课程与考试。

关键术语

证券分析师	证券投资顾问	投资咨询	自律组织
CIIA 考试	CFA 协会	特许金融分析师	道德规范
行为操作规则	执业纪律	职业规范	十六字原则

习题

一、单项选择题

1. （　　）中国证券业协会正式被接受成为 ACIIA 的会员。

A. 2001 年 6 月　　B. 2001 年 11 月　　C. 2002 年 6 月　　D. 2002 年 11 月

2. 通过 CIIA 考试的人员，如果拥有在金融分析、基金管理或其他投资领域（　　）以上的相关工作经验，即可获得由注册国际投资分析师协会授予的 CIIA 资格。

A. 1 年　　B. 2 年　　C. 3 年　　D. 5 年

3. ASIF 的宗旨是通过亚太地区证券分析师协会之间的交流与合作，促进证券分析行业的发展，提高亚太地区投资机构的收益，其注册地在（　　）。

A. 日本　　B. 韩国　　C. 中国香港　　D. 澳大利亚

4. 我国证券分析师职业道德的十六字原则是（　　）。

A. 公开公平、独立诚信、谨慎客观、勤勉尽职

B. 独立透明、诚信客观、谨慎负责、公平公正

C. 独立诚信、谨慎客观、勤勉尽职、公正公平

D. 独立诚实、谨慎客观、勤勉尽职、公正公平

5. 从内部控制的角度看，（　　）是内部控制制度的重点。

A. 执业回避　　B. 信息披露　　C. 隔离墙　　D. 惩处

6. 特许金融分析师的简称为（　　）。

A. CPA　　B. CFA　　C. FRM　　D. ACCA

7. 要获得 CFA 证书需要通过（　　）个级别的考试。考试内容包括职业道德准则、定量分析、经济学、财务报表分析、公司金融、证券市场分析、股票投资分析、金融衍生产品分析、基金管理学、基金回报计算与统计 11 项，覆盖了金融行业的各个方面。

A. 两个　　B. 三个　　C. 四个　　D. 五个

二、多项选择题

1. 我国法律规定可以从事证券投资咨询业务的主体是（　　）。

A. 证券公司

B. 证券交易所

C. 中国证券业协会

D. 经国务院证券监督管理机构批准从事证券服务业务的投资咨询机构

2. 2010年10月12日，中国证监会颁布了（　　），明确了证券投资顾问业务和发布证券研究报告业务是证券投资咨询业务的两类基本形式。

A.《发布证券研究报告暂行规定》

B.《证券投资顾问业务暂行规定》

C.《证券、期货投资咨询管理暂行办法》

D.《中华人民共和国证券法》

3. 我国证券分析师是指（　　）发布证券研究报告的人员。

A. 具有证券投资咨询执业资格的　　B. 具有证券从业资格的

C. 在中国证券业协会注册登记的　　D. 为证券交易所会员的

4.《证券业从业人员执业行为准则》规定的证券业从业人员的特定禁止行为有（　　）。

A. 接受他人委托从事证券投资

B. 与委托人约定分享证券投资收益

C. 依据虚假信息、内幕信息撰写和发布分析报告

D. 向委托人承诺证券投资收益

5. 2001年发布的《关于规范面向公众开展的证券投资咨询业务行为若干问题的通知》的核心内容是（　　），其规范方式是事前预防与事后查处相结合。

A. 执业道德　　B. 执业回避　　C. 执业披露　　D. 执业隔离

三、判断题

1. 如果投资分析师意欲通过阐述自己或者自己公司在投资方面所做出的成绩，向客户或者潜在客户推销业务，必须尽一切努力保证这些成绩信息的正确性、公平性。（　　）

2. 投资分析师不应当对没有最终发布的信息或者不正确的信息进行传播，但可以根据这些信息进行交易。（　　）

3. CFA协会主办的CFA课程与考试被认为是全球投资专业里最为严格的考试。（　　）

4. 证券投资顾问基于特定客户的立场，遵循忠实客户利益的原则，向客户提供适当的证券投资建议。（　　）

5. 中国证监会及其派出机构对证券公司、证券投资咨询机构发布证券研究报告的行为实行自律管理，并依据有关法律、行政法规，制定相应的执业规定和行为准则。（　　）

参考文献

1. 本杰明・格雷厄姆．聪明的投资者：第四版．北京：人民邮电出版社，2016.

2. 本杰明・格雷厄姆，戴维・多德．证券分析：第六版．北京：中国人民大学出版社，2009.

3. 波顿・G. 麦基尔．漫步华尔街．北京：中国社会科学出版社，2007.

4. 曹阳．我国股票发行从核准制到注册制发展的初步研究——兼论我国证券法关于股票发行制度的修改与完善．改革与战略，2015 (9).

5. 陈超．世界期待新产业革命．文汇报，2012-08-22.

6. 丹阳．向巴菲特学投资 向索罗斯学投机．北京：中国经济出版社，2011.

7. 高榴．论科创板注册制试点制度革新：现实意义、经验借鉴与实践思考．西南金融，2019 (10).

8. 高倚云，刘伟，赵小川．30 部必读的投资学经典．北京：北京工业大学出版社，2006.

9. 黄作金．史鉴 A 股 IPO 改革 四维度剖析新股“三高”现象．证券日报，2012-04-21.

10. 李淑芳，肖欢明．证券投资分析案例．北京：中国物资出版社，2011.

11. 李向科．证券投资技术分析．3 版．北京：中国人民大学出版社，2008.

12. 上海证券交易所，中国证券登记结算有限责任公司．上海证券交易所上市开放式基金业务指引 (2019 年修订). 上海证券交易所网站，2019-02-15.

13. 申勇镇．像巴菲特一样等待 像索罗斯一样行动．沈阳：辽宁教育出版社，2011.

14. 斯蒂芬・A. 罗斯，伦道夫・W. 威斯特菲尔德，杰弗利・E. 杰富．公司理财：第六版．北京：机械工业出版社，2006.

15. Seth A. Klarman, *Margin of Safety: Risk Averse Value Investing Strategies for the Thoughtful Investor*, New York: Harper Collins Publishers, 1991.

16. 田文斌．从股东户数减少中寻机会．证券市场研究（金周刊），2004（3）．

17. 田文斌．从年报中淘金．证券市场研究，2003（4）．

18. 田文斌．根据经营现金流量选股．证券市场研究，2003（4）．

19. 田文斌．辽宁省上市公司融资效率研究．沈阳师范大学学报（社会科学版），2011（1）．

20. 田文斌．在固定资产增幅中掘金．证券市场研究（金周刊），2004（4）．

21. 推动共建丝绸之路经济带和 21 世纪海上丝绸之路的愿景与行动．北京：人民出版社，2015.

22. 稳步推广注册制 补齐资本市场体系短板．中国证券报，2019－09－16.

23. 吴晓求．证券投资学．3 版．北京：中国人民大学出版社，2009.

24. 徐绍峰．新股发行体制改革必须触及核心环节．金融时报，2013-06-15.

25. 杨伟民．适应引领经济发展新常态 着力加强供给侧结构性改革．宏观经济管理，2016（1）．

26. 张亦春．现代金融市场学．2 版．北京：中国金融出版社，2007.

27. 张宗新．投资学——证券分析与投资管理．上海：复旦大学出版社，2012.

28. 赵锡军，李向科．证券投资分析．北京：中国金融出版社，2015.

29. 郑宏韬．证券投资分析．2 版．北京：电子工业出版社，2012.

30. 证券业从业人员资格考试研究中心．证券投资基金．北京：中国发展出版社，2012.

31. 中国证券投资基金业协会．证券投资基金．2 版．北京：高等教育出版社，2017.

32. 中国证券投资基金业协会．证券投资基金销售基础知识．北京：中国金融出版社，2012.

33. 中国证券业协会．证券投资分析．北京：中国金融出版社，2012.

34. 兹维・博迪，亚历克斯・凯恩，艾伦・J. 马科．投资学精要：第五版．北京：中国人民大学出版社，2007.

中国证券市场大事记

1991年及以前

1984年11月18日，中国第一只公开发行的股票——飞乐音响向社会发行1万股（每股面值50元），在海外引起了比国内更大的反响，被誉为中国改革开放的一个信号。

1985年1月，上海延中实业有限公司成立，并全部以股票形式向社会筹资，成为第一家公开向社会发行全流通股票的集体所有制企业。

1986年9月26日，第一个证券柜台交易点——中国工商银行上海信托投资公司静安分公司在上海建立。

1987年5月，深圳发展银行首次向社会公开发行股票，成为深圳第一股。

1987年9月27日，第一家证券公司——深圳经济特区证券公司成立。

1988年7月9日，中国人民银行召开了证券市场座谈会，由中国人民银行牵头组成证券交易所研究设计小组。

1990年12月19日，时任上海市市长朱镕基在浦江饭店敲响上海证券交易所开业的第一声锣。沪市的首个交易日以96.05点开盘，并以当日最高价99.98点报收，当日成交金额为49.4万元人民币。

1991年7月3日，深圳证券交易所正式开业。

1991年8月1日，第一只可转换企业债券琼能源发行。

1991年8月28日，中国证券业协会成立。

1991年10月31日，中国南方玻璃股份有限公司与深圳市物业发展（集团）股份有限公司向社会公众招股，这是中国股份制企业首次发行B股。

1992年

1992年1月10日，一种叫“股票认购证”的票证出现在上海街头，大批认购证产生，从广义上讲认购证也是一种权证。该权证价格为30元，后被炒至几百元。

1992年1月19日，邓小平考察了深圳股市的情况并发表了南方谈话，对中国证券市场的发展起到了重要作用。

1992年5月21日，沪市全面放开股价管制，大盘直接跳空高开在1 260.32点，较前一天大涨104.27%，上海证券综合指数当天从616点蹿升至1 265点，首度跨越千点。股价随后一飞冲天，仅隔3天，又登顶1 420点。

1992年7月7日，深圳证券交易所宣布：原野股票停牌交易。这是中国证券市场首家停牌企业。

1992年8月10日，深圳数千人因排队数日没买到认股抽签表而爆发了震惊全国的“8·10”事件。“8·10”之后的第三天，沪指猛跌22.2%。此时的点位与5月25日的1 420点相比，净跌640点，两个半月内跌幅达到45%。

1992年10月12日，中国证券监督管理委员会成立。

1992年10月19日，中国宝安集团股份有限公司发行1992年认股权证，这是中国首家发行权证的上市企业。

1992年11月，我国国内第一家比较规范的投资基金——淄博乡镇企业投资基金（简称淄博基金）正式设立。该基金为公司型封闭式基金，募集资金1亿元人民币，并于1993年8月20日在上海证券交易所挂牌上市。

1993年

1993年2月起，在国家遏制经济过热的宏观紧缩政策的影响下，中国股市开始进入长达3年的第一次大熊市。

1993年3月1日，飞乐音响等内部职工股挂牌，这是股份制企业内部职工股首次上市交易。

1993年6月29日，青岛啤酒股份有限公司在中国香港正式招股上市，成为中国内地首家在香港上市的国有企业。

1993年7月7日，国务院证券委员会发布《证券交易所管理暂行办法》。

1993年8月6日，上海证券交易所所有上市A股均采用集合竞价。

1993年8月17日，部分地区沪市行情传输中断一个多小时，而未中断地区照常营业，引起轩然大波。

1993年9月30日，中国发生首起通过二级股票市场进行控股的“宝延风波”，延中实业股票突然停牌，中国宝安集团上海公司声明持有延中实业发行的5%以上的普通股，由此揭开中国收购上市公司第一页。

1993年10月25日，上海证券交易所向社会公众开放国债期货交易。

1994年

1994年1月14日，财政部代表中国政府正式向美国证券交易委员会注册登记发行10

亿美元全球债券。这是中国政府发行的第一笔全球债券，也是中国政府第一次进入美国资本市场。

1994年1月26日，南方某公司上海证券营业部因“红马甲”电脑操作失误，以20元一股的天价买入广船股票80多万股（当日广船股票正常价格在6.50元左右）。一笔交易亏损达1 000万元左右。

1994年6月25日，哈岁宝成为第一家上网竞价发行股票的上市公司。

1994年7月30日，在数月无抵抗的熊途中，当上证指数最低到达325.89点时，中国证监会宣布“停发新股、允许券商融资、成立中外合资基金”三项救市措施。一个半月后，上证综合指数上涨了223%，成为我国证券史上股指上涨速度最快的一次。

1994年8月，山东华能发电股份有限公司在美国纽约证券交易所挂牌上市，从而拉开了中国企业进入全球最大资本市场的序幕。

1995年

1995年1月1日起，沪深股市交易实行T+1交易制度。

1995年2月23日，上海国债市场出现异常的剧烈震荡，国债期货327品种成交金额占期货市场总成交额的近80%。对此，上海证券交易所发布紧急通知称，当日16：20以后的国债期货327品种的交易存在严重蓄意违规行为，故该部分成交不纳入计算当日结算价、成交量和持仓量的范围。这一事件被称为“3·27国债期货事件”。

1995年5月17日，国债期货市场关闭，因期货资金涌入，5月18日股市井喷，沪市单日股指涨幅达30.99%，留下新中国股市上最大的一个跳空缺口。

1995年5月22日，国务院证券委员会宣布当年新股发行规模将在第二季度下达，沪指随即跌去16.39%。

1995年7月11日，中国证监会正式加入国际证监会组织。

1995年8月9日，日本五十铃自动车株式会社和伊藤忠商事株式会社通过协议购买法人股的形式，成为“北京北旅”的第一大股东。这是我国证券市场的首例外商A股大股东。

1995年，一汽金杯成为中国证券市场上第一家亏损的上市公司。

1996年

1996年4月25日，申银万国证券股份有限公司以合并方式组建。

1996年5月29日，道琼斯推出中国股票指数，分别为道琼斯中国指数、道琼斯上海指数和道琼斯深圳指数。

1996年6月7日，上海证券交易所拟选择市场最具代表性的30家上市公司作为样本，编制“上证30指数”，并在7月1日正式推出。随后在上证30指数的带领下沪市行情走高。

1996年9月24日，上海证券交易所决定，从10月3日起分别下调股票、基金交易佣金和经手费标准；同时对证券交易方式做出重大调整，即由原来的有形席位交易方式改为“有形无形相结合，并以无形为主”的交易方式。

1996年10月23日，沪市上涨20.5点，收于1 010.83点，在阔别千点大关两年后重新站上1 000点。

1996年12月15日，在市场不理会管理层“十二道金牌”后，《人民日报》发表评论员文章，指出股市出现过度投机，应进一步规范。

1996年12月16日，《人民日报》发表的特约评论员文章《正确认识当前股票市场》指出，“最近一段时期的暴涨则是不正常和非理性的”，从而引发市场暴跌。

1996年12月16日起，沪深两交易所分别对上市交易的股票（含A、B股）、基金类证券的交易实行价格涨跌幅限制，即在一个交易日内，除首日上市的证券外，上述证券的交易价格相对上一交易日收市价的涨跌幅不得超过10%。随后沪深两交易所又发出通知，对在一个交易日内收市价相对于前一交易日收市价涨跌幅超过7%的前五只证券当日成交金额最大的若干家证券营业部或席位的名称、交易金额实行公开信息制度，即“龙虎榜”制度。

1997年

1997年1月4日，四大国有商业银行与信托投资公司脱钩基本完成，所属186家信托投资公司已撤销148家，转让股份的有33家，上千亿元资产被完整移交。

1997年2月19日，邓小平去世。第二天沪深两市众多股票跌停低开，随后几分钟内被拉起到涨停报收，后历时3个月，指数上涨了74%。

1997年4月10日，可转换公司债券试点拉开序幕。

1997年4月18日，法人股首次被摆上了拍卖台。海南某公司持有的600万股海南航空股份有限公司法人股被依法公开拍卖，开我国股票拍卖之先河。

1997年5月，股市终于在重压之下进行调整。

1997年6月6日，中国人民银行发布通知，禁止银行资金违规流入股票市场。

1997年7月1日，香港回归；7月2日，泰国发生金融危机，随后长达两年的东南亚金融风暴全面爆发。

1997年8月15日，国务院做出决定，沪深证交所划归中国证监会直接管理。

1997年11月14日，经国务院批准，国务院证券委员会颁布实施《证券投资基金管理暂行办法》。

1997年11月18日，《“九五”国家重点技术开发指南》新闻发布会传出信息，国家将扶持六大企业跻身全球500强，它们是宝钢、海尔、北大方正、长虹、华药和江南造船。

1998年

1998年4月7日，第一批上市的封闭式证券投资基金——基金金泰、基金开元发行。

1998年4月22日，中国证监会对“财务状况异常”的上市公司实施股票交易特别处理，即ST股票的涨跌幅被限制为5%。

1998年4月28日，辽物资A因连续两年亏损，成为中国证券市场第一家ST公司。

1998年6月12日，国家宣布降低证券交易印花税，从单边交易千分之五降低到千分之四。

1998年11月20日，成都红光实业股份有限公司因编造虚假利润、骗取上市资格并欺骗投资者、隐瞒重大事件和挪用募集资金买卖股票等一系列违法行为而被中国证监会处以重罚。

1998年11月25日，中国证监会下发《关于停止发行公司职工股的通知》。

1998年12月29日，酝酿5年多的《中华人民共和国证券法》终于获得通过。该法自1999年7月1日起施行，它是我国证券市场健康发展的基本大法。

1998年度，央行先后在3月25日、7月1日、12月7日连续三次降息。央行的这种降息政策在客观上减少了国内企业的利息负担，降低了上市公司的营运成本，为二级市场的稳步发展创造了条件。

1999年

1999年4月20日，我国第一家经营商业银行不良资产的中国信达资产管理公司成立，注册资本为100亿元。

1999年5月7日，北约用导弹袭击了中国驻南斯拉夫联盟大使馆。1999年5月10日(周一)，沪深股市跳空而下，形成“导弹缺口”，上证指数下行逼近千点。

1999年5月19日，在席卷中国的网络科技股热潮的带动下，中国股市走出了一波凌厉的飙升走势，在不到两个月的时间里，上证综合指数从1 100点之下开始，最高达到1 700点之上，涨幅超过50%，其间涌现出了无数网络新贵，而其中的龙头亿安科技、海虹控股、东方明珠、广电股份、中信国安等股价更是被炒到了一个非理性的高度。

1999年6月1日，国务院宣布降低B股印花税。

1999年6月10日，央行宣布降息，这是自1996年5月以来连续第7次降息。

1999年6月12日，棱光股份成为第一家遭交易所公开谴责的上市公司。

1999年6月15日，《人民日报》发表特约评论员文章《坚定信心，规范发展》，“5·19”行情进入高潮。

1999年7月1日，《中华人民共和国证券法》正式实施，沪深股市以大幅下挫的方式迎接中国证券业的第一部大法。

1999年7月9日，农商社、双鹿、苏三山、渝钛白成为第一批PT上市公司。

1999年9月9日，国有企业、国有资产控股企业、上市公司三类企业获准入市，沪指大涨103.52点，涨幅达6.59%。

1999年9月16日，国务院批准实施《中国证券监督管理委员会股票发行审核委员会条例》，意味着中国证券市场IPO由额度制向核准制转变，证监会开始帮助市场“选美”，市场化的注册制还遥遥无期。

2000年

2000年1月6日，《中国证券报》《上海证券报》《证券时报》三大证券报发表证监会主席周正庆的文章《为建设发展健康、秩序良好、运行安全的证券市场而努力》，股市第二天上涨超过3%。

2000年2月14日，证监会宣布改革股票发行方式：向二级市场投资者配售新股。受利好刺激，大盘涨幅超过9%。

2000年2月15日，第一只百元股亿安科技诞生，两天后股价创出126元新高，一周后跌到100元以下。

2000年2月24日，周小川接替周正庆任证监会主席。

2000年3月14日，证监会宣布转配股4月起逐步安排上市。4月3日，东方明珠、外高桥等第一批转配股上市。当初通过转配股权证买了东方明珠、国脉通信、武汉长印、深科健等转配股的股民，意外地大赚了一笔。

2000年4月16日，新浪网在美国纳斯达克市场上市，随后，搜狐、网易等网络股陆续在海外上市。

2000年6月23日，全国证券交易自动报价系统（STAQ系统）的恒通董事长杨博因恒通控股并掏空沪市棱光而被刑事拘留。

2000年7月19日，上证指数首度突破2 000点，创历史新高。

2000年10月8日，中国证监会发布《开放式证券投资基金试点办法》。

2000年10月30日，新华社播发《假典型巨额亏空的背后——郑百文跌落发出的警示》，引起各界的强烈反响，有关部门和专家学者纷纷就“郑百文现象”发表看法，并引起国务院领导及有关部门的高度关注。

2000年11月2日，吴敬琏针对《财经》杂志2000年10月“基金黑幕”事件发表文章《证券市场不能黑》，随后抛出“赌场论”，怒斥股市黑庄，接着又引发中国股市“推倒重来”的观点。旋即招来经济学家厉以宁、董辅礽、肖灼基等的反击，他们提出要像对待婴儿一样爱护股市的“学费论”，引发了“股市大辩论”。

2000年12月4日，中国证监会主席周小川表示：证监会有决心妥善解决A股、B股和国有股不流通两大历史遗留问题。1994年被搁置的全流通问题再次被提上议事日程。

2000年12月16日，上海证券交易所推出包括调整B股交易结算费用、降低交易成本在内的一系列举措，以提高B股市场的运行效率。此后B股指数不断上涨，12月25日沪市B股指数创出三年来新高，以88.95点报收。

2000年12月25日下午，中科创业（现在恢复为康达尔）股价开始暴跌，一连出现了10个跌停板。在这之前，该股在庄家朱焕良和吕梁的操纵下，上涨近10倍。庄家吕梁先是自我曝光，然后神秘失踪。

2001年

2001年1月10日，证监会宣布：因亿安科技股票异动，证监会正在查处其涉嫌操纵案。其股价从40多元连续跌停。后来查明，亿安集团董事局主席罗成动用18亿元，利用四家公司的账户，炒作亿安科技股票，获利4亿多元。2001年4月，证监会做出处罚决定：没收上述四家公司违法所得4.49亿元，另外罚款4.49亿元。2001年8月20日，《财经》杂志披露罗成逃跑。2003年9月，其他5人获刑2～3年不等。

2001年2月，经国务院批准，中国证监会决定，境内居民可投资B股市场，导致B

股大涨，被套牢的外国投资者获得解放，而后进场的国内投资者又被套牢。

2001 年 3 月，刚刚离任香港证监会副主席兼营运总裁的史美伦，被力邀加盟中国证监会担任专司监管工作的副主席职务。随后，股市黑幕相继曝光，亿安科技案、中科创业案、博时基金案以及银广夏、通海高科、麦科特、蓝田股份、东方电子等一大批违法违规的上市公司被立案查处。

2001 年 4 月 23 日，股市诞生第一只退市股票——PT 水仙。

2001 年 6 月 6 日，国务院发布《减持国有股筹集社会保障资金管理暂行办法》，其影响在 6 月 14 日显现出来。6 月 14 日，沪市大盘见顶于 2 245.42 点，此后一路走低，开始绵绵数载的熊市。

2001 年 7 月 23 日，全国社会保障基金首次“试水”股市。

2001 年 7 月 26 日，国有股减持在新股发行中正式开始，股市暴跌，沪指下跌 32.55 点。

2001 年 9 月 21 日，中国内地首只开放式基金——华安创新证券投资基金成功实现了首次募集目标 50 亿份基金单位，正式宣告成立。

2001 年 10 月 22 日晚 9 时，中央电视台报道：“中国证监会宣布停止执行国有股减持暂行办法”，引发次日股市大幅反弹，沪深股市接近涨停报收。

2001 年 10 月 26 日，《金融内参》刊登了刘姝威的标题为《应立即停止对蓝田股份发放贷款》的 600 字短文，随后，银行全面停止了对蓝田公司的贷款，这也直接促成了后来轰动全国的“蓝田事件”。

2001 年 11 月 16 日，证券交易印花税下调，上证指数跳空高开 104.1 点，但当天收出长阴，收于 1 646.76 点，仅上涨了 1.57%。

2002 年

2002 年 1 月 28 日，中国证监会公布国有股减持方案的阶段性成果：做全流通实验交易产生全流通股价，然后由非流通股股东补偿流通股损失差价，非流通股在补偿后上市。市场担心“大小非”股东操纵全流通股价，当天大盘暴跌。

2002 年 2 月 28 日，张卫星在新浪网发表文章《非流通股的全流通解决方案》，提出同股同钱，按认购价格拆细方案。随后，网上和报纸上掀起了全流通方案大讨论，此讨论持续到 2005 年，为最后的送股方案打下了理论基础和舆论基础。

2002 年 3 月 29 日，上海和北京两地律师团代表 679 位投资者以共同诉讼方式起诉大庆联谊，要求其承担因虚假陈述、欺诈上市而给投资者造成的损失，诉讼标的为 2 000 多万元，同时要求申银万国承担连带赔偿责任。此案件成为中国证券市场第一例上市公司虚假陈述民事索赔案件。

2002 年 5 月，从精伦电子开始新股市值配售，这从短期看在新股不败的前提下对持股的股民有利，但也降低了中签率，一旦新股神话破灭，也将广受诟病。

2002 年 6 月 7 日，中国经济开发信托投资公司（简称中经开）关门。它曾经是“3·27 事件”的赢家，此时被认为是银广夏和东方电子的庄家，通过和上市公司大股东的配合来操纵股价。

2002 年 6 月 21 日，国务院决定停止减持国有股，证监会制定《关于进一步规范上市公司增发新股的通知（征求意见稿）》，提高增发门槛。于是，6 月 24 日上证指数跳空高开，全天涨幅高达 9.25%，上涨 144.59 点，收于 1 707.31 点，这就是著名的“6·24 行情”。但好景不长，此后股市继续走低。

2002 年 7 月 1 日，上证 180 成分指数取代上证 30 成分指数。

2002 年 9 月 23 日起，上市新股于上市首日即被计入指数。此前在上海证券交易所新股上市后股指的计算方式是新股上市第二天被计入指数。

2002 年 11 月 5 日，中国证监会和中国人民银行联合制定的《合格境外机构投资者境内证券投资管理暂行办法》正式对外发布，并自 2002 年 12 月 1 日起施行。

2002 年 12 月 27 日，周小川调任央行行长，尚福林出任证监会主席。

2003 年

2003 年 1 月 9 日，最高人民法院公布《最高人民法院关于审理证券市场因虚假陈述引发的民事赔偿案件的若干规定》，自当年 2 月 1 日起实施。

2003 年 2 月 19 日，沪深交易所针对封闭式基金存在的交易上的缺陷，规定封闭式基金最小报价单位由“分”改“厘”，自当年 3 月 3 日起正式实施。

2003 年 3 月 13 日，居民储蓄余额首次超过 10 万亿元大关。

2003 年 3 月 20 日，美国对伊拉克开战，全球股价、油价及美元汇率起伏不定。

2003 年 3 月 28 日，证监会出台新规，面临退市风险的上市公司应对暂停上市后申请恢复上市、终止上市后保障股东权益等问题提前做出制度安排。

2003 年 4 月，“非典”流行，交易清淡，行情回落。

2003 年 5 月 20 日，证监会发布《关于要约收购涉及的被收购公司股票上市交易条件有关问题的通知》。

2003 年 5 月 27 日，我国证券市场首批 QFII 诞生，瑞银、野村 QFII 资格获证监会批准。当日《企业国有资产监督管理暂行条例》公布并施行，国资监管有章可循，国资委崭露头角。

2003 年 6 月 11 日，全国社会保障基金正式进入证券市场运作。

2003 年 8 月 21 日，证监会权威人士透露，依据《中国证券监督管理委员会、财政部、国家经济贸易委员会关于向外商转让上市公司国有股和法人股有关问题的通知》，证监会、商务部、国资委、财政部正在制定具有可操作性的实施细则。

2003 年 8 月 25 日，央行提高存款准备金率，自 2003 年 9 月 21 日起，由现行的 6%调高至 7%。

2003 年 10 月 21 日，中共中央发布《中共中央关于完善社会主义市场经济体制若干问题的决定》，受此消息影响，次日上证指数大涨 33.71 点，收于 1 398.01 点，单日涨幅达 2.47%。

2003 年 10 月 28 日，《中华人民共和国证券投资基金法》获得通过，自 2004 年 6 月 1 日起施行。

2003 年 12 月 5 日，中国证监会发布《中国证券监督管理委员会股票发行审核委员会暂行办法》。

2004年

2004年1月2日，上证50指数亮相首日，南方证券因坐庄哈医药等股票产生巨亏而被行政接管。

2004年1月31日，国务院发布《国务院关于推进资本市场改革开放和稳定发展的若干意见》，提出“国九条”，肯定了证券市场的作用。随后钢铁、石化、金融、汽车、电力五大板块被热炒，产生“五朵金花”行情，上证指数登上当年最高点1 783点。同年4月，为落实“国九条”，证监会成立六个工作组。5月后，大盘继续下跌，跌到1 300点附近。

2004年3月，仰融因涉嫌侵占国有股而被辽宁省通缉。仰融包装沈阳金杯汽车公司，成立华晨控股在美国上市；在国内又借壳申华上市。仰融被通缉不久，华晨退出申华。

2004年4月14日，市场上著名的“庄股”德隆旗下的新疆屯河、湘火炬、合金投资等3只股票开始崩溃式连续跌停，多年来纵横市场的德隆系轰然倒下。

2004年6月17日，郎咸平质疑TCL产权改革方案。2004年8月2日，郎咸平四问海尔管理层，试图得出海尔高管人员曲线完成管理层收购（MBO）的结论，使得甚嚣尘上的MBO被叫停。2004年8月11日，郎咸平质疑顾雏军以“七板斧”伎俩席卷国家财富。2005年8月，顾雏军因挪用科龙资金而被捕，后来被判刑10年。

2004年6月25日，中小企业板正式登场、首批八只股票上市，这是落实“国九条”的首项具体措施之一。

2004年6月30日，济南钢铁上市首日即跌破发行价，新股不败神话在中国股市正式宣告终结。

2004年8月31日，证监会发布通知暂停发行新股，对IPO将推行首发询价制度。

2004年9月4日，券商开始被清理整顿，南方证券、汉唐证券、闽发证券、大鹏证券等相继被托管或清盘。

2004年9月23日，电广传媒发布公告，首例上市公司“以股抵债”方案正式实施。

2004年10月25日，保险资金获准直接入市，落实“国九条”迈出重大一步。

2004年10月29日，央行9年来首次加息。

2004年11月2日，《证券公司股票质押贷款管理办法》出台。

2004年12月7日，证监会正式发布《关于加强社会公众股股东权益保护的若干规定》，出台分类表决制度，为全流通方案协商做准备。

2005年

2005年1月17日，恢复新股发行，首只询价发行股票华电国际招股说明书亮相。大盘下跌2.33%。

2005年1月24日，印花税从当日起由千分之二下调为千分之一。大盘上涨1.73%。

2005年2月24日，首只ETF——上证50ETF登场，交投活跃。

2005年4月8日，由上海证券交易所和深圳证券交易所联合编制的沪深300指数正式发布，该指数以2004年12月31日为基日，基点为1 000点。

2005年4月29日，经国务院批准，中国证监会发布了《关于上市公司股权分置改革试点有关问题的通知》，宣布启动股权分置改革试点工作。

2005年5月9日，中国证监会宣布股权分置改革试点正式启动。首批股改试点公司被确定为清华同方、金牛能源、紫江企业、三一重工。

2005年5月10日，南方证券关闭。此后股市行情持续低迷，券商关闭或破产的消息不断传出。

2005年6月10日，三一重工通过股权分置改革方案——每10股送3.5股和8元现金。上证指数暴涨8%以上。清华同方的首次股权分置改革方案没有通过。

2005年6月16日，证监会推出《上市公司回购社会公众股份管理办法（试行）（征求意见稿）》，上证指数跌破1 000点大关，最低见于998.23点，收于1 034点，上涨2.05%。许小年的千点论终于成为现实。

2005年6月20日，42家公司获准进行第二批股改试点，不再进行第三批试点。大多数公司选择送股方案，送股比例大约为10送3。不便送股或送股少的公司补充以送认股权证（或认沽权证）方案。股改中的股票名称前面加G。

2005年8月22日，宝钢权证上市，每日的成交量超过股票的总交易量，达到了80亿元。

2005年9月18日，成功控股集团董事长刘虹因挪用湘酒鬼4.2亿元资金而被刑事拘留。鸿仪系掌门鄢彩宏因控股和挪用上市公司资金而被捕，被控股的公司有：国光瓷业、张家界、嘉瑞新材和泰阳证券。

2006年

2006年1月18日，B股暴涨带动A股上涨，上证指数突破1 200点。

2006年1月25日，大鹏证券成首例破产券商，资不抵债近28亿元。

2006年4月3日，大盘突破1 300点。经过两个月的小幅整理后，新一轮涨势开始。

2006年4月17日，证监会新闻发言人表示，“新老划断”拟分三步走。

2006年6月14日，三一重工进行股权分置改革一年后，部分限售股解禁而开始流通。当天股价微跌，几天后重归升势。

2006年6月19日，“新老划断”后的第一只新股中工国际在深圳中小板上市，这标志着终止一年多的IPO恢复，由于是一年多以来的首次IPO，该股首日受到市场资金的疯狂追捧，首日涨幅达到332.03%，最大涨幅更是达到惊人的576%。随后连续5天跌停。

2006年6月，中川国际原董事长丛钢因诈骗罪和挪用资金罪被判处无期徒刑。

2006年7月3日，中国证监会宣布融资融券试点8月启动。

2006年7月5日，中国银行A+H股模式成功在沪港两地上市。

2006年10月27日，工商银行A股、H股在沪港两地同步上市。

2006年11月20日，上证指数5年后重上2 000点。

2006年12月14日，上证指数突破2 245点，创下历史新高。全年沪深指数上涨超过120%。

2007年

2007年1月9日，国内保险第一股"中国人寿"成功回归A股，成为首家A股上市的保险公司。这标志着保险公司登陆A股的序幕拉开。

2007年1月22日，沪市成交量首次突破1 000亿元大关，成交1 049亿元。

2007年2月26日，沪市大盘首次突破3 000点。120只股票涨停，投资者企盼的春节后"开门红"成为现实。

2007年5月9日，大盘蓝筹股推动沪深两市大幅上涨，沪市大盘突破4 000点，上证综合指数报收4 013.08点。

2007年5月11日，证监会发布《关于进一步加强投资者教育，强化市场监管有关工作的通知》，提出"买者自负"的原则。

2007年5月21日，央行出台调控"组合拳"，提高利率和存款准备金率，但仍然没有止住大盘疯涨的步伐。

2007年5月30日半夜，国家上调印花税税率导致"5·31"大跌。印花税由千分之一调整为千分之三，调整幅度超出市场预期，多数股票连续出现了5个以上的跌停。

2007年7月26日，"带头大哥"王秀杰因非法经营证券投资咨询业务而被捕。

2007年8月6日，收盘时沪深两市共有六只股价在百元以上的股票：中国船舶、成都建设、贵州茅台、国脉科技、山河智能、山东黄金；百元以上股票的平均动态市盈率为135。随后股价上过百元的还有：吉恩镍业、中国平安、天马股份、石基信息、金风科技、獐子岛、广电运通和东华科技。2007年10月11日，中国船舶股价超过300元，一年后跌到30多元。

2007年8月20日，国家外汇管理局推出"港股直通车"政策——允许境内股民购买港股，并拿天津做试点。

2007年10月15日，上证指数突破6 000点大关；中共十七大开幕。

2007年10月16日，上证指数创历史高点6 124.04点。

2007年11月5日，已经在香港上市的中国石油发行40亿股A股而上市，开盘价高达48.60元，收盘价为43.96元。中国石油整体市值（包括海外）约合9 984.18亿美元，超过埃克森-美孚石油，成为全球市值最大的上市公司。沪深股指大幅下挫。

2007年11月13日，国家统计局公布的10月份的CPI是6.5%，创11年来最高。

2007年11月27日，中共中央政治局会议提出：防过热，防通胀。大熊市接着展开。

2008年

2008年1月14日，中国证监会主席尚福林在第十二届中国资本市场论坛上提出资本市场改革发展要有全球视野。上证指数5 500点不攻自破，沪市又进入了新一轮下跌周期。

2008年3月14日，受国内中国平安拟巨额再融资、雪灾、"大小非"解禁和物价上涨等因素的影响，沪指向下直破4 000点。

2008年4月16日，中国第一只面值1角的股票紫金矿业在上海证券交易所网上申购，申购价为 7.13 元，开变相高价圈钱的先河。

2008 年 4 月 20 日，《上市公司解除限售存量股份转让指导意见》出台，中国证监会规定“大小非”减持超过总股本 1%的，须通过大宗交易系统转让，“大小非”减持情况要在中国证券登记结算有限公司网站定期披露。

2008 年 4 月 22 日，管理层明确“大小非”减持的有关规定，上证指数高开低走，次日跌破 3 000 点至 2 990 点。

2008 年 4 月 24 日，受证券交易印花税从 0.3‰降为 0.1‰的影响，上证指数大幅收高。

2008 年 5 月 13 日，受 5 月 12 日下午 14 时 28 分汶川八级大地震的影响，股市低开后返身走好，广大投资者以不抛股票来表达对灾区的支持。

2008 年 8 月 8 日，第 29 届奥林匹克运动会在北京举行，大盘以“利好”出尽而大跌，次日跌破2 500点，收于 2 470.07 点。

2008 年 9 月 16 日，受美国雷曼兄弟倒闭及美国股市暴跌的影响，金融股大幅下跌，上证指数跌破 2 000 点，9 月 18 日跌至 1 802.33 点。

2008 年 9 月 19 日，受管理层允许汇金公司对中国工商银行、中国建设银行、中国银行三大银行护盘等三大利好消息的影响，大盘出现了几乎集体涨停的壮观。

2008 年 10 月 28 日，随着全球证券市场全面杀跌，上证指数又走入下降通道，当日盘中最低到达 1 664.93 点，这也是这次暴跌的最低点。

2009 年

2009 年 3 月 31 日，中国证监会发布《首次公开发行股票并在创业板上市管理暂行办法》，该办法自 2009 年 5 月 1 日起实施。这意味着筹备十余年之久的创业板有望正式开启。

2009 年 4 月 3 日，中国证监会决定撤销宁波立立电子 2008 年 7 月公开发行股票的核准决定，同时要求立立电子按照发行价并加算银行同期存款利息返还证券持有人，这在中国证券市场尚属首例。

2009 年 6 月 10 日，中国证监会正式公布《中国证监会关于进一步改革和完善新股发行体制的指导意见》，该指导意见实施之后将随时可能向企业发审核批文。这意味着暂停 8 个多月的 IPO 重启。

2009 年 7 月 29 日，自金融危机全面爆发以来全球最大一单 IPO 中国建筑在沪市登陆，上海证券市场产生了有史以来 3 031.75 亿元的最大单日成交量，并出现 2009 年最大的跌幅，盘中连破 3 400 点、3 300 点、3 200 点整数关，报收 3 266.43 点。

2009 年 10 月 30 日，等待了十年，首批创业板股票共计 28 家公司在深圳登陆，当日盘中受到爆炒而几度被停牌。

2009 年 11 月 13 日，沪深 B 股爆发狂飙行情，出现大面积的个股涨停，而没有涨停的 B 股大多数股价都上升了 7%以上。

2009 年 12 月 8 日，被称为中国“证券业死刑第一人”的原中国长城信托投资公司北京证券交易营业部总经理杨彦明被执行死刑，但 6 500 多万元赃款的去向仍是一个谜团。

此案从一审、上诉、发回重审、再上诉，历时五年之久。

2009年12月31日，财政部、国家税务总局、证监会联合印发《财政部 国家税务总局 证监会关于个人转让上市公司限售股所得征收个人所得税有关问题的通知》，自2010年1月1日起，对个人转让上市公司限售股取得的所得按20%税率征收个人所得税。

2010年

2010年1月8日，证监会宣布，国务院原则同意推出股指期货交易。2月22日，期货公司获准受理股指期货开户。

2010年3月9日，苏州恒久公开发行了2 000万股股票，并完成申购及摇号抽签的全部过程。但就在公司上市前夕，由于媒体曝光其专利与事实不符，监管部门要求保荐机构对有关问题进行稽查，并撤销苏州恒久的上市资格，苏州恒久成为创业板第一家成功IPO后未上市的企业。

2010年3月26日，证监会正式做出批复，同意中国金融期货交易所上市沪深300股票指数期货合约。

2010年3月31日，融资融券试点正式启动。6月9日，融资融券试点扩大范围。

2010年4月16日，沪深300股指期货开市，挂牌基准价被定为3 399点。由于市场有了做空机制，股指开始了一轮大幅杀跌走势，一个半月的时间上证指数下跌800多点，7月2日盘中最低到达2 319.74点。

2010年5月21日，首个股指期货合约IF1005平稳交割。当日上证指数上涨1.08%并改变了短线杀跌的走势。

2010年7月15日，中国农业银行上市，标志着四大国有商业银行全部实现股份制改造并上市。

2010年9月8日，扬子江船业控股有限公司台湾存托凭证（TDR）正式挂牌上市，这是在我国台湾上市的首家大陆企业。此次扬子江共在台湾发行2.4亿单位TDR（每2单位对应原股1股），发行价格为18.8元新台币，是台湾证券市场有史以来的第二大TDR案。

2010年新股IPO数量创历史新高，数量达到349只，这一数字超过2007—2009年三年间的总和。不论是募资总额还是IPO首发股票数量，中国股市都位居全球之首，而中国股市却成为全球跌幅最大的市场。

2011年

2011年1月18日，5只新股上市首日全部破发，成为2009年沪深恢复IPO后的破发“冠军日”。

2011年3月7日，香港股市与沪深交易所同步开市，交易时间由4小时延长至5小时。香港证券交易所盼因此增强市场竞争力，市场则看好此举能缩小A股与H股的利差。

2011年3月11日，日本发生9.0级大地震，并引发海啸。日经指数15日跌逾14%，暴跌达千点。受此影响，我国出现抢盐现象。云南盐化等盐业公司的股票一度大幅波动。

2011年3月17日，“云南女首富”何学葵因涉嫌欺诈发行股票罪被依法逮捕，绿大地欺诈上市案曝光。9月6日，何学葵等5名涉案人员正式受审。何学葵被人民法院判处有期徒刑3年，缓刑4年。

2011年5月23日凌晨3时，万昌科技董事长高庆昌在山东淄博鲁信花园的家中坠楼身亡。此时，距万昌科技上市只有短短的3天。

2011年5月23日，深圳市福田区人民法院对韩刚“老鼠仓”一案做出公开判决，判处韩刚有期徒刑1年，没收其违法所得并处罚金31万元。该案成为我国第一起基金从业人员因利用未公开信息违规交易而被追究刑事责任的案件。2011年11月29日，中国证监会披露，原交银施罗德基金管理有限公司投资总监李旭利因“老鼠仓”已被立案调查。

2011年7月23日，“动车追尾事故”引发高铁概念股震荡。

2011年8月8日，标准普尔将美国信用评级由保持了近百年的“AAA”下调至“AA+”，全球股市大跌，上证指数遭到重挫，下跌3.79%，创年内最大单日跌幅。至此A股在过去1年所累积的涨势已消耗殆尽。

2011年8月24日上午，巨人网络董事长史玉柱发了一条微博称：“拜托中国人寿，别虎视眈眈想控股民生银行。”第二天，民生银行股价大涨6.47%。据测算，作为民生银行大股东的史玉柱账面浮盈达2.3亿元，关于“史玉柱微博操纵股价，一句话赚2.3亿元”的说法不胫而走。后来，史玉柱对媒体的报道给予反击，称民生银行股价是跟随银行板块上涨，“属正常市场行为”。再后来，史玉柱被北京证监局约谈。10月21日，史玉柱发微博表示，“微博真不好玩，不玩了，自宫封博”。

2011年11月29日晚间，标准普尔宣布对37家最大的金融机构的新评级。其中毅然下调7家美国银行的评级，分别是美国银行、花旗银行、摩根士丹利、高盛、富国银行、摩根大通以及美国纽银梅隆，各被降一级。30日上证指数大跌3.27%，深证指数大跌3.19%。

2011年11月30日，中国人民银行宣布，从2011年12月5日起，下调存款类金融机构人民币存款准备金率0.5个百分点。这是自2008年12月3日以来，中国央行首次下调存款准备金率。受存款准备金率下调的刺激，A股次日大幅高开，在金融、地产、有色金属板块的带动下股价快速冲高，上证指数盘中最高涨幅近4%。

2011年12月7日晚，重庆啤酒发布公告，披露了其控股子公司佳辰生物乙肝疫苗临床试验的揭盲数据，让这只股票失去了头顶13年的“乙肝疫苗”光环，该股次日复牌就一字跌停，至12月21日连续产生了十个跌停。在重庆啤酒产生第二个跌停后，旗下有9只基金重仓持有重庆啤酒的大成基金公司于12月12日致函重庆啤酒公司，要求召开临时股东大会，审议罢免黄明贵重庆啤酒董事及董事长的议案。

2012年

2012年1月10日，在“股市信心论”的号召下，上证指数再度强势上扬2.69%，报收2 285.74点。在盘面上板块及个股集体上扬，涨停潮涌现，沪深两地共有74只非ST股涨停。

2012年2月27日，基金“88魔咒”再次发威，即每当基金持仓达到88%时股市都会抛售股票，大盘结束上涨趋势，2 478.38成为2012年的最高点。

2012年3月14日，“两会”结束，温家宝在记者会上表明2012年经济形势严峻，GDP增幅指标降低到7.5%，市场即刻大幅下跌，上证指数当天跌幅达2.63%，彻底破坏了年初以来形成的上升趋势。

2012年6月8日起，央行降息。金融机构一年期存款基准利率下调0.25个百分点，一年期贷款基准利率下调0.25个百分点。同时存贷款利率浮动区间扩大。这是近三年半以来央行首次降息。市场并没有因此走好，大盘随后反而跌破了2 300点。

2012年8月28日，宁波中院开庭审理全国首例特大地沟油案，揭开了健康元的惊天秘密，次日健康元等一批医药股大跌。

2012年9月5日，国家发展改革委公布批复总投资规模逾7 000亿元的25个城轨规划和项目，9月6日再次公布批复13个公路建设项目、10个市政类项目和7个港口、航道项目。9月7日，上证指数大涨3.70%，深证指数大涨5.08%。

2012年11月19日，一则酒鬼酒中的塑化剂含量竟然超标高达260%的新闻，使本来非常疲软的市场又因白酒行业股票大跌而跌破2 000点。

2012年12月4日，大盘盘中下跌到1 949点，差点回到“解放以前”，后有神秘资金进场扫货金融、地产等权重股，次日就出现了一根转势的大阳线。

2013年

2013年1月8日，证监会在京召开IPO在审企业2012年财务报告专项检查工作会议，宣布将成立不少于15个小组约百人的核查队伍，对882家在审的IPO企业进行财务核查。

2013年3月17日，肖钢任中国证监会第七任主席。肖钢履新证监会之后，当月底就推动建立了中国证监会定期新闻发布制度。

2013年4月10日，美联储联邦公开市场委员会意外公布的3月份货币政策会议纪要显示，美联储内部就是否开始逐步缩减购债规模出现分歧。这是美联储首次涉及将退出量化宽松货币政策（QE）的言论，“退出计划”如正式提上议程，意味着全球投资者将修正此前对流动性宽松的乐观预期。在美国经济稳步复苏的基础上，美元指数上涨将是大概率事件，最先受到冲击的是黄金、原油及大宗商品，并将引导热钱从新兴市场国家流出。美联储退出QE已几度被谈及，每次都引发世界主要市场和中国股市的动荡，尤以2013年4月、6月这两个月为甚。

2013年4月12日，纽约黄金期货价格跌破每盎司1 500美元的关键位，创出2011年7月以来的最低位。随后黄金价格在短暂反弹后一路走低，已由最高点的约1 800美元/盎司下跌至1 200美元/盎司左右，跌幅超过30%。中国股市的黄金概念股也应声而跌。

2013年5月10日，证监会宣布平安证券在万福生科保荐上市中未能勤勉尽责，平安证券出具的发行保荐书、持续督导报告等存在虚假记载，拟对平安证券给予警告，罚没7 665万元，暂停保荐资格3个月，对相关保荐代表人处以30万元罚款，撤销其保荐资格，终身市场禁入，这堪称证监会“史上最重罚单”。此外，平安证券还出资3亿元设立万福生科虚假陈述事件投资者利益补偿专项基金，开启了中国证券市场上市公司虚假陈述而由保荐机构先行赔付再向相关责任方追偿的先河。证监会后续又查处了新大地、天能科技、天丰节能等 286 起案件。

2013 年 6 月 20 日，由于表外业务过大，个别商业银行到期不能及时还款，央行一反常态，坐视不管，导致上海银行间同业拆放利率（Shibor）大幅飙升至 13.44%，隔夜拆借利率最高达到 30%，7 天质押式回购利率最高成交于 28%。货币市场的“钱荒”引发了股市恐慌，沪深股市在 24 日放量重挫，沪指下跌 5.30%，创 2009 年以来最大单日跌幅，6 月 25 日更是在盘中创下 1 849 点的新低。这是管理层对商业银行贪得无厌的资金错配行为忍无可忍的敲山震虎。压力测试的结果显示风险巨大，但将推动利率真正市场化的破题。

2013 年 8 月 16 日，A 股市场出现了史上最诡异的走势。从当日 11：04 开始，中国工商银行、中国石油、中国石化等蓝筹股瞬间涨停，并使大盘直接飙涨百点以上，三分钟内上证指数暴涨超过 5%。而暴涨的原因是光大证券在进行 ETF 申赎套利交易时，因程序错误，其所使用的策略交易系统以 234 亿元巨量申购 180ETF 成分股，实际成交达 72.7 亿元，引起沪深 300 指数、上证综合指数等大盘指数和多只权重股短时间大幅波动。这一事件是我国资本市场建立以来首次发生的一起因交易软件缺陷而引发的极端个别事件，对证券期货市场造成的负面影响很大，堪称有史以来最大的黑天鹅事件。证监会针对光大证券利用其自己造成的黑天鹅内部信息在股指期货上的对冲获利开出 5.23 亿元巨额罚单。

2013 年 11 月 30 日，证监会发布了《中国证监会关于进一步推进新股发行体制改革的意见》，正式宣告暂停了 14 个月的 IPO 开闸。该意见不仅首推了老股转让措施，对保护中小投资者也有五个方面的具体措施，还强化了如何抑制高定价和“圈钱”等行为。证监会表示，该意见发布后，需要 1 个月左右的时间进行相关准备工作，才会有公司完成相关程序，预计到 2014 年 1 月，约有 50 家企业能完成程序并陆续上市。

2013 年 12 月 13 日，证监会就《优先股试点管理办法（征求意见稿）》公开征求意见，进一步明确了优先股股东权利的行使、企业发行优先股、交易转让、信息披露、回购与并购重组等方面的内容。同日，国务院发布《国务院关于全国中小企业股份转让系统有关问题的决定》，历经 7 年，新三板扩容的“靴子”终于落地。

2014 年

2014 年 1 月 8 日，IPO 在时隔 1 年多后正式重启，新宝股份和我武生物网上申购。前 2 个月共计发行了 48 只股票，随后因发行中存在问题而又暂停了 5 个月，其间沪深交易所修改了 IPO 网上按市值申购的实施办法，IPO 配套措施落地，6 月 18 日再次重启。证监会对新股发行市盈率的限制造就了新股发行涨停潮神话，其中兰石重装、中科曙光分别连续封停 27 次、22 次，累计最高涨幅分别为 1 597.02%、1 090.74%，创出历年新股之最，新股掀起了全民“打新热”，打新中签好像彩票中奖。2014 年，125 只新股相继发行，总募资规模达到 669 亿元。这一年，新股发行重启，新股发行注册制改革的呼声日渐增强，改革成为关键词。

2014 年 2 月 19 日，中石化公布了引入民营资本实现混合经营的议案。9 月 14 日，中石化公布参与混合所有制改革的投资者名单，25 家银行、基金、行业巨头获得入股凭证。

新一轮国企改革在2014年拉开了序幕，中石化迈出了实质性的一步。此外地方国企改革风起云涌，众多地方国企上市公司纷纷停牌。

2014年3月21日，证监会正式发布《优先股试点管理办法》。该办法规定，三类公司可以公开发行优先股。11月底，中国农业银行400亿元优先股正式在上海证券交易所挂牌交易，这是优先股在中国境内资本市场的首次发行。

2014年4月25日，营口港公布2013年年报，推出“10转20股、派5.29元（含税）”的分红预案，开我国资本市场高送转每10股送转超过10股的先河，按这样的高比例转增股本，当时其股价除权后只有1元多一点，极大地刺激了炒作热情，其股价在方案公布前一天就涨停了，公布当天更是一字涨停，其年度最高涨幅高达604.55%。这引来了多家上市公司纷纷仿效，高送转的纪录也在不断被刷新。其实高送转是将自己的钱从左兜装到右兜的游戏，每10股送10股相当于将100元的钞票换成2张50元的。

2014年5月9日，国务院发布《国务院关于进一步促进资本市场健康发展的若干意见》，简称“新国九条”。该意见包括拓展资本市场的广度、深度，提高直接融资的比重，积极发展混合所有制经济，促进资本形成和股权流转；发展多层次股票市场；规范发展债券市场；培育私募市场；推进期货市场建设；提高证券期货服务业的竞争力；扩大资本市场的开放度；防范和化解金融风险；营造资本市场良好发展的环境。股市对“新国九条”报以热烈回应，当日反弹超过2%。这是时隔十年后，国务院第二次以红头文件形式出台的资本市场纲领性文件，对我国资本市场的发展将产生深远的影响。

2014年6月下旬，国际原油价格开始从100美元/桶上方进入下行轨道，主要由供求失衡、地缘政治的影响所致，截至2014年底，国际原油价格累计下跌近50%，创6年来最大年度跌幅，且连续4年价格下跌。受此影响，俄罗斯经济一蹶不振，卢布贬值42%，股市暴跌40%，俄罗斯央行一次性加息650个基点。国内股市受原油价格暴跌的影响，航运股暴涨。东方航空加上迪士尼概念，自6月起，最高涨幅达176.78%，南方航空的最高涨幅为174.66%，海南航空的最高涨幅为136.42%，招商轮船的最高涨幅为238.36%。

2014年7月22日，沪指从2 049点处涨起，连拉8根阳线，开启了跨年度牛市行情。

2014年11月4日，中央财经领导小组会议研究加快推进丝绸之路经济带和21世纪海上丝绸之路建设、发起建立亚洲基础设施投资银行和设立丝路基金，11月8日习近平主席宣布中国将出资400亿美元成立丝路基金，为“一带一路”沿线建设提供支持。之后两个月内基建板块大幅上涨，涨幅翻倍。

2014年11月17日，沪港通正式开启，推出当天呈现南冷北热的局面。2014年4月李克强总理提出要推出沪港通后，市场对于沪港通对A股市场产生的重要影响给予了非常大的期望。分析认为，沪港通对A股市场估值体系和投资理念逐步与国际接轨正产生重要的渐进式的影响。

2014年11月19日，国务院常务会议强调，抓紧出台股票发行注册制改革方案，取消股票发行的持续盈利条件。其后，证监会三位副主席接力吹风，表示证监会正在抓紧制定注册制改革方案。股票注册制发行推进步伐进一步加快。

2014年11月22日，时隔两年，央行宣布降息，将金融机构一年期贷款基准利率下调0.4个百分点至5.6%，将金融机构一年期存款基准利率下调0.25个百分点至2.75%。同时结合推进利率市场化改革，央行将金融机构存款利率浮动区间的上限由存款基准利率的1.1倍调整为1.2倍。由此引发蓝筹股逼空行情，沪指也创出7连阳，且一天内成交量破万亿元，之后一个月上证指数上涨600点，成为年底最大的风景线。杠杆资金的撬动成为新的特征，沪深两市两融余额至12月19日破万亿元，一年内增长1.89倍，为2015年股灾中出现的踩踏事件埋下了伏笔。

2015年

2015年1月16日，证监会在宣布对中信证券、海通证券等12家券商采取处罚措施并宣布两融开户门槛重回50万元后，A股在随后的第一个交易日出现了“1·19大跌”，当天上证指数大跌7.7%。随后部分银行开始压缩伞形信托杠杆率，沪指从3 400点开始调整，在3 049点稳住，2月9日开始又进入量价齐升的年报行情阶段。

2015年2月9日，上证50ETF期权正式上市。

2015年3月5日，国务院总理李克强在十二届全国人大三次会议上所作的《政府工作报告》首次提出要制定“互联网＋”行动计划，并且要把“大众创业、万众创新”打造成推动中国经济继续前行的“双引擎”之一。后经李克强总理签批，国务院印发《国务院关于积极推进“互联网＋”行动的指导意见》，这是推动互联网由消费领域向生产领域拓展、加速提升产业发展水平、增强各行业创新能力、构筑经济社会发展新优势和新动能的重要举措。

2015年3月28日，在2015中国（杭州）财富管理论坛的“融资融券与财富管理”分论坛上，中国金融证券股份有限公司总经理庄穆亦指出，沪深两市两融余额展现了市场的良好前景和旺盛的生命力。当时两市融资融券余额已达1.47万亿元，市场对两融展期产生联想，股指继续高歌猛进。

2015年4月16日，经证监会批准，上证50与中证500两个股指期货新品种在中国金融期货交易所挂牌上市。以此解决只有沪深300股指期货单一品种的股指期货市场已难以充分满足市场需求的问题。海外市场的发展经验表明，股指期货市场合约品种的标的指数从综合性大盘指数走向中小盘指数、分行业指数、风格指数等是发展的必经之路。

2015年4月17日，证监会对两融业务提出了七项要求，其中提出了券商做两融业务不得开展场外配资、伞形信托等活动。

2015年4月20日，沪市成交量爆表，突破万亿元大关，达到11 476亿元。

2015年4月28日，中信证券将658只股票的两融折算率调整为零，意即相关股票的持有者不能以此开展两融业务；当日中午，证监会投资者保护局发布11个风险警示词条，提醒投资者：股市潮来潮往，投资还须谨慎。当日下午，股市应声下跌。

2015年6月8日，中国南车吸收合并中国北车并更名为中国中车而复牌，当天股价涨停，次日股价从涨停到大跌9.4%，随后走上价值回归之路。

2015年6月12日，上证指数创出2014年“7·22行情”以来的最高点5 178.19点。

2015年6月15日，监管层清理非机构类账户的配资存量，A股掉头向下并引发融资盘崩溃，A股由此开启连续三轮的股灾暴跌之旅，千股跌停频现。

2015 年 6 月 28 日，央行年内第三次降准、第三次降息，金融机构一年期贷款基准利率下调 0.25 个百分点至 4.85%，金融机构一年期存款基准利率下调 0.25 个百分点至 2%。同时有针对性地对金融机构实施定向降准。在上证指数跌破 4 200 点之际，政府救市的意图是明显的，但市场在 29 日的交易中还是以大跌回应。显然，在去杠杆的过程中，打强心针只能提供借机逃命的机会。后续央行每隔两个月的两次降息同样也没有挡住股市下跌的步伐。

2015 年 6 月 29 日，人力资源和社会保障部、财政部会同有关部门起草了《基本养老保险基金投资管理办法》，从当日起向社会公开征求意见；同日，《亚洲基础设施投资银行协定》签署仪式在北京举行，57 个意向创始成员的代表齐聚北京见证这一历史时刻，开启亚洲基础设施投资银行（简称亚投行）正式成立的"倒计时"。

2015 年 7 月 1 日，沪深证券交易所和中国证券登记结算有限公司拟调降 A 股交易结算相关收费标准。

2015 年 7 月 3 日，证监会表示将相应减少 IPO 发行家数和筹资金额；证监会宣布中国证券金融股份有限公司大幅增资扩股，由 240 亿元增资到 1 000 亿元。同日，中国金融期货交易所决定对沪深 300、上证 50、中证 500 股指期货合约按照报单委托量差异化收取交易费用，拟于 8 月 1 日前组织实施；对各合约交易量、持仓量前 50 名的客户进行重点排查，防范和打击蓄意做空行为。

2015 年 7 月 4 日，28 家已获 IPO 批文公司决定暂缓后续发行工作，已启动申购程序的将退回其申购资金。中国证券业协会发布消息称，21 家证券公司决定出资不低于 1 200 亿元，用于投资蓝筹股 ETF，并承诺不减持上证综合指数 4 500 点以下自营股票。

2015 年 7 月 5 日，证监会表示，央行将为中国证券金融股份有限公司提供流动性支持。中国金融期货交易所依照有关规定，对交易股指期货合约特别是中证 500 股指期货合约的部分账户采取了限制开仓等监管措施。

2015 年 7 月 7 日，沪深两市停牌公司总数在 1 000 家左右，超过上市公司总数的三分之一。

2015 年 7 月 8 日，证监会要求大股东及董事、监事和高级管理人员半年内不得减持。央行表示将为中国证券金融股份有限公司提供充足的流动性支持。中国证券金融股份有限公司已向 21 家证券公司提供 2 600 亿元信用额度，用于增持股票。

2015 年 7 月 9 日，公安部会同证监会排查恶意卖空。至此，自 2015 年 6 月 28 日以来的大规模救市政策告一段落，真金白银的救市开始，上证指数当天从 3 373.54 点弹起，大涨 200 多点。

2015 年 7 月 10 日，宝能系旗下前海人寿及其一致行动人钜盛华持有万科 A 股份达到 5%，开始举牌；7 月 24 日，宝能系再度举牌，持股比例达到 10%；8 月 26 日，宝能系第三次举牌，持股比例增至 15.04%，成为万科 A 第一大股东；但随后第二大股东华润立即增持，保住了第一大股东的地位。12 月 17 日，王石内部演讲稿流出，称不欢迎宝能成为第一大股东，"宝万之争"公开打响。举牌概念成为后续市场主要的关注点，万科公司作为混合所有制的先行者何去何从更为人们所关注。

2015 年 7 月 12 日，证监会重拳查配资，网信办全面封杀配资广告。

2015 年 7 月 18 日晚，恒生电子、同花顺、上海铭创三家证券交易系统供应商因参与违法场外配资活动、涉嫌违反证券期货方面的法律法规而遭到证监会的立案调查。

2015 年 8 月 4 日，沪深两市修改融资融券交易实施细则，融券改为 T+1 交易制度，限制日内回转交易和 ETF 套利，其主旨是限制蓄意做空和趁火打劫。

2015 年 8 月 12 日，《21 世纪经济报道》记者称，此前从多名券商资管和基金子公司人士处获悉，监管层正计划对《证券期货经营机构落实资产管理业务“八条底线”禁止行为细则》进行重修，并于 8 月初已向部分机构进行了小范围的内部意见征询。去杠杆继续推进，在杠杆制造的牛市转熊市时救市已不可能使行情逆转。

2015 年 8 月 18 日，上证指数从 4 006 点开始大跌，当天下跌 6.14%，千股跌停再现，在到 8 月 26 日的七个交易日中几乎天天千股跌停，上证指数直下 2 850 点。如此惨烈的场面为中国股市开设以来首见，加杠杆大跌后触发强制平仓线、跌跌不休成为必然。

2015 年 9 月 16 日，金融反腐的大幕正式拉开，中纪委监察部网站发布消息称，证监会主席助理张育军涉嫌严重违纪接受组织调查。10 月 13 日，国务院免去张育军中国证监会主席助理职务。10 月 31 日，中央第七巡视组组长刘卒带队进驻证监会，中央第十三巡视组组长朱保成则带队进驻中信集团。11 月 3 日，2015 年中央巡视组第三轮专项巡视已全部进驻含 21 家金融机构在内的 31 家单位。随后，11 月 13 日，证监会党委委员、副主席姚刚涉嫌严重违纪，接受组织调查。

2015 年 11 月 1 日 23 时 50 分，新华社报道，记者从公安部获悉，泽熙投资管理有限公司法定代表人、总经理徐翔等人通过非法手段获取股市内幕信息、从事内幕交易、操纵股票交易价格，其行为涉嫌违法犯罪，被公安机关依法采取刑事强制措施，相关案侦工作正在严格依法进行中。

2015 年 11 月 6 日，证监会宣布重启 IPO，新股发行实施新的制度，投资者申购新股时无须再预先缴款，小盘股将直接定价发行，发行审核将会更加注重信息披露要求，发行企业和保荐机构需要为保护投资者合法权益承担更多的义务和责任。

2015 年 12 月 1 日凌晨，国际货币基金组织批准人民币加入特别提款权（SDR）货币篮子，2016 年 10 月 1 日正式生效。人民币成为继美元、欧元、英镑和日元之后加入 SDR 货币篮子的第五种货币。人民币在 SDR 货币篮子中的权重为 10.92%，超出日元和英镑。这也标志着人民币成为第一个被纳入 SDR 货币篮子的新兴市场国家货币。

2015 年 12 月 4 日，上海证券交易所、深圳证券交易所、中国金融期货交易所正式发布指数熔断相关规定，熔断基准指数为沪深 300 指数，采用 5%和 7%两档阈值，将自 2016 年 1 月 1 日起正式实施。

2015 年 12 月 9 日，国务院总理李克强主持召开国务院常务会议，会议通过了提请全国人大常委会审议的《关于授权国务院在实施股票发行注册制改革中调整适用〈中华人民共和国证券法〉有关规定的决定（草案）》。草案明确，在决定施行之日起两年内，授权对拟在上海证券交易所、深圳证券交易所上市交易的股票公开发行实行注册制度。

2015 年 12 月 27 日，全国人大常委会通过了注册制改革的议案。

2016 年

2016 年 1 月 4 日，2016 年首个交易日也是开始实施熔断新政的第一天，标的指数沪深300指数就先后向下触发了5%的熔断阈值和7%的熔断阈值，当天仅交易了140分钟就提前休市；1月7日再次先后向下触发了5%的熔断阈值和7%的熔断阈值，全天仅交易了15分钟。整个市场千股跌停，哀鸿遍野。这4天里，A股市值蒸发逾6万亿元。由此，管理层不得不连夜叫停熔断机制，熔断只维持了4天的寿命。有个股涨跌停板限制的市场从个股无涨跌停板限制的市场引进指数熔断机制，不仅未能帮助市场止跌，还起到了助跌的作用，这是我国A股20多年历史上绝无仅有的救市乌龙指事件。而上证指数在后续的交易中跌到2 638点处构筑双底才算企稳。

2016年1月7日，证监会在其官方网站上挂出了《上市公司大股东、董监高减持股份的若干规定》，要求从1月9日起立即执行。一是上市公司大股东通过证券交易所集中竞价交易减持股份，须在首次卖出的15个交易日前预先披露减持计划，二是上市公司大股东在3个月内通过证券交易所集中竞价交易减持股份的总数不得超过公司股份总数的1%。这是由于2015年下半年发生了“股灾”，在2015年7月8日至2015年12月31日期间，上市公司大股东及高管股份“被禁”的大约有525家，涉及上万亿元市值。而到2016年1月8日，这批因救市而锁定的股份面临全面“开禁”，此举意在缓解解禁股对市场的冲击。

2016年3月17日，新华社刊发《中华人民共和国国民经济和社会发展第十三个五年规划纲要》（简称《“十三五”规划纲要》），在《“十三五”规划纲要》中，有关股权市场的内容包括：“创造条件实施股票发行注册制，发展多层次股权融资市场，深化创业板、新三板改革，规范发展区域性股权市场，建立健全转板机制和退出机制。”不再提两年内实施注册制，显然注册制被放缓，暂缓实施注册制最主要的原因是现在仍不具备实施注册制的条件，推出注册制必须有严刑峻法的法制环境相配套，也要考虑市场的承受能力。推出的时机一旦错过，只有耐心等待下一个合适的机会。而《“十三五”规划纲要（草案）》中“设立战略性新兴产业板”的内容被删除表明战略性新兴产业板已被搁置。这两项举措舒缓了市场紧张的神经，但也为后续的新股、次新股的炒作埋下了隐患。

2016年3月21日，上海证券交易所发布关于终止＊ST博元（珠海市博元投资股份有限公司）股票上市的公告，＊ST博元是证券市场首家因触及重大信息披露违法情形被终止上市的公司。据了解，该公司在2011—2014年期间，多次伪造银行承兑汇票，虚构用股改业绩承诺资金购买银行承兑汇票、票据置换、贴现、支付预付款等重大交易，并披露财务信息严重虚假的定期报告，虚增资产、收入、利润等财务信息。

2016年3月29日，交通银行公布年报，在其前十大股东明细中出现了一个陌生的身影——梧桐树投资平台有限责任公司，而这家公司的背后是掌管着国家3万亿美元外汇储备的国家外汇管理局，国家队现新“马甲”。

2016年6月24日，英国脱欧公投结果出炉，确定脱欧，在陆续出炉公投结果的过程中，市场已经极度疯狂，英镑兑美元狂跌1 800点，英镑兑日元一个上午贬值了20%，黄金几个小时就飙涨了近110美元，原油跌逾7%。中国股市也受到了一些影响，随着公投的进行，上证指数一度大跌84点，而等公投结果出来后上证指数又展开反弹，收复部分失地，市场借英国脱欧这一黑天鹅事件完成了一次洗盘，转而震荡上行。

2016年7月8日，证监会宣布对欣泰电气欺诈发行正式做出行政处罚，并启动强制退市程序，欣泰电气退市后将不得重新上市。保荐券商兴业证券同日被罚款2 460万元。欣泰电气成为创业板退市第一股。

2016年11月9日，美国大选公布选举人票，特朗普的选举人票已经超过270张，当选新一届美国总统。在各州公布选票结果期间，特朗普的领先引发全球资本市场地震，美国三大股指期货不断下挫，当中有两只更一度触发熔断，亚太地区市场同样出现大跌，与此同时，避险情绪则使得黄金价格一路高歌猛进，涨幅一度达4.3%；中国股市受影响最小，沪指盘中一度下跌49点，但午后又大幅回升，全天微跌0.62%。次日，全球市场都进行了修正，美联储加息声音再起。

2016年11月25日，中国证监会与香港证监会发布联合公告，宣布将于2016年12月5日正式启动深港通。中国证监会、香港证监会已订立监管合作安排和程序，及时妥善处理运行过程中出现的重大或突发事件。

2016年12月3日，证监会提出，反对强盗式举牌收购，全面加强资产管理行业监管，坚决查处触碰底线的行为。12月5日（周一）开盘，中国建筑、格力电器、伊利股份、万科等险资举牌概念股遭到重挫。

2016年12月15日，国债期货5年期和10年期品种主力合约遭遇历史首次跌停。国海证券发布公告称，国海证券对收到的伪造公司印章私签的债券交易协议进行了初步统计，涉及债券金额不超过165亿元，其中80%以上为安全性和流动性高的主流国债、国开债品种；信用债占比不到20%，且总体信用风险可控。国债期货的跌停是受到12月12日美联储加息、资金面紧张的影响，触发了国海证券“假章门”中的债券代持协议未能如期履约所导致的踩踏事件。年底资金紧张也由此引爆，对市场的冲击和2013年6月的“钱荒”有得一比。

2017年

2017年4月1日，中央决定设立河北雄安新区，这是继深圳经济特区和上海浦东新区后又一具有全国意义的新区，是千年大计、国家大事。新区规划范围涉及河北省雄县、容城、安新3县及周边区域。随后，“雄安概念股”引发竞逐，成为二级市场重要的投资板块之一，成泉资本亦因押中雄安概念股而一举成名。

2017年5月9日，尔康制药被曝财务造假，当日跌停，后于次日宣布停牌自查，其间遭证监会立案调查。11月23日，尔康制药发布自查报告，承认2016年虚增净利2.31亿元，并对相关财务数据进行了会计差错更正。公司复牌后连续一字跌停，几近腰斩，公司实际控制人帅放文通过媒体向投资者致歉，并承诺将竭尽全力赔偿损失。

2017年8月21日，中国联通披露混改方案，含定增、旧股转让和核心员工股权激励三部分，总交易对价达780亿元，百度、阿里巴巴、腾讯、京东等互联网巨头集体参与。此次混改开启了国企混改新时代，对深化国企改革具有先行先试的标杆意义，并获得了证监会以“个案处理”形式的支持。混改完成后，中国联通集团仍为公司第一大股东，但持股比例由62.74%大幅降至36.67%。

2017年8月28日，欣泰电气正式从深交所退市，转入全国股转系统交易。这是A股市场首起因欺诈上市而遭强制退市的案例。

2017年8月29日，中国神华及国电电力等集体披露，神华集团及国电集团将实施联合重组。初步方案为，神华集团更名为国家能源投资集团，作为重组后的母公司，吸收合并国电集团。经测算，合体后的国家能源投资集团资产总额高达1.78万亿元，将实现煤电行业上下游一体化，可减少重复建设和同质化竞争，是深入推进供给侧结构性改革的重要举措。11月24日，另两家央企武汉邮电科学研究院与电信科学技术研究院亦宣布重组。

2017年10月25日，鲁冠球去世，留下了一个参控10余上市公司、产业遍及世界各地的“万向帝国”。作为知名的浙商人物，鲁冠球几乎包揽了商业所有的荣誉。他创业40余年，带领万向集团创下了多个第一，从小工厂发展为年营收超千亿元、利润过百亿元的现代化跨国企业集团。

2017年10月26日，《战狼2》以56.81亿元票房收官，打破国产电影历史最高票房纪录，位列全球票房榜第55名。《战狼2》以现象级的成功令国产电影迎来重估预期，并令该电影背后的各方集体受益。

2017年11月3日，江南嘉捷披露重组预案，360公司拟以504.16亿元的评估值借壳。这是近年来A股最大规模的借壳案，360公司作为已完成私有化的前中概股，以借壳方式回归A股备受关注。此前，中概股回归A股曾遭遇政策壁垒，证监会对360公司回归A股持支持态度。经预估，360公司潜在估值接近4 000亿元，这引发了江南嘉捷复牌后连收18个一字涨停。交易完成后，360公司将成为A股又一家巨无霸公司。

2017年11月29日，重庆广电数字传媒股份有限公司等3家拟在创业板上市的公司上会时，被发审委全部否决，创造零过会率的历史记录。此外，新一届发审委履职以来，IPO否决率明显提升，对“带伤”公司起到了震慑作用。随着IPO常态化发行及审核趋严，新股堰塞湖现象已得到极大缓解。

2017年12月12日，证监会公告称，鉴于三只松鼠尚有相关事项需要进一步核查，决定取消IPO审核。证券时报·e公司从知情人士处独家获悉，处于上市缄默期的三只松鼠于12月初收到自称是自媒体团队的匿名邮件，要求三只松鼠与其联系，出资500万元与之“合作”，否则将对外公开“相关负面信息”。三只松鼠拒绝该要求，选择通过法律维权，并称将继续推进IPO（三只松鼠于2019年7月12日成功在创业板上市）。

2018年

2018年3月8日，IPO绿色通道开启，工业富联首发申请获得通过，审核时间前后仅36天。另外，以创业板首家独角兽身份登陆A股的宁德时代，则从招股书预披露更新到顺利过会，历时仅24天，以此刷新了药明康德之后工业富联36天“闪电”过会的纪录。

2018年3月22日，特朗普政府宣布“因知识产权侵权问题对500亿美元中国商品征收关税，并实施投资限制”。这标志着长达近2年的中美贸易战拉开序幕，受此影响，随后交易的全球股市大幅动荡，上证指数更是创下4%以上的单日跌幅。

2018 年 4 月 13 日，国家决定支持海南全岛建设自由贸易试验区，支持海南逐步探索、稳步推进中国特色自由贸易港建设，分步骤、分阶段建立自由贸易港政策和制度体系。

2018 年 4 月 27 日，由央行牵头制定的《关于规范金融机构资产管理业务的指导意见》正式出台，旨在打破刚性兑付，化解影子银行风险，统一各领域资管业务监管标准。

2018 年 6 月 1 日，对于走向国际化的 A 股而言无疑是一个值得铭记的日子。三次闯关 MSCI 指数均与之擦肩而过后，A 股在第四次闯关 MSCI 指数时取得成功。美国明晟公司（MSCI）公布的信息显示，自 2018 年 6 月起正式将 A 股纳入 MSCI 新兴市场指数。

2018 年 7 月 15 日，国家药监局网站披露针对长春长生生物违法违规生产冻干人用狂犬病疫苗的通告。通告指出，国家药监局在进行飞行检查时，发现长春长生生物冻干人用狂犬病疫苗生产存在记录造假等严重违反《药品生产质量管理规范》的行为，要求吉林省食药监局收回长春长生生物《药品 GMP 证书》，责令停止狂犬病疫苗的生产。10 月 16 日，国家药监局和证监会分别发布公告，对长生生物疫苗造假进行处罚。12 月 11 日，长生生物发布公告称，已收到深交所重大违法强制退市事先告知书。2019 年 1 月 14 日，深交所根据相关规则做出对长生生物股票实施重大违法强制退市的决定。2019 年 11 月 26 日，长生生物走完在 A 股市场的最后一个交易日。A 股首例重大违法强制退市案正式落幕。

2018 年 8 月 31 日，证监会发布《上海证券交易所与伦敦证券交易所市场互联互通存托凭证业务监管规定（试行）》（征求意见稿），向社会公开征求意见。沪伦通是指将对方市场的股票转换成存款凭证（DR）到本地市场挂牌交易，“产品”跨境，但投资者仍在本地市场。

2018 年 10 月起，为了给民企纾困，地方政府、券商、保险资管纷纷出资，推出“纾困基金”。

2018 年 10 月 19 日，深圳证券交易所正式启动中弘股份股票终止上市程序，2018 年 9 月 13 日至 10 月 18 日，中弘股份股票已连续 20 个交易日每日收盘价均低于股票面值（1 元）。根据《深圳证券交易所股票上市规则》的规定，中弘股份成为 A 股首只因跌破面值而退市的股票。

2018 年 11 月 5 日，证监会负责人就设立上海证券交易所科创板并试点注册制答记者问，明确将抓紧完善科创板的相关制度规则安排。

2018 年 11 月 16 日，中国证监会发布《会计监管风险提示第 8 号——商誉减值》，从商誉减值的会计处理及信息披露、商誉减值事项的审计和与商誉减值事项相关的评估三方面，就常见问题和监管关注事项进行说明，明确对因企业合并而形成的商誉，不论是否存在减值迹象，都应当至少在每年度终了进行减值测试。

2018 年 11 月 23 日晚间，沪深两交易所分别发布了《上海证券交易所上市公司回购股份实施细则（征求意见稿）》《深圳证券交易所上市公司回购股份实施细则（征求意见稿）》，向市场公开征求意见。紧接着，上市公司密集发布公告，公布自己的回购意向和回购进展。Wind 数据显示，2018 年，A 股上市公司累计回购规模已超过去 5 年的总和。

2019

2019 年 1 月 29 日，第一批 28 家上市公司针对《会计监管风险提示第 8 号——商誉减值》开始提前采取应对措施。上市公司在发布的2018年度业绩预测报告中声明将要进行商誉减值，除了9家上市公司没有说明商誉减值的具体金额外，商誉减值准备金额在1亿元以下的有4家，在1亿元到15亿元之间的有12家，超过15亿元的有3家。截至2019年4月30日，A股上市公司共进行商誉减值1 658亿元，45家A股公司减值超10亿元。商誉减值成为从2018年年报中冲出来的“灰犀牛”。

2019年5月28日收盘后，MSCI第一阶段扩大纳入A股的决定正式生效，中国大盘A股纳入因子从5%增至10%。MSCI在2019年8月进行的季度指数审议中，将相关指数中所有中国大盘A股的纳入因子从10%升至15%。2019年11月，MSCI在半年度指数审议中，把相关指数中所有中国大盘A股的纳入因子从15%升至20%；同时，将中国中盘A股（包括符合条件的创业板股票）以20%的纳入因子纳入MSCI相关指数。

2019年6月13日，科创板正式开板，从提出到开板只有短短221天。设立科创板并试点注册制是资本市场提升服务科技创新企业能力、增强市场包容性、强化市场功能的一项重大改革举措。

2019年6月17日，沪伦通正式开通，华泰证券拔得头筹成为首家发行GDR的A股公司。起步阶段对沪伦通跨境资金实行总额度管理；其中，东向业务总额度为2 500亿元人民币；西向业务总额度为3 000亿元人民币。

2019年6月24日，开盘后，A股被正式纳入富时罗素全球股票指数。在第一阶段，以每只证券可投资市值的25%为纳入比例；而第一阶段将分为三个批次，分别完成第一阶段纳入的20%、40%、40%，具体分别在2019年6月、2019年9月和2020年3月执行。

2019年6月25日，上海证券交易所和日本交易所集团同步举行中日ETF互通开通仪式。首批4只中方产品和首批4只日方产品分别在上海证券交易所和东京证券交易所上市交易。这是继沪伦通正式开通、A股被正式纳入富时罗素全球股票指数后，中国资本市场对外开放合作又迈出的重要一步。

2019年6月27日，贵州茅台股价盘中突破1 000元/股，贵州茅台已成为21世纪以来首只千元股。2019年内最高价达1 241.61元/股。

2019年8月1日，美联储自加息以来首次下调联邦基金利率25个基点。在贸易战、经济增长放缓和通胀放缓的背景下，全球30多家央行2019年纷纷降息。同年9月，欧洲央行将存款利率从−0.4%下调至−0.5%，重新使用了量化宽松政策，而中国人民银行将大型银行的存款准备金率降低50个基点至13%。

2019年10月18日，证监会发布《关于修改〈上市公司重大资产重组管理办法〉的决定》，经过修改，过去所不被政策允许的创业板借壳重组将成为可能。具体来看，重组新规的主要修改内容包括五大方面：一是简化重组上市认定标准，取消“净利润”指标。二是将“累计首次原则”计算期间进一步缩短至36个月。三是允许符合国家战略的高新技术产业和战略性新兴产业相关资产在创业板重组上市，其他资产不得在创业板实施重组上市交易。创业板上市公司实施相关重大资产重组，所购买资产对应的经济实体应当是股份有限公司或者有限责任公司，且符合《首次公开发行股票并在创业板上市管理办法》规定的其他发行条件。四是恢复重组上市配套融资。五是丰富重大资产重组业绩补偿协议和承诺监管措施，加大问责力度。

2019 年 10 月 24 日，中共中央政治局就区块链技术发展现状和趋势进行第十八次集体学习。习近平在主持学习时发表了讲话，并指出，区块链技术应用已延伸到数字金融、物联网、智能制造、供应链管理、数字资产交易等多个领域。目前，全球主要国家都在加快布局区块链技术发展。我国在区块链领域拥有良好基础，要加快推动区块链技术和产业创新发展，积极推进区块链和经济社会融合发展。区块链概念股成为市场的热点。

2019 年 12 月 13 日，中方发表的声明称经过中美两国经贸团队的共同努力，双方在平等和相互尊重原则的基础上，已就中美第一阶段经贸协议文本达成一致。协议文本包括序言、知识产权、技术转让、食品和农产品、金融服务、汇率和透明度、扩大贸易、双边评估和争端解决、最终条款九个章节。同时，双方达成一致，美方将履行分阶段取消对华产品加征关税的相关承诺，实现加征关税由升到降的转变。闻此消息，全球股市普涨。

2019 年 12 月 23 日，上交所沪深 300ETF 期权、深交所沪深 300ETF 期权、中金所沪深 300 股指期权同时上市。这是 2015 年 2 月 9 日国内首个股票期权上证 50ETF 期权上市以来，ETF 期权迎来首次扩容，股指期权也全新亮相。

参考答案

第一章　证券投资分析概述

一、单项选择题

1.B　2.A　3.B　4.D　5.D　6.C

二、多项选择题

1.CD　2.ABC　3.ABCD　4.BD　5.ABCD　6.ABD　7.BCD

第二章　有价证券的估值方法

一、单项选择题

1.B　2.B　3.B　4.A　5.A　6.C

二、判断题

1.F　2.T　3.T　4.F

三、计算题

1.16.67%。

2.18.2%。

四、简答题

1. 参考答案：(1) 把某一行业的股票归类，剔除市盈率过高或过低的股票，然后求出其市盈率的简单算术平均数，得出市场赋予该行业的平均市盈率。(2) 把所需估价公司的预期每股收益乘以估计的市盈率，得出市场对该类行业公司在预期收益水平上的定价。(3) 适当考虑市场热点并对该股价进行修正，常常考虑的因素有：新股定价普遍偏高、流通股规模、行情走势，等等。

2. 参考答案：一般公司的价值由资产价值、持续经营能力价值、成长性价值构成。只具备资产价值的公司已经不具备持续经营能力，更谈不上成长性，要么破产清算，要么进行资产重组以恢复经营能力；而具备持续经营能力但不具备成长性的公司，大多属于公用事业类公司，如机场、港口、高速公路等，尽管持续经营能力不弱但在股票市场上定位不高，其股票属防御性股票；而具备成长性的公司往往会得到较高的市场定位，如创业板类公司的市场定位。

五、思考题（略）

第三章　证券投资技术分析理论

一、单项选择题

1. B　2. C　3. D　4. A　5. C　6. C　7. A　8. A　9. B　10. A

二、多项选择题

1. ABD　2. ABC　3. BCD　4. ABD　5. ABC　6. BCD

三、思考题（略）

第四章　证券投资技术分析主要技术指标

一、单项选择题

1. B　2. D　3. D　4. B　5. A　6. D　7. D　8. B　9. C　10. B

二、多项选择题

1. AB　2. ABD　3. BCD　4. CD　5. BCD　6. ABCD　7. ABCD　8. ABCD　9. ACD　10. ABCD

三、判断题

1. F　2. F　3. F　4. T　5. T

四、案例分析题（略）

第五章　宏观经济分析

一、单项选择题

1. B　2. A　3. C　4. A　5. B　6. A　7. A

二、多项选择题

1. ABC　2. ABCD　3. ABCD　4. ACD　5. ABD

三、思考题（略）

第六章 行业分析

一、多项选择题

1. ABC 2. ABD 3. ABD 4. ABDE 5. AD

二、思考题（略）

第七章 公司分析

一、单项选择题

1. A 2. D 3. B 4. D 5. D 6. C 7. A 8. C 9. C

二、多项选择题

1. ABDE 2. ACDE 3. ABC 4. ADEC 5. BCD

三、思考题（略）

第八章 证券投资组合理论

一、单项选择题

1. A 【解析】在完全正相关的条件下，相关系数为1。期望收益率和标准差之间也是线性关系，所以由证券A与证券B构成的组合线是连接这两点的直线。

2. C 【解析】证券组合的期望收益率为：20%×70%+5%×30%=15.5%。

3. A 【解析】最优证券组合是指所有有效组合中带来最大满意程度的组合。不同投资者的风险偏好不同，其获得的最优证券组合也不同，一个只关心风险的投资者将选取具有最小方差的组合作为最优组合。

4. A 【解析】无风险利率是由时间创造的，是对放弃即期消费的补偿。β系数是衡量某证券价格相对于整个市场波动的系数，所以A选项说法错误。

5. D 【解析】斯蒂芬·罗斯突破性地发展了资本资产定价模型，提出套利定价理论。这一理论认为，只要任何一个投资者都不能通过套利获得收益，那么期望收益率一定与风险相联系。

6. D 【解析】特定投资者在有效组合中选择自己最满意的组合，这种选择依赖于他的偏好，投资者的偏好通过他的无差异曲线来反映。无差异曲线的位置越靠上，其满意程度越高，因而投资者需要在有效边界上找到一个具有下述特征的有效组合：相对于其他有效组合，该组合所在的无差异曲线的位置最高。因此D选项说法正确。

7. C 【解析】略。

8. A 【解析】封闭式基金份额固定，在完成募集后，基金份额可以在证券交易所上市交易。投资者买卖封闭式基金份额只能委托证券公司在证券交易所按市价买卖，交易在投资者之间完成。开放式基金份额不固定，投资者可以按照基金管理人确定的时间和地点向基金管理人或其销售代理人提出申购、赎回的申请，交易在投资者与基金管理人之间完成。

9. A 【解析】詹森指数以证券市场线为基准，是证券组合的实际平均收益率与由证券市场线给出的该证券组合的期望收益率之间的差。可见，詹森指数就是证券组合所获得的高于市场的那部分风险溢价。

10. D 【解析】资本资产定价模型表明：β系数作为衡量系统性风险的指标，其与收益水平是正相关的，即β系数越高，则风险越大，收益越大。

11. C 【解析】略

12. B 【解析】略

二、多项选择题

1. BC 【解析】β系数是衡量证券承担系统性风险水平的指数，所以A选项说法错误。β系数的绝对值越大（小），表明证券承担的系统性风险越大（小），所以C选项说法正确，D选项说法错误。

2. ABD 【解析】信奉有效市场理论的机构投资者通常会倾向于指数化型证券组合，这种组合通过模拟市场指数，以求获得市场平均的收益水平。因此，追求市场平均收益水平的机构投资者会采取被动管理方法，选择市场指数基金和指数化型证券组合，A、B、D选项符合题意。

3. BCD 【解析】投资者在有效边界上找到的最优证券组合具有的特征是：相对于其他有效组合，最优证券组合所在的无差异曲线的位置最高，最优证券组合恰恰是无差异曲线簇与有效边界的切点所表示的组合，所以B、C、D选项说法正确。不同投资者按照其无差异曲线簇可获得各自的最优证券组合，投资者关心的目标不同，选取的最优证券组合也不同，如一个只关心风险的投资者将选取最小方差组合作为最优证券组合，A选项说法错误。

4. CD 【解析】事实表明，投资者普遍喜欢期望收益率而厌恶风险，因而人们在进行投资决策时希望期望收益率越高越好，风险越小越好。这种态度反映在证券组合的选择上可由下述规则来描述：（1）如果两个证券组合具有相同的期望收益率和不同的收益率方差，那么投资者会选择收益率方差较小的组合；（2）如果两个证券组合具有不同的期望收益率和相同的收益率方差，那么投资者会选择期望收益率较高的组合。这种选择原则被称为投资者的共同偏好规则。此题目可参见本章证券组合的有效边界部分。

三、判断题

1. T 【解析】詹森指数、特雷诺指数以及夏普指数三种指数中都含有用于测度风险的指标，而计算这些风险指标都有赖于样本的选择。这可能导致基于不同的样本选择所得到的评估结果不同，不具有可比性。

2. T 【解析】在资本资产定价模型的假设下，当市场达到均衡时，市场组合成为一个有效组合；所有有效组合都可被视为无风险证券与市场组合的再组合。在$E-\sigma$坐标系上，所有有效组合刚好构成连接无风险资产与市场组合的射线，这条射线被称为资本市场线。资本市场线揭示了有效组合的收益和风险之间的均衡关系。

3.F　【解析】詹森指数值代表证券组合与证券市场线之间的落差。如果证券组合的詹森指数为正，则其位于证券市场线的上方，绩效好；如果证券组合的詹森指数为负，则其位于证券市场线的下方，绩效不好。

4.F　【解析】套利定价理论认为，只要任何一个投资者都不能通过套利获得收益，那么期望收益率一定与风险相联系。这一理论只需要较少的假设。

5.F　【解析】评价组合业绩应本着“既要考虑组合收益的高低，也要考虑组合所承担风险的大小”的基本原则。故题干所述错误。

四、计算题

参考答案：由于只有两种风险证券 A 和 B 及无风险证券 F，所以最优证券组合必定落在资本市场线上。

根据资本市场线方程，由

$$18\% = r_F + \frac{E(r_M) - r_F}{\sigma_M} \times 6\%$$

$$22\% = r_F + \frac{E(r_M) - r_F}{\sigma_M} \times 8\%$$

得 $r_F = 6\%$。

五、简答题

1. 参考答案：资本资产定价模型通过三个假设来简化所研究的问题：(1) 投资者都依据期望收益率评价证券组合的收益水平，依据方差（或标准差）评价证券组合的风险水平，从而选择最优证券组合。(2) 投资者对证券的收益、风险及证券间的关联性具有完全相同的预期。(3) 资本市场没有摩擦。

假设一意味着任何一种证券或证券组合都可以用 $E-\sigma$ 坐标系上的一个点来表示。假设二意味着，在任意给定 n 种证券后，投资者将在同一条有效边界上选择各自的证券组合。假设三中的“摩擦”是指市场对资本和信息自由流动的阻碍，所以该假设意味着不考虑交易成本和对红利、股息和资本利得的征税，信息在市场中自由流动，任何证券的交易单位都是无限可分的，市场上只有一个无风险借贷利率，市场对借贷和卖空没有限制。

2. 参考答案：无论是单个证券还是任意的证券组合，均可将其 β 系数作为测定风险的适当尺度，其期望收益率与由 β 系数测定的风险之间存在着线性关系，这种线性关系由证券市场线提供完整的描述。

六、案例分析题（略）

第九章　风险管理

一、单项选择题

1.B　2.B　3.C　4.D　5.B　6.D　7.B　8.A　9.C　10.D

二、多项选择题

1.AB　2.ABCD　3.ABC　4.BC　5.BD　6.CD

三、判断题

1. T　2. F　3. T　4. T　5. F　6. F　7. T　8. T　9. F

四、案例分析题（略）

第十章　证券分析师的职业规范

一、单项选择题

1. B　2. C　3. D　4. C　5. C　6. B　7. B

二、多项选择题

1. AD　2. AB　3. AC　4. ABCD　5. BCD

三、判断题

1. T　2. F　3. T　4. T　5. F

图书在版编目（CIP）数据

证券投资分析/田文斌主编．--3版．--北京：中国人民大学出版社，2020.9
普通高等学校应用型教材．金融
ISBN 978-7-300-15872-3

Ⅰ.①证… Ⅱ.①田… Ⅲ.①证券投资-投资分析-高等学校-教材 Ⅳ.①F830.91

中国版本图书馆CIP数据核字（2020）第150661号

普通高等学校应用型教材·金融
证券投资分析（第三版）
主　编　田文斌
Zhengquan Touzi Fenxi

出版发行	中国人民大学出版社		
社　　址	北京中关村大街31号	**邮政编码**	100080
电　　话	010－62511242（总编室）		010－62511770（质管部）
	010－82501766（邮购部）		010－62514148（门市部）
	010－62511173（发行公司）		010－62515275（盗版举报）
网　　址	http：//www.crup.com.cn		
经　　销	新华书店		
印　　刷	固安县铭成印刷有限公司	**版　　次**	2013年12月第1版
开　　本	787 mm×1092 mm　1/16		2020年9月第3版
印　　张	22.25	**印　　次**	2025年8月第10次印刷
字　　数	518 000	**定　　价**	49.00元

教学支持说明

1. 教辅资源获取方式

为秉承中国人民大学出版社对教材类产品一贯的教学支持，我们将向采纳本书作为教材的教师免费提供丰富的教辅资源。您可直接到中国人民大学出版社官网的教师服务中心注册下载——http://www.crup.com.cn/Teacher。

如遇到注册、搜索等技术问题，可咨询网页右下角在线 QQ 客服，周一到周五工作时间有专人负责处理。

注册成为我社教师会员后，您可长期根据您所属的课程类别申请纸质样书、电子样书和教辅资源，自行完成免费下载。您也可登录我社官网的“教师服务中心”，我们经常举办赠送纸质样书、赠送电子样书、线上直播、资源下载、全国各专业培训及会议信息共享等网上教材进校园活动，期待您的积极参与！

2. 高校教师可加入下述学科教师 QQ 交流群，获取更多教学服务

经济类教师交流群：809471792

财政金融教师交流群：766895628

国际贸易教师交流群：162921240

税收教师交流群：119667851

3. 购书联系方式

网上书店咨询电话：010-82501766

邮购咨询电话：010-62515351

团购咨询电话：010-62513136

中国人民大学出版社经济分社

地址：北京市海淀区中关村大街甲 59 号文化大厦 1506 室　100872

电话：010-62515803　010-62516948

传真：010-62514775

E-mail：jjfs@crup.com.cn